KB203720

피고석의
하나님

믿음이란
한 알의 밀알이 땅에 떨어져 죽음으로 많은 열매를 맺음과 같이
진리의 열매를 위하여 스스로 죽는 것을 뜻합니다.
눈으로 볼 수는 없으나 영원히 살아 있는 진리와
목숨을 맞바꾸는 자들을 우리는 믿는 이라고 부릅니다.
「믿음의 글들」은 평생, 혹은 가장 귀한 순간에
진리를 위하여 죽거나 죽기를 결단하는
참 믿는 이들의, 참 믿는 이들을 위한, 참 믿음의 글들입니다.

피고석의
하나님

C. S. 루이스 지음

홍종락 옮김

홍성사

차 례

1부

2부

3부

4부

일러두기

- 저자 C. S. 루이스 주는 *로 표시한다.
- 편집자 월터 후퍼의 주는 1) 2) 3) ……으로 표시한다.
- 옮긴이 홍종락의 주는 i) ii) iii) ……으로 표시한다.
- 본문의 [   ] 안의 글은 월터 후퍼가 상황 설명을 위해 넣은 글이다.
- 저자가 본문에 넣은 라틴어 문구는 각주로 옮기고, 편집자가 해석한 문장을 본문에 넣었다.

1
부

1   악과 하나님

　지난주에 나온 '하나님과 악'이라는 글[1]에서 조우드 박사는 '기계론'도 '창발적 진화론'도 타당성이 없으므로 결국 기독교 같은 일신론적 철학이나 조로아스터교 같은 이원론 중 하나를 선택해야 한다는 흥미로운 결론을 내렸습니다. 저는 기계론과 창발적 진화론을 거부하는 조우드 박사의 견해에 동의합니다. 유물론 사상이 다 그렇듯, 기계론도 지식의 문제 앞에서 무너지고 맙니다. 사고가 뇌의 작용으로 뜬금없이 불쑥 생겨난 부산물이라면, 그 사고의 결과물을 신뢰할 근거가 없기 때문입니다. 창발적 진화론의 경우, '신'이란 '우주가 다음번에 우연히 하게 될 일'을 뜻한다고 우긴다면 그걸 말릴 도리는 없습니다. 누군가 '신'을 그런 의미로 쓴다면, 그는 다가올 상황이 지금보다 나아질 거라는 은밀한 믿음을 품고 있을 것입니다. 그러나 그런 믿음은 근거도 없거니와 창발적 진화론자들에게 특유의 난점을 제기합니다. 우주의 상황이 나아진다고 하려면 우주의 흐름 너머, 그 바깥에 자리 잡은 선善의 절대적인 기준이 있어야 합니다. 그래야 그 기준에 가까워지는 것을 나아진다고 할 수 있으니까요. 더 나은 상태가 그저 '우리가 변해 가는 모습'을 뜻한다면 '더 나아

---

1) C. E. M. Joad, 'Evil and God', *The Spectator*, vol. CLXVI (31 January 1941), pp. 112~113.

짐'은 무의미한 말이 됩니다. 그건 마치 목적지에 도착한 것을 자축하면서 '자신이 도착한 장소'가 목적지라고 하는 것과 같습니다. 미래숭배 Mellontolatry는 혼미한 종교입니다.

이제 우리 앞에는 일신론과 이원론만 남았습니다. 단일하고 선하고 전능한 하나의 근원적 존재가 있을까요, 아니면 동등하고 자존하는 선과 악의 두 세력이 대립하며 존재할까요? 조우드 박사는 악의 실재라는 '새로운 절박성' 때문에 후자의 견해가 좀더 힘을 얻게 된다고 말합니다. 그러나 어떤 새로운 절박성이 있습니까? 오늘날 우리의 상황을 빅토리아 시대 철학자들이 처했던 것과 비교한다면 악이 더 절박한 문제가 되었다고 할 수 있습니다. 그러나 빅토리아 시대의 철학자들은 역사상 가장 행복한 기간, 가장 행복한 나라에 살며 가장 행복한 계급의 총애를 받던 집단입니다. 우리의 상황이 다른 모든 시대, 절대다수의 일신론자들보다 더 절박하지는 않습니다. 세상을 창조하고 이끌어 가는 철저히 선한 존재와 세상의 불행은 서로 모순되지 않는다는 교리에 대해 고전적인 해설을 한 사람이 누구였습니까? 감옥에서 맞아 죽기를 기다리던 보에티우스 Boethius(470~524년), 외적에게 포위당한 로마의 상황을 곰곰이 생각하던 아우구스티누스Augustine였습니다. 세계의 현재 상황은 정상입니다. 19세기의 상황이 오히려 비정상입니다.

이 사실을 고려할 때 수많은 세대의 사람들이 이원론을 거부한 이유를 생각해 보지 않을 수 없습니다. 고통을 몰라서 그런 것이 아니었습니다. 이원론이 상당히 그럴듯해 보인다는 사실을 몰라서도 아니었습니다. 아마도 이원론의 두 가지 치명적 난점을 파악했기 때문일 것입니다. 하나는 형이상학적인 난점, 또 하나는 도덕적 난점입니다.

형이상학적 난점은 이것입니다. 두 세력, 즉 선한 신과 악한 신은 서로를 설명하지 못합니다. 선신 오르무즈드Ormuzd도, 악신 아흐리만 Ahriman도 궁극적 존재라고 주장할 수 없습니다. 더 궁극적인 것은 '두 신이 함께 존재한다는 불가해한 사실'입니다. 두 신 모두 '둘의 공존 상황'을 선택하지 않았습니다. 그것은 그들에게 주어진 조건이었습니다. 두 신 이전에 하나의 상황이 존재했습니다. 그 상황 자체, 또는 그 상황을 이끌어 낸 미지의 힘이 진짜 궁극적인 존재입니다. 이원론은 존재의 토대에 이르지 못했습니다. 주어진 조건 아래 놓인 상호 독립적인 두 존재를 만물의 토대와 조건이 되는 절대자로 받아들일 수는 없습니다. 머릿속으로 그림을 한번 그려 보십시오. 오르무즈드와 아흐리만에 대해 생각하려고 하면 어느새 그들이 함께 있는 공통의 공간을 떠올리게 됩니다. 이렇게, 두 신이 우주의 근원이 아니라 우주 안에 들어 있는 두 구성원임이 드러납니다. 이원론은 불완전한 형이상학입니다.

도덕적 난점은 이원론이 악에다가도 선처럼 긍정적이고 실질적이고 일관된 본성을 부여한다는 데 있습니다. 이것이 옳다면, 아흐리만이 오르무즈드 못지않게 입지가 동등한 존재라면, 오르무즈드가 선하다는 말은 어쩌다 보니 우리가 그를 더 좋아하게 되었다는 뜻에 불과할 것입니다. 무엇을 기준으로 한쪽이 옳고 다른 쪽이 틀리다고 할 수 있겠습니까? 악이 선과 똑같이 실체, 자율성, 완결성이 있다면, 우리가 선을 추구하는 것은 별다른 이유 없이 한쪽 편에 합세하는 일에 불과합니다. 건전한 가치론을 지키려면 뭔가 다른 형이상학이 있어야 합니다. 선이 원형이고 악은 그것이 왜곡된 모습이어야 합니다. 선은 나무이고 악은 담쟁이덩굴이어야 합니다. 선은 악을 꿰뚫어볼 수 있으나(정신이 멀쩡한 사람이 정신 이상을 이해하듯) 악은 선을 꿰뚫어볼 수 없습니다. 선은 독자적으로 존재할 수 있으나 악은 선이 있어야 거기에 기생하는 기생적 생존을 이어 갈 수 있습니다.

이것을 무시하면 심각한 결과를 맞게 됩니다. 선한 사람들이 선을 좋아하는 것처럼 악한 사람들은 악을 좋아한다고 믿게 됩니다. 우리와 적 사이의 공통적 본성을 거부하면 처음에는 유쾌하게 느껴집니다. 우리는 그들을 '악마'라 부르고 용서할 필요가 없다고 생각합니다. 그러나 그렇게 하면 실제로는 용서할 능력과 더불어 정죄할 능력도 잃게 됩니다. 잔인한 취향과 친절한 취향이 동등하게 궁극적이고 기본적이라면, 어떤 공통의 기준으로 한 쪽이 다른 쪽을 나무랄 수 있겠습니까? 실제로 잔인한 행동은 악 자체를 바라기 때문이 아니라 도착적 성욕, 지나친 적개심, 불법적인 야심, 탐욕에서 나옵니다. 바로 그렇기 때문에 순수한 성욕, 의로운 분노, 정당한 분노, 합당한 욕구의 관점에서 그것을 판단하고 정죄할 수 있습니다. 선생님은 학생의 셈을 바로잡아 줄 수 있습니다. 잘못된 계산은 학생이 산술에서 저지른 실수 때문입니다. 그것들이 수를 세려는 시도가 아니고, 산술의 세계에서 일어난 일이 아니라면, 산술적 실수가 될 수 없습니다.

그렇다면 선과 악은 일치하지 않습니다. 악은 선이 선한 것과 다른 방식으로 악합니다. 오르무즈드와 아흐리만은 동급일 수 없습니다. 결국, 오르무즈드가 원형이고 아흐리만은 파생된 존재입니다. 마귀에 대한 최초의 모호한 생각은 '타락하고' '반역한' 천사라는, 좀더 정확한 개념으로 분석되어야 합니다. 그러나 장기적으로는 분명히 그렇지만, 기독교는 조우드 박사가 말하는 것보다는 이원론주의자들과 공통점이 많습니다. 기독교가 모든 악의 원인을 인간에게서 찾는 일은 결코 없었습니다. 사실, 신약성경은 아담의 타락보다는 어둠의 초인적 권세들에 대해 훨씬 더 많이 말하고 있습니다. 그러나 이 세상만 보자면, 그리스도인은 조로아스터교도와 상당 부분 생각이 같을 수 있습니다. 우리 모두 사탄과 미가엘의 '타락한 자리와 인정된 자리'[2] 사이에서 삽니다. 그리스도인과 이원론자의 차이점은 그리스도인의 생각이 한 단계 더 거슬러 올라간다는 점입니다. 또한 그리스도인은, 미가엘이 정말 옳고 사탄이 정말 틀렸다면 이는 그들보다 한참 더 거슬러 올라가는 누군가 또는 그 무엇, 실재 그 자체라는 궁극적 토대와 각기 다른 관계를 맺고 있다는 뜻임을 안다는 점입니다. 물론 '신화'를 두려워하는 현대 신학자들은 이 모든 것에 물을 타 버렸습니다. 그러나 오르무즈드와 아흐리만을 복권시키려는 사람들은 이 사실에 비위 상해하지 않을 것입니다.

이원론은 남성적인 신조일 수 있습니다. 북구 신화에 나타난 이원론('거인들이 결국 신들을 이기겠지만, 나는 신들의 편에 선다')은 오늘날 유행하는 대부분의 철학보다 여러 모로 고상합니다. 그러나 이원론은 집으로 가는 길 중간에 있는 여인숙에 불과합니다. 이원론을 집으로 오해하고 거기서 생각을 멈춰서는 안 됩니다. 그것을 지나 일신론에 이르러야 합니다. 이원론을 부흥시키는 일은 정말 확실한 퇴보이자 문명을 위협하는 불길한 징조(최악의 징조는 아니겠지만)가 될 것입니다.

---

2) Shakespeare, *Hamlet*, V, ii, 60.

2 기적

지금껏 저는 유령을 본 적이 있다는 사람을 단 한 명 만나 봤습니다. 여자 분이었습니다. 그런데 재미있게도, 그 사람은 유령을 보기 전에도 영혼의 불멸성을 믿지 않았고, 본 후에도 여전히 믿지 않았습니다. 그 사람은 자신이 환영을 본 것이라고 생각합니다. 본다고 믿는 게 아니라는 걸 알 수 있지요. 기적에 대해 말할 때는 우선 이 점을 분명히 해둬야 합니다. 처음부터 초자연적인 현상을 배제하는 철학을 견지하고 있다면 어떤 경험을 하더라도 그 일을 기적으로 여기지 않을 것입니다. 기적이라고 주장되는 모든 사건은 결국 우리 감각에 와 닿는 경험이며, 우리의 감각은 때로 오류를 범하기도 합니다. 언제라도 우리는 자신이 본 것이 환각이라고 말할 수 있습니다. 초자연적인 현상을 믿지 않는다면 언제나 그렇게 말할 것입니다. 따라서 기적이 정말 그쳤든 그렇지 않든, 유물론이 득세한다면 서유럽에서는 기적이 정말 그친 것으로 보일 것입니다. 묵시록[1]의 말씀 그대로 세상의 종말이 온다고 해봅시다. 현대의 유물론자가 하늘이 말려 올라가고[2] 크고 흰 보좌가 나타나는[3] 광경을 직접 본다고 해봅시

---

1) 요한계시록.
2) 계 6:14.
3) 계 20:11.

다. 그가 자신이 불못에 던져지는 것을 느낀다고 합시다.[4] 그래도 그는 그 불못 속에서조차 자신의 경험을 환각으로 여길 것이고 심리 분석이나 뇌 병리학으로 그 현상을 설명할 것입니다. 경험 자체는 아무것도 입증하지 않습니다. 어떤 사람이 자신이 꿈꾸는 것인지 깨어 있는 것인지 의심한다면, 어떤 실험도 그의 의심을 풀어 줄 수 없습니다. 모든 실험이 꿈의 일부일 수 있기 때문입니다. 경험은 우리의 선입견에 따라 이것저것을 입증할 수도 있고, 아무것도 입증하지 못할 수도 있습니다.

경험의 해석이 선입견에 달려 있다는 사실은 기적을 반대하는 논거로 자주 쓰입니다. 우리 선조들은 초자연적인 현상을 당연하게 받아들였고 기적을 보고 싶어 안달했기 때문에 실제로는 기적이 아니었던 사건들을 기적적인 일로 읽어낸 것입니다. 저는 어떤 의미에서 그 말이 옳다고 생각합니다. 다시 말해, 우리의 선입견은 기적이 정말 일어난다 해도 기적을 감지하지 못하게 막을 수 있고, 반대로 일어나지도 않은 기적을 상상하도록 이끌 수도 있을 것입니다. 망령이 든 남자는 바람난 아내를 충실하다고 생각하고, 의심 많은 남자는 충실한 아내를 불륜으로 의심하는 법입니다. 그녀의 정절 문제는 다른 근거를 가지고 해결을 봐야 할 것입니다. 그러나 우리 선조들에 대해 자주 들리는 말 중에서 우리가 해서는 안 될 말이 하나 있습니다. "그들은 자연법칙을 몰랐기 때문에 기적을 믿었다"고 하는 것입니다. 이것은 허튼소리입니다. 요셉은 약혼녀가 임신했음을 알고 "가만히 파혼하려"[5] 했습니다. 그는 그 정도의 생물학적 지식은 있었습니다. 그렇지 않다면, 임신을 부정不貞의 증거로 여기지 않았

---

4) 계 19:20, 20:10, 14-15, 21:8.
5) 마 1:19(표준새번역).

을 것입니다. 그가 천사의 설명을 받아들여 약혼자의 임신을 기적으로 여긴 이유는, 자연법칙을 알 만큼 알았던 터라 그것을 자연법칙이 일시 정지된 사건으로 파악했기 때문입니다.

제자들은 그리스도께서 물 위를 걷는 모습을 보고 겁을 집어먹었습니다.[6] 그들이 자연법칙을 알고 물위를 걷는 일이 예외적인 상황임을 알지 못했다면 겁을 집어먹지 않았을 것입니다. 자연에 존재하는 통상적인 질서를 이해하지 못한다면, 그 질서에서 벗어나는 상황을 눈치 채지도 못할 것입니다. 시의 규칙적인 보격步格을 이해하지 못하는 열등생은 거기서 벗어난 시를 봐도 모르는 법입니다. 변칙적인 것이 아니라면 놀랍게 다가오지 않고, 규칙을 파악하지 않고는 변칙적인 것을 가려낼 수 없습니다. 초자연을 전혀 믿지 않으면 기적을 처음부터 배제하게 되는 것처럼, 자연법칙을 아예 모르면 기적을 인식할 수 없게 될 것입니다. 어쩌면 자연법칙을 모르는 쪽이 정도가 더 심할지도 모릅니다. 유물론자는 기적의 존재를 설명하여 없애 버리려 하지만, 자연법칙에 완전히 무지한 사람은 기적을 인식조차 못할 것이기 때문입니다.

기적을 체험하기 위해서는 두 가지 조건이 갖춰져야 합니다. 첫째, 자연의 통상적 안정성을 믿어야 합니다. 우리의 오감이 받아들이는 데이터가 규칙적인 패턴으로 되풀이됨을 인식해야 한다는 뜻입니다. 둘째, 자연 너머의 어떤 실재를 믿어야 합니다. 이 두 가지 믿음이 다 있어야만 비로소 초자연적인 또는 자연 외적인extra-natural 실재가 우리의 '자연'계를 이루는, 시공간의 감각 내용에 침입하고 그것을 교란시켰다고 하는

---

6) 마 14:26; 막 6:49; 요 6:19.

다양한 보고를 열린 마음으로 대할 수 있습니다. 초자연적인 실재에 대한 믿음은 경험으로 입증되거나 반증될 수 없습니다. 그 존재를 뒷받침하는 논증들은 형이상학적인 것이며 제가 볼 때는 결정적conclusive입니다. 그 논증들의 근거는, 우리가 자연계 안에서 생각하고 행동하기 위해서는 자연계를 넘어서는 그 무엇을 가정해야 하고 심지어 부분적으로는 우리가 그 무엇에 속한다고 가정해야 한다는 것입니다. 우리의 생각이 의미 있는 것이 되려면 우리의 추론이 타당하다고 주장해야 하는데, 만약 우리의 사고가 뇌의 작용에 불과하고 뇌는 비이성적인 물리적 과정의 부산물에 불과하다면 우리의 추론에 대해 도무지 그런 타당성을 인정할 수 없습니다. 우리의 행동이 단순한 반응 수준을 넘어서는 것이 되려면 우리의 선악 판단에 대해 비슷한 타당성을 주장할 수 있어야 합니다. 두 경우 모두, 우리에겐 거북한 결론이 아닐 수 없습니다. '자연'이라는 개념도 우리가 자신에 대해 모종의 초자연적 지위를 주장하며 암묵적으로 도달한 개념입니다.

이 입장을 솔직히 받아들인 후 증거를 살펴보면, 초자연적인 세계의 기록들을 도처에서 만나게 됩니다. 역사는 초자연적인 일들로 가득합니다. 기적을 말하는 문서들 중에는 그 외의 대목에서 철저히 신뢰성을 인정받은 경우도 많습니다. 존경받는 선교사들이 기적을 알리는 경우도 드물지 않습니다. 로마 교회 전체가 기적이 계속 일어난다고 주장하고 있습니다. 아는 사람과 마음을 열고 대화를 나누다 보면 그가 겪은 '괴상한' 또는 '기묘한' 일을 적어도 한 가지는 듣게 됩니다. 대부분의 기적 이야기는 믿기 어려운 것이 사실입니다. 신문을 읽어 보면 아시겠지만, 모든 사건에 얽힌 이야기가 대부분 그렇습니다. 각 이야기는 그 자체를 놓고 신빙성 여부를 판단해야지, 말도 안 된다는 이유로 초자연적인 설명을 처음부터 배제해서는 안 됩니다. 예를 들면, 여러분은 충분한 수의 분별 있는 증인들이 없다는 이유로 '몽스의 천사들Mons Angels'[7]을 믿지 않을 수도 있습니다. 그러나 충분한 수의 증인을 확보하게 된다면, 그 이야기를 집단적 환영으로 설명하는 것은 불합리한 일이 될 것입니다. 심리학에 대해 웬만큼 아는 우리는 여러 사람이 어쩌다 똑같은 환영을 보는 일은 거의 있을 수 없다는 것을 압니다. 그러나 초자연적인 세계는 잘 모르기 때문에 천사의 나타남이 그처럼 개연성이 낮은 사건인지는 알 수가 없습니다. 초자연적인 이론은 집단환영설보다 오히려 개연성이 높습니다. 구약성경은 천사들이 산헤립의 침략을 막았다고 적고 있고,[8] 헤로도토스는 같은 사건을 두고 수많은 쥐가 나타나 산헤립 군대의 활시위를 모두 갉아먹었기 때문에 물러갔다고 적고 있는데,[9] 열린 마음을 가진 사람이라면 천사 편을 들 것입니다. 처음부터 가능성 자체를 배제하지 않는 한, 천사의 존재나 천사가 했다는 행위에 본질적으로 있을 법하지 않은 요소는 찾아볼 수 없습니다. 그러나 쥐떼는 불쑥 나타나 침략군의 활시위만 몽땅 갉아먹지 않습니다.

현재 많은 사람들이 우리 주님의 기적들을 믿지 못하는 이유는 자연 너머의 실재를 하나도 믿지 못해서가 아닙니다. 동기는 훌륭하지만 잘못된 두 가지 생각 때문입니다. 첫째, 현대인들은 기적에 대해 거의 심미적

---

7) 1914년 8월 26일, 프랑스의 몽스에서 천사들이 나타나 후퇴하는 영국군 부대를 보호했다는 이야기. 사건의 개요는 최근 Jill Kitson이 History Makers, No. 3(1969)에 실은 글 '몽스에서 영국군에게 천사들이 나타났는가?'에서 찾아볼 수 있다.

8) 왕하 19:35.

9) Herodotus, Bk. II, Sect. 141.

인 거부감을 갖고 있습니다. 기적을 행하실 하나님의 능력은 인정하면서도, 하나님이 기적을 행하시진 않을 거라고 생각합니다. 하나님이 피조 세계에 부과하신 법칙을 친히 어기시는 일은 원시인들이나 감동할 만한, 자의적이고 부자연스러운 장치요 우주의 문법을 무시한 파격으로 보는 것입니다. 둘째, 많은 사람들이 자연법칙을 사유법칙과 혼동하여 그것을 뒤집거나 일시 정지시키는 것이 논리적 모순이 된다고 생각합니다. 죽은 자의 부활을 2 더하기 2가 5라는 말과 비슷한 것으로 여기는 거지요.

저는 첫 번째 반론에 대한 해답을 최근에야 발견했습니다. 처음에 조지 맥도널드의 글에서, 이후 아타나시우스의 글에서도 발견했습니다. 아타나시우스는 그의 작은 책 《화육론*On the Incarnation*》에서 이렇게 썼습니다. "우리 주님이 우리와 같은 몸을 취하시고 인간으로 사신 것은 그분이 친히 감독하고 다스리시는 전 우주에서 그분을 인정하기를 거부하는 사람들이 이곳 지상에서 주님이 몸을 입고 행하신 일들을 보며 그 몸 안에 거하셨던 분이 하나님의 말씀이셨음을 인정하게 하려 하심이었다." 이것은 그리스도께서 자신의 기적에 대해 친히 하신 말씀과 정확히 일치합니다. "아들이 아버지께서 하시는 일을 보지 않고는 아무것도 스스로 할 수 없나니."[10] 저는 이 교리를 다음과 같이 이해하고 있습니다.

피조 세계 전체에 드러난 하나님의 활동이 있습니다. 인간들이 인정하기를 거부하는 대대적 활동이라 할 수 있습니다. 성육하신 하나님이 팔레스타인에서 한 인간으로 사시며 행하신 기적들은 이 대대적 활동과 똑같은 일들을 다른 속도로, 작은 규모로 이룹니다. 그 주된 목적 중 하나는

---

10) 요 5:19.

한 인간이 능력을 발휘해 소규모로 이루는 일을 본 자들이 같은 일이 대규모로 이루어지는 것을 볼 때 그 배후의 능력 또한 인격적 존재임을, 참으로 2천 년 전에 우리 가운데 사셨던 바로 그분이심을 인정하게 하기 위함입니다. 사실 기적이란 전 세계에 너무나 큰 글씨로 적혀 있어 일부 사람들은 보지 못하는 이야기를 작은 글씨로 다시 들려주는 일입니다. 큰 글자로 적힌 이야기 중에는 우리 눈에 보이는 것도 있고, 아직 나타나지 않은 것도 있습니다. 다시 말하면, 일부 기적들은 하나님이 이미 보편적으로 행하신 일을 국지적으로 행합니다. 또 어떤 기적들은 하나님이 아직 행하지 않으셨으나 앞으로 행하실 일들을 국지적으로 보여 줍니다. 인간의 관점에서 볼 때는 지난 일을 상기시켜 주는 기적도 있고 이루어질 일을 예언하는 기적도 있는 셈이지요.

하나님은 포도나무를 창조하시고 그것이 뿌리로 물을 빨아올린 후 태양의 도움을 힘입어 그 물을 과즙으로 바꾸도록 가르치십니다. 그 과즙이 발효하면 어떤 특성들을 띠게 됩니다. 따라서 하나님은 노아의 시대부터 우리 시대까지 매년, 물을 포도주로 바꾸고 계신다고 할 수 있습니다. 그러나 인간들은 그것을 보지 못하고 이교도들처럼 바쿠스나 디오니소스 같은 유한한 영의 공으로 돌리거나, 현대인들처럼 우리 오감이 파악할 수 있는 한계인 화학적이고 물질적 현상들이 실질적이고 궁극적인 원인이라고 생각합니다. 그러나 그리스도께서 가나에서 물을 포도주로 바꾸실 때, 가면은 완전히 벗겨졌습니다.[11] 그리스도께서 하나님이시라는 확신을 심어 주는 데 그친다면 가나의 기적은 제구실을 절반밖에 못한 것입니다.

---

11) 요 2:1-11.

우리가 포도원을 보거나 포도주 한잔을 마실 때마다 그 자리에서도 가나의 혼인 잔치에 앉으셨던 분이 일하고 계심을 기억하게 된다면, 가나의 기적은 비로소 제 몫을 다한 셈이 될 것입니다. 매년 하나님은 소량의 곡식으로 많은 곡식을 만드십니다. 씨가 뿌려지면 증식이 일어나는 것을 보며, 사람들은 당대의 유행에 따라 '이는 케레스 신이다, 아도니스다, 곡물왕 신이다' 혹은 '이는 자연의 법칙이다'라고 말합니다. 매년 나타나는 이 기적을 클로즈업하여 번역한 것이 5천 명을 먹이신 사건입니다.[12] 아무것도 없는 상태에서는 빵이 만들어지지 않습니다. 사탄이 돌로 빵을 만들라고 우리 주님을 유혹했으나 주님은 그렇게 하지 않으셨습니다.[13] 몇 개의 빵을 가지고 많은 빵을 만드셨습니다. 아들은 아버지께서 하시는 것을 보고 그대로 따라 할 뿐입니다. 말하자면 가문의 스타일이 있는 거지요.

치유의 기적들도 같은 패턴으로 볼 수 있습니다. 우리는 평범한 의학적 치료를 다분히 마법적인 것으로 보는 경향이 있기 때문에 이 기적의 성격을 놓치기 쉬운데, 의사들은 이런 견해에 동의하지 않습니다. 마법은 의술에 있는 것이 아니라 환자의 몸에 있습니다. 의사가 하는 일은 환자의 몸에 있는 자연의 기능을 북돋아 주거나 방해거리들을 제거하는 것입니다. 우리는 편의상 의사나 약이 상처를 치유한다고 말하지만, 어떤 의미에서 모든 상처는 스스로 치유합니다. 시체에는 어떤 약을 발라도 살이 자라나거나 상처가 낫지 않습니다. 어떤 신비한 힘, 그것이 행성을 움직일 때는 중력이라 부르고, 살아 있는 몸을 치유할 때는 생화학적 작용이라 부르는 그 신비한 힘이 모든 회복의 동인efficient cause입니다. 그리고

---

12) 마 14:15-21; 막 6:34-44; 눅 9:12-17; 요 6:1-11.
13) 마 4:3; 눅 4:3.

하나님이 존재하신다면, 그 에너지는 직접적이건 간접적이건 하나님에게서 나옵니다. 치유되는 이들은 모두 내면의 치유자이신 그분의 도움을 받는 것입니다. 그러나 한 번은 그분이 이런 일을 가시적으로 행하셨습니다. 사람이 되어 사람들을 만나시면서 말입니다. 그분이 이런 식으로 보이지 않게 일하지 않으시면 생명체는 죽습니다. 그리스도께서 행하신 단 한 차례의 파괴의 기적도 하나님의 모든 활동과 조화를 이룹니다. 그분은 육신의 손을 내밀어 무화과나무 한 그루에게 상징적인 분노를 전하셨습니다.[14] 그러나 그 해 팔레스타인에서 죽은 모든 나무는, 아니 어느 해 어느 곳에서 죽은 나무든지, 하나님이 나무에 무슨 일을 하셨거나 아마도 무슨 일을 그만두셨기 때문에 죽은 것입니다. 하나님과 상관없이 죽은 나무는 없습니다.

그분은 수천 명을 먹이셨을 때 빵만이 아니라 물고기도 증식시키셨습니다. 주위에 있는 아무 만灣이나 강을 찾아가 물속을 한번 들여다보십시오. 떼 지어 힘차게 헤엄치는 수많은 물고기들은 그분이 지금도 여전히 일하고 계심을 보여 줍니다. 고대인들이 '게니우스Genius'라고 부른 신이 있었습니다. 동물과 인간의 다산을 관장하는 신으로서 부인과의학gynaecology, 태생학embryology, 부부 동침marriage bed의 수호신입니다. 부부 동침은 그 신의 이름을 따서 '생식 동침genial bed'이라고 말하기도 합니다.[15] 포도주와 빵과 치유의 기적들이 진짜 바커스, 케레스, 아폴로가 누구인지 보여 주었던 것처럼, 물고기를 기적적으로 증식시키신 이 사건

---

14) 마 21:19; 막 11:13-20.
15) 이 주제에 대한 추가 정보를 원한다면 루이스의 *Studies in Medieval and Renaissance Literature*, ed. Walter Hooper(Cambridge, 1966), pp. 169~174의 'Genius and Genius' 장을 보라.

은 진짜 게니우스가 누군지 드러내 줍니다. 이로써 이제 우리는, 무슨 이유에서인지 현대인들이 듣기 거북스러워하는 어떤 기적의 문턱에 들어섰습니다. 저는 기적을 모조리 부정하는 사람은 오히려 이해할 수 있습니다. 그러나 어떤 기적들은 인정하면서 동정녀 탄생 기적은 부인하는 사람들을 어떻게 이해해야 할까요? 말로는 자연법칙을 믿는다 하지만 실은 오직 한 가지 자연 과정만을 믿기 때문에 그런 걸까요? 아니면 이 기적이 인간의 성교를 깎아내린다고 생각하기 때문일까요? 성교야말로 숭상할 대상이 없는 지금 이 시대에 숭상받아야 할 유일한 것이라고 생각하는 걸까요? 사실 동정녀 탄생보다 중요한 기적은 없습니다. 보통의 생식 행위에서 어떤 일이 벌어집니까? 출산 행위에서 아버지는 어떤 기능을 합니까? 그의 몸에서 나온 어떤 극미한 물질 분자가 여자의 몸에 들어가면 수태가 됩니다. 그 극미한 분자와 더불어 그의 머리카락 색깔이, 그의 증조할아버지의 늘어진 입술이, 뼈, 힘줄, 신경, 간과 심장 같은 복잡다단한 인간 형태가 전달되며, 또 자궁 안에서는 그 태아가 재현하는 선행 인류 생명체의 형태가 전달되는 일이 일어납니다. 이렇게 모든 정자의 배후에는 우주의 전全 역사가 자리 잡고 있습니다. 또 모든 정자 안에는 적지 않은 우주의 미래도 자리 잡고 있습니다.

이것이 인간을 만드시는 하나님의 통상적인 방법입니다. 물질의 창조에서 시작해 수태 순간의 일 초, 그 한 분자로 좁혀지기까지는 수세기가 걸리는 과정이지요. 그런데 이번에도 인간들은 이 창조 행위가 발산할 때 다가오는 인상을 행위 자체로 오인하거나 게니우스 같은 어떤 무한한 존재의 공로로 돌립니다. 그러므로 단 한 번, 하나님은 그 일을 직접적으로, 즉시 행하십니다. 정자 없이, 정자 배후에 있는 수천 년의 유기체의 역사 없이 그 일을 하십니다. 물론 여기에는 또 다른 이유가 있었습니다. 그분은 단순히 한 인간a man이 아니라, 그분 자신이 될 인간the Man, 유일한 참 인간을 만드셨던 것입니다. 하나의 정자로까지 생명이 이어지는 과정과 함께 상당히 바람직하지 않은 찌꺼기가 여러 세기에 걸쳐 함께 실려 왔습니다. 그래서 통상적 경로를 통해 우리에게 주어지는 생명은 오염되어 있습니다. 그 오염을 피하기 위해, 인류에게 새 출발의 기회를 주시기 위해, 단 한 번 그분은 그 모든 과정을 건너뛰셨습니다.

어떤 익명의 기증자가 매주 저에게 보내 주는 대중적인 반기독교 신문이 있습니다. 최근에 저는 그 신문에서 그리스도인들이 '어떤 유대인 목수의 아내와 간통을 한 신을 믿고 있다'며 조롱하는 글을 보았습니다. 그 주장에는, 만약 마리아를 수태시킨 하나님의 행위를 '간음'이라고 부른다면, 하나님은 아기를 가진 모든 여자와 간통을 한 셈이 될 것이라고 대답할 수 있을 것입니다. 그분이 단 한 번 인간 아버지 없이 하신 그 일은 인간 아버지를 도구로 삼아 언제나 하시는 일이기 때문입니다. 보통의 생식에서 인간 아버지의 역할은 지고의 생명으로부터 나오는 생명의 전달자에 불과합니다. 때로는 마지못해 전달자가 되기도 하며, 언제나 기나긴 전달자 행렬의 끝에 위치합니다. 따라서 혼란에 빠져 있고 정말로 분개한, 가엾은 적들이 거룩하신 분께 던지는 오물은 그분께 달라붙지 않거나, 달라붙더라도 금세 영광으로 바뀌어 버립니다.

하나님의 우주적 활동이라는 큰 글자로 본 내용을 작은 규모로 빠르게 보여 주는 기적들은 이제 그만 다루겠습니다. 그러나 우리가 아직 보지 못한 우주적 활동의 일부를 미리 보여 주는 두 번째 부류의 기적들을 살펴보기에 앞서, 한 가지 오해에 대해 주의를 당부해야겠습니다. 제가 기적을 기적이 아닌 것으로 만들려 한다고 생각하지 마시라는 겁니다. 저는 그것들이 자연적 사건들과 다르지 않기 때문에 개연성이 높다고 말하는 것이 아닙니다. 제가 대답하려는 상대는 기적이 자의적이고 부자연스럽고 하나님께 어울리지 않으며 보편적 질서에 대한 무의미한 간섭이라고 생각하는 사람들입니다. 제가 볼 때, 기적은 여전히 기적적인 일입니다. 보통 살아 있는 곡물에게 천천히 벌어지는 일을 구워져 생명력을 잃은 곡물에 즉시 행하시는 일은 돌로 빵을 만드는 것 못지않은 큰 기적입니다. 그러나 종류가 다른 기적입니다. 이것이 요점입니다.

　오비디우스의 책[16]이나 그림 형제의 책[17]을 펼쳐 보면, 정말 제멋대로라 할 만한 기적들을 보게 됩니다. 나무가 말하고, 집이 나무로 바뀌고, 마법의 반지가 외딴 곳에서 음식이 풍성하게 차려진 식탁을 불러내고, 배가 여신이 되고, 사람들이 뱀이나 새나 곰으로 변합니다. 재미있는 읽을거리긴 하지만, 그것이 만에 하나 실제로 벌어진 일일지 모른다는 의심이 조금만 생겨도 그 재미는 악몽으로 바뀌고 말 것입니다. 사복음서에는 그런 종류의 기적이 없습니다. 그런 기적들은 자연을 침공하는 외계의 힘이 있다는 증거가 될 것입니다. 그러나 그 힘이 자연을 만들고 매일 자연을 다스리는 바로 그 힘이라고 확신할 근거는 없을 것입니다. 그러나 참된 기적들은 그저 하나의 신이 아니라 하나님 그분을 보여 줍니다. 자연 바깥에 계시되 이방인이 아니라 주인으로 계신 하나님을 보여 줍니다. 참된 기적들은 어떤 왕이 우리 마을을 방문했다는 사실뿐 아니라 그분이 유일한 왕, 우리의 왕이심을 선언합니다.

---

16) Ovid(B.C. 43~A.D. 18)의 《변신 이야기 *Metamorphoses*》.

17) Jacob Ludwig Carl(1785~1863)과 Wilhelm Carl(1786~1859) Grimm 형제의 동화책.

이 견해에 따르면, 두 번째 부류의 기적들은 하나님이 아직 행하지 않으셨으나 우주적으로 행하실 일의 전조가 됩니다. 그분은 한 사람(그분 자신이셨습니다)을 죽은 자들 가운데서 일으키셨습니다. 그것은 언젠가 모든 인간을 죽은 자 가운데서 일으키실 것이기 때문입니다. 인간들만이 아닐지도 모릅니다. 신약성경에는 모든 피조물이 마침내 썩어짐에서 벗어나 제 모양을 되찾고 다시 만들어진 영광스러운 인류를 보조할 거라는 암시들이 있습니다.[18] 그리스도의 변모,[19] 물 위를 걸으심[20]은 하나님이 훗날 인간을 깨우실 때 우리가 갖게 될 아름다움과 모든 물질에 대한 자연스러운 지배력을 엿보게 해 줍니다.

부활은 우리가 보는 변화들과 반대 방향으로 진행되는 일련의 변화들이 들어 있다는 점에서 자연 현상의 '역전'의 의미가 있습니다. 죽음이 찾아오면, 유기물 상태였던 물질이 서서히 무기물로 돌아가고 마침내는 뿔뿔이 흩어집니다. 그 후 다른 유기물들에 사용되기도 하겠지요. 부활은 그것이 거꾸로 진행되는 과정이 될 것입니다. 물론 그것은 그 원자들이 숫자 하나까지 그대로 최초, 또는 '자연적인' 몸을 이루었던 각 사람에게 되돌아간다는 뜻은 아닐 것입니다. 우선, 그 물질 단위들은 모두에게 골고루 돌아갈 만큼 충분하지 않을 것입니다. 지금 현세에서도 우리 몸의 통일성은 그 구성 성분들이 서서히 복잡하게 바뀌는 것으로 이루어집니다. 그러나 지금은 우리가 모종의 물질이 유기물로부터 몰려 나가는 모습을 보지만 부활은 유기물로 몰려오는 모습을 뜻합니다. 그것은 이미 본

---

18) 예를 들면 로마서 8장 22절. "피조물이 다 이제까지 함께 탄식하며 함께 고통을 겪고 있는 것을 우리가 아느니라."

19) 마 17:1-9; 막 9:2-10.

20) 마 14:26; 막 6:49; 요 6:19.

영화를 거꾸로 돌려 보는 것과 같습니다. 그런 의미에서 부활은 자연의 역전입니다. 물론 이런 의미의 역전이 반드시 모순이냐 하는 것은 별개의 질문입니다. 그 영화가 거꾸로 틀 수 없는 것인지 우리가 어떻게 압니까?

글쎄요. 어떤 의미에서는 영화가 거꾸로 돌아가지 않는다는 것이 현대 물리학의 가르침입니다. 이미 들어 보셨겠지만, 현대 물리학에 따르면 우주는 '태엽이 풀려 가고 있습니다.' 무질서와 우연성이 끊임없이 늘어나고 있습니다. 무한히 멀지 않은 미래의 어느 때가 되면 우주가 수명이 완전히 다하거나 완전히 무질서해질 것이고, 과학은 그 상태에서 우주가 어떻게 회복될 수 있는지 알지 못합니다. 과학은 우주의 태엽이 감긴 과정을 알지 못하지만, 무한히 멀지 않은 과거의 어느 때에 태엽이 감겼을 것입니다. 요점은 이것입니다. 우리 선조들에게 우주는 그림과 같았습니다. 현대 물리학은 우주를 이야기로 봅니다. 만일 우주가 그림이라면 자연 현상이 역전되는 일들은 그 그림 안에 있거나 없거나 둘 중 하나입니다. 우주는 무한한 그림이므로 그 안에 없는 일들이라면, 세상의 본질에 반대되는 것이라고 추정할 수 있습니다. 그러나 우주가 이야기라면 상황은 달라집니다. 완결되지 않은 이야기라면 더욱 그렇습니다. 현대 물리학이 들려주는 이야기는 '험프티 덤프티가 떨어지고 있다'[i]는 말로 간단히

---

i) 영국의 마더 구즈Mother Goose의 동요집에 나오는 아래의 시에서 인용. 험프티 덤프티는 계란 모양의 뚱뚱한 인물로, 떨어지면 계란처럼 깨져 버린다.— 옮긴이. 이후 i), ii), iii)……은 옮긴이 주.
험프티 덤프티, 담 위에 앉아 있었네.
험프티 덤프티, 떨어져 와장창 부서졌네.
왕의 말들을 전부 모은다 해도,
왕의 신하들을 전부 모은다 해도,
깨진 험프티 덤프티 다시 돌려놓지는 못한다네.

요약할 수 있을 것입니다. 다시 말해, 현재의 모습이 이야기의 전부가 아니라는 말입니다. 험프티 덤프티가 떨어지기 전, 담장 위에 앉아 있었던 때가 있었을 것입니다. 그가 땅바닥에 떨어지고 난 이후의 시간도 있을 것입니다. 과학의 입장에서는 험프티 덤프티가 바닥에 떨어져서 부서지고 난 뒤에 그를 되돌려 놓을 수 있는 말馬과 사람들이 없다는 게 사실입니다. 그뿐만 아니라 과학은 험프티 덤프티가 처음에 어떻게 해서 담장 위에 놓일 수 있었는지에 대해서도 아는 바가 없습니다. 과학에 그걸 기대하면 안 됩니다. 과학은 모두 관찰에 기초하는데, 우리가 관찰할 수 있는 것이란 공중에서 떨어지고 있는 험프티 덤프티가 전부입니다. 우리는 그가 담장에서 떨어진 뒤에 태어났고 그가 땅바닥에 떨어지기 한참 전에 멸종될 것이기 때문입니다. 그러나 태엽이 풀려 가는 동안 관찰한 것들을 근거로 그 과정 이전에 있었을 상상도 못할 태엽을 감는 일이, 그 과정이 끝났을 때는 일어날 수 없다고 가정하는 것은 독단에 불과합니다. 상황의 본질상, 현재 물질계에서 발견되는 붕괴와 무질서의 법칙들은 세상의 궁극적이고 영원한 본질일 수 없습니다. 그렇지 않다면 애초부터 붕괴하고 무질서로 떨어질 질서가 존재하지 않았을 것입니다. 험프티 덤프티가, 존재한 적조차 없는 담장에서 떨어질 수는 없는 노릇입니다.

우리가 자연이라고 알고 있는 '떨어지는 과정', '붕괴되는 과정' 바깥에 놓인 사건은 우리의 상상을 초월합니다. 주님이 부활 후 나타나신 기록을 통해 볼 때, 부활한 몸이 죽었던 몸과 아주 다르고 자연적 생명을 가진 몸과 상당히 다른 조건 하에서 산다는 것은 분명합니다. 대체로 사람들은 그 모습을 제대로 알아보지 못했습니다.[21] 갑자기 나타났다 사라지시는 것[22]은 통속적인 전설에 나오는 유령을 연상케 합니다. 하지만 그분은 자신이 영적 존재만이 아님을 애써 강조하시고, 더 나아가 부활한 몸이 여전히 식사와 같은 동물적 기능을 수행할 수 있음을 보여 주십니다.[23] 이 모든 이야기가 당황스럽게 느껴지는 이유는 우리가 소위 자연을 넘어갈 때, 즉 대단히 특화되고 제한된 오감의 삼차원 세계를 넘어갈 때 곧장 순전히 부정적인 영성의 세계, 어떤 공간도 감각적 요소도 없는 세계에 있게 될 거라고 가정하기 때문입니다. 그러나 제가 아는 한 그렇게 믿을 만한 근거가 없습니다. 원자 하나만 설명하려고 해도 슈뢰딩거[24]는 7차원이 필요하다고 주장합니다. 우리에게 새로운 감각들이 주어진다면 새로운 자연을 발견하게 될 것입니다. 어쩌면 층층이 쌓인 자연들이 있을 수도 있습니다. 위층 자연은 아래층 자연에 대해 초자연이 되겠지요. 그런 구조의 끝까지 거슬러 올라가다 보면 순전한 영의 심연에 이르게 될 것입니다. 그리고 그 심연 속, 아버지의 우편에 있는 자리는 아래의 자연들에서 떠나는 것을 의미하는 게 아니라 그 모든 층 위에서 더 역동적으로 존재한다는 뜻일 수도 있습니다.

그래서 저는 승천 이야기가 알레고리에 불과하다는 가정이 성급하다고 생각합니다. 승천이란 말은 절대적인 위아래가 있고 하늘의 어떤 장소에 천국이 있다고 상상했던 사람들이 지어낸 얘기처럼 들린다는 걸 저도 압니다. 그러나 이렇게 말하는 것은 결국 "그 이야기가 가짜라면, 그것이 어떤 식으로 생겨났는지 이렇게 설명할 수 있지요"라고 말하는 꼴입니다. 그런 가정이 없다면 우리는 우리를 이끌어 줄 어떤 개연성도 없이 "실

---

21) 눅 24:13-31, 36-37; 요 20:14-16.
22) 막 16:14; 눅 24:31, 36; 요 20:19, 26.
23) 눅 24:42-43; 요 21:13.
24) Arthur Schrödinger(1887~1961). 오스트리아의 물리학자.

현되지 않은 세계들을 이리저리 돌아다니는"[25] 처지가 될 것입니다. 만약 그 이야기가 사실이라면, 그분이 우리 방식과는 다른 어떤 방식으로 여전히 육체를 지니신 채 자신의 뜻에 따라 우리가 사는 삼차원과 오감의 세계에서 물러나 (비감각적이고 무차원적 세계가 아니라 어쩌면) 초감각과 초공간의 어떤 세계로 들어가시거나 그런 세계들을 거쳐 가셨다는 뜻이기 때문입니다. 그리고 그분은 그 일을 서서히 하기로 하실 수도 있습니다. 목격자들이 어떤 광경을 봤을지 도대체 누가 알겠습니까? 그들이 잠시 수직 상승하는 움직임을 보았고 그 다음엔 불분명한 물체가 보였고, 그 다음엔 아무것도 보이지 않게 되었다고 말한다면, 이것이 개연성이 없다고 누가 단언할 수 있습니까?

제게 주어진 시간이 거의 다 되었습니다. 그러니 제가 다루기로 약속했던 두 번째 부류의 사람들에 대해서는 아주 간략히 언급하겠습니다. 그들은 자연법칙을 논리 법칙과 같은 것으로 오해합니다. 그래서 자연법칙에서 벗어나는 것은 '사각형 원'이나 '2더하기 2는 5'와 같은 자기모순이라고 생각합니다. 이런 생각 배후에는 인간의 지성이 자연의 정상적인 과정들을 투명하게 파악했고, 자연이 지금처럼 운행하는 이유를 모두 알 수 있다는 지레짐작이 깔려 있습니다. 어떤 현상이 일어나는 이유를 알 수 없다면, 그와 달리 되어선 안 될 이유도 알 수 없기 때문입니다. 그러나 자연의 실제 경로는 불가해합니다. 제 말은 아직은 과학이 그것을 설명하지 못했지만 언젠가 설명할지도 모른다는 뜻이 아닙니다. 제 말은 설명의 본질상, 물질이 왜 지금과 같은 특성을 띠는지 설명하는 것이 불가

25) 이 인용문은 워즈워스의 *Intimations of Immortality*, ix, 149에 나오는 "실현되지 않은 세계들에서 이리저리 돌아다니는"을 약간 틀리게 인용한 듯하다.

능하다는 뜻입니다. 설명은 본질상 '만약 그렇다면'의 세계를 다루기 때문입니다. 모든 설명은 'A이므로 따라서 B'나 '만약 C라면 D'의 형식을 취합니다. 어떤 사건이건 설명하기 위해서는 우주를 계속 운영 중인 기업, 특정 방식으로 작동하는 기계로 가정해야 합니다. 이 특정한 작동 방식이 모든 설명의 기초가 되기 때문에 그 자체는 결코 설명될 수 없습니다. 우리는 그것이 다른 방식으로 작동하지 말았어야 할 이유를 알 수 없습니다.

이 말은 기적이 자기모순이라는 의심을 제거해줄 뿐 아니라, 우리 주님의 기적들과 자연의 일반적 질서가 본질적으로 닮았다는 아타나시우스의 지적이 참으로 옳음을 깨닫게 해줍니다. 둘 다 지성이 설명할 수 없는 영역입니다. '자연적'인 것이 분류 가능한 것, 규칙을 따르는 것, 비교 대상이 될 수 있는 것, 다른 사건들을 통해 설명될 수 있는 것을 뜻한다면, 전체로서 자연 자체는 자연적이지 않습니다. 기적이 그냥 받아들여야 하는 것, 그 자체를 설명하지 않고 그냥 존재하는 결정적인 현실이라면 우주는 하나의 거대한 기적입니다. 우리를 그 거대한 기적으로 이끄는 것이 그리스도께서 지상에서 행하신 기적들의 주된 목적 중 하나입니다. 그래서 그분은 그것들을 표적Signs이라 말씀하셨습니다.[26] 우리는 이미 주어진 실제 우주의 불가해하고 거의 제멋대로인 특성을 근거로 구체적인 사건들을 설명하는데, 그리스도의 표적들은 이런 설명들이 우주의 특성을 설명하는 것이 아님을 상기시켜 줍니다. 이 표적들은 우리를 현실에서 멀어지게 하지 않습니다. 오히려 우리를 현실로 불러들입니다. '만약과 그러면'의 꿈

---

26) 마 12:39, 16:4, 24:24, 30; 막 13:22, 16:17, 20; 눅 21:11, 25.

나라에서 벗어나 실재하는 모든 것에 담긴 놀라운 실재성의 세계로 불러들입니다. 그리스도의 기적들을 초점으로 삼으면, 보통 우리가 보는 것보다 더 많은 실재가 눈에 들어오게 됩니다. 저는 그분이 빵과 포도주를 어떻게 만드셨는지, 사람들이 오래 전부터 알지 못한 채 섬겼던 참된 게니우스가 바로 자신이심을 동정녀 잉태로 어떻게 보여 주셨는지 말했습니다. 여기엔 더 깊은 의미가 있습니다. 빵과 포도주는 그리스도인들에게 더욱 신성한 중요성을 갖게 되고, 생식 행위는 모든 신비가들 사이에서 인간 영혼과 하나님의 연합을 나타내는 상징물로 선택될 터였습니다.

이런 일들은 우발적 사건이 아닙니다. 그분께 우발적 사건이란 없습니다. 그분은 식물계를 창조하셨을 때 매년 곡물의 죽음과 부활이 경건한 이교도의 마음에 어떤 꿈을 불러일으킬지 이미 아셨고, 그분이 친히 그렇게 죽었다가 다시 살아나셔야 한다는 것과 그로 인해 어떤 의미에서 옛 곡물 왕 종교를 포괄하면서도 월등히 초월하게 될 것을 아셨습니다. 그분은 "이것은 내 몸이라"[27]고 말씀하시게 될 터였습니다. 보통 빵, 기적의 빵, 성찬의 빵, 이 세 가지는 구별되지만 분리되지는 않습니다. 신적 실재는 푸가[ii]와 같습니다. 그분의 모든 행위는 서로 다르면서도 모두 운이 맞고 같은 주제를 되풀이합니다. 그렇기 때문에 기독교에 대해 말하기가 그렇게 어려운 것입니다. 어떤 이야기나 교리를 집중해서 살피면 그것이 곧 자석이 되어 존재의 온갖 수준에서 흩어져 있는 진리와 영광이 좌르르 끌려옵니다. 특색 없는 범신론의 통일성과 합리주의의 그럴듯한 구별들은

---

27) 마 26:26; 막 14:22; 눅 22:19; 고전 11:24.

ii) 하나의 성부聲部가 주제를 나타내면 다른 성부가 그것을 모방하면서 대위법에 따라 좇아가는 악곡 형식.

이음새는 없으나 계속 달라지는 현실의 구조, 하나님의 풍부한 다차원적 세계의 생생함, 미묘함, 서로 뒤얽힌 조화 앞에서 무너지고 맙니다. 그러나 이것은 기독교를 논하기 어렵게 하는 요인인 동시에 기독교 신앙의 확고한 근거의 하나이기도 합니다. 우리 두뇌가 물질의 산물이라는 식으로 기독교 신앙이 두뇌의 산물, 즉 꾸며 낸 이야기라고 생각하는 것은 이 화려하고 거대한 교향곡이 그보다 훨씬 더 작고 내용 없는 무언가에서 나왔다고 믿는 것과 같습니다. 그러나 그렇지 않습니다. 그보다는 노리치의 줄리안[iii]이 본 환상이 진실에 가깝습니다. 그 환상에 따르면, 그리스도께서 헤이즐넛 같은 작은 물체를 손에 들고 이렇게 말씀하셨습니다. "이것이 창조된 전부이다."[28] 그것이 너무나 작고 약해 보였기에 그녀의 눈엔 그것이 부서지지 않는 게 의아할 정도였습니다.[29]

---

iii) Julian of Norwich. 14세기 영국에서 살았던 신비주의 여류 작가이자 영성 지도자.

28) *Sixteen Revelations of Divine Love*, ed. Roger Hudleston(London, 1927), ch. 5, p. 9.

29) 편지 3을 보라.

3 교리와 우주

"인간 지식은 끊임없이 성장하는데 기독교의 교리는 변하지 않는다"는 말은 기독교에 대해 자주 들을 수 있는 비난입니다. 그래서 불신자들은 그리스도인들을 이미 작아져 버린 틀에 새로운 지식을 억지로 구겨 넣는 가망 없는 일에 몰두하는 사람들로 봅니다. 저는 외부인들을 기독교에서 멀어지게 하는 데는 이런저런 교리와 이런저런 과학 이론의 구체적인 불일치보다 이런 인상이 더 크게 작용한다고 생각합니다. 그리스도인들은 교리와 과학 이론 사이의 개별적인 '난점들'을 수십 가지 '해결'할 수 있지만, 그런 시도 전체가 실패할 수밖에 없는 억지에 불과하다는 불신자의 거부감은 달라지지 않습니다. 오히려 그 해결책이 기발할수록 더욱 억지스럽게 보입니다. 불신자는 우리 선조들이 지금 우리가 우주에 대해 아는 바를 알았다면 기독교는 애초에 존재하지도 않았을 거라고 믿고 있고, 지금 아무리 꿰매고 고쳐 봐야 불변함을 내세우는 모든 사고 체계는 결국 지식의 성장에 적응할 수 없다고 보기 때문입니다.

저는 이런 입장에 대해 답해 보려고 합니다. 제가 생각하는 근본적인 답변으로 넘어가기 전에, 우선 기독교 교리와 현재 우리가 가진 과학 지식의 실제 관계에 대한 몇 가지 논점들을 분명히 해 두었으면 합니다. 이것은 미래에 지식이 끊임없이 성장하여 마침내 기독교를 무찌르고 말 거라는, 진위 여부를 알 수 없는 상상과는 전혀 다른 문제입니다.

많은 그리스도인들이 알아차린 바와 같이, 어떤 면에서 볼 때 최근의 현대 과학은 기독교 교리와 한편이 되었고 고전적 형태의 유물론과 결별했습니다. 현대 물리학을 통해 자연이 영원하지 않다는 사실이 분명히 드러났습니다. 우주에는 시작이 있었고 끝도 있을 것입니다. 그러나 과거의 거창한 유물론 체계들은 모두 물질의 영원성과 그에 따른 물질의 자존성을 믿었습니다. 1942년 리델 기념 강연에서 휘터커 교수가 한 말을 들어 보십시오. "창조론의 교리를 진지하게 반대할 수 있는 유일한 방법은 세상이 현재와 비슷한 상태로 영원부터 존재했다고 주장하는 것뿐이었습니다."[1] 유물론의 근본을 떠받치던 이 토대가 이제 철회되었습니다. 하지만 우리는 이것에 너무 의지해선 안 됩니다. 과학 이론은 변하기 때문입니다. 여하튼 현재로서는 우리가 아니라, 자연에는 그 너머의 원인이 있음을 부인하는 사람들에게 입증 책임이 넘겨진 듯합니다.

그러나 대중들은 우주의 기원보다는 그 광대한 크기와 인간 생명에 대한 (적대감은 아니라 해도) 무심함 같은 우주의 특성을 더 중요하게 여기는 듯합니다. 이렇듯 우주의 특성이 사람들에게 더욱 인상 깊게 다가오는 것은 많은 경우 그것이 현대의 발견이라고 생각하기 때문입니다. 우리 선조들이 알지 못했던 지식, 그들이 알았더라면 기독교의 시작을 원천 봉쇄했을 지식의 탁월한 사례라는 거지요. 하지만 이것은 역사적 사실로 볼 때 틀린 주장입니다. 프톨레마이오스는 우주 공간의 전체 크기에 비하면 지구는 크기 없는 점에 불과하다는 사실을 에딩턴[2] 못지않게 잘 알고 있

---

1) Sir Edmund Taylor Whittaker, *The Beginning and End of the World*, Riddell Memorial Lectures, Fourteenth Series(Oxford, 1942), p. 40.

없습니다.[3] 이것은 지식이 성장을 거듭하여 오래된 사고의 틀이 더 이상 그것을 담아낼 수 없게 된 상황이 아닙니다. 지구가 공간적으로 소소하다는 것은 이미 여러 세기에 걸쳐 알려진 사실인데 왜 지난 세기에 와서 갑자기 기독교에 반대하는 논증으로 변했는지가 진짜 문제입니다. 저는 왜 이런 일이 벌어졌는지는 모르지만, 이것이 사고가 더 명료해졌음을 입증하는 것은 아님이 분명합니다. 제가 볼 때 크기로부터의 논증은 대단히 취약하기 때문입니다.

시신을 검사하는 의사가 시신의 장기 상태를 관찰하고 음독이라고 진단할 때 그의 주장이 합리적인 근거는 자연사한 경우 장기의 상태가 어떤지를 분명히 알고 있기 때문입니다. 이와 마찬가지로, 우주의 광대함과 지구의 소소함을 근거로 하나님의 존재를 부정하려면 먼저, 하나님이 존재하지 않을 경우에는 우주가 어떤 곳이어야 하는지에 대해 분명한 생각이 있어야 합니다. 그러나 과연 그렇습니까? 우주가 유한하다고 생각하는 현대인들도 있습니다만, 실제 공간이 어떻든 우리는 공간을 3차원적인 것으로 지각할 수밖에 없습니다. 그런데 3차원적 공간은 경계를 가질 수 없으므로 우리의 지각 형식으로는 우리 자신이 무한한 공간 속 어딘가에 살고 있다고 느낄 수밖에 없습니다. 이 무한한 공간에 우리에게 쓸모 있는 것들(해와 달)을 제외하고는 어떤 천체도 없다면, 그런 방대한 공허성은 분명 하나님의 존재를 부정하는 논증으로 사용될 것입니다. 만일 우리가 다른 천체들을 발견한다면, 그 천체들은 생명체가 거주하는 곳이거

---

2) Sir Arthur Stanley Eddington(1882~1944), *The Expanding Universe*(1933)의 저자.
3) 프톨레마이오스는 기원후 2세기에 알렉산드리아에서 살았다. 여기서는 그의 책 *Almagest*, bk. I, ch. v.를 가리킨 것이다.

나 아니거나 둘 중 하나일 수밖에 없습니다. 그런데 이상한 것은, 이 두 가지 가정 모두 기독교를 거부하는 근거로 쓰인다는 점입니다. 만일 우주가 생명체로 가득한 곳이라면, 이는 인간이 특별하다는 기독교의 주장과 하나님이 인간과 인간 구원을 위해 스스로 인간이 되어 지구라는 행성으로 내려왔다는 기독교의 교리가 얼마나 어이없는 것인지 보여 준다는 말을 듣게 될 것입니다. 그러나 다른 한편으로, 만일 지구가 이 우주에서 유기체 생명이 사는 유일한 곳이라면, 이는 우주 안의 생명이 우연한 부산물에 불과함을 증명해 줌으로 역시 기독교는 틀렸다는 증거라는 말을 듣게 될 것입니다. 참으로 인간은 만족시키기 어려운 존재입니다. 우리는 경찰이 용의자를 대하는 태도로 하나님을 대합니다. 그가 한 모든 일을 '그에 대한 불리한 증거'로 사용하는 것입니다. 저는 이것이 인간의 사악함 때문이라 생각하지 않습니다. 우리의 사고방식에는 우리의 존재 방식과는 상관없이 존재 자체에 늘 당황하게 하는 그 무엇이 있는 것 같습니다. 유한하고 우발적인 존재, 즉 존재하지 않았을 수도 있는 존재는 자신이 지금 여기에 사물의 실제 질서 위에 놓여 있다는 분명한 사실을 순순히 받아들이기가 그렇게 어려운 모양입니다.

그야 어찌되었든, 크기로부터 논증하는 논거는 크기의 차이가 가치의 차이와 일치해야 한다는 가정임이 분명합니다. 그렇지 않다면 자그마한 지구와 거기 사는 그보다 더 작은 인간들이 나선형 성운星雲들을 포함한 우주에서 가장 중요한 존재가 되어선 안 될 이유가 없기 때문입니다. 자, 이런 가정이 이성적인 것입니까, 감성적인 것입니까? 다른 사람이 그렇듯 저도, 하나님이 보실 때 은하계가 그에 비하면 원자 정도의 크기에 불과한 인간보다 중요하지 않다는 생각은 터무니없게 느껴집니다. 그러나 키가 150센티미터인 사람이 160센티미터인 사람보다 중요할 수 있고, 인간이 나무보다, 뇌가 다리보다 더 중요할 수 있다는 생각에는 그와 비슷한 불합리함을 느끼지 않습니다. 다시 말해, 그런 불합리함의 느낌은 크기의 차이가 대단히 클 때만 나타나는 현상입니다. 그러나 우리의 이성이 어떤 부분에서 모종의 관계를 파악했다면, 그 관계는 보편적으로 유효한 것이 됩니다. 만일 크기와 중요성이 정말 서로 연관되어 있다면, 크기 차이가 커지면 중요도 차이도 커지고 크기 차이가 작으면 중요도 차이도 작다는 뜻일 수밖에 없습니다. 그러나 제정신인 사람이라면 아무도 그렇게 생각하지 않을 것입니다. 저는 키 큰 사람이 키 작은 사람보다 조금이라도 더 가치 있다고 생각하지 않습니다. 인간보다 나무가 더 우월하다고 여기지 않습니다. 인간과 나무의 크기 차이란 극히 적은 것이기에 무시하는 것이지요. 크기 차이가 작은 두 대상을 다룰 때에는, 크기의 차이가 가치의 차이와 아무 상관이 없음을 인식합니다. 그러므로 결론은 분명합니다. 우리가 크기의 차이에 부여하는 중요성은 이성의 문제가 아니라 감정의 문제일 뿐입니다. 어떤 것의 절대적인 크기가 일정 지점에 도달하면 비로소 크기의 우월함에 대해 위와 같은 특이한 감정이 생겨납니다.

우리는 어쩔 수 없는 시인들입니다. 우리의 상상력이 깨어납니다. 무엇인가의 양이 대단히 커지면 더 이상 단순히 양으로 생각하지 않고 거기서 숭고함을 느낍니다. 그렇지 않다면, 은하계의 산술적 크기를 보더라도 전화번호부에 적힌 숫자들과 별반 다름없게 느꼈을 것입니다. 어떤 의미에서 물질적 우주가 경외감을 불러일으키는 힘을 이끌어오는 곳은 다름 아닌 우리 자신입니다. 우리와 같은 감정을 공유하지 않고, 우리와 같은 상상력을 갖지 못한 정신적 존재에게는 크기에 근거한 논증이 전혀 무의미할 것입니다. 인간들은 별이 빛나는 하늘을 바라보며 외경심을 느끼지만 원숭이들은 그렇지 않습니다. 파스칼[4]이 영원한 우주 공간의 침묵을 보고 두려움을 느낀 것은 파스칼 자신의 위대함 때문이었습니다. 우리가 우주의 크기에 겁을 집어먹는 일은, 실은 거의 말 그대로 우리 자신의 그림자에 겁을 집어먹는 일과 같습니다. 왜냐하면 광년의 거리나 수십억 년의 세월은 거기에 시인이나 신화 작가인 인간의 그림자가 드리워지기 전까지는 단순한 산술에 불과하기 때문입니다. 우리가 인간의 그림자를 보면서 몸을 떠는 것이 잘못이라는 뜻은 아닙니다. 그것은 하나님의 형상의 그림자이니까요. 그러나 우리의 영혼이 물질의 광대함에 압도당하는 것은, 다만 인간의 상상력이 자연을 정신화하기 때문이라는 점을 기억해야 합니다. 안드로메다의 거대한 성운이 갖는 거대함은 어떤 면에서 자그마한 인간 덕분에 생기는 것입니다.

그러니 인간은 만족시키기 어려운 존재라는 말을 또 하지 않을 수 없습니다. 우리가 사는 세상이 우리에게 파스칼이 느낀 두려움을 줄 만큼 광대하고 이상하지 않다면 우리는 얼마나 가엾은 피조물이겠습니까! 우리는 이성을 갖춘 동물, 감각의 세계에서 출발해 신화와 비유를 거쳐 영의 세계에 이른 양서류입니다. 그런 우리가 물질적 우주의 거대함을 통해 힌트를 얻지 못했다면 하나님의 위대하심을 어떻게 알 수 있었을지 저는 모르겠습니다. 다시 묻겠습니다. 우리는 어떤 종류의 우주를 원하는 걸까요? 편안한 느낌이 들 만큼 우주가 작길 바란다면, 거기서 숭고함을 느낄

---

4) Blaise Pascal, *Pensées*, No. 206.

수는 없을 것입니다. 우리 영혼의 사지를 쭉 뻗어도 될 만큼 충분히 크길 바란다면, 우리를 당혹스럽게 할 만큼 커야 할 것입니다. 어떤 우주를 생각하건, 비좁아서 답답하거나 너무 커서 두려움을 느끼거나 둘 중 하나일 수밖에 없습니다. 저는 두려움을 택하겠습니다. 끝이 보이는 우주에서는 숨이 막히는 기분이 들 것입니다. 숲속을 걸어가다 중간에 일부러 돌아온 적이 없습니까? 혹시 숲이 끝나 버린 이후 상상 속에 빈약한 나무 몇 그루 정도로만 남을까 싶어서 말이지요.

제 말을 하나님이 나선형 성운들을 만드신 유일한 이유, 또는 주된 이유가 제게 경이감과 당혹감을 주시기 위함이었다는 식으로 오해하지 마시기 바랍니다. 저는 하나님이 그것들을 만드신 이유를 짐작조차 할 수 없습니다. 짐작할 수 있다면 오히려 놀라운 일이 되리라는 게 대체적인 제 생각입니다. 제가 이해하기로는, 기독교는 우주 전체를 반드시 인간 중심적으로 이해하지 않습니다. 물론 창세기의 첫 몇 장은 민간 설화의 형태로 창조 이야기를 들려줍니다. 그 사실은 이르면 성 제롬의 시대에도 인정되고 있었습니다. 성경의 첫 몇 장의 내용만 고려한다면, 기독교에 대해 그런 인상을 받을 수 있습니다. 그러나 그것은 성경 전체가 확증해 주는 바는 아닙니다. 욥기는 인간을 만물의 척도로 삼지 말라고 더없이 엄중하게 경고하고 있습니다. "네가 낚시로 리워야단을 끌어낼 수 있겠느냐?…… 어찌 그것이 너와 계약을 맺고 너는 그를 영원히 종으로 삼겠느냐?…… 그것의 모습을 보기만 해도 그는 기가 꺾이리라."[5] 사도 바울의 글을 보면 하늘의 권세가 대체로 인간에게 적대적인 것으로 보입니다. 물

5) 욥 41:1, 4, 9.

론, 하나님이 인간을 사랑하시고 인간을 위해 인간이 되셔서 죽으셨다는 것이 기독교의 정수입니다. 그러나 그것이 인간이 자연의 유일한 목적이라는 증거는 아닙니다.

예수님의 비유에서 목자는 한 마리 잃어버린 양을 찾아 길을 떠납니다.[6] 그 양은 양떼 중의 유일한 양도 아니었고, 그것이 가장 귀한 양이었다는 말도 없습니다. 다만, 사랑하는 자의 눈에는 가장 도움이 필요한 존재가 매우 특별해 보이기는 합니다. 그의 상황이 나아질 때까지 말입니다. 성육신의 교리는 우리가 이 광대한 우주에 대해 아는 바와 충돌합니까? 만약 우주에 우리와 다른 이성적 종족이 살고 있고, 그들도 우리처럼 타락하여 우리와 동일한 방식으로 구속救贖이 필요한데, 그러한 구원을 받지 못했다는 사실을 알게 된다면 그럴 것입니다. 그러나 우리는 이중 어떤 것도 알지 못합니다. 어쩌면 우주는 결코 구속이 필요해 본 적이 없는 생명체로 가득할 수도 있습니다. 어쩌면 구속받은 생명체들로 가득할 수도 있고요. 어쩌면 우주는 우리가 상상도 못할 방식으로 하나님의 지혜를 만족시키는, 뭔가 생명 아닌 존재들로 가득할 수도 있습니다. 우리는 하나님의 심리 지도를 그리거나 그분의 관심사를 제한할 만한 위치에 있지 않습니다. 우리는 우리보다 위대한 사람에게도 그런 시도를 하지 않습니다. 하나님이 사랑이시고 그분이 인간을 기뻐하신다는 교리는 긍정적인 교리일 뿐, 제한하는 교리가 아닙니다. 하나님은 그 교리보다 작은 분이 아닙니다. 그분에게 다른 어떤 면이 더 있는지, 우리는 알지 못합니다. 우리는 그저 하나님이 우리가 상상할 수 있는 것보다 더 크신 분임을 알

---

6) 마 18:12; 눅 15:4.

따름입니다. 우리는 하나님의 창조 세계가 대체로 우리가 이해할 수 없는 것이리라 능히 짐작할 수 있습니다.

이 문제를 둘러싼 오해가 커진 데는 그리스도인들에게 상당 부분 책임이 있습니다. 우리는 계시의 존재 목적이 모든 자연계를 비춰 주어 자연이 자명해지게 하거나 모든 질문에 답하는 것인 양 말하는 나쁜 습관이 있습니다. 그러나 제가 볼 때 계시는 타락한 인간이라는 특정한 동물을 그의 절박한 어려움에서 구해 주려는, 순전히 실용적인 목적으로 주어진 것입니다. 자유분방한 호기심을 채우고 싶어 하는 인간의 탐구 정신을 위해 주어진 것이 아닙니다. 우리는 하나님이 당신의 백성들을 찾아오셔서 구속하셨음을 압니다. 그것이 우리에게 창조 세계의 전반적인 특성에 대해 얼마나 말해 줄까요? 한 커다란 농장의 병든 암탉 한 마리에게 준 약이 영국 농업의 전반적 특성에 대해 말해 주는 정도와 비슷할 겁니다.

우리는 무엇을 해야 하는지, 어떤 길을 택해야 생명의 근원으로 나아갈 수 있는지 압니다. 그 지시를 진지하게 따라갔던 사람은 누구도 속았다는 불평을 하지 않았습니다. 그러나 우리와 같은 다른 피조물들이 존재하는지, 그들이 어떤 대우를 받는지, 무생물은 생물을 섬기기 위해서만 존재하는지 아니면 다른 존재 목적이 있는지, 우주의 광대함은 다른 어떤 목적으로 가는 수단인지, 환상인지, 아니면 무한한 에너지를 만들어 내기 위한 자연스러운 환경인지. 이런 점들에 대해서는 그저 추측만 할 수 있을 따름이라는 게 제 생각입니다.

기독교는 거대한 우주를 두려워할 필요가 없습니다. 거대한 우주를 두려워해야 할 쪽은 우리 행성의 생물학적 또는 사회적 진화에 존재의 모든 의미를 두고 있는 체계들입니다. 밤하늘을 올려다보며 두려움에 떨어야 할 사람이 있다면 창조적 진화론자, 베르그송주의자Bergsonian나 쇼주의자Shavian 또는 공산주의자입니다. 그들은 참으로 침몰하는 배와 운명을 같이했기 때문입니다. 참으로 그들은 이미 발견된 세상의 본질을 무시하려 애쓰고 있습니다. 단 하나의 행성에서 볼 수 있는 상승 경향에 집중함으로써 우주 전체의 불가피한 하강 경향, 낮은 온도와 돌이킬 수 없는 무질서로 가는 경향을 잊을 수 있는 것처럼 행동하고 있습니다. 그러나 엔트로피는 진정한 우주의 물결이고, 진화는 그 안의 지구에서 잠시 이는 잔물결일 뿐입니다.

이런 생각들을 근거로, 저는 이렇게 말하고 싶습니다. 우리 그리스도인들은 그동안 인류가 획득한 지식을 보며 두려워할 필요가 조금도 없다고 말입니다. 하지만 앞서 말씀드렸다시피, 이것은 근본적인 답변이 아닙니다. 과학 이론은 끝없이 변하기에 오늘날에는 지난 세기보다 우리에게 훨씬 우호적으로 보이지만 내일이면 불리하게 바뀔 수도 있습니다. 근본적인 답변은 다른 곳에 있습니다.

우리가 답하려는 질문의 내용을 다시 한 번 상기시켜 드리겠습니다. '끊임없이 지식이 증가하는 상황에서 변하지 않는 체계가 어떻게 살아남을 수 있습니까?' 우리는 이런 일이 이루어지는 사례를 잘 알고 있습니다. 플라톤의 위대한 한 구절을 읽으며 그 형이상학과 문학적 아름다움, 유럽 역사에서 그 구절이 차지하는 위치를 단번에 파악하는 성숙한 학자는 이제 겨우 그리스어 알파벳을 배우는 소년과는 전혀 다른 위치에 있습니다. 하지만 그 방대한 정신적 정서적 활동은 모두 변하지 않는 알파벳 체계를 통해 이루어지고 있습니다. 알파벳 체계는 새로운 지식에 의해 깨어지지 않았습니다. 낡아 버리지 않습니다. 이것이 변한다면, 모든 것이 혼란에 빠질 것입니다. 수백만 명의 삶에 영향을 끼칠 것이며 지극히 복잡한 경제·지리·정치적 사항을 고려해야 하는 조치의 도덕성을 검토하는 위대한 크리스천 정치가는, 남을 속이거나 거짓말을 하거나 죄 없는 사람들에게 상처를 줘서는 안 된다는 것을 처음 배우는 소년과 다른 위치에 있습니다. 그러나 그의 판단이 도덕적일 수 있으려면 위대한 도덕적 상투어들에 대해 어릴 때 배운 지식이 손상되지 않고 그의 가슴속에 살아남아 있어야만 합니다. 그 지식이 사라져 버리면, 진보는 없고 변화만이 있을 것입니다. 핵심이 유지되지 않으면 변화는 더 이상 진보가 아니기 때문입니다. 작은 참나무가 자라서 큰 참나무가 됩니다. 작은 참나무가 너도밤나무가 된다면, 그건 성장이 아니라 변화에 불과할 것입니다. 과일 개수를 세는 것과 현대 물리학의 수학 공식을 유도하는 과정은 커다란 차이가 있습니다. 그러나 구구단은 두 경우 모두에 쓰이고 시대에 뒤떨어지지 않습니다.

다시 말하면, 지식의 진정한 진보가 있는 곳에는 바뀌지 않는 일종의 지식이 있습니다. 진보라는 것이 가능하려면 변하지 않는 요소가 있어야 합니다. 새 포도주에는 새 술병. 물론입니다. 그러나 새 입천장, 새 목구멍, 새 위장은 아닙니다. 그렇다면 그것은 우리에게 '포도주'가 아닐 것입니다. 저는 간단한 수학 규칙에서 이런 종류의 변하지 않는 요소를 찾을 수 있다는 데 모두가 동의할 거라 생각합니다. 저는 여기에다 도덕의 기본 원리들을 덧붙이고 싶습니다. 그리고 기독교의 근본 교리들도 덧붙이겠습니다. 다소 전문적인 용어로 표현하자면 이렇습니다. 역사적으로 기독교가 내세운 적극적 진술들은, 다른 분야에서도 형식 원리들의 경우에서 주로 볼 수 있듯 근본적인 변화 없이, 지식의 증가와 더불어 점점 더 복잡해지는 의미를 담아낼 능력이 있습니다.

예를 들어 봅시다. 니케아 신조에는 '그가 하늘에서 내려오셨다'는 표현이 있는데, 신조를 작성한 사람들은 이 부분을 쓰면서 낙하산이 강하할 때처럼 어떤 공간적 하늘에서 지구의 표면으로 내려오는 공간적 움직임을 염두에 두었을 수도 있습니다.(저는 한 번도 그렇게 생각해 본 적이 없습니다만.) 이후 다른 사람들이 나타나 공간적 천국 개념을 완전히 거부해 버렸다고 가정해 봅시다. 그래도 니케아 신조에 있는 이 대목의 중요성이나 신뢰성은 조금도 영향을 받지 않는 듯합니다. 어느 견해에서든, 이 일은 기적적인 일입니다. 또 어느 견해에서든 이 일을 믿을 때 따라오는 심상들은 본질적인 것이 아닙니다.

중앙아프리카의 회심자와 런던 할리스트리트에 사는 전문의가 그리스도께서 죽은 자들 가운데서 살아나셨음을 동시에 고백한다고 할 때, 그들의 생각에는 분명 커다란 차이가 있을 것입니다. 앞사람에게는 죽은 시체가 일어나는 단순한 그림이면 충분합니다. 뒷사람은 일련의 기다란 생화학적 과정과 심지어 물리적 과정들이 거꾸로 작용하는 광경을 생각할 것입니다. 의사는 경험적으로 그런 과정들이 거꾸로 일어난 적이 한 번도 없음을 압니다. 아프리카의 흑인은 죽은 시체가 일어나 걸어 다니지 않는다는 걸 알지요. 둘 다 기적에 직면했고, 둘 다 그 사실을 압니다. 두 사람 모두 기적이 불가능하다고 생각할 수 있습니다. 이때 유일한 차이점은 의사가 기적의 불가능성을 아프리카인보다 훨씬 더 자세하게 설명할 것이고 죽은 사람들이 걸어 다니지 않는다는 간단한 진술을 좀더 세련되고 정교하게 표현할 거라는 사실뿐입니다. 만약 둘 다 믿는다면, 의사가 하는 말은 그저 '그가 살아나셨다'는 말을 분석하고 좀더 복잡하게 표현하는 정도일 것입니다. 창세기의 저자는 하나님이 그분의 형상을 따라 인간을 만드셨다고 하는데, 이때 그는 모호한 형태의 하나님이 아이가 점토로 사람 모양을 만들듯 인간을 만드시는 모습을 머릿속으로 그리고 있었을 수도 있습니다. 현대의 기독교 철학자라면 물질의 최초 창조부터 시작해 이 행성에 생물학적 생명뿐 아니라 영적 생명까지 받을 수 있는 유기체가 처음 등장하기까지의 과정을 그릴 수도 있겠지요. 그러나 두 사람이 뜻하는 바는 본질적으로 동일합니다. 두 사람 모두 동일한 것, 즉 물질이 그 자체에 내재하는 맹목적 힘으로 영성을 만들어 냈다는 교리는 거부하고 있습니다.

이 말은 다양한 교육 수준의 그리스도인들이 전혀 다른 믿음의 내용들을 똑같은 말 아래 숨기고 있다는 뜻입니까? 전혀 그렇지 않습니다. 그들이 동의하는 부분은 본질이고, 의견을 달리하는 부분은 그림자이기 때문입니다. 한 사람은 평평한 땅 저 위에 있는 공간적 천국에 앉아 계신 하나님을 상상하고, 또 다른 사람은 화이트헤드 교수[7]의 철학 용어로 하나님과 피조 세계를 바라본다면, 두 사람의 차이점은 바로 이 중요하지 않은 부분에 해당합니다. 어쩌면 이 말이 과장처럼 들릴지 모르겠군요. 그러나 과연 그렇습니까?

물리적 실재에 대해 우리는 그 수학적 속성 외에는 아무것도 모른다는 결론을 피하기 어렵습니다. 우리의 첫 번째 계산기였던 손에 잡히는 해변의 조약돌, 데모크리토스가 상상한 원자, 보통 사람이 생각하는 공간은 그림자라는 것이 드러납니다. 수數가 이런 것들에 대한 우리 지식의 골

---

7) Alfred North Whitehead(1861~1947). *Science and the Modern World*(1925)와 *Religion in the Making*(1926) 등 여러 저서를 남겼다.

자이고 정신과 사물을 잇는 유일한 매개체입니다. 자연 그 자체의 본질은 숨겨져 있습니다. 우리는 단순한 인식을 가진 사람의 눈에 명백해 보이던 자연의 모습이 참으로 환영에 불과한 것임을 알게 됩니다. 영적 실재에 대한 지식도 마찬가지입니다. 하나님의 본질, 철학자들이 생각한 하나님의 모습은 우리의 지식에서 끊임없이 멀어집니다. 종교와 더불어 나타나는 정교한 세계상들, 그것이 지속되는 동안에는 너무나 확고한 것으로 보였던 세계상들이 그림자에 불과했음이 드러납니다. 실재로 가는 우리의 유일한 길은 결국 기도와 성례와 회개와 예배, 즉 종교 자체입니다. 수학이 그렇듯, 종교도 내면에서부터 자라날 수도 있고, 썩을 수도 있습니다. 유대인은 이교도보다 많이 알았고, 그리스도인은 유대인보다 많이 알며, 현대의 막연하게 종교적인 사람은 그 셋 중 누구보다 아는 게 적습니다. 그러나 수학과 마찬가지로, 종교는 그 자체로 물질적 우주에 대한 어떤 새로운 이론에도 적용될 수 있고, 그 어떤 이론에 의해서도 시대에 뒤떨어진 것으로 밀려나지 않습니다.

하나님의 임재 안에 들어간 모든 사람은, 원하건 원치 않건 그를 다른 시대의 사람들과, 심지어 이전의 자신과도 너무나 다르게 보이게 했던 온갖 것들이 벗겨져 버린 자신의 본모습을 발견하게 될 것입니다. 그는 그가 언제나 있던 자리, 모든 사람이 늘 머무는 자리로 돌아옵니다. 모든 것은 언제나 동일합니다[8]. 자신을 속이지 맙시다. 우리가 우주를 제아무리 복잡하게 그려 내도 그것이 우리를 하나님으로부터 숨겨 주지는 못합니다. 하나님으로부터 피할 은신처가 될 만큼 빽빽한 덤불이나 숲이나 정

---

8) *"Eadem sunt omnia semper."*

글은 없습니다. 요한계시록은 그분을 보좌에 앉아 계시며 "땅과 하늘이 그 앞에서 피하여 간 데 없는"[9] 분으로 묘사합니다. 이 일은 우리 중 누구에게라도 언제든 벌어질 수 있습니다. 어느 곳에서든 눈 깜짝할 사이에, 너무 짧아서 측정도 못할 만큼 짧은 순간에, 우리를 하나님으로부터 갈라 놓는 듯 보이던 모든 것이 흩어지고 사라져 버릴 수 있습니다. 그렇게 되면 우리는 최초의 사람처럼, 유일했던 그 사람처럼, 그분과 나만 존재하는 것처럼 그분 앞에 벌거벗고 있게 될 것입니다. 그 만남은 오랫동안 회피할 수 있는 것이 아니고, 축복이나 공포가 될 것입니다. 그렇기 때문에, 인생의 본분은 그것을 좋아하는 법을 배우는 일입니다. 그것이 첫째 되는 큰 계명입니다.

---

9) 계 20:11.

4 기독교에 대한 질문과 답변

[이 글은 1944년 4월 18일 미들섹스 헤이스의 전기음악사 본사에서 열린 신우회 모임, '1인 두뇌위원회One Man Brains Trust'에서 루이스가 질문을 받고 대답한 내용이다. (신우회는) 질의응답 내용을 속기로 적었다가 타자로 친 후 루이스에게 보냈고 그가 약간 손을 본 후 1944년에 인쇄되었다. 사회자는 H. W. 바우언 씨였다.]

<u>루이스</u>   기독교와 현대 산업에 대한 몇 마디 말로 서두를 열어 달라고 하시더군요. 그런데 현대 산업은 제가 전혀 모르는 주제입니다. 하지만 바로 그렇기 때문에 이 주제야말로 기독교가 하는 일과 하지 않는 일을 잘 보여 줄 수 있을 듯합니다. 기독교는 전문 기술을 대체하지 않습니다. 기독교는 굶주린 사람들에게 먹을 것을 주라고 말하지만, 요리 교습을 시켜 주지는 않습니다. 요리를 배우고 싶다면 그리스도인이 아니라 요리사에게 가셔야 합니다. 전문 경제학자가 아니고 산업에 대한 경험도 없는데 그리스도인이라고 해서 저절로 산업 문제들에 해답을 갖게 되지는 않습니다. 저 개인적으로는 현대 산업이 그야말로 절망적인 체계라고 생각합니다. 급료를 인상하고 노동 시간을 줄이고 근로 조건 등을 개선할 수 있겠지만, 그 어느 것도 가장 심각한 문제, 즉 수많은 사람이 자신의 능력을 온전히 발휘하지 못하는 지루한 반복 작업을 하면서 평생을 보내게 된다는

사실은 해결하지 못합니다. 이 문제를 어떻게 극복할 수 있는지 저는 모릅니다. 한 나라가 이 체계를 포기한다면 이 체계를 고수하는 다른 나라들의 먹이가 되고 말 것입니다. 저는 해결책을 모릅니다. 그것은 기독교가 저 같은 사람에게 가르쳐 주는 내용이 아닙니다. 이제 질문으로 넘어가 보겠습니다.

질문.

그리스도인들은 이웃을 사랑하라는 가르침을 받습니다. 그렇다면 전쟁을 찬성하는 그들의 입장은 어떻게 정당화될 수 있습니까?

루이스   기독교는 네 이웃을 네 자신과 같이 사랑하라고 가르칩니다. 우리가 자신을 어떻게 사랑합니까? 제 마음속을 들여다보면, 저 자신이 괜찮은 늙은이라고 생각하거나 저에 대해 애정 어린 감정을 갖는 식으로 저를 사랑하지 않습니다. 제가 특별히 선해서 사랑하는 것도 아닙니다. 그저 나는 나이기 때문에, 내가 어떤 사람이건 별 상관없이 나를 사랑합니다. 제가 한 일 중에는 혐오스러운 일들도 있을 수 있습니다. 그렇지만, 저는 저 자신을 사랑하기를 그치지 않습니다. 죄를 미워하되 죄인은 사랑하라는 그리스도인들의 명확한 구분은 우리가 자신을 대상으로 태어난 이후 줄곧 해 왔던 구분입니다. 우리는 맘에 안 드는 행동을 했더라도 자신을 사랑하기를 그치지 않습니다. 자신이 교수형을 당해야 마땅하다고 생각할 수도 있습니다. 경찰서로 가서 자수하고 교수형을 당해야 마땅하다고 생각할 수도 있습니다. 사랑은 애정 어린 감정이 아니라, 사랑하는 대상의 궁극적인 유익을 가능한 한 한결같이 바라는 일입니다. 그러므로 더는 어찌할 수 없는 최악의 상황이 닥쳤을 때, 누군가를 제지할 방법이 그를 죽이는 것 외에는 없는 경우, 그리스도인은 그 일을 해야 합니다. 그것이 제 대답입니다. 그러나 제 생각이 틀릴 수도 있습니다. 물론 이것은 대답하기가 참 어려운 질문입니다.

질문.

공장 노동자가 교수님께 "어떻게 하면 하나님을 찾을 수 있습니까?" 라고 묻는다면 어떻게 대답하시겠습니까?

루이스   이 문제에서 공장 노동자가 다른 사람과 어떻게 다른지 모르겠습니다. 어떤 사람이건 그도 평범한 인간의 유혹과 유산을 공유하는 한 인간이라는 점이 가장 중요합니다. 공장 노동자라고 다르지 않습니다. 그러나 기독교에 대해 분명히 해둘 말이 있습니다.

기독교는 지금 여기 이 세상의 상황에 대해 두 가지 일을 합니다.

첫째, 가능하면 선하게 만들려고, 즉 개혁하려고 시도합니다.

둘째, 그러나 세상이 악한 상태에 머무는 동안에는 거기에 대비할 수 있도록 신자를 굳세게 해줍니다.

질문하신 분이 반복 노동의 문제를 염두에 두고 말씀하신 거라면, 공장 노동자의 어려움은 온갖 슬픔이나 어려움에 직면한 모든 사람의 경우와 같습니다. 모든 불쾌한 상황을 올바른 태도로 대할 수 있도록 하나님께 진심으로 구한다면, 그분을 만나게 될 것입니다……. 그런데 그게 질문의 요지가 맞습니까?

질문.

실천하는 그리스도인을 어떻게 정의하시겠습니까? 여러 다양한 부류가 있습니까?

루이스　　　실천하는 그리스도인은 아주 다양한 부류가 있습니다. 물론 '실천하는 그리스도인'을 어떻게 정의하느냐에 달린 문제입니다. 일생의 모든 순간에 모든 측면에서 기독교를 실천한 사람을 뜻한다면, 기록상 그런 그리스도인은 그리스도 한 사람뿐입니다. 그런 의미에서 실천하는 그리스도인은 없습니다. 그저 정도는 다르지만 기독교 신앙을 실천하려 노력하고, 정도는 다르지만 실패 후 다시 시작하는 그리스도인들이 있을 뿐입니다. 물론 기독교의 완벽한 실천은 그리스도의 삶을 완벽하게 본받는 일로 이루어질 것입니다. 자신의 고유한 상황에 적용할 수 있는 부분을 본받는다는 뜻입니다. 모든 그리스도인이 턱수염을 길러야 한다거나, 결혼을 하면 안 된다거나, 순회설교자가 되어야 한다는 식의 바보 같은 소리가 아닙니다. 유쾌하건 불쾌하건, 모든 행동과 감정, 모든 경험에서 하나님을 인정해야 한다는 뜻입니다. 모든 것을 하나님이 주신 것으로 여기고 언제나 그분을 바라보고 그분의 뜻을 먼저 구하며 이렇게 말한다는 뜻입니다. "하나님은 내가 이 일을 어떻게 처리하기 원하실까?"

우리는 착한 개와 주인의 관계에서 완벽한 그리스도인과 하나님의 관계를 (아주 희미하게) 보여 주는 일종의 그림 혹은 패턴을 찾아볼 수 있습니다. 물론 이것은 매우 불완전한 그림에 불과합니다. 개에게는 주인과 같은 이성이 없기 때문입니다. 반면 우리는 불완전하고 자꾸 끊어지는 방식으로나마('자꾸 끊어지는' 이유는 우리가 한 번에 오래도록 이성적으로 생각하지 못하기 때문입니다. 그것은 너무나 피곤한 일입니다. 또 우리는 상황을 온전히 이해할 만큼 충분한 정보가 없고 우리의 지성 자체에도 명확한 한계가 있습니다) 하나님의 이성을 공유합니다. 그런 면에서 우리는 개보다 하나님 쪽에

더 가깝습니다. 물론 개 쪽에 더 가까운 부분들도 있습니다. 제가 말하는
건 하나의 예일 뿐입니다.

질문.

성병 예방 조치 및 관련 내용의 홍보에 대한 교회의 태도를 정당화하
는 윤리적 근거, 사회적 편의의 근거는 무엇입니까?

<u>루이스</u>   이 질문에 대해서는 추가 정보가 필요합니다. 그래야
대답할 수 있을 것 같습니다. 질문하신 분이 어느 교회를 염두에 두고 계
신 것인지 말씀해 주실 수 있습니까?

<u>목소리</u>   여기서의 교회는 영국 성공회입니다. 성공회는 명시화
하지는 않았지만 성병 퇴치를 위한 예방 조치들의 홍보를 암묵적으로 금지
했습니다. 죄를 지은 사람이 도덕적 형벌을 피해서는 안 된다고 여기더군요.

<u>루이스</u>   저는 아직까지 영국 성공회에서 그런 견해를 주장하
는 성직자를 한 명도 만나 본 적이 없습니다. 저 역시 그렇게 주장하지 않
으며 그런 견해에 반대할 만한 명백한 이유들이 있습니다. 따지고 보면,
나쁜 행동에 대한 형벌로 볼 수 있는 것은 성병만이 아닙니다. 노년의 소
화불량은 젊은 시절 과식의 결과일 수도 있습니다. 그러나 누구도 위장약
광고를 반대하지 않습니다. 어쨌건, 저는 질문자께서 말씀하신 견해에 강
력히 반대합니다.

질문.

자신이 부당한 운명의 희생자라고 생각하며 분개하거나 불행해하는
사람들이 많습니다. 사별, 질병, 가정불화, 노동 조건, 다른 사람들의 고

통 때문에 이런 감정들을 갖게 됩니다. 이 문제에 대한 기독교의 견해는 무엇입니까?

루이스   기독교의 견해는 사람들이 하나님과 어떤 관계를 맺기 위해 창조되었다는 것입니다(우리가 하나님과 올바른 관계를 맺게 되면, 사람들과의 올바른 관계는 필연적으로 뒤따라올 것입니다). 그리스도께서는 '부자'가 하늘나라에 들어가기 어렵다고 말씀하셨습니다.[1] 여기서 부란 경제적 '부'를 뜻하는 것이 분명합니다만 행운, 건강, 인기를 비롯해 사람이 원하는 모든 것, 즉 모든 의미의 부가 다 포함된다고 생각합니다. 이 모든 것들은 돈과 마찬가지로, 그것을 소유한 사람에게 자신은 하나님으로부터 독립적인 존재라는 느낌을 갖게 하는 경향이 있습니다. 그것들을 가졌으므로 이생에서 이미 행복하고 만족스럽기 때문입니다. 다른 곳으로 시선을 돌릴 마음이 나지 않으니 그것이 영원히 계속될 것처럼 덧없는 행복에 안주하려 듭니다. 그러나 하나님은 우리에게 영원한 진짜 행복을 주기 원하십니다. 그래서 때로는 이 모든 '부'들을 우리에게서 빼앗기도 하십니다. 그렇게 하지 않으면, 우리가 계속 그것들을 의지할 것이기 때문입니다. 가혹하게 들립니다. 그렇지 않습니까? 그러나 저는 사람들이 말하는 '가혹한' 교리들이 장기적으로 볼 때 실제로는 가장 친절한 교리들임을 발견하고 있습니다. 한때 저는 곤경과 슬픔이 '형벌'이라는 말을 '가혹한' 교리라고 생각했습니다. 그러나 곤경에 처할 경우, 그것을 '형벌'로 여기는 순간부터 훨씬 견딜 만해진다는 것을 알게 되었습니다. 이 세상이 오로지 우리의 행복을 위해 마련된 장소라고 생각하면 상당히 견

---

1) 마 19:23; 막 10:23; 눅 18:24.

디기 어려운 곳으로 다가옵니다. 그러나 이곳을 훈련과 교정의 장소라고 생각하면 그리 나쁜 곳이 아닙니다.

같은 건물에 사는 한 무리의 사람들을 상상해 보십시오. 그중 절반은 그곳이 호텔이라고 생각하고, 나머지 절반은 감옥이라고 생각합니다. 호텔이라고 생각하는 사람들은 그곳을 견디기 어려워할 것이고, 감옥이라고 생각하는 사람들은 정말 놀랄 만큼 편안하다고 생각할 것입니다. 이와 같이 조악한 교리처럼 보이는 것이 결국 우리를 위로하고 우리에게 힘을 줍니다. 이 세상을 낙관적으로 바라보려 애쓰는 사람들은 비관주의자가 될 것입니다. 이 세상을 엄하게 바라보는 사람은 낙관적이 됩니다.

질문.

유물론자들과 일부 천문학자들은 태양계와 우리가 아는 생명체들이 별들이 우연히 충돌하여 생겨났다고 말합니다. 이 이론에 대한 기독교의 견해는 무엇입니까?

<u>루이스</u>　　　태양계가 우연한 충돌로 생겨났다면, 지구상에 존재하는 유기체의 출현도 우연이고, 인간의 진화 과정 전체도 우연이었을 것입니다. 만약 그렇다면, 현재 우리의 모든 생각도 우연에 불과할 것입니다. 원자들의 움직임에 따른 우연한 부산물에 불과하겠지요. 이것은 다른 모든 사람은 물론 유물론자들과 천문학자들에게도 해당하는 사실입니다. 만약 그들의 생각, 즉 유물론과 천문학이 그저 우연의 부산물에 불과하다면, 우리가 왜 그것들이 옳다고 믿어야 합니까? 저는 한 가지 우연이 다른 모든 우연들을 제대로 설명할 수 있다고 믿어야 할 근거를 찾을 수 없습니다. 그것은 마치 우유 단지를 엎어 우연히 생겨난 모양이 그 단지가 어떻게 만

들어졌고 왜 엎어졌는지 제대로 설명해 주기를 기대하는 것과 같습니다.

질문.

기독교, 특히 개신교가 사회를 우울하고 재미없는 상태로 만들어 많은 사람을 괴롭히는 경향이 있는 게 사실입니까?

루이스   개신교와 기독교의 다른 종파의 구분에 대해서는 대답하기가 무척 어렵습니다. 16세기의 글을 읽어 본 바에 따르면, 제가 존경하는 토마스 모어 경 같은 사람들은 마르틴 루터의 교리를 우울한 사고가 아니라 소망적 사고로 여겼습니다. 이런 측면에서 볼 때 개신교와 기독교의 다른 종파들을 구분할 수 있는지 의심스럽습니다. 개신교가 우울한지, 기독교가 우울함을 낳는지 대답하기란 무척 어렵습니다. 저는 완전한 비기독교 사회에서도, 완전한 기독교 사회에서도 살아 본 적이 없고, 16세기에 가 본 적도 없으며 그 시대에 대해서는 책을 통해 얻은 지식밖에 없기 때문입니다. 저 개인적으로는 모든 시기에는 비슷한 정도의 즐거움과 우울함이 있다고 생각합니다. 모든 시대의 시, 소설, 편지 등이 그것을 보여 주는 듯합니다. 그러나 다시 말하지만, 저는 해답을 모릅니다. 다른 시대는 살아 본 적이 없으니까요.

질문.

그리스도인들은 '하늘의 파이'를 누릴 자격을 갖추기 위해 불편함과 자기희생을 각오해야 한다는 게 사실입니까?

루이스   그리스도인이건 아니건, 모든 사람은 불편한 삶을 살 준비가 되어 있어야 합니다. 편안함을 발견하기 위해 기독교를 받아들이는 일은 있을 수 없습니다. 그리스도인은 하나님의 뜻에 자신을 열어 놓고, 하나님이 원하시는 일을 하려고 애씁니다. 하나님이 우리에게 어렵고 고통스러운 일을 맡기실지, 우리가 정말 좋아하는 일을 맡기실지 미리 알 도리는 없습니다. 영웅적인 기질을 타고난 어떤 사람들은 자신에게 맡겨진 일이 상당히 즐거운 것임을 알고 오히려 실망하기도 합니다만, 우리는 불쾌한 일들과 불편함도 각오해야 합니다. 금식이나 뭐 그런 것을 말하는 게 아닙니다. 그것은 다른 문제입니다. 기동 훈련 시 군인들은 공포탄으로 훈련을 합니다. 진짜 적군을 만나기 전에 훈련을 해야 하기 때문입니다. 그래서 우리는 그 자체로 사악하지 않은 쾌락도 절제하는 훈련을 해야 합니다. 그렇지 않으면 정말 절제가 필요한 시기가 올 때 잘 감당하지 못할 것입니다. 이것은 순전히 훈련의 문제입니다.

<u>목소리</u>　　　금식과 금욕 같은 관행들은 이전 종교, 또는 원시 종교에서 빌려온 것들 아닙니까?

<u>루이스</u>　　　이전 종교의 어떤 부분들이 기독교에 들어왔는지는 확실히 말할 수 없습니다. 엄청난 양이 들어왔습니다. 만약 그렇지 않다면 저는 기독교를 믿기가 어려울 것입니다. 999가지 종교가 완전히 틀렸고 남은 하나만 옳다는 말을 믿을 수 없었을 겁니다. 실제로 기독교는 주로 유대교의 실현이며, 온갖 종교의 최상의 모습들에서 희미하게 암시되었던 내용의 실현이기도 합니다. 그런 종교들에서 희미하게 보이던 것들이 기독교에서 뚜렷해집니다. 하나님이 친히 인간이 되시어 뚜렷한 모습으로 나타나신 것과 같습니다. 질문자께서 이전 종교들에 대해 말씀하신 내용은 현대의 미개인들에 대한 증거에 기반을 둔 이야기입니다. 저는 그것이 좋은 증거라고 생각하지 않습니다. 현대의 미개인들은 대개 어떤 문

화의 쇠퇴한 모습에 해당합니다. 그들이 하는 일들은 한때 상당히 문명화된 기반에서 이루어졌다가 그 토대가 망각된 것들입니다. 원시인이 현대의 미개인과 정확히 똑같았을 것이라는 가정은 바람직하지 못합니다.

목소리　　어떤 일이 하나님이 맡기신 일인지, 아니면 다른 경로로 주어진 일인지 알아낼 방법을 말씀해 주실 수 있겠습니까? 유쾌한 일과 불쾌한 일로 구분할 수 없다면, 이것은 매우 복잡한 문제가 됩니다.

루이스　　우리는 도덕적 행동을 규정하는 일반적인 규칙들의 인도를 받습니다. 저는 이것이 대체로 인류에게 공통적인 것이며 상당히 합리적이고 각 상황에 부응한다고 생각합니다. 이것은 가만히 앉아서 초자연적인 환상을 기다리는 것과는 전혀 다릅니다.

목소리　　우리는 선행으로 천국에 갈 자격을 얻는 게 아닙니다. 구원은 십자가에서 성취됩니다. 구원을 얻기 위해 우리가 할 일은 그리스도를 따르는 일 외에는 없습니다. 때로 고통이나 환난을 겪을 수도 있지만, 우리가 하는 어떤 일도 우리에게 천국에 갈 자격을 주지 못합니다. 그것은 오직 그리스도께 달린 일입니다.

루이스　　믿음과 선행에 대한 논쟁은 아주 오랫동안 진행되어 왔고 상당히 전문적인 문제입니다. 저 개인적으로는 역설적인 성경구절에 의지하고 있습니다. "너희 구원을 이루라 너희 안에서 행하시는 이는 하나님이시니."[2] 어떤 의미에선 우리가 아무것도 안 하는 것 같은데, 또 다른 의미에서는 정말 많은 일을 하는 것 같습니다. "두렵고 떨림으로 너희 구원을 이루라"[3]고 했지만 이미 행하신 하나님이 없으면 이룰 구원도 없습니

---

2) 빌 2:12, 13.
3) 빌 2:12.

다. 하지만 저는 이 문제를 더 깊이 파고들 생각이 없습니다. 이 자리에 계신 분들 중에서 그리스도인들 외에는 관심을 갖지 않으실 테니까요.

질문.

기독교의 기준을 적용하면 과학적·물질적 진보가 끝장나거나 상당히 줄어들게 될까요? 다시 말해, 그리스도인이 야망을 품거나 개인적 성공을 위해 노력하는 것이 잘못입니까?

루이스   간단한 예를 생각해 보면 쉽게 이해할 수 있습니다. 무인도에 사는 사람이 기독교의 교리에 따라 살면 어떤 영향을 받을까요? 그가 편안한 오두막을 지을 가능성이 줄어들까요? 그렇지 않습니다. 물론 기독교가 그에게 오두막에 대해서는 신경을 좀 덜 쓰라고 말하는 순간이 찾아올 수 있습니다. 그가 오두막이 우주에서 가장 중요한 것이라고 생각할 위험에 처한다면 그럴 수 있을 것입니다. 그러나 기독교가 오두막을 짓지 못하게 막을 거라는 증거는 전혀 없습니다.

야망! 우리는 무슨 뜻으로 이 단어를 쓰는지 잘 살펴보아야 합니다. 제가 추측하는 것처럼 다른 사람들보다 앞서고 싶은 욕구를 뜻한다면 그것은 악한 것입니다. 그러나 그저 어떤 일을 잘 하고 싶은 마음을 뜻한다면 선한 것입니다. 맡은 역할을 최대한 잘 연기하고 싶은 배우의 마음은 잘못이 아닙니다. 그러나 다른 배우들보다 자기 이름이 더 크게 인쇄되기를 바라는 마음은 잘못입니다.

목소리   장군이 되는 건 괜찮지만, 그것이 야망이라면 장군이 되면 안 된다는 거군요.

루이스   장군이 되는 사건만 놓고 보면 그 자체로 옳거나 그르

지 않습니다. 도덕적으로 중요한 것은 그것을 대하는 태도입니다. 전쟁을 이길 방안을 생각하는 사람이 있다고 해봅시다. 그가 자신에게 좋은 승전 전략이 있다고 진심으로 확신한다면 그 전략을 수행할 기회를 갖고자 장군이 되고 싶어 할 수 있습니다. 그건 좋습니다. 그러나 그가 만약 '내가 여기서 무엇을 얻어 낼 수 있을까?' 혹은 '어떻게 하면 〈일러스트레이티드뉴스〉 1면에 실릴 수 있을까?' 하는 생각으로 장군이 되고 싶어 한다면 그것은 잘못입니다. 우리가 말하는 '야망'은 흔히 다른 사람보다 더 눈에 띄거나 더 성공하고 싶은 마음을 뜻합니다. 그 안에 담긴 경쟁적인 요소가 나쁘다는 말입니다. 춤을 잘 추거나 근사하게 보이고 싶은 마음은 더없이 합리적이라고 할 수 있습니다. 그러나 다른 사람들보다 춤을 더 잘 추거나 더 근사해 보이는 것이 주된 바람이라면, 그래서 다른 사람들이 우리만큼 춤을 잘 추거나 우리만큼 근사해 보이는 순간 모든 게 시시해진다면, 우리는 잘못된 길로 가고 있는 것입니다.

<u>목소리</u>　　우리가 가질 수 있는 그런 대단히 정당한 욕구들에 대해 마귀 탓을 할 수 있을지 궁금합니다. 어떤 사람들은 마귀의 존재에 대해 아주 예민하게 반응하고 어떤 사람들은 그렇지 않습니다. 마귀는 우리가 생각하는 것처럼 실제적입니까? 선해지고 싶은 마음이 없어 그것에 전혀 개의치 않는 사람들도 있습니다만 그 문제로 끊임없이 시달림을 당하는 사람들도 있습니다.

<u>루이스</u>　　기독교 신경들에는 마귀나 귀신들에 대한 어떤 언급도 없습니다. 따라서 그놈들을 믿지 않고도 그리스도인이 되는 것은 얼마든지 가능합니다. 저는 정말 그런 존재들이 존재한다고 믿지만 그건 제 경우입니다. 그런 존재들이 있다고 할 때, 그들의 존재를 의식하는 정도

는 사람마다 큰 차이가 있습니다. 사람이 마귀의 권세 안에 있을수록 그 사실을 인식하지 못할 것입니다. 자기가 술 취한 줄 아는 사람은 상당히 정신이 또렷한 상태인 것과 같은 이치입니다. 마귀를 가장 분명하게 인식하는 사람들은 정신을 바짝 차리고 선하게 살려고 온 힘을 다하는 사람들입니다. 히틀러에 맞서 싸울 준비를 하다 보면 비로소 나라 곳곳에 나치 첩보원들이 가득하다는 사실을 깨닫게 됩니다. 물론, 귀신들은 우리가 그들의 존재를 믿기를 원하지 않습니다. 귀신들이 존재한다면, 그들의 첫 번째 목표는 마취제를 주는 것입니다. 경계를 늦추게 하는 것입니다. 그런 시도가 실패했을 경우에만 우리는 그놈들을 인식하게 됩니다.

<u>목소리</u>　　기독교는 과학 발전을 저해합니까? 아니면 과학을 이용해 사람들이 처한 문제의 환경적 요인들을 제거하여 도움을 주는 사람들을 인정해 줍니까?

<u>루이스</u>　　원칙적으로 과학을 통한 환경 개선을 지지합니다. 하지만 특정한 순간에, 대부분의 사람들이 환경의 물질적 개선에만 집중하고 있다면, 그 외에도 중요한 것이 있음을 (아주 큰 소리로) 지적하는 것 또한 그리스도인들의 의무일 것입니다. 그러나 일반적으로 말해 기독교는 모든 지식과 어떤 식으로든 인류에 보탬이 되는 모든 것을 찬성합니다.

질문.

성경은 수천 년 전에 오늘날보다 정신 발달의 단계가 낮았던 사람들을 위해 쓰인 책입니다. 현대 지식에 비추어 보면 신화적인 부분도 많습니다. 그렇다면 성경을 다시 써서 신화적인 부분은 빼버리고 나머지 부분은 재해석해야 하지 않겠습니까?

루이스　　　　우선 정신 발달의 단계가 낮은 사람들이라는 말에 대해 생각해 봅시다. 그 말이 무엇을 뜻하는지 확실하지가 않습니다. 그 말이 만 년 전의 사람들은 지금 우리가 아는 많은 것들을 알지 못한다는 뜻이라면, 물론 저도 그 말에 동의합니다. 그러나 그 시간 동안 지성의 진보가 있었다는 뜻이라면, 저는 그것을 입증할 증거가 없다고 믿습니다. 성경은 구약과 신약, 두 부분으로 나눌 수 있습니다. 구약성경은 신화적인 요소들을 담고 있습니다. 신약성경은 주로 가르침으로 이루어져 있습니다. 그러나 신약성경의 이야기 부분은 제가 볼 때 역사적인 기록입니다. 구약성경의 신화적인 요소를 빼내는 것 역시 전혀 지혜롭지 못한 일이라 생각합니다. 우리가 보는 내용은 서서히 뚜렷해지는 그림과도 같습니다. 죽임을 당하고 부서졌다가 다시 살아나는 신의 개념은 상당히 모호하고 신화적인 형태로 전 세계 곳곳의 이방 종교들에 흩어져 있습니다. 그가 어디서 살다 죽었는지는 아무도 몰랐습니다. 그는 역사적인 존재가 아니었습니다. 그러다 구약성경이 등장합니다. 종교적 개념들이 좀더 뚜렷해집니다. 그리고 이제 모든 것이 한 특정 민족과 연결됩니다. 시간이 지남에 따라 그것은 점점 더 뚜렷해집니다. 요나와 고래[4], 노아와 방주[5]는 신화적입니다. 그러나 다윗 왕[6]의 왕궁 역사는 루이 14세의 왕궁 역사만큼이나 신뢰할 만합니다. 그리고 신약성경에 이르러 그 일이 실제로 벌어집니다. 죽는 신이 역사적 인물로 나타나 명확한 시간과 장소에서 실제로 살아갑니다. 만약 이전 단계들에서 그 모든 신화적 요소들을 추려 내어 역사적인 단계들과 분리해 낼 수 있다면, 그 과

---

4) 요나서.

5) 창세기 6-8장.

6) 사무엘하 2장부터 열왕기상 2장까지.

정에서 본질적인 부분을 잃고 말 것입니다. 이것이 제 생각입니다.

질문.

세계의 여러 종교 가운데 어느 종교가 추종자들에게 가장 큰 행복을
줍니까?

루이스　　　세계의 여러 종교 가운데 어느 종교가 추종자들에게
가장 큰 행복을 주느냐고요? 지속 가능하기만 하면, 자기를 섬기는 종교
가 최고입니다.

아는 분 중에 80세 정도 되는 노인이 계십니다. 그분은 젊은 시절부
터 끊임없이 이기적인 태도로 제 잘난 맛에 살아왔고, 안타깝게도 지금은
너무나 행복하게 살고 있습니다. 도덕적 관점에서 보면 이해하기 어려운
상황입니다. 저는 그 관점에서 질문에 접근하지 않겠습니다. 여러분도 아
시겠지만, 제가 그리스도인이 아니었던 시절이 있었습니다. 저는 행복해
지기 위해 종교를 찾지 않았습니다. 행복의 비결은 늘 알고 있었으니까
요. 그건 포트와인 한 병이면 족합니다. 정말 편안함을 느끼기 위해 종교
를 원하십니까? 그렇다면 기독교는 절대 추천하지 않겠습니다. 생활을
편리하게 해주는 것으로는 특허를 받은 미국 제품들이 분명 시장에 나와
있을 것입니다. 하지만 그 부분에 대해서는 제가 드릴 말씀이 없습니다.

질문.

하나님께 자신을 바친 사람을 분명히 알아볼 수 있는 외적인 표시가
있습니까? 그는 심술궂을까요? 담배는 피울까요?

루이스　　　최고의 제품이라고 선전하는 '하얀 미소' 치약 광고가

생각납니다. 광고 내용이 사실이라면 다음과 같은 결과가 따를 것입니다.

첫째, 그 치약을 쓰기 시작하면 치아가 좋아질 것입니다.

둘째, 그 치약을 쓰는 사람은 그것을 쓰지 않았던 때보다 치아 상태가 더 좋을 것입니다.

그러나 원래 치아가 안 좋던 사람이 그 치약을 사용한 후의 치아 상태를 한 번도 치약을 안 써 본 흑인의 건강한 치아와 비교할 수는 없습니다.

그리스도인이지만 심술궂은 노부인의 경우를 생각해 봅시다. 그리고 교회에 가본 적이 없는 유쾌하고 인기 있는 사람을 생각해 봅시다. 노부인이 그리스도인이 아니라면 얼마나 더 심술궂을지, 그 괜찮은 사람이 그리스도인이라면 얼마나 더 호감이 가는 사람이 될지 누가 알겠습니까? 그 두 사람의 행동을 단순 비교함으로써 기독교를 판단할 수는 없습니다. 두 경우 그리스도께서 어떤 원재료를 갖고 작업을 하시는지 알아야 할 것입니다.

이해를 돕기 위해 산업의 예를 들어 보겠습니다. 두 공장이 있다고 해 봅시다.

A공장은 시설이 빈약하고 형편없습니다.

B공장은 최고의 현대 장비를 갖추고 있습니다.

외적인 결과만으로는 공장의 효율성을 제대로 판단할 수 없습니다. 시설과 공장이 운영되는 방식도 고려해야 합니다. A공장의 시설을 고려할 때, 그 공장은 물건을 만들어 내는 것만 해도 놀라운 일일 수 있습니다. B공장의 새 기계를 고려하면, 그 정도밖에 못하는 것이 놀라운 일일지도 모릅니다.

질문.

공장 안의 복권 판매에 대해 어떻게 생각하십니까? 대의명분도 상당히 그럴듯하고 당첨 상품 목록도 근사한데 크게 주목받지는 못하고 있습니다만.

<u>루이스</u>　　인생에서 도박이 중요한 부분을 차지해서는 안 됩니다. 어떤 유익(고용이나 선의 등을 창출한다든가)도 만들어 내지 않으면서 큰 규모로 이루어지는 도박은 나쁜 것입니다. 작은 돈을 거는 도박이 나쁜 것인지는 잘 모르겠습니다. 저는 도박에 대해 잘 모릅니다. 그것은 제가 유혹을 느끼지 않는 거의 유일한 악덕입니다. 그리고 제 기질에 속하지 않는 것들에 대해 말하는 일은 위험하다고 생각합니다. 제가 이해하지 못하는 내용이기 때문입니다. 누군가 제게 와서 돈을 걸고 브리지게임을 하자고 하면 저는 그냥 이렇게 말합니다. "얼마나 따길 바라십니까? 그 돈을 드릴 테니 가십시오."

질문.

많은 사람들은 기독교의 분열을 일으킨 신학적 차이점들을 거의 이해하지 못합니다. 그 차이점들이 근본적인 것이라 생각하십니까, 아니면 지금이 재결합의 적기라고 생각하십니까?

<u>루이스</u>　　재결합의 적기는 따로 없습니다. 그리스도인들의 분열은 죄이고 부끄러운 일입니다. 그리스도인들은 언제나 재결합을 위해 작은 일이나마 감당해야 합니다. 기도밖에 할 수 없다면 기도해야 합니다. 저는 평신도이고 그리스도인이 된 지도 얼마 되지 않기 때문에 이런 일들에 대해 잘 모릅니다. 하지만 저는 늘 전통적이고 교리에 충실한 입

장에서 글을 쓰고 생각을 펼쳐 왔습니다. 그 결과, 전혀 종류가 다른 부류로 취급받는 그리스도인들로부터 한목소리가 담긴 편지들을 받게 되었습니다. 예수회 신부, 수도사, 수녀, 퀘이커교도, 웨일스의 비국교도 등이지요. 제가 볼 때는 모든 교회의 '극단' 분자들은 서로 가까운 반면, 각 교회의 자유주의적이고 '관대한' 사람들은 결코 연합하지 못하는 것 같습니다. 교리에 충실한 기독교 세계는 전혀 다른 유형의 사람들 수천 명이 계속 같은 얘기를 하는 곳입니다. '관용'과 물탄 '종교'의 세계는 (모두 같은 유형의) 소수의 사람들이 전혀 다른 이야기들을 하고 몇 분마다 생각이 바뀌는 곳입니다. 거기서는 결코 재결합을 보지 못할 것입니다.

질문.

과거 교회는 다양한 강제 수단으로 특정 브랜드의 기독교를 사회에 강요했습니다. 교회에 충분한 권력이 주어진다면 이런 일이 되풀이 될 위험이 있지 않습니까?

루이스   예, 저는 스페인에서 들려오는 불쾌한 소문을 듣고 있습니다. 사실 누구나 자기와 입장이 다른 사람을 박해하고 싶은 유혹이 있습니다. 저는 'M. D.'라는 서명이 적힌 우편엽서를 받았는데, 거기엔 동정녀 탄생에 대한 믿음을 말과 글로 표현하는 사람은 옷을 벗겨 태형에 처해야 한다고 적혀 있습니다. 비기독교인들이 그리스도인들을 박해하는 일이 쉽게 재현될 수 있음을 보여 주는 대목입니다. 물론 그들은 그 일을 박해라 부르지 않겠지요. '이데올로기적 부적응자에게 필수적인 재교육' 비슷한 이름으로 부를 겁니다. 하지만 그리스도인들도 과거에 박해자였던 적이 있음은 인정해야 할 것입니다. 그들이 더 나쁘다고 할 수 있습니다.

그들은 그렇게 해선 안 된다는 사실을 알았어야 하기 때문입니다. 그 외의 부분에서는 신자들이 불신자들보다 더 나쁘지는 않았습니다. 저는 모든 종류의 종교적 강제를 혐오합니다. 며칠 전, 저는 국토방위군에서 이루어지는 의무 예배를 비난하는 성난 편지를 〈스펙테이터〉에 보냈습니다.

질문.

예배에 참석하거나 기독교 공동체의 일원이 되는 일이 그리스도인으로 사는 데 꼭 필요합니까?

루이스　　　그건 제가 답할 수 있는 질문이 아닙니다. 그냥 제 경험을 말씀드리겠습니다. 14년 전쯤 처음 그리스도인이 되었을 때, 저는 제 방에 들어앉아 신학 서적을 읽는 식으로 혼자 신앙생활을 할 수 있을 거라고 생각했습니다. 저는 국교회 예배당이건 비국교회 복음관이건 가지 않을 생각이었습니다. 그러다 나중에는 그렇게 참여하는 일이 깃발을 내걸고 소속을 밝히는 유일한 방법임을 알게 되었습니다. 물론 그것은 표적이 된다는 뜻이기도 했습니다. 교회에 가려고 일찍 일어나는 것이 가족에게 얼마나 불편한 일인지 모릅니다. 다른 일을 위해 일찍 일어나는 것은 별 문제가 되지 않지만, 교회에 가려고 일찍 일어나면 대단히 이기적인 사람, 집안을 어지럽히는 사람 취급을 받습니다. 신약성경의 가르침 중에서 명령이라 할 만한 것이 있다면 그것은 성찬을 받아야 한다는 말씀입니다.[7] 그런데 교회에 가지 않으면 성찬에 참여할 수 없습니다.

저는 교회의 찬송가가 너무나 싫었습니다. 그건 정말 5류의 시를 6류

---

7) "인자의 살을 먹지 아니하고 인자의 피를 마시지 아니하면 너희 속에 생명이 없느니라 내 살을 먹고 내 피를 마시는 자는 영생을 가졌고 마지막 날에 내가 그를 다시 살리리니"(요 6:53-54).

의 음악에 붙여 놓은 것 같았습니다. 그러나 시간이 지남에 따라 저는 그것이 지닌 큰 장점을 보게 되었습니다. 그리고 교회에서 사고방식과 교육 수준이 다른 사람들을 만나면서 서서히 자만심이 벗겨져 나갔습니다. 저는 고무장화를 신고 반대편 신도석에 앉은 연로한 성도가 그 찬송가들(음악으로서는 6류이지만)을 경건하게 부르며 유익을 얻고 있음을 깨달았습니다. 그리고 저는 그 장화를 닦기에도 부족한 자임을 또한 깨달았지요. 그것은 혼자만의 자만심에서 벗어나게 해주었습니다. 지금 제가 신앙생활의 규칙을 제시하는 것은 아닙니다. 저는 평신도일 뿐이고 많이 알지도 못합니다.

질문.

하나님을 충분히 원하기만 하면 그분을 찾을 수 있다는데, 그게 사실이라면 어떻게 하면 제가 그분을 충분히 원하게 되어 그분을 찾을 수 있을까요?

<u>루이스</u>　　하나님을 원하지 않는다면, 그분을 원하기를 원하고자 왜 그렇게 안달하십니까? 저는 그 원함이 진정한 원함이라고 생각합니다. 실제로는 하나님을 발견했지만 아직 그 사실을 충분히 깨닫지 못하고 있을 뿐인 거지요. 어떤 일이 벌어지고 있는데 당시에는 그것을 인식하지 못할 때가 있습니다. 어쨌건, 더 중요한 것은 하나님이 당신을 찾으셨다는 것입니다. 그것이 제일 중요합니다.

5 신화가 사실이 되었다

제 친구 코리니우스가 우리 가운데 진짜 그리스도인은 없다는 주장을 내놓았습니다. 역사적 기독교는 너무나 미개해서 어떤 현대인도 그것을 실제로 믿을 수는 없다는 겁니다. 믿는다고 주장하는 현대인들이 믿는 것은 어휘만 그대로 사용할 뿐, 기독교의 핵심 교리는 몰래 다 버리고 거기서 물려받은 정서적인 효과만 이용하는 현대적 사고 체계라고 말합니다. 코리니우스는 현대의 기독교를 현대 영국의 군주제와 비교했습니다. 왕정 제도의 형태는 유지하고 있지만 그 실체는 버렸다는 것이지요.

저는 이런 생각이 몽땅 틀렸다고 믿습니다. 그러나 소수의 '현대주의' 신학자들은 여전히 그렇게 생각하는데, 그나마도 하나님의 은혜로 그 수가 날마다 줄어들고 있습니다. 그러나 코리니우스의 말이 옳다고 잠깐 가정해 봅시다. 논증의 편의상, 지금 그리스도인으로 자처하는 모두가 역사적 교리들을 버렸다고 해봅시다. 현대의 '기독교'가 배후에 놓인 사상이 모두 바뀌고 이름, 의식, 규칙, 비유들만 그대로 유지하며 살아남은 체계라고 칩시다. 코리니우스는 그것이 여태 살아남은 이유를 설명할 수 있어야 합니다.

그의 견해가 옳다면, 교육받고 계몽된 모든 사이비 그리스도인들이 그들의 가장 깊은 생각들을 왜 한사코 낡아 빠진 신화의 관점에서 표현하고 있을까요? 그것 때문에 가는 곳마다 불편함과 당혹함을 경험하면서도 말입니다. 어째서 살아서 잘 자라나는 아이와 죽어 가는 어머니를 잇고 있는 탯줄을 자르기를 거부하는 걸까요? 만약 코리니우스가 옳다면, 탯줄을 자르면 그들은 크게 안도하게 될 텐데 말입니다. 하지만 이상하게도 '미개한' 기독교의 찌꺼기 때문에 가장 당혹스러워하는 듯한 사람들조차도 기독교를 통째로 버리라고 하면 갑자기 완강한 모습을 보입니다. 그들은 거의 끊어지기 직전까지 탯줄을 끌어당기긴 하지만 자르기는 거부합니다. 때로는 그 최후의 조치만 제외하고 모든 수단을 총동원하기도 합니다.

기독교를 믿는다는 사람들이 모두 성직자라면, 그 마지막 조치를 취하지 않는 이유가 거기에 그들의 생계가 달려 있기 때문이라고 쉽사리 (무자비한 말이긴 하겠지만) 대답할 수 있을 것입니다. 좋습니다. 이것이 그들의 행동의 진정한 원인이라고 해봅시다. 모든 성직자가 급료를 받기 위해, 그것도 대부분 간신히 먹고살 정도의 급료를 위해 거짓인 줄 뻔히 아는 내용을 설교하는 지적 매춘부라고 합시다. 그렇다면 다른 면에서는 범죄자로 보이지 않는 수천 명의 성직자들 가운데 양심을 더럽히는 일이 왜 그토록 널리 퍼져 있을까, 그 자체가 설명이 필요한 상황 아니겠습니까? 물론 성직자들만 기독교를 믿는 것이 아닙니다. 수백만 명의 여자와 평신도들이 그로 인한 경멸, 질시, 의심, 가족의 미움까지 무릅쓰고 기독교를 믿습니다. 어떻게 이런 일이 벌어지는 걸까요?

이런 식의 완강함은 흥미롭습니다. 코리니우스는 이렇게 묻습니다. "왜 탯줄을 자르지 않는가? 그 신화의 잔재에서 벗어나면 만사가 훨씬 편할 텐데." 물론입니다. 훨씬 편할 것입니다. 병약한 아이를 둔 어머니가 아이를 기관에 맡기고 대신 다른 사람의 건강한 아기를 입양한다면 사는 게 훨씬 편할 것입니다. 한 여자를 진짜 사랑한 남자가 그녀를 버리고 자신에게 더 어울리는 다른 여자와 결혼한다면 사는 게 훨씬 쉬울 것입니다. 여기서 건강한 아기, 어울리는 여인의 유일한 단점이 딱 하나 있습니다. 그들을 택하면 문제의 장본인이 애초에 아이나 아내에게 관심을 갖게 되었던 유일한 이유가 사라져 버린다는 점입니다. "춤보다는 대화가 훨씬 합리적이지 않겠어요?" 제인 오스틴의 미스 빙리는 이렇게 말했습니다. 미스터 빙리는 이렇게 대답했지요. "훨씬 합리적이겠지만, 무도회답지는 않겠지."[1]

이와 마찬가지로, 영국의 군주제를 폐지하는 것이 훨씬 더 합리적인 일일 것입니다. 그러나 그렇게 함으로써 우리 국가에서 가장 중요한 한 가지 요소가 사라져 버린다면 어떻게 하겠습니까? 군주제라는 수로를 통해 충성심, 세속 생활의 정화, 서열 원리, 화려함, 의식, 연속성 같은 시민 의식의 모든 핵심 요소들이 흘러나와 현대의 경제적 국가 경영이라는 모래 지대에 물을 대 준다면 어떻게 하겠습니까?

코리니우스에 대한 기독교의 답변은 가장 '현대주의적인' 기독교까지 통틀어 동일합니다. 역사적 기독교의 교리들이 신화에 불과하다(제가 한결같이 거부하는 주장입니다)고 해도, 기독교 전체의 핵심이자 활력을 주는 요소가 바로 그 신화입니다. 코리니우스는 우리가 시대와 함께 움직이기를 원하지만 이제 우리는 시대가 어디로 움직이는지 압니다. 시대는 사라져 버립니다. 그러나 종교에서 우리는 사라지지 않는 그 무엇을 발견합니다. 코리니우스가 신화라 부르는 바로 그것만이 남습니다. 그가 현대적

---

[1] 《오만과 편견 *Pride and Prejudice*》, 11장.

이고 살아 있는 사상이라 부르는 것들은 다 사라져 버립니다. 신학자들의 사상만이 아니라 반反신학자들의 사상도 마찬가지입니다. 코리니우스의 선배들은 어디에 있습니까? 루크레티우스[2]의 에피쿠로스주의는 어디에 있으며, 배교자 율리아누스[3]의 이교부흥정책은 어디에 있습니까? 영지주의는 어디에 있고, 아베로에스[4]의 일원론, 볼테르의 이신론, 위대한 빅토리아인들의 독단적 유물론은 어디에 있습니까? 그들은 시대와 함께 움직였습니다. 그러나 그들 모두가 공격했던 기독교만은 남아 있습니다. 그리고 코리니우스는 여전히 그것을 공격하고 있습니다. 그 신화(그의 용어를 사용하자면)는 모든 옹호자들과 모든 적수들의 사상이 사라진 후에도 여전히 남아 있습니다. 생명을 주는 것은 그 신화입니다. 코리니우스가 현대주의 기독교에서 잔재라고 여기는 그 요소들이 바로 본질입니다. 그가 '진정한 현대의 믿음'이라 여기는 부분은 그림자에 불과합니다.

이것을 설명하기 위해서는 신화 일반, 그중에서도 그 신화를 좀더 자세히 들여다봐야 합니다. 인간의 지성은 구제불능일 만큼 추상적입니다. 순수 수학은 성공한 사유의 전형입니다. 하지만 우리가 체험하는 실재들은 모두 이 고통, 이 쾌락, 이 개, 이 사람 등 구체적입니다. 우리가 그 사람을 사랑하고, 그 고통을 참고, 그 쾌락을 즐기는 동안에는 쾌락, 고통, 인간성을 지적으로 파악하지 않습니다. 지적으로 파악하기 시작하면, 구체적인 실재들은 그저 사례나 실례의 수준으로 떨어지게 됩니다. 그렇게 되면 우리는 더 이상 그것들을 느끼지 못하고 그것들이 예시하는 추상을

---

2) Titus Lucretius Carus(기원전 90~55). 로마의 시인.
3) 로마의 황제(재위 361~363).
4) 코르도바의 아베로에스Averroës(1126~1198). 모든 인류에 대해 단 하나의 지성만이 존재하며 그 지성에 모든 개인이 참여한다고 믿었고 개인의 불멸성은 인정하지 않았다.

다루게 됩니다. 이것이 우리의 딜레마입니다. 맛을 보려 하면 알 수 없고, 알려 하면 맛을 볼 수 없습니다. 더 엄밀히 말하면, 어떤 경험을 하고 있기 때문에 얻지 못하는 지식이 있고, 그 경험 바깥에 있는 동안에는 놓칠 수밖에 없는 지식이 있습니다. 우리가 무언가를 생각할 때는 생각하는 대상과 분리됩니다. 맛보고, 만지고, 의지하고, 사랑하고, 미워할 때 우리는 대상을 명확하게 이해하지 못합니다. 명료하게 생각하면 할수록 더 많이 분리됩니다. 실재 속으로 깊이 들어가면 갈수록 더욱 생각을 못하게 됩니다. 부부관계를 하는 순간 쾌락을 조사하거나 회개하는 동안 회개를 연구할 수는 없고, 폭소를 터뜨리면서 유머의 본질을 분석할 수는 없습니다. 그러나 그 순간이 아니라면 이런 것들을 정말 알 수 있을 때가 언제이겠습니까? '치통만 멎으면 고통에 대해 또 다른 장을 쓸 수 있을 텐데'라고 생각할 수 있습니다. 그러나 치통이 멎고 나면 고통에 대해 무엇을 알 수 있습니까?

이 비극적인 딜레마에 대한 부분적인 해결책이 신화입니다. 위대한 신화를 즐기는 가운데 우리는 추상으로만 이해할 수 있는 것들을 구체적인 대상으로 체험하는 상태에 가장 가까이 다가갑니다. 예를 들면 바로 이 순간, 저는 대단히 추상적인 무엇인가를 이해하려 애쓰고 있습니다. 그것은 우리가 이미 맛보았으나, 추론적 이성으로 파악하려 애쓰는 동안 희미해지고 자꾸만 흐려지는 실재입니다. 오히려 이해하기 더 어렵게 만들었는지 모르겠군요. 그럼 오르페우스[i]와 에우리디케 이야기의 한 부분

---

i) 그리스 신화에 나오는 시인·음악인. 지하 세계에 있던 아내 에우리디케를 데리고 오다가 지상에 돌아갈 때까지는 아내를 돌아보지 말라는 약속을 어긴 탓에 에우리디케는 다시 지하 세계로 사라진다.

을 생각해 보십시오. 그는 아내의 손을 잡고 그녀를 데려가도록 허락받았지만, 고개를 돌려 그녀를 바라보았을 때 그녀는 사라져 버렸습니다. 지금까지 말한 막연한 원리가 상상 가능한 모습으로 바뀌어 나타나고 있습니다. 여러분은 이 순간까지 그 신화에 그런 '의미'를 부여한 적이 없다고 할지도 모릅니다. 물론 그렇지 않았을 겁니다. 우리는 추상적인 '의미'를 찾아 신화를 보지 않으니까요. 그렇게 하고 있었다면 여러분에게 신화는 진정한 신화가 아니라 알레고리에 불과할 것입니다. 여러분은 아는 것이 아니라 맛보고 있었습니다. 그러나 여러분이 맛보던 것은 하나의 보편적인 원리입니다. 우리가 그 원리를 말로 표현하는 순간, 모두 알다시피 추상의 세계로 돌아갑니다. 신화를 하나의 이야기로 받아들이는 동안에만 그 원리를 구체적으로 체험하게 됩니다.

번역을 할 때 우리는 추상 작업을 합니다. 아니, 수십 가지 추상 작업을 합니다. 신화를 읽을 때 우리에게 흘러드는 것은 진리가 아니라 실재입니다(진리는 언제나 무언가에 대한 것이지만 실재는 진리의 내용입니다). 그러므로 모든 신화는 추상적 수준에서 수많은 진리들의 아버지라고 할 수 있습니다. 신화라는 산에서 온갖 다양한 시내가 흘러나와 여기 아래 골짜기에서, '이 분리의 골짜기에서'[5] 진리들이 됩니다. 조금 다르게 표현하자면, 신화는 지협과도 같아서 사고의 반도를 우리가 실제로 속한 거대한 대륙과 이어 줍니다. 신화는 진리처럼 추상적이지도 않고, 직접적인 경험처럼 구체적인 상황에 매이지도 않습니다.

신화가 사고를 초월하듯, 성육신은 신화를 초월합니다. 기독교의 핵

---

5) "*in hac valle abstractionis.*"

심은 사실이기도 한 신화입니다. 죽는 신을 다룬 옛 신화가 여전히 신화인 채로 전설과 상상의 하늘에서 역사의 땅으로 내려옵니다. 그 일은 구체적인 시간과 구체적인 장소에서 벌어지고, 정의할 수 있는 역사적 결과들이 그 뒤를 따릅니다. 우리는 언제 어디서 죽는지 아무도 모르는 발데르나 오시리스 같은 신을 지나 (모두 순서에 따라) 본디오 빌라도 치하에서 십자가에 못 박힌 역사적 인물에게 이릅니다. 그것은 사실이 되고 난 뒤에도 여전히 신화로 존재합니다. 이것이 바로 기적입니다. 때로 저는 사람들이 믿노라 고백한 종교에서보다 믿지 않았던 신화들로부터 더 많은 양식을 얻기도 했으리라 생각합니다. 진정한 그리스도인이 되려면, 역사적 사실에 동의해야 할 뿐 아니라, 우리가 모든 신화에 부여하는 상상력을 발휘하여 (이미 사실이 되어 버린) 그 신화도 받아들여야 합니다. 어느쪽이 먼저랄 것 없이 둘 다 꼭 필요합니다.

기독교의 이야기를 사실로 믿지 않아도 신화로서 꾸준히 접한 사람은 믿는다고 하면서 그것에 대해 별로 생각하지 않는 사람보다 영적으로 더욱 살아 있을 것입니다. 현대주의자, 즉 이름만 신자일 뿐 믿지 않는 극단적 현대주의자가 지적 무신론의 한복판에서도 그리스도인들의 언어, 의식, 성례, 이야기를 집요하게 붙들고 있다고 해서 그를 바보나 위선자라고 부를 필요는 없습니다. 그 가엾은 사람은 (본인은 결코 이해하지 못하는 지혜로) 자신의 생명을 붙들고 있을 수도 있습니다. 루아지[6]는 그리스도인으로 남아 있는 편이 더 나았을 것입니다. 그의 생각 속에서 기독교의 잔재를 씻어 버리는 일이 더 좋은 일만은 아니었을 것입니다.

---

6) Alfred Loisy(1857~1940), 프랑스의 신학자. 현대주의 운동의 창설자.

참으로 가장 불쌍한 사람들은 동정녀가 잉태했을 때 이 위대한 신화가 사실이 되었음을 몰랐던 이들입니다. 그러나 사실이 된 이 이야기가 원래 신화였다는 점, 그것이 사실의 세계에 들어오면서 신화의 온갖 특성들을 함께 가져왔다는 점을 그리스도인들도 기억해야 합니다. 이 부분을 상기시켜 준 코리니우스에게 감사해야겠군요. 하나님은 하나의 신 이상이신 분이며, 그리스도는 발데르[ii]를 넘어서는 분입니다. 그 이하의 존재가 아닙니다. 우리는 기독교 신학에 깃들어 있는 신화적 광채를 부끄러워해서는 안 됩니다. 다른 종교들과의 '유사성'과 '이교 그리스도들'에 대해 긴장해선 안 됩니다. 그런 요소들은 그 자리에 있어야 마땅합니다. 만약 없다면 그게 오히려 걸림돌이 될 것입니다. 우리는 엉터리 영성에 빠져서 자유로운 상상력을 제한해서는 안 됩니다. 하늘 자체가 하나의 신화 아닙니까. 하나님이 신화를 만들기로 하셨는데 우리가 신화를 느끼기 mythopathic를 거부해서야 되겠습니까? 이것은 하늘과 땅의 결혼, 완벽한 신화와 완벽한 사실의 만남이요, 우리의 사랑과 순종뿐 아니라 경이와 기쁨도 요구합니다. 그리고 이것은 우리 각자 안에 있는 도덕주의자, 학자, 철학자뿐 아니라 야만인, 아이, 시인에게도 호소력을 발휘합니다.

---

ii) 노르웨이 신화의 주신(主神) 오딘과 그의 아내 프리그 사이에서 태어난 아들.

6 무서운 빨간 약

많은 신학자들과 일부 과학자들은 19세기의 '과학과 종교 간의 갈등'은 완전히 끝났다고 선포할 준비를 마쳤습니다. 그러나 설령 그 말이 옳다 해도, 그것은 진짜 신학자들과 진짜 과학자들, 즉 교육을 많이 받은 소수의 사람들만 알고 있는 사실입니다. 보통 사람에게 그 갈등은, 교육받은 사람들은 상상조차 못할 형태로 머릿속에 자리 잡은 아주 실질적인 것입니다.

보통 사람은 구체적인 교리와 구체적인 과학적 발견들에 대해 생각하지 않습니다. 그를 괴롭히는 문제는 그가 기독교에 대해 믿는 내용과 과학 시대에 살면서 우주의 모습에 대해 익히게 된 전반적인 분위기가 속속들이 너무나도 다르다는 점입니다. 신경信經은 하나님이 오딘이나 주피터 같은 신화의 신들 중 하나인 듯, 그분에게 한 '아들'이 있다고 말합니다. 이 아들은 낙하산병처럼 '하늘'에서 땅으로 '내려왔'습니다. 또 이 '아들'은 나중에 지구 표면 아래에 위치한 사자死者들의 세계로 내려갔습니다. 그리고 좀더 후에 그는 하늘로 올라가 아버지의 보좌 약간 오른편에 놓인 화려한 의자에 자리를 잡았습니다. 이 모든 이야기는 공간적이고 물질적인 하늘, 성층권에 있는 궁전, 평평한 지구를 비롯한 온갖 낡고 잘못된 생각들을 함축하고 있는 것처럼 보입니다.

보통 사람은 그리스도인들이 그런 온갖 믿음들을 곧이곧대로 받아들일 수 없고 신경을 다른 의미로 해석해야 한다는 것을 잘 알고 있습니다. 그러나 이런 해석은 그를 전혀 만족시키지 못합니다. 그는 이렇게 생각합니다. '의심의 여지가 없어. 그런 교리들이 일단 생겨난 후에야 그것들을 얼마든지 원하는 대로 알레고리나 영적인 의미로 해석해서 얼버무릴 수 있겠지. 그러나 첫 번째 기독교인들이 진짜 우주의 모습을 조금이라도 알았다면 그런 교리들이 분명 애초부터 존재하지 않았겠지? 어떤 역사가가 역사 문서 하나를 오독하여 연구를 진행했다가 나중에 실수가 드러났다고 해 봐. 그는 어떤 전투에 대한 자신의 기술이 여전히 처음 문서의 기록과 조화를 이룰 수 있다고 교묘하게 설명할 수 있을 거야. 그러나 중요한 점은 그 역사가가 역사 문서들을 처음부터 제대로 읽었더라면 그런 교묘한 설명들은 생겨나지도 않았을 거라는 거지. 그러니까 그것들은 모두 헛수고야. 자신의 실수를 인정하고 처음부터 다시 시작하는 것이 훨씬 남자다운 일일 거야.'

저는 그리스도인이 이 '보통' 현대인을 설득시키기 원한다면 두 가지 일을 해야 한다고 생각합니다. 우선, 그리스도인들은 온갖 설명과 재해석의 과정을 거치고 난 후 신경에서 남게 될 내용이 여전히 너무도 분명하게 초자연적이고, 기적적이고 충격적일 것임을 분명히 해야 합니다. 평평한 지구와 하늘의 궁전은 믿지 않을 수 있습니다. 그러나 우리는 영의 세계가 존재하며 그것이 자연적 우주, 현상적 우주에 침입할 수 있고 실제로 침입함을 어떤 미개인이나 신지학자 못지않게 확고하게 믿는다고 처음부터 분명히 밝혀야 합니다. 우리가 설명을 시작하면 보통 사람은 대뜸 이렇게 의심합니다. 우리는 무지한 청중을 위한 신화를 갖고 있으며 유식한 청중의 추궁을 받으면 결국 누구도 부인하지 못할 뻔한 도덕적 상투어들만 남길 태세가 되어 있다고 둘러댈 거라고 말이지요. 이런 의심을 받아 마땅한 신학자들이 있습니다. 우리는 반드시 그런 사람들에게 떠나야 합니다. 기독교의 신앙 고백 없이 기독교를 진술하고 있다면, 기독교가 옳지 않음을 인정하고 기독교 없이 완전히 새로 시작하는 것이 정직한 일일 것입니다.

둘째, 우리는 생각과 상상이 어떻게 다른지 가르쳐 주려 해야 합니다. 물론 모든, 아니 대부분의 초대 그리스도인들이 우리가 태양계를 믿는 것처럼 하늘궁전을 믿었을 거라고 생각하는 것은 역사적인 오류입니다. 교회는 신인동형론이 명시적으로 제기되자 곧장 그것을 정죄했습니다. 그러나 초대 그리스도인들 중에는 하나님을 인간처럼 생각한 사람들도 있을 수 있습니다. 어쩌면 그들 중 수천 명이 신인동형론적 이미지 없이 자신의 믿음을 생각해 본 적이 없을지도 모릅니다. 그렇기 때문에 우리는 믿음의 핵심과 그것에 따라오는 심상을 구분해야 합니다.

저는 런던을 생각하면 늘 유스턴 역의 모습이 떠오릅니다. 그러나 저는 런던이 유스턴 역이라고 믿는 건 아닙니다. 이것은 간단한 사례입니다. 이 경우엔 생각하는 사람이 이미지가 잘못되었다는 것을 알고 있기 때문입니다. 이제 좀더 복잡한 예를 생각해 봅시다. 전에 어떤 부인이 딸에게 아스피린을 너무 많이 먹으면 죽는다고 말하는 걸 들었습니다. 아이가 묻더군요. "왜요? 엄마가 아스피린을 빻을 때 보면 빨간색 가루가 안 보이던데요." 아이는 독약에 대해 생각할 때마다 빨간 약을 떠올렸을 뿐 아니라, 독약은 빨간색이라고 정말 믿었던 게 분명합니다. 이것은 오류입니다. 그러나 그렇다고 독약에 대한 아이의 생각이 완전히 쓸모없는 것입니까? 아이는 아스피린을 지나치게 많이 복용하면 죽게 된다는 것을 배웠습니다. 아이의 믿음은 옳았습니다. 그리고 아이는 자기 집에 있는 물질 중 어떤 것이 독약인지 웬만큼은 알았습니다. 제가 그 집에 묵게 되었다고 합시다. 잔에 담긴 것이 물인 줄 알고 잔을 집어 들어 입에 대는데 아이가 이렇게 말합니다. "그거 드시지 마세요. 엄마가 그러는데 독약이래요." 그런데 제가 "이 아이는 독약이 빨간 약이라고 여기는 낡고 신화적인 생각을 갖고 있다"고 생각하며 아이의 경고를 무시한다면 그것은 참 어리석은 일일 것입니다.

이와 같이 사고와 상상 일반은 다르고, 사고와 그 사고를 하는 사람이 옳다고 믿는 틀린 이미지도 서로 구분됩니다. 그 아이가 나중에 독약이 꼭 빨갛지만은 않다는 것을 알게 되면, 독약에 대한 자신의 믿음이 본질적으로 달라졌다고 느낄까요? 그렇지는 않을 것입니다. 아이는 늘 알던 대로 독약을 삼키면 죽는다는 것을 여전히 알고 있을 것입니다. 그것이 독약의 핵심입니다. 색깔에 대한 잘못된 믿음이 떨어져 나가도 그 핵심에는 영향을 주지 않습니다.

마찬가지로 옛날의 어떤 농부 그리스도인은 그리스도께서 아버지의 우편에 앉으셨다는 말을 실제로 하늘 궁전 안의 어떤 공간에 두 개의 옥좌가 자리 잡고 있다는 뜻으로 생각했을 수도 있습니다. 그러나 만약 그 사람이 나중에 철학 교육을 받아 하나님이 몸도, 부분도, 정념passions도 없고, 따라서 오른손도 궁전도 없다는 것을 알게 된다면, 그는 자신의 믿음의 본질이 바뀌었다고 생각할까요? 그렇지 않을 것입니다. 그가 소박한 생각을 갖고 있던 시절에도 그에게 중요했던 것은 소위 천상의 가구에 대한 세부 내용이 아니라, 한때 십자가에 못 박혔던 주님이 이제 온 우주를 떠받치는, 상상도 못할 능력의 최고 대행자로서 일하고 계신다는 확신이었습니다. 그는 이 부분에서 한 번도 속은 적이 없음을 알게 될 것입니다.

비판자는 여전히 이렇게 물을지도 모릅니다. 이미지가 틀린 것임을 인정하면서 도대체 왜 이미지를 쓰는 거냐고. 그러나 그가 모르는 사실이 하나 있습니다. 우리가 그것 대신 어떤 언어를 써도 또 다른 이미지가 따라오기에 결국 똑같은 반론을 피할 수 없다는 사실입니다. 하나님이 자연 질서 속으로 '들어오신다'는 말에는 그분이 '내려오신다'는 말만큼이나 많은 공간적 이미지가 들어 있습니다. 그저 수직 운동의 이미지를 수평 내지 막연한 운동의 이미지로 대체했을 뿐입니다. 그분이 본체의 세계로 '재흡수되어' 가셨다는 말은 승천하셨다는 말보다 낫습니까? 어떤 물체가 따뜻한 액체에 녹는 그림, 뭔가가 목구멍으로 빨려 들어가는 그림이 새나 풍선이 올라가는 그림보다 오해의 소지가 적습니까? 감각 대상을 가리키는 언어를 제외하고는 모든 언어가 철저하게 비유적입니다. 하나님을 하나의 '힘'(바람이나 발전기 같은 것)이라 부르는 것은 그분을 아버지와 왕으로 부르는 것만큼이나 비유적입니다. 그런 문제들에 대해 우리는 우리 말을 보다 장황하고 따분하게 만들 수 있을 뿐, 더 문자적으로 만들 수는 없습니다. 이것은 신학자들만 겪는 어려움이 아닙니다. 과학자, 시인, 정신분석학자, 형이상학자들이 모두 같은 처지에 놓여 있습니다.

인간의 이성은 감각에게 갚을 수 없는 빚을 지고 있다.[i]

---

i) *The Testament of Love*, 로버트 브리지스(1844~1930).

그러면 설명과 '둘러대기'는 어떻게 구분할 수 있을까요? 저는 그리 어렵지 않다고 생각합니다. 성육신과 관계없는 하나님의 활동들, 즉 감각이 들어설 여지가 없는 존재의 차원에서 그분이 하시는 일에 따르는 이미지는 문자적 의미에선 사실이 아닌 줄 알면 됩니다. 그러나 성육하신 하나님의 기적들을 그런 식으로 대하는 것은 절대 정당화될 수 없습니다. 그 기적들은 지구상에서 인간의 오감에 영향을 끼친 사건들로 기록되어 있습니다. 문자적으로 묘사할 수 있는 사건들입니다. 만약 그리스도께서 물을 포도주로 바꾸셨다면, 그 자리에 있었던 사람들이 그것을 보고, 냄새 맡고, 맛볼 수 있었을 것입니다. 그리스도께서 그 일을 하셨다는 이야기는 그분이 '아버지의 우편에 앉으셨다'는 말과 같은 부류가 아닙니다. 그것은 사실이거나 전설, 아니면 거짓말입니다. 받아들일지 거부할지, 둘 중 하나를 선택해야 합니다.

7 종교와 과학

제 친구가 말했습니다.

"기적이라니, 이보게. 과학은 모든 기적을 송두리째 뒤엎어 버렸잖은가. 우리는 자연이 고정된 법칙의 지배를 받는다는 걸 안다구."

"그건 사람들이 늘 알던 사실이 아닌가?"

제가 말했습니다.

그러자 그는 이렇게 말하더군요.

"세상에, 아니야. 예를 들어 보지. 동정녀 탄생 같은 이야기를 생각해 보게. 이제 우리는 그런 일이 벌어질 수 없다는 걸 아네. 그 당시에 분명 정자가 하나 있었을 거라는 걸 말이야."

제가 말했습니다.

"하지만 이걸 봐. 요셉이……."

"그게 누군가?"

제 친구가 물었습니다.

"동정녀 마리아의 남편일세. 성경에서 그 이야기를 찾아 읽어 보면 알 걸세. 그는 약혼녀가 아기를 낳을 거라는 사실을 알고 파혼하기로 마음먹었네. 왜 그렇게 했겠는가?"

"남자라면 대부분 그렇게 하지 않을까?"

"어떤 남자라도 그러겠지. 자연법칙을 안다면 말일세. 다시 말해 여자와 남자가 동침하지 않는 한, 보통은 아기가 생기지 않는다는 걸 안다면 말이지. 그러나 자네 이론에 따르면, 옛날 사람들은 자연이 정해진 법칙의 지배를 받는 걸 몰랐다는 얘기 아닌가. 나는 요셉이 자네만큼이나 그 법칙을 잘 알았음을 성경의 기록이 보여 준다고 지적하는 걸세."

"하지만 나중에 그는 동정녀 탄생을 믿게 되었지, 아닌가?"

"그렇지. 하지만 그가 그렇게 한 것은 아기가 생기는 자연의 통상적 과정을 몰라서가 아니었네. 그는 동정녀 탄생을 초자연적인 일로 믿었어. 그는 자연이 정해진 방식에 따라 규칙적으로 일한다는 걸 알고 있었지만 자연 너머, 말하자면 바깥에서 자연의 작용에 간섭할 수 있는 무언가가 존재한다는 것도 믿었어."

"그러나 현대 과학은 그런 게 없다는 걸 보여 주었네."

제가 말했습니다.

"그런가. 어떤 과학 말인가?"

친구가 말했습니다.

"이것 보게나. 이건 세부적인 문제야. 어느 책 몇 장 몇 절인지 기억으로 말해 줄 수는 없다구."

제가 말했습니다.

"하지만 모르겠나? 과학은 절대 그런 종류의 것을 보여 줄 수 없다네."

"도대체 왜 그렇다는 건가?"

"왜냐하면 과학은 자연을 연구하기 때문이야. 여기서의 문제는 자연 이외, 자연 바깥에 무엇인가 존재하는지의 여부일세. 그냥 자연만 연구해서 이 문제에 대한 답변을 어떻게 찾을 수 있겠나?"

"하지만 우리는 자연이 절대적으로 정해진 방식으로 움직여야 한다는 것을 발견하지 않았나? 내 말은, 자연법칙은 우리에게 세상이 어떻게 움직이는지 말해 줄 뿐 아니라, 어떻게 움직여야 하는지도 말해 준다는 걸세. 어떤 힘도 그것을 바꿔 놓을 수는 없네."

제가 물었습니다.

"무슨 뜻인가?"

친구가 대답했습니다.

"한번 잘 보게. 자네가 말하는 '바깥의 무엇'이 2 더하기 2를 5로 만들 수 있는가?"

"음, 아니겠지."

제가 말했습니다.

"좋아. 음, 나는 자연법칙이 2 더하기 2가 4인 것과 같다고 생각하네. 자연법칙이 변한다는 것은 산수 법칙이 변한다는 것만큼이나 터무니없는 소리일세."

"잠깐만. 자네가 오늘 서랍에 6펜스를 넣고, 내일 같은 서랍에 또 6펜스를 넣는다고 해보세. 산수 법칙은 자네가 그 다음 날 서랍에서 1실링의 돈을 발견하도록 보장해 줄까?"

그가 대답했습니다.

"당연하지. 누군가 서랍에 손을 대지만 않는다면 말이지."

제가 말했습니다.

"그렇지, 그게 바로 관건일세. 산수 법칙은 외부의 간섭이 없다면 서랍에 얼마가 들어 있을지 절대적으로 확실하게 말해 줄 수 있지. 만약 도둑이 서랍에 손을 댔다면 물론 결과가 달라질 걸세. 그러나 도둑은 산수 법칙을 어긴 게 아니네. 영국법만 어긴 거지. 자, 자연법칙이란 이와 같은 게 아닐까? 자연법칙은 외부의 간섭이 없을 경우 어떤 일이 벌어질지만 말해 주는 게 아닌가?"

"무슨 소린가?"

"음. 자연법칙은 당구공을 특정한 방식으로 치면 평평한 바닥에서 어떻게 굴러갈지 말해 줄 걸세. 하지만 그건 아무도 간섭하지 않을 때에만 해당하는 얘기지. 만약 당구공이 굴러가고 있는데 누군가가 당구채를 집어 들어 옆에서 공을 친다면 어떻게 될까? 우리는 과학자가 예측한 결과를 얻지 못하게 되겠지."

"그거야 물론 그렇지. 그런 장난을 허용하면 안 되지."

"좋아. 마찬가지로 만약 자연 바깥에 무엇인가가 있고 그것이 간섭한다면, 과학자가 예측하는 사건들은 일어나지 않을 걸세. 그것이 우리가 말하는 기적이 될 걸세. 어떤 의미에서 그것은 자연법칙을 어기는 게 아닐 걸세. 법칙은 아무것도 개입하지 않을 경우 어떤 일이 벌어질지 말해주지만, 무엇인가가 간섭할지의 여부는 말해 주지 못하네. 내 말 들어 보게. 누군가가 내 서랍 속 페니에 손을 댈지 안 댈지 말할 수 있는 사람은 산수 전문가가 아닐세. 그런 일에는 탐정이 더 쓸모가 있겠지. 내가 당구채를 집어 들고 당구공 실험을 망쳐 놓을 사람인지 아닌지 알 수 있는 사람은 물리학자가 아닐세. 그런 일이라면 심리학자에게 묻는 게 낫겠지. 그리고 자연이 외부의 간섭을 받게 될지 어떨지 말해 줄 수 있는 건 과학자가 아닐세. 그 문제로 상의하려면 형이상학자에게 가야 하네."

친구가 말했습니다.

"그런 것들은 사소한 문제들이야. 보게. 진짜 반론은 더욱 깊이 들어가네. 과학이 우리에게 알려 준 전체 우주상은 그 모든 것 배후에 있는 힘이 사소한 행성에서 꼬물꼬물 돌아다니는 작고 하찮은 우리 피조물들에게 관심을 가질 수 있다는 믿음을 허튼소리로 만들어 버렸네! 그건 모두 지구가 평평하고 별들은 지구에서 2~3킬로미터밖에 안 떨어졌다고 믿었던 사람들이 만들어 낸 이야기가 분명하잖아."

"사람들이 언제 그런 걸 믿었나?"

"그야, 자네가 언제나 이야기하는 옛날 기독교인들이 다 그랬지. 보에티우스, 아우구스티누스, 토마스 아퀴나스, 단테 말일세."

"미안하네만, 이건 내가 잘 아는 몇 안 되는 주제 중 하나일세."

저는 책장으로 손을 뻗었습니다. 그리고 말했습니다.

"이 책 좀 보게나. 프톨레마이오스의 《알마게스트》일세. 무슨 책인지 알지?"

친구가 말했습니다.

"그래. 중세 내내 천문학 표준 교과서로 쓰인 책 아닌가."

저는 1권 5장을 가리키며 말했습니다.

"그래. 이 부분을 한번 읽어 보게."

친구는 약간 주저하면서 라틴어 책을 번역하여 소리 내어 읽었습니다.

"지구는…… 지구는 고정된 별들 사이의 거리에 비하면 없는 것이나 마찬가지고 수학의 점처럼 여겨야 마땅하다!"

잠시 침묵이 흘렀습니다. 그러고 나서 친구가 말했습니다.

"그때 사람들이 정말 이걸 알았단 말인가? 하지만, 하지만 어떤 과학사 책도, 어떤 현대 백과사전도 그 사실을 언급하지 않네."

제가 말했습니다.

"그렇다네. 그 이유를 생각해 보는 건 자네 몫으로 맡기겠네. 누군가가 그것을 숨기고 싶어 안달하는 게 아닌가 싶을 정도라네. 그 이유가 궁금해."

또다시 짧은 침묵이 흘렀습니다.

제가 말했습니다.

"어쨌건, 이제 우리는 문제를 정확하게 서술할 수 있네. 사람들이 흔히 생각하는 문제는 지금 우리가 아는 우주의 크기에 대한 지식과 전통적인 종교관을 어떻게 조화시킬 것인가, 이것이라네. 하지만 알고 보면 이것은 전혀 문젯거리가 아니네. 진짜 문제는 우주의 광대한 크기와 지구의 공간적 사소함이 이미 여러 세기 동안 알려져 왔고, 그 두 사실이 종교적 질문과 관계가 있으리라고는 누구도 생각하지도 못했다는 사실이네. 그러다 지금부터 100년도 채 안 된 어느 시점부터 갑자기 사람들이 그것을 기독교에 반대하는 논증으로 흔들어 대고 있단 말일세. 그들은 그것이 아주 오래 전부터 알려져 있음을 주도면밀하게 숨기고 있네. 자네 같은 무신론자들, 이상할 만큼 너무 의심이 없는 것 같지 않은가?"

8   자연법칙

친구가 말했습니다. "가엾은 여자야. 사람들이 저렇게 말할 땐 뭐라 대꾸해야 할지 모르겠어. 저 여자는 자신이 아들을 위해 기도했기 때문에 아들이 아른힘[i] 전투에서 살아남았다고 생각해. 그녀의 아들이 살아남은 진짜 이유는 그가 총알에서 약간 오른쪽 내지 왼쪽에 서 있었기 때문이라고 설명하는 건 너무 무정한 일일 거야. 그 총알은 자연법칙이 정해준 노선을 따라가고 있었어. 그를 맞출 수 없었지. 그는 우연히 총알의 경로 바깥에 서 있었던 거야 ……. 그날의 모든 총알과 모든 포탄 파편에 대해서도 그랬지. 그의 생존은 그저 자연법칙 덕분이었다구."

그 순간 제 첫 번째 개인지도 학생이 들어와서 대화는 짧게 끝났지만, 그날 오후 공원을 지나 위원회 모임에 참석해야 했기에 가는 동안 이 문제를 곰곰이 생각할 수 있었습니다. 일단 A 지점에서 B 방향으로 총알이 발사되고 바람의 세기와 방향이 C라면 총알은 일정한 궤도를 따라갈 것입니다. 그러나 우리의 젊은 친구가 어디 다른 곳에 서 있었을 수 있지 않을까요? 독일군이 다른 순간이나 다른 방향으로 총을 쏘았을 수도 있지 않을까요? 인간에게 자유의지가 있다면 그들은 그렇게 할 수도 있었

---

i) *Arnhem*. 네덜란드 동부 겔덜란트 주의 주도州都. 1944년 9월 영국군 공수부대와 독일 점령군이 격전을 벌였다.

을 것 같습니다. 이렇게 생각하면 아른헴 전투의 상황은 상당히 복잡해집니다. 이날 일어난 사건들의 전체 행로는 두 가지 원천에서 뽑아 낸 일종의 혼합물이 될 것입니다. 한 가지 원천은 인간의 의지에 따른 행동들(이것은 달라질 수 있었을 겁니다)이고 또 하나는 물리적 자연법칙이 되겠지요. 그리고 그 어머니가 아들이 살아남게 해준 원인들 가운데 자신의 기도도 어떤 자리를 차지하고 있다는 믿음은 그 두 원천의 조합 어딘가에 설자리가 있을 듯합니다. 하나님은 발사체의 작용은 보통의 궤도를 따르도록 놔두신 채, 그분이 가장 적합하다고 생각하시는 방식으로 사망, 부상, 생존이 나타나도록 모든 전투원들의 의지에 끊임없이 영향을 끼치실 수 있을 겁니다.

그러나 저는 이 그림의 물리적 측면이 뭔가 석연치 않았습니다. 저는 총알이 날아가도록 원인을 제공한 것이 자연법칙이라고 (상당히 막연하게) 생각하고 있었습니다. 그러나 과연 그렇습니까? 일단 총알이 움직이기 시작한 뒤 바람과 지구 중력의 영향을 받으면, 총알은 일정한 궤도로 날아가야 하고 그것이 자연의 '법칙'입니다. 그러나 방아쇠를 당기는 것과 옆바람 그리고 지구는 정확히 말해 법칙이 아닙니다. 그것들은 사실 또는 사건입니다. 그것들은 법칙이 아니라 법칙을 따르는 사물입니다. 방아쇠를 당기는 행위를 고려하려면 다시 전체 그림의 자유의지 측면으로 되돌아가게 됩니다. 그러므로 우리는 더 간단한 예를 선택해야 합니다.

제가 이해하는 물리 법칙에 따르면, 당구공 A가 또 다른 당구공 B를 움직이게 만들면 A가 잃어버린 운동량은 B가 얻은 운동량과 정확히 일치합니다. 이것이 하나의 법칙입니다. 즉, 이것이 두 당구공의 움직임이 따라야 하는 패턴입니다. 물론 당구공 A를 움직이게 만드는 다른 무엇이 있어야 합니다. 여기에 난관이 있습니다. 법칙이 A를 움직이게 만드는 게 아니라는 겁니다. 보통 그 일을 하는 것은 당구채를 든 사람입니다. 그러나 당구채를 든 사람은 법칙이 아니라 자유의지 쪽에 속하니, 당구공A가 큰 배 안에 있는 당구대에 놓여 있다가 배가 갑자기 약간 기울어지면서 움직이게 되었다고 합시다. 이 경우, 움직임을 일으킨 것은 법칙이 아니라 파도입니다. 그리고 그 파도는 분명히 물리 법칙에 따라 움직이긴 하지만 물리 법칙이 파도를 움직이게 만들지는 않습니다. 파도는 다른 파도, 바람, 기타 등등에 의해 밀려 생겨납니다. 이런 식으로 아무리 멀리까지 거슬러 올라가 보아도 자연법칙이 무슨 일인가를 일으키는 모습은 볼 수 없습니다.

이제 제 머릿속에는 너무나 뻔한 결론이 떠오릅니다. '우주의 전체 역사에서 자연법칙은 단 하나의 사건도 만들어 내지 못했다.' 자연법칙은 사건이 일단 벌어지고 난 후 따라야 할 패턴입니다. 그러나 사건이 자연법칙을 따르게 만드는 것은 무엇입니까? 사건은 어떻게 시작됩니까? 이 부분에서 자연법칙은 전혀 도움을 주지 못합니다. 모든 돈거래가 산수법칙을 따르듯, 모든 사건은 자연법칙을 따릅니다. 6페니에 6페니를 더하면 그 결과는 틀림없이 1실링일 것입니다. 그러나 산수 그 자체는 우리 주머니에 1파딩[ii]도 보태 주지 못합니다. 이제까지 저는 자연법칙이 어떤 일들을 일으킬 수 있다고 막연하게 생각해 왔습니다. 그런데 이제 보니 그것은 수입에 대해 계산을 함으로써 수입을 늘릴 수 있다고 생각하는 것과 똑같은 일이었습니다. 법칙은 사건들이 따라야 할 패턴일 뿐입니다. 사건

---

ii) 영국 청동화로 1/4페니. 1961년 폐지.

들의 근원은 다른 곳에서 찾아야 합니다.

이것은 다음과 같이 표현할 수 있습니다. '자연법칙은 사건들의 근원을 제외한 모든 것을 설명한다.' 그러나 이것은 상당히 만만찮은 예외입니다. 어떤 의미에서 자연법칙은 하나만 빼고는 실재 전체를 포괄합니다. 그런데 그 한 가지는 실제 우주를 이루는 실제 사건들의 끊임없는 폭포입니다. 자연법칙은 우리가 보통 '모든 것'이라 부르는 것을 제외한 모든 것을 설명합니다. 자연법칙이 빠뜨리는 단 한 가지는 우주 전체입니다. 자연법칙에 대한 지식이 쓸모없다는 뜻은 아닙니다. 우리가 실제 우주를 계속 운영 중인 기업처럼 받아들일 수만 있다면, 그 지식은 매우 유용하고 우주를 활용하는 데 필수불가결합니다. 그것은 돈이 좀 있으면 그 돈을 관리하는 데 산수가 꼭 필요한 것과 같습니다. 그러나 사건들 자체, 돈 자체는 전혀 다른 문제입니다.

그러면 실제 사건들은 어디에서 나올까요? 어떻게 보면 해답은 간단합니다. 각 사건은 그 이전 사건에서 나옵니다. 그러나 그 과정을 거슬러 올라가면 어떤 일이 벌어집니까? 이렇게 묻는 것은 사물들이 어디에서 생겨났는지, 어떻게 해서 시간과 공간과 물질이 존재하게 되었는지 묻는 것과 정확히 똑같지는 않습니다. 현재 우리 앞에 놓인 문제의 내용은 사물들이 아니라 사건들입니다. 물질의 입자들이 아니라, 이 입자와 저 입자의 충돌이라 할 수 있습니다. 우주 드라마의 '특성들'이 어떻게든 '그냥 어쩌다 보니 거기 존재한다'는 생각은 순순히 받아들일 수 있습니다. 그러나 그 희곡, 그 이야기 자체는 어디서 나옵니까?

사건들의 흐름에는 시작이 있거나 없습니다. 시작이 있다면, 우리는 창조와 같은 어떤 것에 직면하게 됩니다. 시작이 없다면(일부 물리학자들이 받아들이기 어려워하는 가설입니다), 우리는 그 본질상 과학적 사고로 파악할 수 없는 영원한 추진력에 직면하게 됩니다. 과학이 완벽해지면 사건들 사이의 인과관계와 그 모든 연결고리를 설명하게 될 것입니다. 그러나 그 고리의 존재 자체는 여전히 풀리지 않은 채 그대로 남을 것입니다. 우리는 사건들이 벌어지는 패턴에 대해 점점 더 알아갑니다. 그러나 그 패턴에다 실제 사건들을 '공급하는' 그 무엇에 대해서는 아무것도 모릅니다. 그 무엇이 하나님이 아니라면, 적어도 우리는 그것을 숙명이라 불러야 할 것입니다. 우주를 계속 움직이게 만드는 비물질적, 궁극적, 일방적인 압력이니 말입니다.

아무리 작은 사건이라도, 그 사건이 일단 벌어진 뒤에 따라가게 되는 패턴 대신 그 사건이 벌어진다는 사실 자체를 직시하면, 우리는 그 사건을 따라 자연과학 바깥에 놓여 있는 신비로 다시 이끌려 가게 됩니다. 이 신비 배후에 어떤 강력한 의지와 생명이 작용하고 있을 거라는 가정은 충분히 성립 가능합니다. 만약 그렇다면, 그의 행위와 자연법칙의 대비 같은 건 있을 수 없습니다. 자연법칙에다 그것이 적용될 수 있는 사건을 제공하는 것은 그의 행위뿐이니까요. 법칙은 비어 있는 틀이고 그 틀을 채우는 주체는 그분입니다. 가끔 일어나는 특별하고 '섭리적인' 사건들에 대해서만 해당되는 얘기가 아니라 매순간이 그렇습니다. 그리고 그분은 시간을 넘어선 그분의 시점에서 그분의 기뻐하심을 따라 모든 기도를 고려하여 우주의 역사라고 하는 방대하고도 복잡한 사건을 정하십니다. 우리가 '장래의' 기도라고 부르는 것이 그분 앞에는 언제나 놓여 있었습니다.

《햄릿》에는 나뭇가지가 부러져서 오필리아가 익사하는 대목이 나옵니다. 그녀가 죽은 것은 나뭇가지가 부러졌기 때문입니까, 아니면 셰익스피어가 희곡의 그 시점에서 그녀가 죽기를 바랐기 때문입니까? 어느 쪽이건 원하는 쪽을 택해도 되고, 둘 다라고 해도 좋습니다. 이 질문이 제시하는 양자택일은 실은 전혀 양자택일이라 할 수 없습니다. 셰익스피어가 그 희곡 전체를 만들었음을 기억하면 그것을 잘 알 수 있습니다.

9 장엄한 기적

요즘 저는 기독교에서 기적적인 요소들을 벗겨 낼 수 없느냐는 질문을 자주 받습니다. 그런 질문을 하시는 분들의 표현을 빌어 기적적인 요소들에서 '해방된' 기독교는 어떨까요? 그런 요소들이 삭제된 기독교는 안 되는 것일까요? 제가 아는 한, 그럴 수 없는 세상의 유일한 종교, 단 하나의 종교가 바로 기독교입니다. 불교 같은 종교에서는 상당히 후기 자료에 등장하는 고타마 부처의 기적들을 뺀다 해도 잃어버리는 게 전혀 없을 것입니다. 아니, 불교의 경우 그런 기적들이 없다면 훨씬 더 좋아질 것입니다. 불교의 기적들은 대체로 그 가르침과 모순되기 때문입니다. 마호메트교 같은 종교의 경우도 기적들을 제거한다 해도 본질적인 부분은 전혀 달라지지 않을 것입니다. 기적을 일으키지 않고도 교리를 선포하는 위대한 선지자는 있을 수 있으니까요. 마호메트교의 기적들은 단지 여담이랄까, 장식한 대문자 정도에 불과합니다.

그러나 기독교에 대해서는 그렇게 말할 수 없습니다. 기독교의 이야기는 정확히 하나의 장엄한 기적 이야기이고, 기독교의 주장은 모든 시공간을 초월한 존재, 자존하며 영원한 존재가 자연과 인간 본성 안으로 들어와 그분의 우주 밑바닥까지 내려가셨다가 본성을 동반하여 다시 올라가셨다는 것이기 때문입니다. 이것 전체가 하나의 위대한 기적입니다. 이것을 빼 버리면 기독교만의 고유한 특성은 아무것도 남지 않습니다. 세계의 다른 모든 사상 체계들과 공유하고 흠모할 만한 인간의 것들은 많이 있겠지만, 고유하게 기독교적인 것은 전혀 없을 것입니다. 반대로, 일단 그 기적을 받아들이면, 기독교의 다른 모든 확립된 기적들이 그 기적의 일부이고, 성육신을 예비하거나, 드러내거나, 그것에서 유래한 결과임을 알게 될 것입니다(기독교의 '확립된' 기적이라 하는 이유는 기독교계 내에도 석연찮은 기적들이 있기 때문입니다. 이교도의 전설이나 현대 신문·잡지계의 전설들이 있듯이 기독교에도 그와 비슷한 것들이 있습니다). 자연적으로 일어나는 모든 사건은 특정 순간, 특정 장소에서 자연의 전체적 특성이 나타난 것이라 볼 수 있습니다. 이와 마찬가지로 모든 기적은 성육신 기적의 특성을 보여 줍니다.

자, 여기서 기독교의 중심이 되는 그 장엄한 기적 자체가 개연성이 있느냐 없느냐 묻는다면, 분명 흄이 말하는 개연성의 기준을 적용할 수 없을 것입니다. 통계에 근거한 개연성을 말할 수는 없다는 뜻입니다. 그런 개연성에 따르자면 하나의 일이 자주 벌어질수록 다시 일어날 가능성이 더 높아집니다(어떤 음식을 먹어서 자주 소화불량에 걸린다면, 그 음식을 먹을 때 다시 소화불량에 걸릴 개연성이 더 높아집니다). 성육신은 분명 그런 의미에서 개연적인 사건일 수 없습니다. 성육신은 본질상 단 한 번만 일어난 사건이기 때문입니다. 그러나 이 세상의 역사도 본질상 단 한 번만 일어난 일입니다. 그리고 만약 성육신이 실제로 일어난 일이라면, 그것은 역사의 중심이 되는 사건입니다. 성육신은 개연적이지 않습니다. 그런 의미에서는 자연 전체도 개연적이지 않습니다. 그것은 단 한 번만 있는 일이고 단 한 번만 벌어지는 일이기 때문입니다. 그러니 그 일의 개연성에 대해서는 다른 종류의 기준을 적용해야 합니다.

제가 볼 때 우리는 다음의 예와 비슷한 상황에 처해 있습니다. 우리가 어떤 심포니나 소설 같은 위대한 작품을 갖고 있다고 합시다. 그런데 누군가가 찾아와서 이렇게 말합니다. "여기 제가 작품의 일부분을 새로 발견했습니다. 이 부분이 심포니의 중심 주제, 소설의 중심 장입니다. 이것 없이는 작품이 온전하지 못합니다. 저는 작품 전체의 중심에 해당하는 잃어버렸던 부분을 찾은 겁니다." 이때 우리가 할 수 있는 일은 새로 발견되었다는 그 부분을 작품의 중심에 놓고 그것이 나머지 전체에 어떤 영향을 끼치는지 보는 것뿐일 겁니다. 그 부분이 작품의 나머지 전체에서 새로운 의미를 끊임없이 이끌어내고, 이전에는 알아채지 못했던 것들을 발견하게 해준다면, 우리는 그것이 진짜라고 판단하게 될 것입니다. 그러나 그런 역할을 하지 못한다면 그 자체로 아무리 매력적인 단편이라 해도 거부하게 될 것입니다.

자, 자연 전체에서 잃어버린 장, 그리스도인들이 내놓고 있는 장은 무엇입니까? 성육신 이야기입니다. 성육신 이야기는 하강과 부활의 이야기입니다. 제가 여기서 말하는 '부활'은 그리스도 부활 이후의 첫 몇 시간 또는 첫 몇 주만을 뜻하는 게 아닙니다. 저는 아래로 아래로 하강한 후 다시 올라가는 거대한 패턴 전체를 말하고 있습니다. 우리가 흔히 부활이라 부르는 것은 말하자면 그 패턴 전체가 돌아가는 회전축에 해당합니다. 그 하강이 무엇인지 생각해 보십시오. 그리스도께서는 내려가시되 인성 속으로뿐 아니라 인간으로 출생하시기에 앞서 우리 모두 경험하는 이상한 전前 인간, 하위 인간의 생명 형태로 태중의 아홉 달로 들어가셨고, 거기서 더 아래 시체 상태에까지 내려가셨습니다. 상승의 움직임이 시작되지 않았다면 그 시체는 곧 유기체의 상태에서 벗어나 무기물들의 상태로 돌아갔을 것입니다. 모든 시체가 그렇듯 말입니다. 바다로 곧장 내려가 바다 밑을 훑는 사람의 모습을 연상할 수도 있습니다.

한 힘센 사람이 커다랗고 복잡하게 생긴 짐을 들어 올리는 모습도 그려 보십시오. 그는 몸을 숙이고 짐 밑으로 몸을 밀어 넣어 잠깐 시야에서 사라집니다. 그러고는 등을 곧추세워 짐을 어깨에 짊어지고 성큼성큼 걸어갑니다. 이런 모습도 그려 보십시오. 옷을 하나하나 벗어 알몸이 된 사람이 물속에 뛰어듭니다. 그의 몸이 공중에서 잠시 번쩍하는가 싶더니 햇빛이 드는 초록빛의 따뜻한 수층을 지나 칠흑같이 검고 얼어붙을 듯 차가운 수층까지 내려가 바닥의 진흙과 찌꺼기에 도달합니다. 그러고는 폐가 터질 것 같은 상태로, 햇빛이 드는 초록빛의 따뜻한 수층을 지나 마침내 햇살 속으로 올라옵니다. 그의 손에는 찾으러 내려갔던 물건이 흠뻑 젖은 채 들려 있습니다. 그 물건은 인간의 본성입니다. 그러나 그것은 그와 연결된 모든 자연, 새로운 우주이기도 합니다. 그것은 제가 오늘 밤 다룰 수 없는 주제입니다. 인간 본성과 자연 일반의 연관관계를 제대로 다루려면 따로 한 번의 설교를 할애해야 하기 때문입니다. 놀랍게 들리 겠지만, 저는 둘의 연관관계를 충분히 정당화할 수 있다고 믿습니다.

자, 깊숙이 잠수해서 우주 밑바닥까지 내려갔다가 다시 올라와 빛 속으로 들어가는 이 패턴을 생각해 보면, 이것이 자연 세계의 원리들을 통해 모방되고 메아리치고 있음을 누구나 즉시 알게 될 것입니다. 씨앗이 토양 속으로 하강하여 식물로 다시 올라오는 것 말이지요. 우리 자신의 영적 생명 안에도 밝고 강하고 찬란하게 되기 위해 죽임을 당하고 부서져야만 하는 그런 온갖 요소들이 있습니다. 둘의 유비 관계는 분명합니다. 이런 면에서 성육신 교리는 세상의 모습과 잘 들어맞습니다. 아니 너무 잘 들어맞기 때문에 오히려 이런 의심이 일어납니다. 이거 지나치게 잘 들어맞는 거 아닌가? 기독교의 이야기가 이런 하강과 재상승의 패턴을 보여 주는 것은 그것이 세계의 모든 자연 종교들의 일부이기 때문이 아닐까? 저는 《황금가지The Golden Bough》[1] 에서 이런 식의 주장을 읽은 바 있습니다. 여러분도 아도니스와 그 외 다소 따분한 사람들의 나머지 이야기를 접해 보셨을 것입니다. 그렇다면 성육신 이야기는 똑같은 것, '죽는 신'의 또 다른 사례가 아닐까요? 그래요, 예 그렇습니다. 그렇기 때문에 이 질문이 미묘한 것입니다. 기독교에 대한 인류학적 비판자 [프레이저 경]가 하는 말은 완전한 사실입니다. 그리스도는 그런 인물입니다. 그런데 여기에 대단히 기묘한 사실이 있습니다. 유년기 이후 제가 처음으로 사복음서를 읽었을 당시, 저는 죽는 신, 《황금가지》 등에 대한 내용에 사로잡혀 있었습니다. 그런 내용이 당시의 제게 대단히 시적이고 신비롭고 흥미롭게 다가왔습니다. 그런데 정작 사복음서를 읽어 보니 그에 관한 내용을 거의 찾아볼 수 없었습니다. 그때 느낀 실망감과 거부감은 결코 잊지 못할 듯합니다. 죽는 신과 관련된, 씨앗이 땅에 떨어지는 비유는 제가 알기로 신약성경에 딱 두 번[2] 등장하는데 그 외의 부분에서는 거의 다루어지지 않았습니다. 저는 그것이 참 놀라웠습니다. 죽는 신이 있는데, 그는 언제나 곡물의 대표자였습니다. 그가 빵을, 즉 곡물을 손에 들고서 "이것은 나의 몸이다"[3] 라고 말합니다. 그런데 당시 제가 보

---

1) 영국의 인류학자 제임스 조지 프레이저 경Sir James George Frazer의 저서.
2) 요 12:24; 고전 15:36.
3) 마 26:26; 막 14:22; 눅 22:19; 고전 11:24

기에는 자신이 무슨 말을 하고 있는지 그가 깨닫지 못하는 듯했습니다. 다른 곳은 몰라도 그곳에서만큼은 기독교와 곡물 이야기의 연관관계가 드러나야 마땅할 듯 보였습니다. 문맥 전체가 간절히 그것을 요구하고 있었습니다. 그러나 주연 배우뿐 아니라 주위 사람들까지도 자신들이 하는 일을 전혀 모르는 듯한 상황들이 펼쳐집니다. 그건 마치 바다뱀에 대한 훌륭한 자료를 입수했지만, 그것을 가져온 사람들은 바다뱀에 대해 들어 본 적도 없는 상황과 같습니다. 이렇게 표현할 수도 있습니다. 역사적인 존재였을 거라고 생각할 수 있는 유일한 '죽는 신'의 사례가 그런 자연 종교의 자취를 전혀 찾아볼 수 없고, 그런 종교에 대해 아는 바도 전혀 없는 듯한 한 민족(지중해 세계 전체에서 그런 민족은 하나뿐이었습니다) 가운데 나타난 겁니다. 도대체 어떻게 된 일일까요? 그들 가운데 그 일이 느닷없이 벌어진 듯 보이는 것은 어떻게 된 일일까요?

인간의 입장에서 말하자면, 그 주연 배우는 자신의 말(과 고난)이 이교도의 마음에 어떤 영향을 끼치게 될지 모르는 듯합니다. 글쎄요, 그걸 설명할 길은 한 가지 가설밖에 없는 듯합니다. 그 곡물 왕이 성경에 자세히 언급되지 않는 이유는 성경에 나오는 예수님이 실체이고 곡물 왕은 그의 초상이기 때문이 아닐까요? 그 초상을 성경에서 찾아볼 수 없는 이유는 마침내 실물이 나타났기 때문이 아닐까요? 그림자를 찾아볼 수 없는 것은 실체가 나타났기 때문이 아닐까요? 곡물 그 자체는 아주 거리가 먼 방식으로 초자연적인 실재를 모방하고 있습니다. 죽고 다시 살아나고, 하강하고 모든 자연 너머로 재상승하는 원리입니다. 자연에 그런 원리가 있는 것은 먼저 하나님 안에 그것이 있었기 때문입니다. 이와 같이 자연 종교들의 배후, 자연의 배후로 들어가면 어떤 분에게 이르게 됩니다. 자연 종교들은 그분을 설명하지 못합니다. 그분이 자연 종교들을 설명하시지요. 하지만 자연 종교들을 직접 설명하시는 건 아닙니다. 자연 종교들의 근거가 되는 자연의 특유한 행동 전체를 설명해 주십니다. 글쎄요, 이것이 성육신이 저를 놀라게 하는 첫 번째 방식입니다. 성육신은 아주 특이한 방식으로 자연에 들어맞아 자연의 중요한 측면을 제가 이전에 봤던 것보다 훨씬 온전하게 보게 해주면서도 그 자체는 자연 종교들 바깥에, 그 위에 머물러 있습니다.

성육신이 자연을 조명해 주는 방식은 또 있습니다. 민주적이고 산술적인 사고방식에 젖어 있는 우리 현대인들의 바람과 기대에 부응하려면, 하나님을 찾는 일에서도 모든 사람이 똑같이 출발해야 할 것입니다. 그림으로 나타내자면 마음씨 고운 사람들이 모두 같은 뜻을 품고 여러 방향에서 출발해 하나의 중심으로 향하는 도로들을 따라 걸어가며 서로 점점 가까워지는 풍경과 비슷하겠지요. 그러나 이것은 기독교의 이야기와 놀랄 만큼 반대되는 그림입니다! 전 지구에서 한 민족이 뽑힙니다. 그 민족은 거듭거듭 시험을 받으며 정화됩니다. 그들 중 일부는 팔레스타인에 도착하기도 전에 사막에서 죽습니다. 일부는 바벨론에 남겨지고, 일부는 무관심해집니다. 모든 것이 좁아지고 좁아지다가 마침내 창끝 같은 예리한 점에 이릅니다. 기도하는 한 유대인 소녀입니다. 성육신이 나타나기 전에, 인간성 전체가 이 정점에까지 좁혀진 것입니다. 우리의 기대와는 전혀 다르지만, 자연이 보여 주는 것처럼 이것은 하나님이 일반적으로 일하시는 방식과 다를 게 없습니다. 우주는 충격적일 정도로 선택적이고 비민주적인 곳입니다. 무한하게 넓은 공간에 비하면 어떤 종류건 거기서 물질이 차지하는 부분은 지극히 작습니다. 모든 별 중에서도 하나의 별만이 행성들을 갖고 있는 듯 보입니다. 그 행성들 중에서도 하나의 행성에서만 유기체적 생명이 살 수 있습니다. 모든 동물 중에서 하나의 종種만이 이성을 가지고 있습니다. 자연에서 볼 수 있는 선택과 그에 따른 엄청난 낭비는 인간의 기준으로 볼 때 끔찍하고 부당한 일로 보입니다. 그러나 기독교 이야기에서의 선택성은 그렇지 않습니다. 선택된 민족은 최고의 명예를 누리도록 어떤 의미에서 불공평하게 선택되었지만 그것은 엄청난 짐이기도 합니다. 이스라엘 민족은 그들의 불행이 세상을 구원하고 있음을 깨닫습니다. 인간 사회에서 이런 불평등은 온갖 종류의 독재와 굴종이 나타날 기회가 됩니다. 하지만 이것은 우리가 생각할 수 있는 가장 좋은 것들, 즉 겸손과 친절, (너무나 큰 즐거움의 원천인) 감탄을 가능하게 해주기도 합니다(저보다 똑똑하거나 아름답거나 더 강한 사람을 만날 수 없는 세상이 있다면, 그런 지루한 곳에서 어떻게 살아갈 수 있을지 상상이 안 됩니다. 유명한 축구선수와 영화배우들을 쫓아다니는 군중도 그런 평등을 원할 만큼 무지하지는 않습니다!). 성육신 이야기는 자연의 한 가지 원리에 새로운 빛을 비춰 주고, 자연 속에 있는 이 불평등의 원리가 선한 것도 악한 것도 아님을 처음으로 보여 줍니다. 이것은 자연계의 선함과 악함 모두를 관통하여 흐르는 하나의 공통 주제입니다. 구속받은 우주에서 이것이 어떻게 최고의 아름다움으로 살아남을 수 있는지 이제 알 듯합니다.

이 말과 함께 저도 모르게 세 번째 논점으로 넘어왔습니다. 저는 큰 명예를 얻도록 선택받은 자들이 또한 커다란 고통을 받도록 선택된 자들이며 그들의 고통이 다른 사람들에게 치유를 가져다주기 때문에 선택성은 우리가 처음 생각했던 것만큼 불공평한 것은 아니라고 했습니다. 물론 성육신에는 다른 사람이 일해서 한 사람이 유익을 얻는 대리vicariousness

의 개념이 있습니다. 대리는 가장 고차원 형태로 기독교의 핵심에 놓여 있습니다. 우리는 이 대리가 자연의 특성임을 알게 됩니다. 음악계의 용어를 빌자면 자연의 주요 동기*leit-motif*지요. 어떤 존재도 혼자 힘만으로는 존재할 수 없다는 것이 자연적 우주의 법칙입니다. 모든 사람, 모든 존재가 다른 모든 사람, 다른 모든 것에 가망 없이 의존하고 있습니다. 지금 우리가 살고 있는 우주에서 이것은 상당 부분 가장 끔찍한 일의 원천입니다. 온갖 끔찍한 육식, 더 끔찍한 기생 동식물, 다른 동물의 피부 아래에서 사는 끔찍한 동물들을 생각해 보십시오. 하지만 기독교의 성육신 이야기라는 빛 아래 놓고 보면 대리는 그 자체로 나쁜 것이 아니고, 그 모든 동물, 곤충, 끔찍한 일들은 대리의 원리가 어떤 식으로든 왜곡되어 나타난 것뿐임을 깨닫게 됩니다. 곰곰이 생각해 보면 자연의 좋은 것도 거의 모두 대리에서 나오기 때문입니다. 생각해 보십시오. 기생 동식물이 숙주를 의지해서 살듯, 아이는 출생 전후 모두 어머니에게 의지해서 삽니다. 하나는 끔찍한 일이고, 또 하나는 세상의 거의 모든 자연적 선의 원천입니다. 어떤 결과를 낳느냐는 이 원리를 가지고 무엇을 하는지에 달려 있습니다. 따라서 저는 이 세 번째 경우에서도 성육신이 함축하는 바는 제가 자연에서 봤던 바와 정확하게 들어맞고, 매번 자연을 새롭게 보게 해 준다는 것(이것이 중요한 요점입니다)을 알게 됩니다. 작품에서 분실되었던 부분인 성육신을 받아들이면, 그것이 원고의 나머지 부분 전체를 비추어 준다는 사실을 알게 됩니다. 성육신은 자연의 죽음과 재생 패턴, 그 선택성, 대리에 빛을 비춰 줍니다.

그리고 이 대목에서 저는 아주 이상한 점을 발견했습니다. 세상의 다른 모든 종교들은 제가 아는 한 자연 종교이거나 반反자연적 종교입니다.

자연 종교들은 우리가 아는 오래되고 단순한 이교 종교들입니다. 바커스 신전에서는 정말 술에 취합니다. 아프로디테 신전에서는 실제로 간음을 행합니다. 자연 종교가 보다 현대적인 형태로 나타난 것은 어떤 의미에서 베르그송[4](하지만 그는 회개했고 그리스도인으로 죽었습니다)이 창시하고 버나드 쇼가 좀더 대중적인 형태로 이어 간 종교라고 할 수 있습니다. 힌두교와 스토아주의 같은 반자연적 종교들은 이렇게 말합니다. "내 육체를 굶기겠어. 내가 살든 죽든 개의치 않아." 이들은 자연적인 모든 것들을 치워 버리려 하고 열반, 무심, 부정적negative 영성을 추구합니다. 자연 종교들은 우리의 자연적 욕망들을 인정하기만 합니다. 반자연적 종교들은 그것들을 반대하기만 합니다. 자연 종교들은 우리가 튼실한 건강과 유쾌한 야만성이 있을 때 우주에 대해 늘 하게 되는 생각들을 다시금 인정해 줄 뿐입니다. 반자연적 종교들은 우리가 피로하거나 까다롭거나 동정심을 느낄 때 갖게 되는 우주관을 되풀이할 뿐입니다.

그러나 여기 전혀 다른 것이 있습니다. 여기 우리에게 뭔가 말해 주는 것이 있습니다. 도대체 뭐라고 말합니까? 스토아주의자들처럼 죽음을 대수롭지 않게 여겨서는 안 된다고 말합니다. 이보다 더 비기독교적인 태도는 없습니다. 죽음 때문에 생명 자체이신 분께서 나사로의 무덤에서 눈물을 흘리셨고[5] 겟세마네에서 피눈물을 흘리셨습니다.[6] 죽음은 섬뜩하고 참혹한 것, 냄새 나는 모욕입니다(토마스 브라운[i]의 멋진 말을 기억하실 것입

---

4) Henri Bergson(1859~1941), 그의 '자연 종교'가 특히 잘 드러난 글로는 《물질과 기억》*Matière et Memoire*(1891)과 《창조적 진화》*L' Evolution Creatrice*(1907)가 있다.

5) 요 11:35.

6) 눅 22:44.

i) Thomas Browne(1605~1682), 영국의 의사, 작가.

니다. "나는 죽음이 두려운 것이 아니라 부끄럽다").[7] 하지만 죽음은 어떤 식으로건 우리에게 무한한 유익을 주기도 합니다. 기독교는 죽음의 끔찍함을 단순히 인정하거나 부정하는 데 그치지 않고, 죽음에 대해 아주 새로운 것을 말해 줍니다. 다시 말해 봅시다. 기독교는 다른 사람들보다 강해지거나 영리해지고 싶은 욕구를 니체처럼 그냥 인정하지 않습니다. 반면, "오, 주님, 언젠가 모든 사람이 다른 모든 사람처럼 선하게 될 날이 오지 않을까요?"라고 말하도록 허락하지도 않습니다. 대리에 대해서도 마찬가지입니다. 기독교는 착취자가 되거나 다른 사람들에게 기생하는 일을 허락하지 않지만, 혼자 힘만으로 살겠다는 꿈도 허락하지 않습니다. 기독교는 다른 사람들이 나를 위해 감수하는 엄청난 희생을 기꺼이 겸손하게 받아들이고 다른 사람들을 위해 나도 희생하도록 가르칩니다.

그래서 저는 이 장엄한 기적이 소설의 분실된 장, 전체 플롯이 반전되는 장이라고 생각합니다. 그렇기 때문에 저는 하나님이 정말 잠수하여 창조 세계의 바닥으로 들어오셨고 구속받은 자연 전체를 그 어깨에 짊어지고 나오셨다고 믿습니다. 물론 이미 벌어진 기적들은 성경이 자주 말하는 것처럼 곧 다가올 우주적 여름의 첫 열매들입니다.[8] 그리스도께서 부활하셨으니 우리도 부활할 것입니다. 베드로 사도는 몇 초 동안 물 위를 걸었지만,[9] 앞으로 어느 날이 되면 우주가 다시 만들어질 것입니다. 그날이 오면 영화롭게 되어 하나님께 순종하는 사람들의 뜻에 우주가 무한히 순종할 것이며, 우리는 모든 일을 할 수 있게 되고, 성경에서 말하는 것처

---

7) 브라운 글의 원문은 이렇다. "나는 죽음이 두렵다기보다는 부끄럽도다." *Religio Medici*, First Part, section 40.
8) 롬 8:23, 11:16, 16:5; 고전 15:20; 약 1:18; 계 14:4.
9) 마 14:29.

럼 신과 같은 자들이 될 것입니다. 확실히, 아직은 상당히 겨울처럼 느껴집니다. 하지만 이른 봄에 그렇게 느껴지는 경우는 많습니다. 이런 척도로 보면 2천 년은 하루나 이틀에 불과합니다. "부활이 2천 년 전에 이루어졌다"는 말은 "어제 크로커스 꽃을 봤어"라고 말하는 기분으로 해야 합니다. 크로커스 다음에 무엇이 오는지 알기 때문입니다. 봄은 그렇게 천천히 옵니다. 그러나 멋지게도 봄은 이미 모퉁이를 돌았습니다. 물론 이두 봄에는 차이가 있습니다. 자연적인 봄에서는 크로커스가 봄에 반응해 피어날지 말지 선택할 수 없습니다. 그러나 우리는 다릅니다. 우리에게는 힘이 있습니다. 봄에 저항하여 우주적 겨울로 다시 가라앉을 수도 있고, 저 '한여름의 화려함' 속으로 들어갈 수도 있습니다. 우리의 지도자이신 인자께서는 벌써 한여름에 거하시면서 우리를 부르고 계십니다. 따라갈지 말지, 이 겨울 속에서 죽을 것인지 나아가 그 봄과 그 여름으로 들어갈 것인지, 선택은 우리 몫으로 남아 있습니다.

10   기독교 변증론

여러분 중에는 성직자들도 계시고 청년 단체 지도자들도 계십니다.[1] 저는 성직자들에게 배워야 할 사람이지 그분들을 가르칠 사람이 아닙니다. 저는 청년들을 조직화하는 일을 도와 본 적도 없고, 젊은 시절에는 조직의 일원이 되기를 한사코 피해 다닌 사람입니다. 제가 여러분에게 강연을 하게 된 것은 너무나 간곡하게 요청하셔서 따라야겠다는 생각이 들었기 때문입니다.

저는 변증론에 대해 말하러 왔습니다. 변증론은 물론 변호라는 뜻입니다. 첫 번째 질문, 무엇을 변호하는 겁니까? 물론 기독교입니다. 웨일스의 교회가 이해하는 기독교입니다. 이 자리에서 저는 처음부터 불쾌한 문제 하나를 다뤄야 할 것 같습니다. 평신도인 제가 볼 때 사람들은 성공회 성직자들의 입을 통해 성공회 기독교의 교리가 아닌 내용을 자주 듣게 됩니다. 그 내용은 다음 둘 중 한 가지 면에서 성공회와 다릅니다. (1) 너무나 '넓거나' '자유주의적'이거나 '현대적'이어서 실제로는 모든 실질적 초자연주의를 배제하고 그로 인해 전혀 기독교적이지 않을 수 있습니다. (2) 로마가톨릭적일 수 있습니다. 물론 성공회가 무엇인가는 제가 여러분

---

1) 루이스는 1945년 부활절 기간에 카마던의 웨일스교회에서 열린 '청년 지도자와 하위 성직자를 위한 카마던 컨퍼런스'에 참석한 성공회 성직자들과 청년 지도자들 앞에서 이 글을 발표했다.

에게 정의할 사안이 아닙니다. 저는 여러분의 학생이지 교사가 아니니까요. 그러나 여러분이 어디에 선을 긋든지, 경계선은 분명히 존재해야 하고, 그 선을 넘어가게 되면 여러분의 교리는 성공회 교리도 기독교의 교리도 아닐 거라는 말씀만은 분명히 드리고 싶습니다. 저는 그 선을 긋게 되는 순간이 현대의 많은 성직자들이 생각하는 것보다 훨씬 빨리 찾아온다는 말씀도 드려야겠습니다. 머릿속에서 그 선을 명확히 정해 두는 것이 여러분의 의무입니다. 그리고 만약 그 선을 넘어가고 싶다면 직업을 바꾸셔야 합니다.

이것은 그리스도인이나 성직자로서의 특별한 의무라기보다는 정직한 사람이라면 마땅히 지켜야 할 의무입니다. 이 부분에서 성직자는 특별한 직업적 논리를 만들어 내 분명한 도덕적 문제를 흐려 놓을 위험이 있습니다. 어떤 방향으로건 이 경계선을 넘어선 사람들은 자신의 비정통적 견해가 정직하게 내린 결론이라며 항변하곤 합니다. 그러한 견해를 지키기 위해 그들은 불명예나 승진의 기회를 박탈당하는 손해까지도 감수합니다. 이쯤 되면 그들은 자신이 순교자가 된 듯 느끼게 됩니다. 그러나 그들은 평신도들이 왜 이것 때문에 참으로 분개하는지 요점을 완전히 놓치고 있습니다. 우리는 그들의 비정통적 견해가 정직하게 내린 결론이리라는 점을 의심한 적이 한 번도 없습니다. 다만 그런 견해를 갖게 된 후에도 성직에 계속 머무르는 것이 불만일 따름입니다. 보수당의 유급 당원으로 생계를 꾸리던 사람이 정직하게 견해를 바꾸고 정직하게 공산주의자가 될 수 있습니다. 우리도 그 사실을 잘 압니다. 그러나 그가 다른 정당의 정책을 지지하면서 보수당의 당원 노릇을 하고 보수당의 돈을 받는 일은 정직하게 계속할 수 없습니다. 그것은 인정할 수 없습니다.

우리는 이처럼 우리의 신앙고백과 정면으로 모순되는 가르침을 배제한 후에도, 우리의 과제를 보다 구체적으로 정의해야 합니다. 우리는 기독교 자체, 즉 사도들이 선포하고 순교자들이 증언하고 신경들로 구현되고 교부들이 해설한 기독교 신앙을 변호해야 합니다. 이것은 우리 중 어느 한 사람이 하나님과 인간에 대해 생각할 수 있는 내용과 명확히 구분되어야 합니다. 우리 각자는 나름의 강조점들이 있습니다. 각자의 기독교 신앙에 더해 그것과 일관성도 있고 스스로 옳고 중요하다고 여기는 많은 의견들이 있습니다. 아마 변증론자들도 그럴 것입니다. 그러나 변증론자의 임무는 그런 의견들을 변호하는 것이 아닙니다. 우리는 '내 종교'가 아니라 기독교를 변호해야 합니다. 자신의 개인적 의견을 말할 때는 그것과 기독교 신앙 자체는 다르다고 분명히 밝혀야 합니다. 사도 바울은 고린도전서 7장 25절에서 이에 관한 본을 보여 주었습니다. 한 가지 논점에 대해 그는 "주께 받은 계명이 없으되" "내가 의견"을 말한다고 했습니다. 그 두 가지의 격이 다르다는 뜻이 그의 말에 함축되어 있음을 누구나 분명히 알 수 있습니다.

정직성이 요구하는 이 구분은 변증가에게 커다란 전략적 이점을 줍니다. 현대의 청중은 우리가 기독교를 전하는 이유가 오로지 그것이 옳다고 생각하기 때문임을 도무지 깨닫지 못합니다. 그들은 우리가 기독교를 좋아하거나 그것이 사회나 다른 무엇인가에 유익하다고 생각하기 때문에 기독교를 전하겠거니 하고 짐작합니다. 그런데 기독교 신앙이 실제로 말하는 바와 우리가 기독교가 말해 주길 기대하는 내용, 우리 자신의 견해, 개인적으로 도움이 되거나 그럴 듯하다고 생각하는 바를 명확히 구분하고 그 구분을 유지하면 청중은 과학자가 실험 결과에 매여 있는 것처럼 우리도 자료에 매여 있음을 깨달을 수밖에 없게 됩니다. 우리가 그저 좋아하는 내용을 말하는 것이 아님을 깨닫는 것입니다. 이렇게 되면 그들은 우리가 어떤 이상이나 관점에 대한 허튼소리를 하는 게 아니라, 객관적인 사실에 대한 질문을 다루고 있음을 알게 됩니다.

기독교의 메시지를 자신의 생각과 구별하려는 양심적인 노력은 변증가 자신에게도 좋은 영향을 끼칩니다. 그런 노력은 기독교에서 모호하게 느껴졌던 대목, 거부감이 드는 요소들을 직시하게 해줍니다. 그는 마음에 들지 않는 부분을 건너뛰거나 대충 보거나 무시하고 싶은 유혹에서 벗어납니다. 그런 유혹에 넘어가는 사람은 기독교 지식을 쌓는 일에 결코 진보할 수 없습니다. 쉽게 이해되는 교리들은 자신이 이미 아는 진리들을 기독교가 확인해 주는 경우이기 때문입니다. 세상 일이 다 그렇듯, 우리가 알지 못하는 진리, 우리에게 가장 필요한 새로운 진리는 바로 가장 내키지 않고 가장 이해되지 않는 교리들에 정확히 숨어 있습니다. 과학의 경우와 마찬가지입니다. 골칫거리가 되는 현상이나 당대 과학 이론들과 들어맞지 않는 현상은 당대 이론들을 재검토하게 하고 새로운 지식으로 이끌어 줍니다. 과학이 진보하는 이유는 과학자들이 골치 아픈 현상들을 외면하거나 감추지 않고 그것들을 끊임없이 탐구하기 때문입니다. 마찬가지로, 어렵고 거부감이 드는 교리들의 도전을 받아들여야만 기독교 지식의 진보가 있을 것입니다. 기독교 신앙에서 당혹스럽거나 거부감이 드는 부분을 만날 때마다 그 내용을 제멋대로 바꿀 수 있다고 여기는 '자유주의' 기독교는 언젠가 완전히 정체하고 말 것이 분명합니다. 다루기 힘든 재료를 정직하게 대할 때에만 진보가 이루어집니다.

이 부분에서 변증가의 개인 독서 목록에 대한 추론이 자연스럽게 따라옵니다. 그는 다음 두 가지를 자문하게 될 것입니다. (1) 나는 신학의 최근 동향을 '따라가며', 거기 뒤처지지 않고 있는가? (2) 나는 이 모든 "교훈의 풍조"[2] 가운데서도 확고하게 섰는가*super monstratas vias*[3]? 저는 두 번째 질문이 훨씬 중요하다고 힘주어 말하고 싶습니다. 우리의 성장 환경과 세상 분위기 전체로 볼 때 우리는 주로 교훈의 풍조에 굴복하고 싶어지지 그것을 무시하고 싶은 유혹을 받지는 않습니다. 우리가 완고해질 가능성은 거의 없습니다. 유행의 노예가 될 가능성이 훨씬 높지요. 새 책과 옛날 책 중에서 한 가지를 택해 읽어야 한다면, 옛날 책을 선택해야 합니다. 옛날 책이 꼭 더 나아서가 아니라, 우리 시대가 무시하고 있는 진리들을 담고 있기 때문입니다. 우리는 불변하는 기독교의 기준을 분명히 인식해야 하고 그 기준에 비추어 모든 현대 사상을 시험해 봐야 합니다. 사실 우리는 시대를 무조건 따라가서는 절대로 안 됩니다. 우리는 "천지는 없어지겠으나 내 말은 없어지지 아니하리라"[4]고 말씀하신 분을 섬기고 있으니까요.

지금까지 저는 신학 서적 읽기에 대해 말했습니다. 그런데 과학 서적 읽기는 사정이 좀 다릅니다. 어떤 과학 분야에 대해 아신다면 최신 연구 성과를 파악하고 있는 것이 아주 바람직합니다. 우리는 100년 전의 과학자들이 기독교를 어떻게 대했는지가 아니라, 기독교에 대한 현재 과학계의 입장에 대답해야 합니다. 과학은 끊임없이 변하므로 우리는 그것에 뒤

---

2) 엡 4:14.

3) 이 구절의 출처는 예레미야 6:16인 듯하다. "*State super vias et vindete, et interrogate de semitis antiquis quae sit via bona, et ambulate in ea*"(너희는 길에 서서 보며 옛적 길 곧 선한 길이 어디인지 알아보고 그리로 가라.)

4) 마 24:35; 막 13:31; 눅 21:33.

처지지 않도록 노력해야 합니다. 같은 이유로, 우리는 당장 우리에게 유리해 보이는 어떤 과학 이론에 집착하지 않도록 매우 조심해야 합니다. 그런 이론을 언급할 수는 있겠지만 그럴 경우에도 '흥미롭다'고 말하는 선에서 가볍게 언급하고 넘어가야 합니다. "과학이 이제 입증했습니다"는 식의 문장은 피해야 합니다. 과학의 어떤 최신 동향을 변증의 근거로 삼으려 하다간, 논증을 마무리할 즈음에 과학이 마음을 바꾸어 우리가 변증의 주춧돌로 삼았던 그 이론을 슬그머니 철회했음을 발견하게 될 테니까요. 나는 그리스인들이 선물을 가져올 때도 그들이 두렵다[5]는 말은 근거 있는 원리입니다.

이왕 과학을 다루게 되었으니, 잠시 딴소리를 하나 할까요. 저는 분야를 막론하고 훌륭한 대중 과학서를 쓸 만한 그리스도인이 있다면 그가 그 일을 하는 것이 어떤 직접적인 변증 활동보다 많은 유익을 끼칠 수 있다고 믿습니다. 우리가 직면한 어려움은 이런 것입니다. 우리는 사람들이 기독교적 관점에 30분 정도 귀를 기울이게 할 수 있습니다. 그러나 우리의 강의를 듣고 나서 강연장을 나서는 순간, 우리의 글을 내려놓는 순간, 그들은 그 반대의 입장이 당연하게 받아들여지는 세계로 곧장 되돌아갑니다. 그런 상황이 계속되는 한, 광범위한 성공은 애초부터 불가능합니다. 우리는 적의 병참선을 공격해야 합니다. 기독교를 소개하는 소책자들이 더 필요한 게 아니라, 그리스도인들이 기독교적 전제로 다른 학과들을 다룬 소책자들이 더 필요합니다. 거꾸로 생각해 보면 무슨 말인지 쉽게 이해할 수 있을 겁니다. 우리의 신앙이 힌두교에 대한 어떤 서적 때문에

---

5) "Timeo Danaos et dona ferentes," Virgil, Aeneid, bk. II, line 49.

흔들릴 가능성은 거의 없습니다. 그러나 우리가 지질학, 식물학, 정치학, 천문학에 대한 입문서를 읽을 때마다 그 책들이 힌두교 사상을 함축하고 있다면 우리는 흔들릴 것입니다. 현대인을 유물론자로 만드는 것은 유물론을 직접 변호하는 책들이 아니라, 다른 모든 책들 안에 깔린 유물론적 가정입니다. 마찬가지로, 유물론자는 기독교에 대한 책들 때문에 정말 고민하게 되지는 않을 것입니다. 그러나 그가 어떤 과학 분야에 대한 저렴한 대중적 개론서를 원할 때마다 시장에 나와 있는 최고의 책이 어김없이 그리스도인의 작품이라면 그는 고민하게 될 것입니다. 이 나라의 재회심으로 가는 첫 번째 단계는 그리스도인들이 저마다 잘 아는 주제에 대해 〈펭귄문고〉나 〈사상가 총서〉를 압도할 만한 총서를 내는 것입니다. 그 총서의 기독교적 전제는 드러나지 않게 숨겨져 있어야 합니다. 그리고 물론 그 과학은 완전히 정직해야 합니다. 변증을 위한 왜곡된 과학은 죄악이자 어리석은 일이 될 것입니다. 이쯤 해서 저는 오늘의 주제로 돌아가야 하겠습니다.

우리의 임무는 영원한 것(어제나 오늘이나 내일이나 동일한 것)[6]을 우리 시대의 고유한 언어로 제시하는 일입니다. 엉터리 설교자는 정반대의 일을 합니다. 우리 시대의 사상을 기독교의 전통적 언어로 치장해서 내놓습니다. 예를 들면 비버리지 보고서[7]를 생각하면서 하나님 나라의 도래를 이야기하는 식입니다. 그의 생각의 핵심은 당대의 것에 불과한데 외관만 전통적인 것이지요. 그러나 우리는 영원한 핵심을 현대의 옷을 입혀 가르

---

6) 히 13:8.

7) Sir William H. Beverage, *Social Insurance and Allied Services*, Command Paper 6404, Parliamentary Session 1942~1943(London: H. M. Stationery Office, 1942). '비버리지 보고서'는 영국의 현 사회복지 제도의 초안을 제시했다.

쳐야 합니다.

이 얘기를 하고 보니 신학과 정치학의 문제를 다루지 않을 수 없군요. 두 영역의 경계 문제 해결을 위해 제가 할 수 있는 말은 이것입니다. '신학은 어떤 목표가 바람직하며 어떤 수단이 적법한지 알려 주고, 정치학은 어떤 수단이 효율적인지 가르쳐 줍니다.' 신학은 모든 사람이 적절한 임금을 받아야 한다고 말합니다. 정치학은 이 일을 이룰 수 있는 수단들이 어떤 것인지 말해 줍니다. 신학은 이 수단들 중에서 어떤 것이 정의와 사랑의 원리에 부합하는지 말해 줍니다. 정치적 문제에 대한 지침은 계시가 아니라 자연적인 신중함, 복잡한 사실들에 대한 지식과 완숙한 경험에서 나옵니다. 우리가 이런 자격 조건을 갖추고 있다면 물론 나름의 정치적 견해를 표명할 수 있습니다. 그러나 그럴 때도 우리가 주께 받은 계명은 없고 개인적인 의견을 말하는 것임을 분명히 밝혀야 합니다. 이런 자격 조건을 갖춘 성직자는 많지 않습니다. 대부분의 정치적 설교는 성직자가 신문에서 읽은 내용을 교인들에게 가르치는 것에 불과합니다.

현재 교회는 새로운 선교 상황에서 이전의 단순한 선교 기법을 계속 사용하는 큰 위험에 봉착해 있습니다. 한 세기 전 우리의 과제는 신앙 안에서 자라난 사람들을 세워 주는 일이었습니다. 그러나 현재 우리의 과제는 주로 불신자를 회심시키고 가르치는 일입니다. 영국은 상당 부분 중국과 별 차이 없는 선교지입니다. 자, 우리가 반투족이 사는 지역으로 파송된다면 그들의 언어와 전통을 배울 것입니다. 교육받지 못하고 신앙 없는 우리 동포들의 언어와 정신 습관에 대해서도 비슷한 과정이 필요합니다. 그러나 많은 성직자들이 이 문제에 대해 거의 아무것도 모릅니다. 이것에 대해 제가 아는 내용은 영국 공군[8]부대들에서 이야기를 나누면서 배웠습니다. 부대원들이 대부분 잉글랜드 사람들이었으므로 제가 이제 말하려는 내용이 부분적으로 웨일스의 상황에 맞지 않을 수도 있습니다. 해당되지 않는 부분은 걸러서 들으시면 되겠습니다.

(1) 저는 교육받지 못한 잉글랜드 사람은 역사에 대해 거의 철저한 회의주의자임을 알게 되었습니다. 저는 그가 사복음서를 믿지 않는다면 거기 나오는 기적들 때문일 거라 생각했습니다. 그러나 그가 사복음서를 믿지 않는 진짜 이유는 2천 년 전에 벌어진 일을 다루고 있기 때문이었습니다. 그는 악티움 전투에 대해 듣는다 해도 똑같이 믿지 않을 것입니다. 우리처럼 교육을 받은 사람들이 그의 정신 상태를 파악하기란 매우 어렵습니다. 우리에게 현재란 거대한 연속적 과정의 한 부분이 아닙니까. 그런데 그의 머릿속에서는 현재가 시야를 거의 몽땅 차지하고 있습니다. 그너머, 현재와 분리된 중요하지 않은 부분은 '옛날 옛적'이라 불립니다. 그곳은 말 탄 노상강도, 엘리자베스 여왕, 갑옷 입은 기사들이 어슬렁거리는 작고 우스운 정글입니다. 그리고 (가장 이상한 부분으로) 옛날 옛적 너머에는 '원시인'의 그림이 있습니다. 그에게 원시인은 '과학'이지 '역사'가 아닙니다. 따라서 옛날 옛적보다 원시인을 훨씬 더 실제적으로 느낍니다. 선사시대의 내용을 역사 기록보다 훨씬 더 잘 믿는다는 말이지요.

(2) 그는 고대 문서들을 불신합니다(그의 지식 수준에서는 대단히 합리적인 판단입니다). 저는 이런 말을 가끔 들었습니다. "이 기록들은 인쇄술 이전에 기록된 것들이지요? 그리고 원본은 단 한 장도 없구요, 그렇죠? 그러니까 누군가가 무엇인가를 적었고 다른 누군가가 그것을 베껴 썼고

---

8) R.A.F.

또 다른 사람이 다시 그것을 베껴 쓰고 그런 과정이 계속된 거 아닙니까. 그렇게 시간이 흘러 우리에게까지 왔다는 건데, 그것이 원본과 같을 리가 없습니다." 이것은 다루기 까다로운 반론입니다. 왜냐하면 그 자리에서 당장 본문비평학을 통째로 가르칠 수는 없기 때문입니다. 그러나 그들의 진짜 종교(즉, '과학'에 대한 믿음)가 이 부분에서 제게 도움이 되었습니다. '본문비평학'이라는 '과학'이 있고 그 결과물(신약성경뿐만 아니라 고대 문서 일반에 대해서도)이 일반적으로 받아들여진다고 말해 주면 그는 대체로 별다른 반대 없이 수긍할 것입니다('본문text'이라는 단어는 청중이 그저 '성경구절 인용'으로 받아들이므로 사용을 피해야 한다는 사실을 따로 지적할 필요는 없을 겁니다).

(3) 그에게선 죄의식을 거의 찾아볼 수 없습니다. 따라서 우리의 상황은 사도들의 시대와는 전혀 다릅니다. 그들이 복음을 전했던 이교도들(메투엔테스metuentes[9]의 경우는 더더욱)은 늘 죄책감에 시달렸고, 그런 그들이었기에 복음을 '좋은 소식'으로 받아들였습니다. 그런데 우리가 복음을 전해야 할 대상은 세상에서 잘못되는 일은 모두 자본가, 정부, 나치, 장군들을 비롯한 다른 사람들 탓이라고 믿도록 훈련된 사람들입니다. 그들은 하나님께 나아갈 때도 그분의 재판관 노릇을 자처합니다. 그들은 자기 죄를 용서받을 수 있는지 묻는 게 아니라, 하나님이 이런 세상을 창조한 죄를 용서받을 수 있는지 묻습니다.

이런 치명적 불감증을 공격할 때는 청중이 저지르지 않는 죄들이나, 그들이 저지르긴 하지만 죄로 여기지 않는 일들을 직접 거론해 봐야 소용

---

9) '하나님을 경외하는 이들.' 할례를 받거나 유대교 율법의 다른 의식 규정들을 따르지 않고 하나님을 섬겼던 이방인들을 말한다. 시 118:4; 행 10:2 참조.

없습니다. 그들은 대개 술주정뱅이가 아닙니다. 그들은 대체로 간음을 행하지만 그것이 잘못이라고 생각하지 않습니다. 그러므로 이 둘 중 어느 것에 대해 자세히 말해 봐야 소용이 없습니다(이제는 피임으로 간음에서 눈에 띄는 냉엄한 요소가 제거되었으므로 사람들이 기독교 전체를 받아들이기 전에는 간음을 죄로 인식하길 기대할 수 없다고 봅니다).

저는 죄의식을 일깨우는 빈틈없는 기법을 제시할 수 없습니다. 다만 제 경험에 따르면, 지난주 나의 주된 문제였던 죄를 논의의 출발점으로 삼으면 그 한 줄기 빛이 상대의 마음을 깊이 찌르는 것을 보고 놀라게 되는 경우가 많습니다. 그러나 어떤 방법을 쓰건, 그들의 마음을 공공 문제와 '범죄'에서 이끌어 내어 가장 중요한 문제, 즉 그들(과 우리)처럼 '점잖은 보통 사람들'의 삶에 복잡하게 얽혀 있는 원한, 탐욕, 시기, 불공평과 자만을 직시하게 해야 합니다.

(4) 우리는 청중의 언어를 배워야 합니다. 처음부터 분명히 말씀드립니다만, '보통 사람'이 무엇을 이해하고 무엇을 이해하지 못할지 선험적으로 규정하는 건 아무 소용이 없습니다. 경험적으로 찾아가야 합니다. 예를 들어 과거에 우리 대부분은 "참되고truly 치우침 없이indifferently 정의를 행한다"는 구절을 "참되고 공명정대하게impartially"라고 바꾸면 교육받지 못한 사람들이 이해하기에 더 좋을 거라고 생각했을 것입니다.[10] 그러나 제가 아는 한 목사님은 교회 관리인이 '치우침 없이'는 문제없이 이해한 반면("이 사람 저 사람 구별하지 않는다는 뜻이죠" 그는 그렇게 말했답니다), '공명정대하게'는 무슨 뜻인지 전혀 모른다는 사실을 알게 되었습니다.

---

10) 첫 번째 인용문은 《성공회 기도서》 성찬 예식에서 '그리스도의 교회의 전체 상태'를 위한 기도문에 실려 있다. 두 번째 구절은 1928년 《기도서》에서 같은 구절을 개정한 부분이다.

이 언어 문제를 해결하기 위해 제가 할 수 있는 최선의 방안은 그 사람들이 우리와 다른 의미로 사용하는 단어의 목록을 만들어 보는 일입니다.

대속ATONEMENT. 현대 구어 영어에는 실제로 존재하지 않습니다. 사람들은 그저 '종교적 단어' 정도로 인식할 것이고, 교육받지 못한 사람들에게 기껏해야 '보상' 정도를 뜻할 것입니다. 다른 어떤 한 단어로는 그리스도인들이 사용하는 대속이라는 말에 담긴 뜻을 그대로 전달할 수 없습니다. 다른 말로 풀어 주셔야 합니다.

존재BEING. 이 단어가 '실재entity'만을 뜻하는 경우는 없습니다. 보통은 '인격적 존재personal being'라는 뜻으로 사용되는 사례가 많습니다. (예를 들면, 어떤 사람은 제게 이렇게 말하더군요. "나는 성령을 믿지만 그가 하나의 존재being라고 생각하지는 않아요!")

가톨릭CATHOLIC. 천주교를 뜻합니다.

사랑CHARITY. (a) 자선 (b) '자선 단체' (c) 훨씬 드물게 면벌Indulgence(즉, 누군가에 대한 '사랑의' 태도는 죄는 미워하되 죄인을 사랑하는 것이 아니라, 그의 죄를 부인하거나 묵과하는 것이라고 여겨지기도 합니다).

그리스도인CHRISTIAN. 믿음의 개념은 거의 포함하지 않게 되었습니다. 대개 긍정적으로 쓰이는 막연한 용어입니다. "어떤 사람을 그리스도인이라 부릅니까?" 저는 이 질문을 거듭거듭 받았습니다. 그들이 원하는 답변은 이런 것입니다. "그리스도인은 이기적이지 않고 너그러운 사람입니다."

교회CHURCH. (a) 신성한 건물 (b) 성직자 집단. '모든 믿는 사람들의 무리'[11]라는 뜻은 제대로 전달되지 않습니다. 보통은 안 좋은 의미로 쓰입

---

11) 성찬 예식 끝부분의 '감사' 기도에 실려 있는 구절.

니다. 교회를 직접적으로 변호하는 것이 우리의 임무이기도 합니다. 그러나 '교회'라는 단어의 의미를 설명할 시간이 없는 상태에서 이 단어를 쓰면 공감을 얻지 못하게 되므로 가능한 한 사용을 피해야 할 것입니다.

창조적인CREATIVE. 현재는 '재능 있는', '독창적인'의 의미만 있습니다. 신학적 의미에서의 창조 개념은 그들의 머리에 없습니다.

피조물CREATURE. '짐승', '이성 없는 동물'을 뜻합니다. "우리는 피조물에 불과합니다"라는 식의 표현은 거의 틀림없이 오해를 살 것입니다.

십자가 처형CRUCIFIXION, **십자가**CROSS 등. 수세기에 걸쳐 찬송가 가사와 종교어로 너무나 많이 사용되면서 이 단어들은 고문에 의한 처형 개념을 거의, 혹은 전혀 전달하지 못합니다. 다른 말로 풀어 쓰는 것이 낫습니다. 채찍질을 뜻하는 신약성경의 scourged[12]도 같은 이유로 flogged라고 하는 게 낫습니다.

도그마DOGMA. '오만한 방식으로 전해지는 입증되지 않은 주장'이라는 나쁜 뜻으로만 쓰입니다.

원죄 없는 잉태IMMACULATE CONCEPTION.[i] 교육받지 못한 사람은 언제나 '동정녀 탄생'이라는 뜻으로 받아들입니다.

도덕MORALITY. '순결'을 뜻합니다.

인격적PERSONAL. 어떤 사람과 10분이 넘도록 '인격적 마귀'의 존재를 놓고 논쟁을 벌이다가, 그에게 '인격적personal'은 '유형의corporeal'라는 뜻임을 알게 되었습니다. 이런 식의 생각이 널리 퍼져 있는 듯 보입니다. 그들이 '인격적인' 하나님을 믿지 않는다고 말할 때는 자신이 신인동

---

12) 마 27:26; 막 15:15; 요 19:1.

ⅰ) '성모 마리아는 잉태하는 순간부터 원죄의 흠이 없이 보호되었다'는 교리.

형론자가 아니라는 뜻에 불과할 수도 있습니다.

퍼텐셜POTENTIAL. 공학 용어로만 쓰입니다. '가능한 possible'의 뜻으로는 절대 쓰이지 않습니다.

원시PRIMITIVE. 조악한, 서툰, 끝나지 않은, 비효율적인의 뜻입니다. '원시 기독교'라는 표현은 여러분이 생각하는 뜻으로 받아들여지지 않을 것입니다.

희생SACRIFICE. 성전과 제단의 이미지를 전혀 불러일으키지 못합니다. 사람들은 저널리즘적인 의미에서만 이 단어와 친숙합니다.("국민은 커다란 희생을 치를 각오를 해야 한다.")

영적SPIRITUAL. 주로 비물질적인immaterial, 무형의incorporeal라는 뜻으로 쓰이지만 사람들은 이 단어를 그리스도인들이 사용하는 프뉴마 πνεῦμα[13]와 심각하게 혼동하고 있습니다. 따라서 사람들은 '비감각적인'이라는 의미에서 '영적'인 것은 무엇이든 감각적인 것보다 더 낫다고 생각합니다. 예를 들면, 그들은 시기가 술취함만큼 나쁠 수 있다는 것을 믿지 않습니다.

저속함VULGARITY. 흔히 음란이나 '음담패설'을 뜻합니다. 다음 세 가지 뜻으로 심각하게 혼동되어 있습니다(교육받지 못한 사람들에게만 해당되는 상황이 아닙니다). (a) 음탕한, 도발적인 : 음욕을 자극하기 위해 계산된 것. (b) 천박한 : 건전한 감각이나 예절에 어긋남. (c) 저속한 : 사회적으로 '낮은' 것. '선량한' 사람들은 (b)가 (a)만큼이나 큰 죄악이라고 생각하는 경향이 있고, 반면 다른 사람들은 (a)가 (b)만큼 문제가 되지 않는다

---

13) 고린도전서 14장 12절의 경우처럼 '영spirit'을 뜻한다.

고 생각합니다.

결론적으로, 여러분은 신학의 모든 부분을 통속어로 번역하셔야 합니다. 그렇게 하려면 아주 골치가 아프고 주어진 30분 안에 조금밖에 말할 수 없게 됩니다만, 그래도 꼭 필요한 일입니다. 그리고 여러분의 사고에도 큰 도움이 됩니다. 교육받지 못한 사람들의 언어로 번역할 수 없는 생각이라면 아직 정리되지 못한 생각이라고 저는 확신하게 되었습니다. 번역할 수 있는 힘은 자기 말의 의미를 진정 이해했는지 확인할 수 있는 시험대입니다. 어떤 신학 작품의 한 구절을 일상어로 번역하는 문제가 서품 자격 시험에 반드시 포함되어야 할 것입니다.

이제 실제적인 공략 문제로 넘어가 보겠습니다. 여기에는 감정적인 공략과 지적인 공략이 있을 수 있습니다. 저는 지적인 측면만 다룰 생각입니다. 감정적인 공략을 과소평가해서가 아니라 그 측면을 논할 만한 은사를 받지 못한 터라 조언을 드릴 수 없기 때문입니다. 그러나 그런 은사가 있는 사람이라면 "예수님께 나오십시오" 식의 직접적인 복음전도가 100년 전 못지않게 오늘날에도 강력한 호소력을 발휘할 수 있다는 점을 힘주어 말씀드리고 싶습니다. 저는 신앙 영화를 먼저 상영한 후 찬송가 반주가 울려 퍼지는 가운데 그런 직접적인 초청이 이루어졌을 때 아주 놀라운 결과가 나타나는 것을 보았습니다. 저는 그런 일을 할 수 없습니다. 그러나 그럴 수 있는 분들은 힘을 다해 그렇게 하셔야 합니다. 이상적인 선교팀은 논증을 펼치는 사람과 (단어의 온전한 의미에서) 복음을 전하는 사람이 짝이 되는 경우가 아닐까 합니다. 논증을 맡은 사람이 먼저 나서서 청중의 지적 편견을 허물어뜨립니다. 그리고 본래의 전도자가 복음을 선포하기 시작합니다. 저는 이런 접근법이 커다란 성공을 거두는 것을 보았

습니다. 그러나 저는 지적인 공략법만 다루겠습니다. 우리 모두 모든 것을 다 할 수는 없으니까요.[14]

먼저 격려의 말씀을 한마디 드리겠습니다. 교육받지 못한 사람들은 비이성적인 사람들이 아닙니다. 저는 속도 조절만 잘 한다면 그분들이 상당히 많은 연속된 논증도 참아 내고 따라올 수 있음을 발견했습니다. 오히려 그 새로움에 기뻐하는 경우도 종종 있습니다.(그들은 그런 논증을 접해 본 적이 거의 없기 때문이지요.)

기독교에 물을 타려 하지 마십시오. 초자연적인 요소를 빼버려도 기독교가 살아남을 수 있는 척 가장할 수 없습니다. 제가 아는 한, 기독교는 기적적인 요소와 분리할 수 없는 유일한 종교입니다. 맨 처음부터 초자연주의를 지지하는 주장을 솔직하게 펼쳐야 합니다.

여러분이 다루게 될 두 가지 대중적 '난점들'은 아마 이것들일 것입니다. (1) "우리는 이제 우주가 얼마나 거대하고 지구가 얼마나 사소한지 안다. 그러므로 우주의 하나님이 우리의 문제에 특히 관심을 가질 거라는 믿음은 터무니없다." 이 주장에 대해서는 먼저 사실상의 오류를 바로잡아야 합니다. 우선, 우주 전체와 비교한 지구의 사소함은 현대에 나타난 발견이 아닙니다. 거의 2천 년 전, 프톨레마이오스는 고정된 별들 간의 거리에 비하면 지구는 크기가 없는 수학적 점으로 여겨야 한다고 말했습니다(*Almagest*, bk. 1, ch. 5). 둘째, 기독교는 하나님이 인간을 위해 하신 일을 말하고 있을 뿐, 우주의 다른 부분에서 하신 일, 또는 하지 않으신 일에 대해서는 (모르니까) 말하고 있지 않다는 점을 지적해야 합니

---

14) "*Non omnia possumus mones*", Virgil, Eclogues, bk. VIII, line 63.

다. 셋째, 잃어버린 한 마리 양의 비유를 상기시켜야 합니다.[15] (우리는 사실 여부를 모르지만) 만약 하나님이 지구만 특별히 찾아오셨다면, 그것은 지구가 우주에서 가장 중요한 곳이라는 뜻이 아니라 지구만 탈선했다는 뜻으로 봐야 할 것입니다. 끝으로, 크기와 중요성을 동일시하는 경향 전체에 문제를 제기하십시오. 코끼리가 사람보다, 사람의 다리가 뇌보다 더 중요합니까?

(2) "옛날 옛적 사람들은 기적이 자연법칙에 위배된다는 사실을 몰랐기 때문에 기적을 믿었다." 그러나 그렇지 않습니다. 만약 요셉이 동정녀 탄생이 자연법칙에 위배된다는 사실을 몰랐다면(즉 아이가 어떻게 생겨나는지 몰랐다면) 왜 아내의 임신 사실을 알고 나서 "파혼하려 하였"[16]겠습니까? 기록하는 사람들이 자연의 질서를 알고 이것을 예외적인 사건으로 여기지 않았다면, 어떤 사건도 경이로운 일로 기록되지 않았을 것입니다. 사람들이 해가 동쪽에서 뜬다는 걸 모른다면, 해가 서쪽에서 한번 떠올라도 관심을 갖지 않을 것입니다. 그들은 그 일을 기적miraculum으로 기록하기는커녕 기록 자체를 하지 않을 것입니다. '기적'의 개념 자체가 자연법칙에 대한 지식을 전제하고 있습니다. 규칙에 대한 개념 없이는 예외에 대한 개념도 있을 수 없습니다.

대중적 차원에서 하나님의 존재를 지지하는 논증을 내놓기란 무척 어렵습니다. 그리고 가장 인기 있는 논증들 대부분은 제게 타당성이 없어 보입니다. 청중 가운데 우호적인 몇몇 사람이 그런 논증 중 일부를 내놓을 수 있습니다. 그런데 그렇게 되면 '당혹스러운 지지자'의 문제가 생겨

---

15) 마 18:11-14; 눅 15:4-7.
16) 마 1:19.

납니다. 그의 말을 반박하는 것은 잔인한 (그리고 위험한) 일입니다. 그렇다고 그의 말에 동의하자니 부정직한 일이 되는 경우가 많습니다. 그럴 때 저는 그 논증 자체의 타당성에 대해서는 언급을 피하고 이렇게 대답합니다. "예, 말씀하신 분이나 저는 그것을 받아들일 수 있을 겁니다. 그러나 우리가 그런 주장을 펼친다면 여기 제 왼편에 계신 우리 친구 분은 이렇게 대답하실 겁니다."

아주 이상한 일이기도 하지만 다행히도, 사람들은 하나님의 존재에 대한 논의로 들어가기 전에 대체로 우리 주님의 신성에 대한 논의를 듣고 싶어 합니다. 처음에 저는 두 번의 강연을 맡게 되면 첫 번째 강연은 유신론에 할애하곤 했는데, 얼마 안 가 그런 방법을 그만두었습니다. 청중이 별로 관심을 갖지 않는 것 같았기 때문입니다. 명확하고 단호한 무신론자들의 수는 그리 많지 않은 모양입니다.

성육신 자체를 다룰 때는, 그리스도가 '하나님 아니면 나쁜 사람'[17] 이라는 논증을 흔히 사용할 수 있습니다. 성육신에 대한 대다수의 반론은 '위대한 인간 교사'가 미신적인 추종자들에 의해 신성시되었다는 전제에서 출발합니다. 우리는 이것이 유대인들 사이에서 참으로 개연성이 없는 가설이며, 플라톤, 공자, 부처, 마호메트의 경우에 벌어진 상황과도 너무나 다르다는 점을 지적해야 합니다. 그리고 주님의 말씀과 주장들(많은 사람들은 이에 대해 상당히 무지합니다)을 강력하게 제시해야 합니다(대중적인 차원에서의 이런 논증은 체스터턴의 《영원한 인간The Everlasting Man》에 아주 잘 제시되어 있습니다).

---

17) "aut Deus aut malus homo."

또한 사복음서의 역사성에 대해서도 말해야 할 것입니다. 훈련된 신학자들인 여러분은 제가 할 수 없었던 방식으로 이 작업을 하실 수 있을 것입니다. 저는 제가 전문적인 문학비평가로서 전설과 역사적인 글의 차이점을 분별할 수 있고, 사복음서는 전설이 아닌 것이 분명하며(어떤 의미에서 전설로서 충분히 좋지 않습니다), 만약 사복음서가 역사가 아니라면 18세기 이전에는 존재하지 않았던 종류의 현실주의적인 산문 픽션이라고 말합니다. 사람들이 간음하다 잡힌 여인을 끌고 왔을 때 예수님이 땅바닥에 뭔가를 쓰시는 장면[18]같은 자그마한 사건들이 그것을 나타내는 증표입니다.

청중이 진리의 문제를 계속 생각하게 만드는 것이야말로 진정 어려운 일입니다. 그들은 여러분이 기독교를 권하는 이유가 그것이 옳기 때문이 아니라 좋기 때문이라고 생각합니다. 논의를 하다 보면 그들은 매 순간 '참인가 거짓인가' 문제에서 벗어나 좋은 사회, 도덕, 주교의 수입, 스페인 종교재판, 프랑스나 폴란드, 또는 무엇이건 다른 주제로 넘어가려 할 것입니다. 여러분은 그들이 거듭거듭 진짜 요점으로 돌아가게 해 줘야 합니다. 그래야만 다음 두 가지를 허물어뜨릴 수 있습니다. (1) 어느 정도의 '종교'는 바람직하지만 그것에 너무 빠지면 안 된다는 믿음입니다. 여러분은 기독교가 만약 거짓이라면 전혀 중요하지 않은 진술이고, 만약 옳다면 무한히 중요한 진술이라는 점을 계속 지적해야 합니다. 기독교는 결코 적당히 중요할 수 없습니다. (2) 18조[19]에 대한 그들의 확고한 불신앙입니다. 물론 모든 구원은 예수님을 통해 주어지지만, 이생에

---

18) 요 8:3-8.

서 명시적으로 예수님을 영접하지 않는 사람들을 그분이 구원하실 수 없다는 결론을 내릴 필요는 없습니다. 여러분은 이 점을 지적해야 합니다. 그리고 (적어도 제 판단에 따르면) 우리는 다른 모든 종교가 완전히 틀렸다고 말하는 게 아니라, 모든 종교 안의 참된 요소는 다 그리스도 안에서 성취되고 완성된다고 말하는 것임을 분명히 해야 합니다. 그러나 하나님에 대한 상호 배타적인 명제 두 가지가 모두 옳을 수 있다는 주장은 다릅니다. 그런 말도 안 되는 생각을 만나게 되면 그때마다 가차없이 공격해야 합니다.

저는 청중에게 정말 고려할 가치가 있는 종교는 기독교와 힌두교, 두 종교뿐이라는 말을 가끔 합니다(이슬람교는 기독교 이단 중에서 가장 큰 분파요, 불교는 힌두교 이단 중에서 가장 큰 분파일 뿐입니다. 진정한 이교는 죽었습니다. 유대교와 플라톤주의가 지닌 최고의 요소는 기독교 안에 남아 있습니다). 성숙한 지성인이 고려할 만한 종교는 그리 다양하지 않습니다. 우리는 황송하지만[20] 수프의 경우처럼 종교를 '진하고' '묽은' 두 가지 종류로 나눌 수 있습니다. '진하다'는 말은 비밀 의식과 황홀경과 미스터리와 지역 애착을 보여 주는 종교들을 뜻합니다. 아프리카에는 진한 종교들이 가득합니다. 묽은 종교란 철학적·윤리적·보편적 종교를 뜻합니다. 스토아주의, 불교 그리고 윤리문화협회Ethical Church[ii]가 묽은 종교들입니다. 참된 종교가 존재한다면 진하면서도 묽어야 합니다. 참된 신은 아이와 어른, 야만인

19) 성공회 기도서 18조: 그리스도의 이름으로만 영원한 구원을 얻음에 대하여. 내용은 다음과 같다. "자신이 믿는 율법이나 교파로 구원을 받아야 하고, 그렇게 구원받기 위해 그 율법과 자연의 빛에 따라 살아가려 부지런히 힘써야 한다고 말하는 자들도 저주를 받을 것이다. 성경은 사람이 구원받을 길이 예수 그리스도의 이름밖에 없음을 분명히 알려주고 있기 때문이다."

20) "salva reverentia."

과 시민, 머리와 배를 다 만드셨을 것이기 때문입니다. 그리고 이 조건을 만족시키는 종교는 힌두교와 기독교, 두 가지밖에 없습니다. 그러나 힌두교는 그것을 불완전하게 성취합니다. 정글 속 브라흐만 수행자의 묽은 종교와 근처 신전의 진한 종교는 나란히 존재합니다. 그러나 브라흐만 수행자는 신전 매춘에 개의치 않고, 신전 예배자들은 수행자의 형이상학에 신경 쓰지 않습니다. 하지만 기독교는 그 구획의 중간 벽을 실제로 허물어 버립니다. 기독교는 중앙아프리카의 회심자에게 계몽된 보편적 윤리를 따르라고 말합니다. 20세기의 저 같은 학자연하는 사람을 데려다가 신비로운 분께 금식하고 나아가라고, 주님의 피를 마시라고 말합니다. 야만인 회심자는 묽어져야 합니다. 저는 진해져야 합니다. 그렇게 해서 우리는 진짜 종교에 이르렀음을 알게 됩니다.

한 말씀만 더하겠습니다. 저는 변증가의 활동만큼 개인의 신앙을 위협하는 것도 없음을 알게 되었습니다. 제게는 방금 공개 논쟁을 통해 성공적으로 변호해 낸 교리가 기독교 신앙의 교리 중에서 가장 허깨비 같고 비현실적으로 보입니다. 한동안, 이 교리가 저라는 기둥에 의지하고 있는 듯 보였기 때문입니다. 그래서 논쟁을 마치고 돌아올 때면 그 교리가 약한 기둥보다 더 약하게 느껴집니다. 그렇기 때문에 우리 변증가들은 마치 자신의 힘으로 버티고 사는 것처럼 생각하게 됩니다. 이런 상태에서 구원받을 길은 하나뿐입니다. 우리 자신의 논증의 그물망에서 끊임없이 물러나 실재이신 분께로, 기독교 변증론에서 벗어나 그리스도 그분께로 되돌아가는 길밖에 없습니다. 그렇기 때문에 우리는 서로의 도움이 끊임없이

---

ii) 유대교와 기독교에서 초자연적·신학적·형이상학적 요소는 배제하고 윤리·도덕적 가르침만 받아들여 만든 단체.

필요합니다. 우리 서로를 위해 기도합시다.[21]

---

21) *"oremus pro invicem."*

11 노동과 기도

"당신의 주장을 받아들여 기도 응답이 이론적으로 가능함을 인정한다 해도, 나는 여전히 그것이 무한히 개연성이 없는 일이라고 생각합니다. 하나님이 세상을 어떻게 운영하실지에 대해 우리 인간들의 무식한 (모순되는) 조언이 필요하실 거라고는 생각할 수 없습니다. 당신이 말하는 것처럼 하나님이 전지하신 분이라면, 그분은 가장 좋은 일이 무엇인지 이미 아시지 않겠습니까? 그리고 만약 그분이 더없이 선하시다면 우리의 기도와 상관없이 그 일을 하시지 않겠습니까?"

이것이 지난 수백 년 간 수천 명의 사람들을 위협한 기도에 대한 반론입니다. 이에 대해 흔히 들을 수 있는 답변은 이 반론이 낮은 차원의 기도, 즉 어떤 일이 벌어지게 해달라고 구하는 기도에만 해당된다는 것입니다. 그리고 더 높은 차원의 기도는 하나님께 조언해 드리지 않고, 그분과의 '교통'이나 교제만으로 이루어진다는 말이 이어집니다. 이런 입장을 따르는 사람들은 낮은 차원의 기도가 사실 터무니없는 짓이고 어린아이들이나 미개인들이 하는 일이라고 말하는 듯합니다.

저는 이런 견해에 한 번도 만족한 적이 없습니다. 기도를 이 두 가지로 구분하는 것은 타당합니다. 대체로 저는 아무것도 구하지 않는 기도가 더 고상하거나 진보한 기도라고(꼭 그렇게 확신하지는 못하지만) 생각합니다. 하나님의 뜻과 온전히 하나 되어서 사건의 경로를 바꿀 수 있는데도 그렇게 하지 않은 상태라면 대단히 고상하거나 진보한 상태인 것이 분명합니다.

그러나 더 낮은 종류의 기도를 그냥 배제해 버린다면 두 가지 어려움이 따르게 됩니다. 첫째, 기독교의 역사적인 기도 전통 전체(주기도문까지 포함해서)가 잘못된 것이었다고 해야 합니다. 기독교는 일용할 양식을 구하고, 병자의 회복을 위해 기도하고, 적으로부터의 보호를 간구하며, 바깥세상의 회심 등을 위해 기도하는 일을 늘 인정해 왔기 때문입니다. 둘째, 모든 욕망을 초월하여 다른 종류의 기도만 한다면 '더 고상할'지도 모르겠지만, 구해 봤자 소용없을 거라는 생각으로 요청하는 기도를 하지 않는다면 딱히 '고상'하거나 '영적'이라고 할 수 없습니다. 어린 소년이 너무나 고상하고 영적이라서 과자를 일체 원하지 않기 때문에 과자를 구하지 않는다면 그것은 훌륭한 일일 것입니다(그게 정말 훌륭한 건지 확신하지는 못하겠습니다만). 그러나 달라고 해봐야 소용없음을 알게 되었기 때문에 구하지 않는 아이라면 특별히 훌륭할 것도 없습니다. 저는 이 문제를 통째로 재검토해 볼 필요가 있다고 생각합니다.

기도('저속한' 기도, 구식 기도 말입니다)에 반대하는 논증은 이렇습니다. "우리가 구하는 것은 우리와 세계 전체에 유익하거나 유익하지 않거나 둘 중 하나입니다. 만약 그것이 유익한 것이라면, 선하고 지혜로우신 하나님은 어쨌거나 그 일을 하실 것입니다. 유익하지 않은 일이라면, 하나님은 하지 않으시겠지요. 어떤 경우든 우리가 기도해 봐야 아무것도 달라지지 않습니다." 그러나 이 논증이 바람직한 것이라면, 이것은 기도뿐 아니라 무슨 일이든 다 반대하는 논증이 아닙니까?

모든 기도와 마찬가지로 우리는 모든 행동에서 어떤 결과를 이끌어 내려 합니다. 그리고 그 결과는 좋거나 나쁠 것이 분명합니다. 그렇다면 기도의 반대자들이 주장하듯, 선한 결과를 가져오는 일이라면 우리가 간섭하지 않아도 하나님이 일어나게 하실 것이고, 나쁜 일이라면 우리가 어떻게 하건 하나님이 그 일을 막으실 거라고 말하는 게 낫지 않습니까? 손은 왜 씻습니까? 하나님이 우리 손이 깨끗하기 원하신다면, 우리가 굳이 씻지 않아도 늘 깨끗할 것입니다. 하나님이 그것을 원하지 않으신다면 아무리 많은 비누를 써도 (맥베스 부인이 발견한 것처럼)[1] 손은 여전히 더러울 것입니다. 소금은 왜 칩니까? 부츠는 왜 신습니까? 모든 일을 왜 합니까?

우리는 우리가 행동할 수 있고 그 행동이 결과를 낳는다는 것을 압니다. 그러므로 하나님을 믿는 사람은 누구나 (기도의 문제와는 별도로) 하나님이 손수 역사 전체를 쓰기로 하지 않으셨음을 인정해야 합니다. 우주에서 벌어지는 대부분의 사건들이 참으로 우리 통제권 밖에 있지만 모든 사건이 그런 것은 아닙니다. 이것은 저자가 장면과 이야기의 전체 줄거리를 정해 놓았지만 사소한 세부 내용들은 배우들의 즉흥 연기의 몫으로 남겨 둔 연극과 같습니다. 하나님이 우리가 실제 사건들의 원인이 될 수 있도록 허락하신 이유는 신비로 남겠지만, 기도를 통해 그 일이 이루어지도록 허락하심이 다른 수단을 허락하심보다 더 이상한 일은 아닙니다.

파스칼은 하나님이 "그분의 피조물들에게 원인자가 되는 위엄을 허락하시고자 기도를 제정하셨다"고 합니다. 하나님이 바로 그 목적을 위해

---

1) Shakespeare, *Macbeth*, V, I, pp. 34-57.

기도와 물리적 행위 모두를 고안하셨다고 하는 것이 더 옳을지도 모르겠습니다. 하나님은 우리 작은 피조물들에게 두 가지 다른 방식으로 사건들의 경로에 조그마한 일익을 담당할 수 있는 위엄을 허락하셨습니다. 그분은 우리가 (일정한 한계 내에서) 어떤 영향을 끼칠 수 있도록 우주의 물질을 만드셨습니다. 그래서 우리는 손도 씻을 수 있고, 동료 피조물들에게 먹을 것을 주거나 그들을 죽일 수도 있습니다. 또한, 하나님은 그분의 역사 계획을 세우실 때 우리에게 어느 정도 자유로운 행위를 허용하셔서 우리 기도에 반응하여 상황이 달라질 수 있도록 플롯을 만드셨습니다. 전쟁의 승리를 구하는 것이 어리석고 건방진 일이라면(하나님이 가장 좋은 일을 아실 거라는 근거에서), 방수 외투를 걸치는 것도 똑같이 어리석고 건방진 일일 것입니다. 우리가 젖어야 할지 말아야 할지 하나님이 모르신다는 말입니까?

우리는 사건들을 일으키는 방법 두 가지, 즉 노동과 기도를 허락받았습니다. 노동과 기도를 통해 우리는 하나님이 '알아서' 제공하심을 합당하게 여기지 않으신(적어도 아직까지는) 사태들을 일으키려 노력합니다. 이 점에서 둘은 동일합니다. 이런 관점에서 보면 "노동은 기도다*laborare est orare*"라는 오래된 속담은 새로운 의미를 띱니다. 밭의 잡초를 뽑을 때와 풍작을 달라고 기도할 때 우리가 하는 일은 그리 다르지 않습니다. 그러나 이와 동시에 중요한 차이점이 하나 있습니다.

우리가 밭에 나가 무슨 일을 하건 풍작을 확신할 수는 없습니다. 그러나 하나의 잡초를 뽑아내면 그 잡초 하나는 더 이상 그곳에 없으리라고 확신할 수 있습니다. 일정량 이상의 알콜을 마시면 건강을 해칠 것이고, 몇 세기 동안 지구의 자원들을 전쟁과 사치에 더 허비한다면 인류 전체의 생존이 단축되리라고 확신할 수 있습니다. 우리가 노동을 통해 행사하는 원인 작용은 하나님이 결과를 보장하시는 것과 같으니 무를 수 없습니다. 노동을 통해 우리는 원한다면 얼마든지 자신에게 해를 가할 수 있습니다. 그러나 우리가 기도를 통해 행사하는 원인 작용은 다릅니다. 이 경우에 대해서는 하나님이 재량권을 그분의 손에 남겨 두셨습니다. 하나님이 그렇게 하지 않으셨다면, 기도는 인간에게 너무나 위험한 활동이 될 것이며 우리는 유베날리스[i]가 "하늘이 들어주면 큰일 날 터무니없는 기도들"[2]을 하다 끔찍한 사태를 맞게 될 것입니다.

우리가 기도한 내용이 언제나 (말 그대로, 사실적인 의미로 볼 때) '허락되지는' 않습니다. 이것은 기도가 약한 원인이라서가 아니라 더 강한 원인이기 때문입니다. 기도가 '효과를 발휘'할 때는 공간과 시간의 제약을 받지 않습니다. 그렇기 때문에 하나님은 우리가 기도한 내용을 허락하실지 거절하실지 재량권을 쥐고 계십니다. 그런 조건이 없다면 기도는 우리를 파괴하고 말 것입니다. 교장 선생님이 이렇게 말하는 것은 불합리한 일이 아닙니다. "이런저런 일들은 이 학교의 정해진 규칙에 따라서 하면 됩니다. 그러나 그 밖의 이런저런 일들은 너무 위험해서 일반적인 규칙에 맡겨둘 수가 없어요. 그런 일을 하고 싶다면 내게 찾아와서 요청하세요. 교장실에서 함께 그 문제 전체를 놓고 이야기해 보기로 합시다. 그렇게 해서 어떻게 될지는 …… 그때 가서 봅시다."

---

i) Juvenal(60~140), 로마의 풍자시인.
2) *Satires*, Bk. IV, Satire x, line 111.

12 인간인가 토끼인가?

기독교를 믿지 않고 선한 삶을 살 수는 없는가? 저는 이 질문에 답해 달라는 요청을 받았습니다만, 그에 앞서 한마디 할 말이 있습니다. 이 질문은 스스로에게 이렇게 말하는 사람이 제시한 것처럼 보입니다. "기독교가 사실이건 아니건 상관없어. 진짜 우주가 유물론자들이 말하는 것보다 그리스도인들이 말하는 바와 더 비슷한지 알아보고 싶은 마음도 없어. 내 관심사는 선한 삶을 사는 것뿐이야. 나는 옳은 신념이 아니라 도움이 되는 신념을 선택할 거야." 솔직히 말해 저는 이런 마음 상태에 공감하기가 힘듭니다. 인간과 다른 동물을 구분해 주는 요인 중 하나는 인간이 세상을 알고 싶어 하고, 단순히 앎 자체를 위해 실재가 무엇인지 알려 한다는 점입니다. 누군가의 가슴 속에서 그 욕구가 완전히 꺼져 버렸다면, 저는 그가 인간보다 못한 존재가 된 것이라고 생각합니다. 그러나 사실 저는 어느 누구도 그 욕구를 정말 잃어버렸다고 믿지는 않습니다. 그보다는 아마, 기독교가 우리에게 큰 도움이 될 것이며 사회에 참으로 유익하다는 말을 늘 들려주는 어리석은 설교자들이 기독교가 특허약이 아니라는 사실을 잊어버리도록 사람들을 이끈 결과일 겁니다. 기독교는 사실을 제대로 알려준다고, 진짜 우주가 어떤 곳인지 말해 준다고 주장합니다. 우주에 대한 기독교의 설명은 옳을 수도 있고 옳지 않을 수도 있습니다. 그러나 일단 그 설명을 접하게 되면, 타고난 호기심이 발동하여 진실을 알고 싶어져야 마땅합니다. 만약 기독교가 옳지 않다면, 그것이 아무리 도움이 된다 해도 정직한 사람은 그것을 믿으려 하지 않을 것이고, 그것이 옳다면 아무 도움이 안 된다 해도 정직한 사람이라면 누구나 그것을 믿고자 할 것입니다.

이 사실을 깨닫자마자, 우리는 또 다른 것을 깨닫게 됩니다. 만약 기독교가 옳은 것이라면, 이 진리를 아는 사람들과 그렇지 못한 사람들이 선한 삶을 살아갈 준비가 똑같이 잘 될 수는 없을 것입니다. 사실에 대한 지식에 따라 사람의 행동은 달라질 수밖에 없습니다. 굶어죽을 위험에 처한 사람을 보고 그를 돕고 싶다고 합시다. 의학 지식이 전혀 없다면 아마 그에게 커다란 빵을 줄 것이고 그로 인해 그 사람은 죽을 것입니다. 아무 것도 모르고 일하면 그런 일이 벌어집니다. 그리스도인과 비그리스도인은 둘 다 동료 인간들을 위해 선을 베풀고자 할 수 있습니다. 그런데 그리스도인은 이렇게 믿습니다. '인간들은 영원히 살게 될 것이다. 하나님은 그들을 창조하시되 그들이 그분께 연합함으로써만 참되고 지속적인 행복을 발견할 수 있도록 만드셨다. 그들은 심각하게 탈선했고 돌아갈 길은 그리스도께 순종하는 믿음뿐이다.' 반면 비그리스도인은 이렇게 믿습니다. '인간은 맹목적인 물질 작용으로 우연히 나타난 결과물이다. 인간은 동물로 출발해서 어느 정도까지 꾸준히 향상되었다. 우리는 70년 정도 살 것이고 우리의 행복은 사회복지 시설과 정치 단체를 통해 온전히 이루어질 수 있다. 다른 모든 것(예를 들면 생체 해부, 산아 제한, 사법 제도, 교육)은 그런 종류의 '행복'에 도움이 되는지 방해가 되는지 여부로 판단해야 한다.'

이 두 부류의 사람이 동료 시민들을 위해 하는 일에서 동의할 수 있는 부분은 아주 많습니다. 둘 다 효율적인 하수도 체계와 병원과 몸에 좋은 식사의 가치를 인정할 것입니다. 그러나 둘의 신념이 다르니 조만간 둘이 내놓는 실제적인 제안도 달라질 것입니다. 예를 들어, 둘 다 교육에 큰 관심을 보일 수 있지만, 그들이 사람들에게 제공하기 원하는 교육의 종류는 다를 것입니다. 다시 말합니다. 유물론자는 주어진 정책에 대해 "다수의 행복을 증진시킬 것인가"만 묻는 반면, 그리스도인은 이렇게 말할 것입니다. "그것이 설령 다수의 행복을 증진시킨다고 해도, 우리는 그 일을 할 수 없다. 그건 불의한 일이다." 그리고 그들의 정책을 관통하는 커다란 차이점이 하나 있을 것입니다. 유물론자에게는 민족, 계급, 문명이 개인보다 더 중요할 것입니다. 개인은 각기 칠십 정도밖에 살지 못하는 반면, 집단은 여러 세기 동안 지속될 수 있기 때문입니다. 그러나 그리스도인에게는 개인이 더 중요합니다. 개인은 영원히 살지만 그에 비하면 종족과 문명 같은 것들은 하루살이에 불과합니다.

그리스도인과 유물론자는 우주에 대해서도 다른 믿음을 갖고 있습니다. 둘 다 옳을 수는 없습니다. 틀린 사람은 진짜 우주와 맞지 않는 방식으로 행동할 것입니다. 결과적으로 그는 더없는 선의를 가지고 동료 피조물들이 멸망하도록 도울 것입니다.

더없는 선의로 행한다면⋯⋯그를 탓할 수는 없을 거야. 하나님이(만일 존재한다면) 정직한 실수를 저지른 그를 처벌하진 않으시겠지? 이것이 여러분이 생각하고 있던 전부입니까? 누군가 우리의 목숨은 안전할 것이고 누구도 우리를 벌주거나 탓하지 않을 거라는 확신만 준다면, 평생 아무것도 모르고 일하다 사람들에게 무한한 해를 끼칠 위험을 감수할 준비가 되어 있는 겁니까? 저는 여러분이 그렇게 낮은 수준은 아닐 거라고 생각합니다. 그러나 설령 그런 사람이 있다 해도, 그분께 드릴 말씀이 있습니다.

우리 각 사람 앞에 놓인 질문은 "누군가가 기독교 없이 선한 삶을 살 수 없는가?"가 아닙니다. "나는 그럴 수 있는가?"입니다. 우리 모두 그리스도인이 아니었던 선한 사람들을 알고 있습니다. 기독교를 들어 보지도 못한 소크라테스와 공자 같은 사람들이나 정직하게 기독교를 믿을 수 없었던 밀J. S. Mill 같은 사람들입니다. 기독교가 옳다고 가정할 때, 이 사람들은 정직한 무지 내지 정직한 오류 상태에 있었습니다. 그들의 무지는 그냥 내버려 두면 그들과 그들의 영향을 받은 사람들에게 악덕을 불러일으킬 것입니다. 그러나 그들의 의도가 제가 생각하는 것처럼 선했다면(물론 저는 그들의 은밀한 마음을 알 수 없습니다), 하나님이 능력과 자비로 그런 악들조차 바로잡아 주시기를 바라고 능히 그러실 것으로 믿습니다. 그러나 제게 "기독교를 믿지 않고도 선한 삶을 살 수 있을까요?"라고 묻는 사람은 분명 그들과 상황이 다릅니다. 그가 기독교에 대해 들어 보지 못했다면 이 질문을 하지 않았을 것입니다. 기독교에 대해 들어 보고 심각하게 고려해 본 후 그것이 옳지 않다는 판단을 내렸다 해도, 역시 이런 질문을 하지 않았을 것입니다. 이 질문을 하는 사람은 기독교에 대해 들어 보았지만 그것이 옳지 않다는 확신이 전혀 없습니다. 그는 사실 이렇게 묻는 겁니다. "내가 기독교 때문에 신경 쓸 필요가 있을까? 이 문제를 그냥 넘길 수는 없을까? 잠자는 개는 내버려두고 그냥 '선하게' 살아갈 수는 없을까? 그 무시무시한 문을 노크해서 그 안에 누군가 있는지 없는지 확인하지 않아도, 선한 의도가 나를 충분히 안전하고 흠 없이 지켜 주지 않을까?"

이런 사람에게는 당신은 지금 선이 무엇인지 알아보려고 최선을 다하지도 않은 채 '선한' 상태로 그냥 지내게 해달라는 거라고 말해 주는 걸로 충분할 겁니다. 그러나 그것으로 이야기가 끝나는 게 아닙니다. 우리는 하나님이 그의 비겁함과 게으름을 벌하실지 물어볼 필요가 없습니다. 그가 스스로를 벌할 테니까요. 그는 쪼그라들고 있습니다. 그리고 기독교가 참인지 거짓인지 알아보기를 일부러 피합니다. 기독교가 옳은 것으로 밝혀질 경우 찾아올 끝없는 고생거리를 예견하기 때문입니다. 그는 마치 하기 싫은 업무란에 자기 이름이 적혀 있을까 봐 게시판 보기를 일부러 '잊어버리는' 사람과 같습니다. 은행 잔고가 얼마나 될지 무서워 계좌를 확인해 보지 않는 사람과 같습니다. 알 수 없는 통증이 느껴져도 의사가 뭐라고 할지 무서워 의사를 찾아가지 않는 사람과 같습니다.

그런 이유들 때문에 불신자로 머무는 사람은 정직한 오류의 상태에 있다고 할 수 없습니다. 그는 부정직한 오류의 상태에 있고 그 부정직함이 그의 모든 생각과 행동으로 퍼져 나갈 것입니다. 둘러대는 태도가 생기고, 마음 한구석에 막연한 염려가 쌓이고, 정신력이 둔감해지는 결과가 따라올 것입니다. 그는 지적인 동정童貞을 잃어버렸습니다. 정직하게 그리스도를 거부하는 행위는 그것이 아무리 큰 잘못이라 해도 용서받고 치유될 수 있습니다. "누구든지 말로 인자를 거역하면 사하심을 받으"[1]리라 했습니다. 그러나 하나님의 아들을 회피하고, 일부러 다른 쪽을 바라보고, 보고도 못 본 척하고, 갑자기 거리 맞은편의 무엇인가에 몰두하고, 그분이 전화했을까 봐 수화기를 들지 않고, 그분이 보낸 것일까 봐 낯선 필

---

1) 눅 12:10.

체의 편지를 열어 보지 않는다면, 이것은 문제가 다릅니다. 그리스도인이 되어야 할지 확신이 들지 않을 수는 있습니다. 그러나 최소한 인간은 되어야 하지 않겠습니까. 모래 속에 머리를 숨기는 타조가 되어서야 되겠습니까.

하지만 지적 명예가 워낙 실추된 시대이다 보니 그래도 누군가 이렇게 징징대며 묻는 소리가 들려옵니다. "그게 내게 도움이 될까요? 날 행복하게 해줄까요? 정말 제가 그리스도인이 되면 나아질 거라고 생각하시나요?" 좋습니다. 꼭 답을 들어야겠다면 말씀드리지요. 제 답은 "그렇다"입니다. 하지만 이 단계에서 답을 제시하는 것은 그리 탐탁지 않습니다. 여기 문이 하나 있고, 일부 사람들의 말에 따르면 그 뒤에는 우주의 비밀이 기다리고 있습니다. 그것은 옳거나 옳지 않습니다. 그리고 만약 옳지 않다면, 그 문이 실제로 가리고 있는 것은 사상 최대의 속임수, 기록에 남아 있는 가장 어마어마한 '사기'일 뿐입니다. 어느 쪽인지 알아내려 힘쓴 뒤 이 엄청난 비밀에 온 힘을 쏟거나 이 거대한 야바위를 깨뜨리는 데 온 힘을 기울이는 것이 모든 사람(토끼가 아닌 사람이라면)의 임무가 아니겠습니까? 이런 사안에 직면하고도 정말 자신의 복된 '도덕적 발전'에만 몰두할 수 있을까요?

좋습니다. 기독교는 여러분에게 유익을 줄 것입니다. 이제껏 원하거나 기대했던 것보다 훨씬 많은 유익을 줄 것입니다. 그리고 그 첫 번째 유익은 이제까지 여러분이 '선'이라 불렀던 것, 즉 '품격 있는 삶을 사는 것', '친절한 행위' 등이 여러분이 생각했던 것만큼 훌륭하고 더없이 중요한 것이 아니라는 사실을 분명히 깨닫게 되는 일일 것입니다. 기독교는 여러분에게 자신의 도덕적 노력만으로는 (하루 24시간 동안) '선할' 수 없다는 사실을 가르쳐 줄 것입니다. 그리고 설령 여러분이 선하다 해도 여러분이 창조된 목적을 이루지는 못하고 있음을 가르쳐 줄 것입니다. 단순한 도덕은 인생의 목표가 아닙니다. J. S. 밀과 공자는 삶의 본질이 무엇인지 전혀 몰랐습니다(소크라테스는 실재에 훨씬 더 근접했습니다). 그리스도 없이 훌륭하게 살 수 없느냐고 계속 묻는 사람들은 삶의 본질이 무엇인지 모르는 것입니다. 그들이 그것을 알았다면, '품격 있는 삶'은 우리 인간이 만들어진 진정한 목적에 비하면 그저 껍데기에 불과함을 파악했을 것입니다. 도덕은 필수불가결합니다. 그러나 우리에게 자신을 내어주고 우리를 신이 되도록 부르는 하나님의 생명이 우리를 위해 마련한 것 안에서 그 도덕은 삼켜지고 말 것입니다. 우리는 다시 만들어질 것입니다. 우리 안에 있는 모든 토끼는 사라질 것입니다. 겁 많고 육욕적인 토끼뿐 아니라 걱정 많고 깐깐하고 윤리적인 토끼도 사라질 것입니다. 털이 몇 줌 빠질 때 우리는 피를 흘리고 비명을 질러 댈 것입니다. 그리고 그다음에는, 놀랍게도 그 밑에서 이제껏 전혀 상상도 못했던 것을 발견하게 될 것입니다. 강하고 광채가 나고 지혜롭고 아름답고 기쁨에 잠겨 있는 진짜 인간, 시대를 초월한 신, 하나님의 아들입니다.

"온전한 것이 올 때에는 부분적으로 하던 것이 폐하리라."[2] 그리스도 없이 '선한 삶'에 도달한다는 생각에는 두 가지 오류가 깔려 있습니다. 첫째, 우리는 그렇게 할 수 없습니다. 둘째, '선한 삶'을 우리의 최종 목표로 설정하면 우리 존재의 핵심을 놓치게 됩니다. 도덕은 우리 힘만으로는 오

---

2) 고전 13:10.

를 수 없는 산입니다. 설령 혼자 힘으로 오른다 해도, 정상의 얼음과 희박한 공기 속에서 죽고 말 것입니다. 날개 없이는 나머지 여정을 마무리할 수 없습니다. 거기서부터 진정한 상승이 시작되기 때문입니다. 밧줄과 도끼는 "다 써 버렸기에" 이제 날아가는 일만 남았습니다.

13   기독교의 전수에 대하여[1]

전쟁 기간에 우리는 전투 소식을 주로 신문기사로만 접하던 터라 누구든 전투에 참가하고 돌아온 사람의 글이 나오면 큰 관심을 갖게 됩니다. 이 작은 책의 원고를 처음 손에 쥐었을 때 저는 이와 비슷한 흥분을 느꼈습니다. 교육과 신앙 교육에 대해 토론하는 것은 바람직한 일입니다. 그러나 이 책에는 다른 내용이 담겨 있습니다. 우리가 그런 토론을 벌이는 와중에 현 체제가 실제로 어떤 결과를 만들어 내고 있는지 저자가 직접 경험한 기록입니다. 저자가 교육 목사도, 교장도, 성직자도, 전문 교사도 아니기 때문에 그 가치는 더욱 돋보입니다. 그가 기록한 사실들은 특정한 전시 업무를 수행하는 도중에 뜻밖에, 거의 우연히(이렇게 말할 수도 있겠습니다) 맞닥뜨리게 된 사실들입니다.

물론 이 책에는 이 외의 다른 요소들도 있습니다. 그러나 저는 순수한 기록 자료로서 이 책의 가치를 강조하고 싶습니다. 이것이 이 책에서 단연코 가장 중요한 요소로 보이기 때문입니다. 이 부분에 대중의 관심이 모아져야 할 것입니다. 저자의 강의들을 요약한 부분들, 또는 토론을 여

1) 이 글은 원래 B. G. Sandhurst의 책 *How Heathen is Britain?*(London, 1946)의 서문으로 처음 출판되었다. Sandhurst는 그 책에서 그리스도의 인성과 신성에 대한 젊은이들의 견해를 알아보기 위해 그들과 함께 일한 과정을 소개했다.

는 글들은 참으로 흥미롭고, 많은 분들이 그 부분에 대해 논평하고 싶을 것입니다. 그 부분은 이 책에서 가장 다루기 쉬운 부분입니다. 그러나 저는 그 부분에 집중하는 것이 본질을 회피하는 일이라고 힘주어 말하고 싶습니다.

저자가 교사로서 유별난 재능이 있을 가능성(재미있게도 본인은 그런 생각을 전혀 못하고 있습니다)을 십분 고려한다 해도, 그의 기록을 통해 알 수 있는 두 가지 사실은 여전히 변함이 없습니다. 첫째, 현 교육 체제 하에서 배우는 대부분의 학생들은 기독교의 요지와 그것을 지지하는 논증을 접할 기회가 없다는 사실입니다. 둘째, 그러나 그런 내용을 접하면 대다수의 학생들은 그것이 받아들일 만하다고 여긴다는 사실입니다. 이 두 가지 사실은 흔히 제시되고 받아들여지는 '종교가 쇠퇴하는 이유들'이라는 안개를 통째로 걷어 버리기 때문에 중요합니다. 오늘날 젊은이들이 산수의 정답을 맞추는 일을 점점 더 어려워한다고 가정해 봅시다. 그런데 학교에서 여러 해 동안 산수를 가르치지 않았다는 사실을 알게 된다면, 그 순간 상황 설명은 끝났다고 여길 것입니다. 이때 사람들이 내놓는 모호하고 거창한 설명들은 모두 무시해야 할 것입니다. 아인슈타인의 영향으로 수의 관계가 고정되어 있다는 고대의 믿음이 무너졌다, 갱단 영화가 정답을 얻으려는 욕구를 허물어 버렸다, 의식의 진화가 이제 산수 이후의 단계에 접어들고 있다, 하는 등의 설명이 다 그런 부류에 속합니다. 사실을 완전히 담아내는 분명하고 간단한 설명이 있다면, 더 이상 다른 설명이 필요하지 않습니다. 젊은 세대가 그리스도인들이 믿는 내용과 그것을 지지하는 논증을 들어 본 적이 없다면, 그것만으로 그들의 불가지론 또는 무관심은 충분히 설명이 됩니다. 더 멀리 바라볼 필요가 없습니다. 시대의 전반적인 지적 풍토나 기계 문명의 영향을 받은 도시 생활의 특성을 거론할 필요가 없습니다. 그리고 그들의 무지의 원인이 교육의 부재임을 발견했다면, 치료책도 함께 발견한 것입니다. 젊은 세대의 본성 안에 기독교를 받아들이지 못하게 만드는 요소는 없습니다. 그들에게 말할 준비가 된 사람이 나타난다면, 그들은 분명 들을 준비가 되어 있습니다.

물론 현 상황에 대해 저자가 찾아 낸 설명은 문제를 한 세대 뒤로 돌리는 것뿐이라는 사실은 저도 인정합니다. 오늘날의 젊은이들이 그리스도인이 아닌 이유는 그들의 교사들이 그들에게 기독교를 전수할 마음이 없거나 그럴 능력이 없기 때문입니다. 그들을 가르친 교사들의 무능 또는 불신앙에 대해서는 더 광범위하고 추상적인 설명을 찾아야 할 것입니다. 그러나 그것이 역사적인 문제라는 점은 지적해야 하겠습니다. 오늘날의 교사는 대부분 20년 전의 학부생, 즉 '전후' 시기 사상 풍조의 산물입니다. 지금 초등학교 교실을 지배하는 정신적 풍토는 1920년대의 그것입니다. 다시 말해, 오늘날 젊은이들 사이에 존재하는 불신앙의 근원이 그들에게 있지 않다는 뜻입니다. 그들이 더 나은 가르침을 받게 되기 전까지 갖고 있는 시각은 이전 시기의 뒷물결입니다. 그들이 기독교 신앙을 받아들이지 못하게 하는 본질적인 요소가 그들에게 있는 것이 아닙니다.

우리는 각 세대가 그 이전 세대의 가르침을 받는다는 너무나 분명한 사실을 명심해야 합니다. 학교를 갓 졸업한 소년들이 지금 갖고 있는 신념은 주로 1920년대의 신념입니다. 1960년대에 학교를 졸업하는 소년들이 갖게 될 신념은 주로 오늘날 학부생들의 신념이 될 것입니다. 이 사실을 잊어버리는 순간부터 우리는 교육에 대한 허튼소리를 늘어놓기 시작합니다. 우리는 현대 청소년들의 견해들을 논하면서 그것들이 마치 현대

청소년들만의 어떤 특이성에서 저절로 만들어지기라도 한 것처럼 이야기합니다. 그러나 실제로 그것들은 이제 중년이 된 지난 세대의 청소년들이 교실을 장악하면서 뒤늦게 남긴 결과물입니다. 따라서 많은 교육 계획들이 실은 부질없는 것입니다. 누구도 자신이 갖지 못한 것을 다른 사람에게 줄 수 없습니다. 어떤 세대가 갖지 못한 것을 다음 세대에 물려줄 수는 없습니다. 우리는 각기 원하는 대로 교과 과정을 짤 수 있습니다. 그러나 지겹도록 *ad nauseam* 계획을 세우고 보고서를 작성해도, 우리가 회의적이면 학생들에게 회의주의만 가르칠 것이고, 우리가 바보라면 어리석음만을, 저속한 사람들이라면 저속함만을, 성자들이라면 거룩함을, 영웅들이라면 영웅적인 태도를 가르칠 것입니다. 교육은 각 세대가 다음 세대에 영향을 끼치는 여러 통로 중에서 가장 의식적으로 사용되는 통로일 뿐입니다. 그것은 닫힌 체계가 아닙니다. 교사들에게 없는 것은 학생들에게 흘러갈 수 없습니다. 그리스어를 모르는 사람이 학생들에게 그리스어를 가르칠 수 없다는 사실은 누구나 인정할 것입니다. 냉소주의와 환멸의 시기에 정신이 형성된 사람이 희망이나 불굴의 정신을 가르칠 수 없다는 것 역시 이와 똑같이 분명합니다.

현저하게 기독교적인 사회는 학교를 통해 기독교를 선전할 것입니다. 그렇지 않은 사회는 그 일을 하지 않을 것입니다. 세계의 모든 교육부들은 이 법칙을 바꿀 수 없습니다. 장기적으로 보면 우리는 정부로부터 기대하거나 두려워할 것이 그리 많지 않습니다.

국가는 교육을 점점 더 확고히 장악할지 모릅니다. 그렇게 함으로써 획일성과 어쩌면 노예근성까지 어느 정도 조장할 수 있을 것이 분명합니다. 교사직을 통제하는 국가의 힘은 분명히 아주 큽니다. 그러나 모든 가르침은 여전히 구체적인 인간 개인에 의해 이루어져야 합니다. 국가는 존재하는 사람들을 써야 합니다. 아니, 우리나라가 민주주의로 남아 있는 한, 국가의 권력은 사람들로부터 나옵니다. 그리고 모든 자유가 완전히 사라져 버리지 않는 한, 사람들 사이에는 자유로운 의견의 바람이 붑니다. 그들의 정신은 정부가 통제할 수 없는 영향력들이 모여 형성됩니다. 그들은 각자 갖추게 되는 모습에 따라 가르치게 될 것입니다. 추상적인 교육 계획이 어떤 형태로 내려오든 말입니다. 실제 교육은 가르치는 일선 교사들의 손에 달려 있을 것입니다. 물론, 각 세대의 교사들 중에는 일정 비율의, 어쩌면 절반도 넘는 정부의 앞잡이들이 있을 것입니다. 그러나 저는 교육의 실제 성격을 정하는 존재는 그들이 아니라고 생각합니다.

소년에게는 건전한 직관이 있습니다. 아마 영국 소년은 더 그렇겠지요. 참된 사람 한 명의 가르침은 한 다스 되는 정부 하수인의 가르침보다 더 지속적이고 깊은 영향을 끼칩니다. 교육부 장관이 기독교 성직자들을 학교에서 추방할 수도 있습니다.(제 기억이 옳다면, 이런 선례는 이르면 배교자 율리아누스 황제[2]까지 거슬러 올라갑니다.) 그러나 여론의 바람이 기독교에 불리한 방향으로 분다 해도 달라지는 것은 없을 것입니다. 오히려 그것이 우리에게 유익을 줄 수도 있습니다. 그 교육부 장관은 자신도 모르는 사이 '신의 집사'[3] 역할을 하게 될 것입니다.

사람들은 교육이 핵심 거점이라는 말을 자주 합니다. 그 말은 완전히 틀리기도 하고 더없이 옳기도 합니다. 그것이 기존 학교의 운영에 간섭하고 교과 과정을 바꾸는 식으로 큰일을 할 수 있다는 뜻이라면 완전히 틀

---

2) 1부 5장의 각주 3 참조.
3) Chaucer, *The Hous of Fame*, bk. II, line 592.

린 말입니다. 교사들은 자신의 모습에 충실하게 가르칠 것입니다. 그런 식의 교육 '개혁'은 그들을 불편하게 만들고 업무량을 늘려 줄지는 몰라도, 그들의 총체적인 영향력을 근본적으로 바꿔 놓지는 못할 것입니다. 교육 계획은 엉겅퀴에서 무화과를, 포도나무에서 떫은 배를 불러내는 마법의 힘을 갖고 있지 않습니다. 풍성하고 물기가 많고 열매가 많이 달린 나무는 달콤함과 힘과 영적 건강을 낳겠지만, 메마른 가시투성이의 시든 나무는 증오, 질투, 의심, 열등의식을 가르칠 것입니다. 가르쳐야 할 내용을 아무리 일러 줘도 달라지지 않을 것입니다. 의식도 못한 채 하루 종일 생긴 대로 가르칠 것입니다. 그러나 교육이 핵심 거점이라는 말이 지금의 성인들을 그리스도인으로 만들고, 그들 주변에까지 영향을 끼치고, 직접적인 하위 기독교적 견해와 덕목, 그리고 기독교 신앙의 가장자리에 해당하는 플라톤이나 베르길리우스 같은 풍성한 고전 사상을 보급시켜 장래에 교사가 될 사람들의 유형을 바꿔 놓는 일을 의미한다면, 그리고 그것이 우리 후손들에게 가장 큰 유익을 주는 일이라는 뜻이라면, 그 말은 참으로 옳습니다.

적어도 제게는 그렇게 보입니다. 저자가 제 말에 얼마나 동의할지는 모르겠습니다. 저자는 현대 교육이 실제로 어떻게 이루어지는지 드러내 주었습니다. 지난 10년간 교단에 선 교사들을 탓하는 건 우스꽝스러운 일입니다. 그들 대다수가 기독교를 학생들에게 전수하지 못한 것은 그들이 가진 게 없었기 때문입니다. 자녀를 못 낳는다고 환관을 나무랄 수 있겠습니까? 피도 없다고 돌멩이를 탓할 수 있겠습니까? 교사들 중에는 적대적인 환경에 둘러싸여 고립된 상태에서도 최선을 다하고, 어쩌면 기적 같은 일들을 이루어 낸 소수의 무리도 있었을 것입니다. 그러나 그들이 할 수 있는 일은 그리 많지 않았습니다. 우리의 저자는 학생들의 무지와 회의심이 많은 경우 제거될 수 있다는 사실과 그들의 뿌리가 우리가 우려했던 것보다 훨씬 얕다는 것 또한 보여 주었습니다. 이 사례가 알려 주는 교훈은 '학교 일에 깊숙이 개입하는' 것이 우리의 임무라는 결론이 아닙니다. 우선, 그럴 만한 환경이 조성되지 않을 것입니다. 향후 40년 내에 잉글랜드의 국가 교육 제도에서 급진적인 기독교적 요소들을 권장하거나 용인하는 정부가 들어설 가능성은 희박합니다. 전반적으로 국가 통제가 늘어나는 추세에서 한편에선 개인적인 것을 주장하고 다른 한편에선 보편적인 것을 주장하여 어느 쪽으로건 전권을 가진 정부와 정반대의 입장에 서 있는 기독교는 언제나 사실상 국가의 적으로 취급당하게 될 것입니다(오랫동안 그런 말을 노골적으로 듣지는 않을지 몰라도 말입니다.) 배움이나 가정, 예부터 있어 온 모든 자유 직업과 관습법이 그렇듯, 기독교는 개인이 국가에 맞서 저항할 수 있는 기반을 제공합니다. 그렇기 때문에 전체주의의 아버지 루소는 그의 관점에 따라 지혜롭게도 기독교에 대해 다음과 같이 말했습니다. "나는 이(기독교)보다 더 사회정신에 반대하는 사상을 알지 못한다."[4] 둘째, 우리가 기존의 교사들과 학교들에 기독교적 교과 과정을 강요하는 일이 허락된다 해도, 그것은 교사들을 위선자로 만들고 학생들의 마음을 완고하게 만드는 결과만을 낳을 것입니다.

　　물론 제가 말하는 것은 세속적인 특성이 이미 깊이 새겨진 대형 학교들의 경우입니다. 어떤 사람이 국가의 손이 닿지 않는 작은 모퉁이에서 정말 기독교적인 학교를 만들거나 유지할 수 있다면, 그건 전혀 다른 문

---

4) "*Je ne connais rien de plus contraire à l'esprit social.*"

제입니다. 그의 임무는 분명합니다.

그러므로 저는 학교를 '공략'하는 시도로는 잉글랜드가 신앙적으로 거듭나길 바라는 우리의 소망이 이루어질 수 없다고 생각합니다. 교육은 그런 의미에서 핵심 거점이 아닙니다. 주위의 어른과 (학교를 갓 졸업한) 이웃 청년들을 회심시키는 것이 실질적인 일입니다. 사관생도, 학부생, 영국통신노조C.W.U.의 젊은 노동자가 일차적인 표적입니다. 아니, 누구라 할 것 없이 모든 사람이 표적입니다. 오늘의 성인들을 그리스도인으로 만들 수 있다면, 내일의 아이들은 기독교 교육을 받게 될 것입니다. 한 사회는 그 안에 가지고 있는 것만을 젊은 세대에 물려줄 수 있습니다. 이것은 긴박한 일입니다. 우리 주위에서 사람들이 죽어 가고 있습니다. 그러나 궁극적인 결말을 불안해할 필요는 없습니다. 그리스도인들은 자녀를 낳고 비그리스도인들은 그렇지 않은 한, 다음 세기를 불안해할 필요가 없습니다. 생명력Life-Force을 숭배하는 사람들은 그것을 전수하기 위해 별다른 수고를 하지 않습니다. 모든 소망을 지상의 미래에만 두는 사람들은 그 미래에 많은 것을 걸지 않기 때문입니다. 이런 상황이 계속된다면, 결국 어떤 결과가 나타날지 의심의 여지가 거의 없습니다.

14 '비참한 범죄자'

기도서 언어에 대한 한 가지 해석

문서로 인쇄된 예배서의 여러 장점 중 하나는 그것을 통해 사람들의 감정과 생각이 언제 변했는지 알아볼 수 있다는 점입니다. 사람들이 예배서의 언어에 참여하기 어렵다고 느끼기 시작한다면, 그것은 물론 우리가 그 내용에 대해 선조들과 똑같은 느낌을 받지 않는다는 한 가지 신호입니다. 많은 사람들은 그 상황에 대한 즉각적인 반응으로 간단한 해결책을 제시합니다. "그럼 단어를 바꿔요." 우리가 옳고 선조들이 틀렸다는 걸 안다면 그건 매우 합리적인 판단이 될 것입니다. 틀린 쪽이 누구인지 알아보는 것만큼은 언제나 가치 있는 일입니다.

사순절 기간은 신학자들이 통회라 부르는 행위에 특별히 집중되어 있습니다. 그래서 사람들은 사순절 기간에 하나님께 '통회하는 마음'을 구하는 기도문으로 매일 한 번씩 기도합니다.[1] 여러분도 아시다시피, '통회하는contrite' 이란 말은 라틴어에서 번역된 단어로, 으깨지거나 부서진다는 뜻입니다. 현대인들은 우리 기도서에 그 단어가 너무 많이 나온다고 불평합니다. 그들은 마음이 부서지기를 원하지 않고, 자신들이 '비참한 범죄자들'[2]임을 진심으로 고백할 수 있다고 느끼지 않습니다. 저는 정기

---

1) 사순절 본기도는 이 글 끝에 부록으로 실려 있다.

적으로 교회에 나가지만 "그 짐(즉 그의 죄)이 견딜 수 없나이다"[3]라는 구절을 따라하지 않는 사람을 알고 있습니다. 자신의 죄가 견딜 수 없다고 느끼지 않기 때문입니다. 하지만 저는 기도서가 우리의 감정에 대해 주로 말하는 경우는 매우 드물다고 생각합니다. (제 생각에는) 그것이 "우리는 비참한 범죄자들입니다"라는 구절에 대해 우리가 저지르기 쉬운 첫 번째 실수입니다. 저는 우리가 비참하다고 느끼는지의 여부는 중요하지 않다고 생각합니다. 그리고 저는 이 구절이 '비참한miserable'이라는 단어를 옛날 의미, 즉 연민의 대상이라는 뜻으로 쓰고 있다고 생각합니다.

사람이 스스로 비참하다고 느끼지 않아도 연민의 대상이 될 수 있다는 사실을 쉽게 아는 방법이 있습니다. 사람들이 가득 탄 고속열차 두 대가 시속 100킬로미터의 속도로 같은 선로를 따라 서로를 향해 달려가는 모습을 높은 곳에서 지켜본다고 상상해 보십시오. 40초 후에는 정면충돌이 일어날 것입니다. 그렇다면 이 열차들의 승객들이 연민의 대상이라고 말하는 것이 아주 자연스러운 일이 될 것입니다. 이것은 그들이 스스로를 비참한 존재로 여긴다는 뜻은 아니겠지요. 그러나 그들은 적절한 연민의 대상임이 분명합니다. 저는 이런 의미에서 '비참한'이라는 단어를 이해해야 한다고 생각합니다. 기도서의 이 구절은 우리가 비참한 느낌을 가져야 한다는 게 아니라, 충분히 높은 위치에서 상황을 내려다볼 수 있다면 우리가 합당한 연민의 대상이라는 사실을 누구나 깨닫게 될 거라고 말하는 것입니다.

또 다른 구절, 즉 우리 죄 짐이 견딜 수 없다intolerable는 구절은 '버

---

2) 이 글 끝에 첨부된 '아침과 저녁 기도 시간에 하는 죄의 고백'에서.

3) '성찬례에 하는 죄의 고백'에서. 역시 부록으로 실었다.

틸 수 없는unbearable'으로 이해하면 의미가 더욱 분명해질 것입니다. 이 단어는 두 가지 의미를 모두 지니기 때문입니다. "난 그걸 버틸 수 없어"라는 말은 그 일이 커다란 고통을 준다는 뜻입니다. 그러나 "저 다리는 저 트럭을 버티지 못할 것이다"라고 말할 때는 "저 다리가 고통을 느낄 것이다"라는 뜻이 아니라 "저 트럭이 다리 위를 지나가면 다리가 무너져 내려 돌무더기가 되고 말 것이다"라는 뜻입니다. 저는 이것이 기도서의 그 구절의 의미가 아닐까 생각합니다. 우리가 비참함을 느끼건 그렇지 않건, 아니 우리가 어떻게 생각하건 관계없이, 우리 각 사람 위에는 짐이 하나씩 얹혀 있고 그것에 대해 뭔가 조치를 취하지 않으면 그 짐이 우리를 실제로 부서뜨릴 것이고, 이 세상을 떠나갈 때 온전한 영혼이 아닌 부서진 영혼으로 내세에 벌어질 일을 맞게 될 거라고 말입니다.

그러나 우리는 우리를 부서뜨릴 만한 것이 우리 위에 놓여 있다고 정말 믿습니까? 이것은 매우 어려운 일입니다. 어느 누구도 자신의 내면 상태에 대해 자연적으로 알게 되지는 않습니다. 그러므로 처음에는 우리 자신보다는 다른 사람들에 대해 이것을 이해하고 믿기가 훨씬 쉬울 거라고 생각합니다. 저는 일반적으로 둘 중 한 사람은 다른 사람 때문에 생긴 끔찍한 문제를 안고 산다고 추측해도 무난하리라 생각합니다. 우리의 상사나 부하 직원일 수도 있고, 친구나 친척 중 누구일 수도 있으며, 함께 사는 가족 중 한 사람일 수도 있습니다. 누가 되었건 우리 삶을 필요 이상으로 어렵게 만들고 여러 해 동안 우리를 힘들게 한 사람이 있습니까? 그 사람이 지닌 성격상의 치명적 결함 때문에 우리가 거듭거듭 기울인 온갖 노력들이 모두 실패했습니까? 그 사람의 게으름이나 질투나 불끈하는 성미, 결코 진실을 말하지 않는 입술, 언제나 험담을 늘어놓고 없는 이야기

152

를 지어내는 상황, 그 외의 어떤 결함 때문에, 그 사람은 어찌될지 몰라도 우리는 틀림없이 부서지고 말 거라는 생각이 듭니까?

저는 이 문제에 접근하는 데 두 가지 단계가 있다고 생각합니다. 우선 외적으로 어떤 일이 벌어지기만 하면 된다는 생각이 있습니다. 전쟁만 끝나면 더 나은 일자리를 구할 수 있을 것이다. 새 집만 구할 수 있다면, 시어머니나 며느리가 더 이상 함께 살지 않게 된다면, 그런 일이 벌어지기만 하면 상황은 분명히 더 나아질 거라는 생각이지요. 그러나 일정한 시기가 지나가면 우리는 더 이상 그런 생각을 하지 않습니다. 그 모든 일이 벌어진다 해도 남편은 여전히 심술 맞고 자기밖에 모를 것이고, 아내는 질투하고 낭비벽이 있을 것이고, 사장은 못살게 굴 것이고, 없어선 안 될 직원은 사기꾼일 것입니다. 우리는 압니다. 전쟁이 끝나고 더 나은 일자리와 새 집이 생긴다 해도, 시어머니나 며느리와 더 이상 같이 살지 않아도, '누구누구'의 성격에는 여전히 그 치명적 결함이 있을 것입니다.

괴로운 나머지 가까운 친구에게 그 문제를 약간 털어놓는다고 합시다. 그러면 친한 친구는 이렇게 말할 것입니다. "왜 그 사람에게 직접 얘기하지 않아? 왜 문제를 해결하지 않아? 그 사람이 네가 생각하는 것처럼 그렇게 나쁠 리가 없어." 그러나 우리는 이렇게 혼잣말을 합니다. '아, 역시 말해도 모르는구나.' 물론 우리는 그 문제를 해결하려고 거듭거듭 시도했고, 그것이 전혀 도움이 되지 않는다는 사실을 쓰라린 경험을 통해 알고 있습니다. 그런 시도를 너무나 많이 해봤기 때문에 그 문제를 해결하려는 모든 시도가 큰 소동으로 발전하거나 서로 이해하는 데 완전히 실패하리란 것을 압니다. 그러나 최악의 경우는 따로 있습니다. 상대방이 친절하고 온순한 태도로 우리의 말에 전적으로 동의하고 앞으로 달라지겠다고 약속하지만, 그로부터 24시간이 지나면 모든 상황이 이전과 정확히 똑같아지는 경우입니다!

우리가 분노나 사사로운 감정에 휘둘려 상대를 잘못 판단한 것이 아니라고 해봅시다. 우리가 상당히 진실에 근접했다고 합시다. 그렇다면 우리는 어떤 의미에서 하나님이 늘 보시는 광경을 잠시 엿보고 있는 것입니다. 어떤 의미에서 하나님은 언제나 이런 자들을 상대하시기 때문입니다. 그분은 우리처럼 그들의 문제를 상대하고 계십니다. 그분은 탁월한 계획도 세우셨습니다. 세상에 선지자들과 현인들을, 마지막으로 자신을, 자신의 아들을 보내심으로 그분의 역할을 거듭거듭 다하셨습니다. 그러나 그분의 계획들은 사람들의 인격에 깃든 치명적 결함으로 번번이 이루어지지 못했습니다. 그분은 분명 우리보다 훨씬 정확하게 보십니다. 그러나 다른 사람들의 경우는 그들의 짐에 대해 어떤 조치가 취해지지 않으면 그들이 그 무게에 눌려 부서지고 말 거라는 사실이 우리 눈에도 보입니다. 사그라질 줄 모르는 질투심과 소유욕, 이기심의 영향력 아래에서 그들의 인격이 날이 갈수록 비인간적이 되는 것을 우리는 볼 수 있습니다.

이제 한걸음 앞으로 나아가 봅시다. 하나님은 우리의 사무실, 교구, 학교, 병원, 공장, 가정을 들여다보실 때 그와 같은 온갖 사람들을 보십니다. 그리고 물론 우리가 보지 못하는 한 사람을 더 보십니다. 다른 사람들에게 우리의 최선의 시도들을 거듭거듭 좌절시킨 결점이 있는 것처럼, 우리 안에도 그와 똑같이 치명적인 결점이 있어서 그들의 시도들을 거듭거듭 수포로 돌아가게 했을 것이 거의 확실합니다. 우리가 그리스도인의 삶을 이제 막 시작했다면 자신의 치명적 결함을 분명히 드러내 줄 만한 것이 없습니다. 입 냄새가 심한 사람이 자기 입 냄새를 압니까? 클럽의 따분한 회원이 자기가 따분한 줄 압니까? 자신이 따분한 사람이거나 기질적으로 질투심이 많다고 믿는 사람이 있습니까? 하지만 세상에는 따분한 사람들과 질투심 많은 사람들이 널려 있습니다. 우리가 그런 사람이라면, 다른 사람이 우리보다 그 사실을 먼저 알 것입니다. 친구들이 그 얘기를 왜 안 해주었는지 모르겠다고요? 하지만 그들이 이미 얘기했다면 어떻게 하시겠습니까? 그들은 이미 수차례 시도해 봤을지도 모릅니다. 그러나 그때마다 우리는 그들이 이상하게 군다, 괜히 성질부린다, 말도 안 되는 소리를 한다고 생각했습니다. 그들은 거듭거듭 시도하다가 이제는 완전히 포기해 버렸을 것입니다.

이 일에 대해 어떻게 해야 할까요? 자신의 치명적인 결함을 알지 못한다면, 제가 그것에 대해 말하는 내용이 무익할 것입니다. 저는 자신이 아는 결점들부터 손을 대는 것이 첫 번째 단계라고 생각합니다. 저는 그리스도인들에게 말씀드리고 있습니다. 여러분 중 상당수는 물론 그리스도인으로서 저보다 훨씬 앞서 나가 계십니다. 여러분이 자신의 죄를 성직자에게 고백해야 하는지 말아야 하는지는 제가 결정할 일이 아닙니다(성공회 기도서는 그 문제를 모든 사람에게 자유로 남겨 두었고 어느 쪽도 강요하지 않습니다)[4]. 그러나 성직자에게 죄 고백을 하지 않으신다면, 최소한 종이 한 장을 준비해 죄의 목록을 작성하고 각각에 대해 진지한 참회를 해야 합니다. 그저 단순한 말처럼 보이지만 참회에는 큰 힘이 있습니다. 다만 두 가지 위험을 피해야 합니다. 선정적인 과장—감정을 만들어 내려 하거나 작은 문제들에서 신파조의 죄를 지어내는 짓—이나 그 반대의 위험인 물 흐

---

4) 성찬례의 권고를 보라.

리기입니다. 참회할 때는 우리가 다른 사람의 죄에 대해 사용할 만한 숨김없고 단순한 구식 단어를 써야 합니다. 제 말은 도둑질, 간음, 증오 같은 단어들 말입니다. "부정직하려고 한 것은 아니었어요." "그때 전 아이였을 뿐이에요." "울화통이 터졌을 뿐입니다." 이런 식으로 말하지 말라는 것입니다. 자신이 아는 죄를 늘 직시하고, 그것을 핑계 없이 하나님께 내어놓고 진심으로 용서와 은혜를 구하고, 힘닿는 데까지 더 잘하기로 다짐하는 일, 이것만이 우리가 아내나 남편에게 완벽하게 공정하지 못하게 하고 더 나은 사장이나 직원이 되지 못하게 막는 그 치명적인 결함을 알아 갈 수 있는 유일한 길입니다. 이 과정을 거치고 나면, 저는 우리 대부분이 '통회하는', '비참한', '견딜 수 없는' 같은 오래된 단어들을 이해하고 서로 나눌 수 있게 될 거라고 확신합니다.

이것이 매우 우울한 이야기로 들립니까? 기독교는 병적인 자성을 촉구합니까? 그러나 그 반대 상황은 훨씬 더 병적입니다. 자신의 죄를 생각하지 않는 사람들은 다른 사람들의 죄를 끊임없이 생각하는 것으로 그것을 보상합니다. 자신의 죄를 생각하는 것이 더 건강한 일입니다. 이것이 병적인 것의 반대입니다. 긴 안목으로 보면 이것은 그리 우울한 일도 아닙니다. 회개하고 자신의 죄를 정말 알려고 하는 진지한 시도는 결국 마음을 가볍게 하고 짐을 덜어 주는 과정으로 이어집니다. 물론, 처음에는 불쾌함이, 종종 두려움이, 그리고 나중에는 커다란 고통이 있게 마련입니다. 그러나 우리 마음 뒤에 웅크린, 회개하지 않고 검토되지 않은 죄 덩어리가 주는 고뇌보다는 훨씬 덜합니다. 그것은 병원에 가야만 나을 수 있는 치통과 당장은 아프지만 매순간 점점 더 약해지는 발치拔齒 후 통증의 차이입니다.

부록.

1. 재의 수요일(사순절 첫째 날) 본기도. 이날 이후 사순절 기간에 매일 낭독한다.

전능하시고 영원하신 하나님, 지으신 만물을 극진히 사랑하시며, 죄를 통회하는 모든 이를 용서하시나이다. 우리 안에 새롭고 통회하는 마음을 창조하소서. 그리하여 우리 죄를 합당하게 슬퍼하고 우리의 비참함을 인정하는 우리가 예수 그리스도 우리 주를 통하여 더없이 자비로우시고 온전히 죄를 사하시고 용서하시는 하나님을 간직하게 하소서. 아멘.

2. 아침과 저녁 기도 시간에 하는 죄의 고백

전능하시고 가장 자비로우신 아버지, 우리는 잘못을 저질렀고 잃어버린 양처럼 주의 길에서 벗어났나이다. 우리 마음의 지혜와 욕망을 너무나 따랐나이다. 우리는 주의 거룩한 율법을 어겼나이다. 우리가 해야 할 일들을 하지 않았고, 하지 말았어야 할 일들을 했고, 우리 안에는 건강함이 없나이다. 그러나 오, 주여. 당신은 우리 비참한 범죄자들에게 자비를 베푸시는 분입니다. 오, 하나님. 잘못을 고백하는 그들을 용서하소서. 회개하는 자들을 회복시키소서. 그리스도 예수 우리 주 안에서 인류에게 선포하신 당신의 약속에 따라 그렇게 해주옵소서. 그리고 오, 가장 자비로우신 하나님. 그리스도를 인하여 우리가 이제부터 경건하고 의롭고 건전한 삶을 살게 하시어 당신의 거룩한 이름에 영광을 돌리게 하소서. 아멘.

3. 성찬례에 하는 죄의 고백

전능하신 하나님, 우리 주 예수 그리스도의 아버지, 만물의 창조자, 모든 인간의 재판장이시여. 우리는 우리의 명백한 죄악과 사악함을 인정하고 슬퍼하나이다. 우리는 때로 생각과 말과 행동으로 잘못을 저질러 하나님의 주권에 반역하고 우리를 향한 당신의 정당한 진노와 분노를 촉발하였나이다. 우리는 진실로 회개하고 우리의 잘못에 대해 진심으로 사죄합니다. 그 일들에 대한 기억이 너무나 괴롭고 그 짐은 견딜 수 없나이다. 가장 자비하신 아버지여, 우리에게 자비를 베푸소서, 우리에게 자비를 베푸소서. 당신의 아들이신 우리 주 예수 그리스도를 인하여 우리의 모든 지난 잘못을 용서하소서. 저희가 이제부터 영원히 당신을 새 생명으로 섬기고 당신을 기쁘시게 하게 하소서. 그리하여 당신의 이름에 존귀와 영광을 돌리게 하소서. 예수 그리스도 우리 주를 통하여 그런 은혜를 허락하소서. 아멘.

15   소크라테스클럽의 설립[1]

질병으로 엉망이 된 어떤 집에 도착한 과묵하고 유능한 간호사처럼, 또는 바이런의 《돈 후안》에서 포위된 이스마일(이스탄불)에 도착한 새로운 장군처럼, 우리 의장님[2]은 1941년 가을, 전시에도 옥스퍼드 학부생의 저녁 시간을 절반 이상 차지하는 난상 토론에 뛰어드셨습니다(이 표현에 그녀의 양해를 구합니다). (어떻게 된 일인지 제가 기억을 못할 만큼) 대단히 빠른 속도로 논의가 진행된 끝에 어느새 새로운 클럽이 하나 결성되었고, 그 클럽은 주 1회 모이는 어려운 프로그램을 계획했고[3], 그 프로그램을 실제로 실행했고, 참가자가 늘었고, 날씨가 궂어도 모임 장소가 비좁아도(바닥에라도 자리를 잡은 사람은 운이 좋았습니다) 참석자는 줄지 않았습니다. 이것이 소크라테스클럽이었습니다. 소크라테스는 사람들에게 "어디건 논증이 이끄는 곳으로 따라가라"고 권했습니다. 소크라테스클럽은 이 원리를 기독교에 대한 찬반 양론이라는 한 가지 특정한 주제에 적용하기 위해 생겨났습니다.

---

1) 이 글은 *Socratic Digest*, vol. I (Oxford, 1942~1943) 창간호에 실린 루이스의 머리글이다. 여기선 언급되지 않지만, 루이스는 클럽이 처음 결성되었을 때부터 1954년, 그가 케임브리지로 갈 때까지 클럽의 회장을 맡았다.

2) 미스 스텔라 올드윙클.

3) 첫 번째 모임은 1942년 1월 26일 옥스퍼드 소머빌칼리지에서 열렸다.

제가 아는 한, 이런 목적을 위해 결성된 클럽은 이제껏 없었고, 이것은 다소 주목할 만한 사실입니다. S.C.M.[4], Ark[5], O.U.C.H.[6], O.I.C.C.U.[7]처럼 기독교적인 특성을 전면에 내세운 단체들은 많았고, 명시적으로 입장을 밝히지는 않았지만 대단히 반反기독교적인 시각을 견지하는 과학 클럽, 정치 클럽도 많았습니다. 기독교에 대한 질문은 사적인 대화에서도 자주 등장했고 많은 클럽에서 펼쳐지는 미학적·철학적 논쟁에서도 빠지지 않았습니다. 그러나 그리스도인과 불신자의 대결을 위해 특별히 마련된 경기장은 새로운 시도입니다. 문화적 관점에서만 봐도 그 가치는 매우 큽니다. 대학같이 크고 말이 많은 사회에서는 생각이 같은 사람들끼리 모여 패거리를 이룰 위험이 상존합니다. 그렇게 되면 반대편의 입장을 이런저런 소리를 하는 사람들도 있다는 식의 무력화된 형태로만 접하게 되기 십상입니다. 자리에 없는 상대편 사람들의 입장은 손쉬운 반박의 대상이 되고, 안일한 독단론이 무성하고, 자신들과 다른 의견은 집단적인 적대감과 분노의 대상이 됩니다. 이렇게 되면 각 집단은 다른 집단이 내놓을 수 있는 최상의 논증이 아니라 최악의 논증을 대하게 됩니다.

그러나 소크라테스클럽에서는 이 모두가 달라졌습니다. 이곳에서는 경건함이라는 치장 없이 기독교를 지지하는 논증과 무신론적 주간지에서 흔히 볼 수 있는 엉뚱한 혁명적 선동 없이 기독교에 반대하는 논증을 들을 수 있습니다. 적어도 우리는 서로를 교화시키는 데 도움을 주었습니

---

4) 기독학생운동The Student Christian Movement.
5) 옥스퍼드그리스도인회An Oxford Christian Society.
6) 옥스퍼드대학교회연합Oxford University Church Union.
7) 옥스퍼드대학간그리스도인연합Oxford Intercollegiate Christian Union. 현재 The Christian Union이라 불림.

다. 때로는 아테네 출신의 클럽 수호성인[i]이 보이지 않게 그 자리에 참석한다 해도 우리 모임의 분위기를 완전히 낯설게 느끼지는 않을 거라고 감히 희망해 보기도 했습니다.

우리는 사립 학교를 갓 졸업한 영국 소년들이 영국으로 망명 온 노년의 유럽 학자들과 어울리는 모임, 다양한 사람들이 모이는, 대개는 답답한 그런 모임들에서 어떤 생각이라도 나올 수 있다는 것을 배웠습니다. 모든 사람이 다른 모든 사람에 대해 아는 게 거의 없다는 사실도 발견했습니다. 그런가 하면 우리 그리스도인들은 회의론자들의 공격이 때로는 뜻밖의 부분에서 찾아온다는 사실을 발견했습니다. 우리의 적수들은 자신들이 거절한다고 생각했던 기독교 신앙에 대한 그들의 헤아릴 수 없는 무지함을 바로잡아야 했습니다.

하원의장이 한 정당에 소속된 당원이어야 한다는 영국 헌법의 규정에는 (이론적으로) 어려움이 따릅니다. 소크라테스클럽에도 비슷한 어려움이 있습니다. 클럽의 설립자들은 절대 중립적인 체 가장하지 않습니다. 경기장을 건설하고 도전장을 내민 쪽도 그리스도인들이었습니다. 그러므로 저급한(덜 아테네적인) 유형의 불신자들이 클럽 활동 전반을 교활하게 가장한, 또는 속이 뻔히 들여다보이는 선전 활동으로 간주할 가능성은 언제나 있을 것입니다. 이런 생각을 가진 아테네적인 유형의 (논쟁을 즐기는) 불신자라면 그 내용을 글로 써서 소크라테스클럽에서 발표하면 될 것입니다. 그런 일은 얼마든지 환영입니다. 하지만 클럽 모임에 찾아와 자신의 신조를 선전할 정도의 여유와 열정이 있는 지적인 무신론자

---

i) 소크라테스를 말함.

를 찾기 위해 위원회가 《인명록》을 얼마나 열심히 뒤졌는지 안다면 그럴 마음이 들 것 같지는 않습니다. 그러나 결국 따지고 보면, 클럽 활동의 중립성에 대한 그런 의심은 그보다 깊은 곳에서 해답을 찾아야 합니다. 소크라테스클럽 관계자들의 정직성을 믿어 달라는 게 아닙니다. 우리는 공평하다고 주장하지 않았습니다. 그러나 논증은 다릅니다. 논증에는 자체의 생명력이 있습니다. 논증이 어디로 가게 될지는 누구도 알 수 없습니다. 여러분이 우리의 총격에 노출되어 있듯, 우리도 우리 편의 가장 약한 사람들까지 여러분의 총격에 노출되어 있습니다. 게다가, 우리는 우리 사격의 반동도 감당해야 합니다. 제 경험이 믿을 만하다면, 방금 성공적으로 변호해 낸 교리는 한동안 신자의 눈에 다른 어떤 교리보다 더 흐릿해 보이기 때문입니다. 싸움의 조건은 양쪽 모두에게 동일하며 속임수는 있을 수 없습니다. 여러분은 이 싸움으로 잃을 것이 없지만 우리는 모든 것을 걸었습니다.

우리의 진행 방식에 반론을 펴실 분들도 계실 것입니다. 지적인 토론은 기독교를 세울 수도, 허물 수도 없다고 항변할 수 있습니다. 종교란 너무 신성한 것이어서 공개 논쟁에서 이런 식으로 이리저리 치고받는 대상으로 삼아선 안 된다, 너무 신성해서 논란의 대상으로 삼아선 안 된다, 어쩌면 너무 신성해서 그것에 대해 어떤 일도 해서는 안 된다고 생각할 수도 있습니다. 하지만 소크라테스클럽의 그리스도인 회원들의 생각은 분명히 다릅니다. 우리는 지적 동의가 신앙이 아님을 알지만, 종교가 "사람이 혼자 있을 때 하는 일"이 아니라는 것도 압니다. 아니, 만약 종교가 그런 것이라면, 우리는 '종교'에 괘념치 않는다고 해야겠습니다. 우리의 관심은 오로지 기독교에 있습니다. 기독교는 그저 사람이 혼자 있을 때 하는 일이 아닙니다. 그것은 하나님이 혼자서 하시는 일도 아닙니다. 기독교는 하나님이 세간의 이목을 피할 수 없는 역사 속으로 내려오셨고 그곳에서 이야깃거리가 될 수 있고 되어야만 하는 일을 행하셨다고 말합니다.

16 교리 없는 종교?[1]

'현대 불가지론의 근거들'을 다룬 논문에서 프라이스 교수는 다음과 같이 주장합니다. (1) 종교의 핵심은 신과 불멸에 대한 믿음이다. (2) 실제 종교들의 핵심은 대부분 "덧붙여진 교리와 신화"[2]와 연관해서 나타난다. (3) 덧붙여진 부분은 제거하고 핵심만 남길 수 있다면 무척 바람직할 것이다. (4) 과학의 발전으로 종교의 핵심 역시 덧붙여진 부분만큼이나 믿기 어렵게 되었다.

불멸의 교리에는 인간이 복합적 피조물, 즉 물리적 유기체와 공생 상태에 있는 영혼이라는 이원론적 견해가 들어 있기 때문입니다. 그러나 과학이 인간을 일원론적 존재, 즉 그 심리적 특성들이 모두 물리적 특징에서 나오는 단일 유기체로 여길 수 있다면, 영혼은 옹호할 수 없는 가설이

---

1) 이 원고는 원래 1946년 5월 20일 옥스퍼드 소크라테스클럽에서 발표되었고 나중에 〈계간 피닉스 *Phoenix Quarterly*〉, 영인본 1권, 통권 1호(1946년 가을호)에 '프라이스 교수에 대한 한 그리스도인의 답변'이라는 제목으로 실렸다. 이 글은 프라이스 교수가 1944년 10월 23일 소크라테스클럽 모임에서 발표하고 〈피닉스〉 같은 호에 실린 그의 논문 '현대 불가지론의 근거들'에 답한 글이다. 소크라테스클럽에서 발표했던 루이스의 글은 나중에 〈소크라테스클럽 회보〉[1948]에 다시 실렸지만, 회보에 실린 글의 많은 오류가 〈피닉스〉에 실린 원고에서는 바로잡은 것으로 보아 〈피닉스〉 원고가 루이스의 최종 수정 원고인 듯하다. 나는 여기 실은 본문에 루이스가 〈피닉스〉 사본의 여백에다 고친 부분과 회보 원고에는 있었는데 그가 고쳐 쓰면서 뺀 부분들도 포함시켰다.

2) H. H. Price, 'The Grounds of Modern Agnosticism', *Phoenix Quarterly*, vol. 1, No. 1(Autumn 1946), p. 25.

됩니다. 결론적으로, 프라이스 교수는 영혼에 대한 확실한 실증적 증거를 찾기를 바랄 수밖에 없다고 말합니다. 사실상 심령 연구의 결과에 기대하는 것입니다.

그러나 아쉽게도 저는 프라이스 교수의 견해에 처음부터 동의할 수 없습니다. 저는 종교의 핵심을 신과 불멸에 대한 믿음으로 정의하지 않습니다. 유대교의 초기 단계에는 불멸에 대한 믿음이 없었고 종교적으로 연관성 있는 믿음 또한 오랫동안 없었습니다. 초기 유대인들은 그림자 같은 존재로 스올에 머무르는 혼ghost은 여호와께 관심을 받지도 못하고 여호와를 생각하지도 못한다고 여겼습니다. 스올에서는 모든 것을 잊게 됩니다. 유대교의 축이 되는 것은 여호와께서 현세에 명하시는 의식儀式적, 윤리적인 요구 사항과 그분께 기대하는 이익들이었습니다. 이 이익들은 흔히 세상적인 이익(자손과 이스라엘의 평화)이지만, 보다 특징적인 종교적 암시도 거듭 등장합니다. 유대인은 살아 계신 하나님을 갈망하고[3], 그분의 율법을 꿀이나 보물처럼 기뻐하고[4], 여호와의 임재 앞에서 자신을 입술과 마음이 더러운 자로 인식합니다.[5] 하나님의 영광이나 광채는 그 자체로 경배의 대상입니다. 불교의 경우 불멸의 교리가 중심이기는 하나, 구체적인 종교적 요소는 없습니다. 불멸로부터 구원받고 환생에서 구출되는 것이 불교 메시지의 진짜 핵심입니다. 신들의 존재를 꼭 거부하는 것은 아니지만 종교적인 중요성을 부여하지는 않습니다. 스토아주의에서도 종교적 특성과 불멸에 대한 믿음을 볼 수 있기는 하지만 그 둘이 서로

---

3) 시 42:2.
4) 시 19:10.
5) 사 6:5.

정비례해서 나타나지는 않습니다. 기독교 내에서도 불멸이 부차적인 것이라고 말하는 놀라운 표현을 찾아볼 수 있습니다. 그 부분에서 스토아주의의 영향이 있었다고 할 수 있겠지요. 헨리 모어는 영적 생명을 다룬 시의 말미에서 이렇게 말합니다. 결국 자신이 죽을 존재임이 드러난다 해도

> …… 나는 만족하겠네
> 하나님이 나 같은 필멸의 존재를 위해 죽으셨으니.[6]

제 관점에서 볼 때 유대교와 불교의 사례는 대단히 중요합니다. 불멸의 교리 없이는 무의미한 종교가 불멸을 상實이 아니라 악몽으로 여깁니다. 모든 고대 종교 가운데 가장 분명하게 종교적인 종교, 즉 가장 윤리적인 동시에 가장 누멘[i]적인 종교가 불멸의 문제에 거의 관심을 보이지 않습니다. 여호와가 참된 존재, '최고 실재자ens realissimum'라고 믿는 저로서는 선택된 민족에게 영생의 빛나는 비밀을 암시해 주기 전, 몇 세기 동안 이와 같이 그들을 훈련시킨 신적 지혜에 더없이 감탄하지 않을 수 없습니다. 그분은 가난한 사람으로 가장한 채 사랑하는 여인 앞에 서서 자신의 됨됨이만으로 그녀에게 구애하고, 그렇게 그녀의 마음을 얻고 나서야 비로소 자신에게 왕좌와 궁전이 있음을 밝히는 부유한 연인처럼 행동하십니다. 저는 불멸에 대한 갈망에서 출발하는 종교는 종류를 막론하고 처음부터 종교로서 끝장이라고 생각하지 않을 수 없습니다. 어떤 영적 수

---

6) 'Resolution', *The Complete Poems of Dr. Henry More*, ed. Alexander B. Grosart (Edinburgh, 1878), line 117, p. 176.
i) numen. 아직 명확한 표상을 갖추지 않은 초자연적 존재를 뜻하는 라틴어.

준에 이르기 전까지 불멸의 약속은 언제나 뇌물로 작용하여 그 종교 전체를 타락시키고, 종교가 잘라 내고 뿌리 뽑아야 할 이기심을 영원히 타오르게 만들기 때문입니다. 제가 볼 때 종교의 핵심은 자연적 목적들보다 더 높은 목표를 향한 갈망이요, 유한한 자아가 온전히 선한 대상을 그 선함 때문에 갈망하고 자기를 부인하며 그를 따르는 일입니다. 자기 부인은 결국 자기 발견으로 나타난다, 빵을 물 위에 던지면 여러 날 후에 도로 찾게 된다,[ii] 죽는 것이 곧 사는 것이다, 이런 구절들은 인류가 너무 일찍 들어서는 안 될 신성한 역설입니다.

저는 종교의 핵심에 대해 프라이스 교수와 생각이 다른 터라, 그가 정의하는 종교의 핵심이 거기에 덧붙여진 교리, 신화와 과연 공존하는지 여부를 논할 수 없습니다. 그러나 제가 정의하는 종교의 핵심이 언제나 다른 것들과 공존한다는 사실은 기꺼이 인정합니다. 그리고 저도 이것들 중 일부는 신화라고 부르겠습니다. 그러나 제가 생각하는 신화적인 것들의 목록은 프라이스 교수의 목록과 일치하지 않을 것입니다. 아마도 우리의 신화관 자체가 다를 것입니다. 물론 신화에 대해서는 아주 다양한 견해가 있었습니다. 사람들은 신화를 문자적으로 옳은 것으로 받아들이다가, 이후 알레고리적으로 옳은 것으로(스토아주의자들의 견해), 혼란된 역사로(에우헤메로스[7]의 견해), 성직자들의 거짓말로(계몽주의 철학자들의 견해), 자연을 모방한 농경 의식을 현실적 명제로 오해한 것(프레이저 시절에)[8]으로 여겼습니다. 자연주의 철학을 출발점으로 삼으면 에우헤메로스의

---

ii) 전 11:1.

7) 시칠리아의 저술가(기원전 315년경). 신들에 대한 고대의 믿음은 실제 역사적 인물들의 전승이 정교화되어 생겨난 것이라는 이론을 발전시켰다.

8) James George Frazer, *The Golden Bough: A Study in Magic and Religion*(London, 1922).

견해나 프레이저의 견해로 귀결될 가능성이 높습니다. 그러나 저는 자연주의자가 아닙니다. 저는 우리에게 전해 내려온 신화라는 거대한 덩어리 안에 진짜 역사와 알레고리, 의식儀式. 이야기하기를 좋아하는 인간의 본성 등 아주 다양한 여러 가지 근원이 섞여 있다고 믿습니다. 그리고 저는 여기에 초자연적인 근원을 포함시킵니다. 악마적인 것과 신적인 것 모두가 해당되겠지요. 여기서는 신적인 근원에만 관심을 가지면 됩니다.

저의 종교가 잘못된 것이라면 이교 이야기들에 나타나는 유사한 모티프들 역시 비슷하거나 같은 오류의 사례들이라고 할 수 있을 것입니다. 그러나 제 종교가 옳다면, 이 이야기들은 복음의 준비preparatio evangelica 입니다. 나중에 성육신으로 초점이 맞춰지게 되는 진리, (말하자면) 역사화되는 중심 진리를 하나님이 시적이고 의식儀式적인 형태로 암시해 주신 것이란 말이지요. 저는 최고의 이교적 상상력에 즐거운 관심과 존경심을 갖고서 기독교에 처음 접근했고, 그리스도 이전에 발데르를, 어거스틴 이전에 플라톤을 사랑했던 사람입니다. 그런 제게는 기독교를 반대하는 인류학적 논증이 위력적으로 다가온 적이 없었습니다. 만일 제가 전 세계의 천 개 종교 중에서 999개는 완전히 허튼소리이고 천 번째 종교만 (다행히) 옳다고 말해야 하는 입장이었다면 기독교를 믿을 수 없었을 것입니다. 저의 회심은 기독교를 인간의 정신에서 한 번도 완전히 떠난 적이 없었던 어떤 것의 완성, 실현, 현실화entelechy로 인식했기에 가능했습니다. 저는 지금도 기독교와 이교 간의 유사성을 근거로 한 불가지론적 논증이 우리가 정답을 아는 경우에만 효력을 발휘한다고 생각합니다. 다른 근거를 통해 기독교가 틀렸음을 미리 알고 출발한다면, 이교의 이야기들은 기독교의 관뚜껑에 박힌 또 하나의 못이 될 것입니다. 비근한 예를 들자면, 악어

같은 동물이 없다는 사실을 알고 있을 경우, 용에 관한 다양한 이야기들은 악어에 대한 불신을 확증하는 데 도움이 될 수 있겠지요. 그러나 기독교의 진위 여부를 따지는 상황에서, 비슷한 이야기들이 이교들에도 나오기 때문에 기독교도 가짜라는 식의 인류학적인 논증은 전제에서 결론을 추정하는 오류_petitio_에 해당합니다.

물론 기독교에는, 저는 사실로 받아들이지만 프라이스 교수가 신화로 여길 많은 요소들이 있습니다. 한마디로 말해, 기적들이 있지요. 기적이 일어날 수 없음을 과학이 증명했다는 주장은 있을 수 없습니다. 프라이스 교수는 "과학은 기적적으로 개입하여 자연법칙을 일시 정지시키는 신적 존재를 결코 받아들일 수 없다"[9]고 말한 뒤, 우리가 기적 없는 유신론을 믿을 수는 없는지 검토합니다만, 저는 과학을 받아들인 사람이 왜 기적을 받아들일 수 없는지 이해할 수 없습니다.

프라이스 교수는 과학적 방법의 본질을 자신의 견해의 근거로 제시합니다. 그는 과학적 방법이 두 가지 가정에 근거한다고 말합니다. 첫 번째 가정은 모든 사건들이 법칙을 따른다는 것입니다. 그는 여기에 이런 말을 덧붙입니다. "우리의 목적상 자연법칙이 '결정론적'인지 그저 '통계적인' 것인지는 별 문제가 되지 않는다."[10] 그러나 저는 이것이 기적에 대한 과학자의 견해에서 매우 중요한 문제라고 말씀드리고 싶습니다. 자연법칙이 그저 통계적인 것일지 모른다는 개념은 개별적인 물질 단위가 어떤 법칙도 따르지 않는다는 현대의 믿음에서 생겨난 생각입니다. 통계는 개개 단위의 무법칙성에도 불구하고 총집단의 행동이 규칙적인 이유를

---

9) Price, 앞의 글, p. 20.
10) 같은 글.

설명하기 위해 도입되었습니다. 평균의 법칙에 따라 가장 작은 총집단도 거기 담긴 수많은 단위들의 개별적 특이성이 평준화되었기 때문에 규칙적으로 행동한다고 설명하는 것이지요(보험계리사들이 잘 아는 내용입니다). 그러나 이렇게 법칙을 따르지 않는 단위들의 개념이 등장하면서 19세기 자연주의는 더 이상 난공불락의 성이 아니게 된 듯합니다. 물질의 개별 단위에 벌어지는 모든 사건은 법칙의 지배를 받지 않는다는 단서가 붙는다면, 모든 사건들이 법칙의 지배를 받는다는 말이 무슨 소용이 있습니까? 우리가 자연을 '연동 법칙들의 지배를 받는 시공간의 사건들의 체계'라고 정의한다면, 과연 새로운 물리학은 자연 외의 무엇인가가 존재한다는 사실을 분명히 인정하고 있습니다. 자연이 그런 연동 체계를 뜻한다면, 개개 단위의 행동은 자연 바깥에 있기 때문입니다. 이제 우리는 하위 자연적sub-natural이라 부름직한 상태를 인정한 것입니다. 그렇다면, 초자연적인 것은 없다고 확신할 만한 근거가 어디 있습니까? 하위 자연에서 자연으로 유입되는 작은 사건들의 무법칙성은 평균의 법칙으로 언제나 평준화된다는 말이 사실일 수도 있습니다. 그러나 설령 그렇다고 해도 초자연적인 사건들이 자연으로 들어갈 수 없다거나 그것들 역시 같은 방식으로 평준화되고 말 거라는 결론이 함께 따라오지는 않습니다.

프라이스 교수가 제시한 과학적 방법의 두 번째 가정은 "법칙은 공개적으로 관찰 가능한 규칙성을 연구함으로써 발견될 수 있다"[11]는 것입니다. 물론 맞는 말입니다. 이것은 가정이라기보다는 자명한 명제처럼 보입니다. 그러나 이것이 기적과 무슨 상관이 있습니까? 기적이 벌어진다

---

11) 같은 글.

면, 그것은 정의상 규칙성이 중단된 상황입니다. 규칙성을 알게 된다고 해서 규칙성이 깨어지는 상황까지 알게 되는 건 아닙니다. 정의상 그럴 수밖에 없습니다. 브래드쇼[12] 열차 시간표를 연구한다고 해서 철도 사고에 대한 정보를 알아낼 수는 없습니다. 사고가 벌어질 때 그 자리에 있거나, 그 자리에 있었던 사람의 이야기를 들어야만 알 수 있습니다. 학교 시간표를 살펴본다고 추가 반휴일이 언제 있을지 알 수 없습니다. 학교에서 발표할 때까지 기다리는 수밖에 없습니다. 그러나 브래드쇼 열차 시간표를 보는 사람이 논리적으로 철도 사고의 가능성을 부인할 수밖에 없다는 뜻은 아닙니다. 이 말의 요점은 기적이 정말 벌어진다면 과학 자체는 그 발생을 입증할 수도, 반증할 수도 없다는 사실을 보여 줄 따름이라는 것입니다(제가 알기로 이제껏 누구도 이 사실을 부인하지 않았습니다). '재발한다고 믿을 수 없는 일'은 과학의 재료가 아닙니다. 그렇기 때문에 역사는 과학의 분야가 아닙니다. 아우스테를리츠 전투에서 나폴레옹이 무슨 일을 했는지 알아보기 위해 그에게 실험실에 와서 똑같은 전투원들을 데리고 똑같은 날씨에 똑같은 지형에서 같은 나이가 되어 다시 싸워 보라고 요청할 수는 없습니다. 기록을 찾아봐야 합니다. 우리는 과학이 기적을 배제함을 증명해 내지 못했습니다. 다른 수많은 문제들이 그렇듯 기적은 실험실에서 다뤄질 수 없는 사안임을 입증했을 뿐입니다.

제가 이렇게 기적을 과학에서 역사의 영역으로 넘긴다 해도(유물론적 전제를 출발점으로 삼아 논점을 회피하는 역사가들에게 넘어가면 물론 안 되겠지요), 프라이스 교수는 제 사정이 별로 나아지지 않을 거라고 생각합니다.

---

12) George Bradshaw(1801~1853). 1839년부터 1961년까지 출간된 〈브래드쇼 열차 시간표 *Bradshaw's Railway Guide*〉 창간자.

여기서 저는 조심스럽게 말해야겠습니다. 저는 역사가나 본문비평학자를 자처하는 게 아니니까요. 아놀드 런 경의 책 《제3일 *The Third Day*》[13] 내용을 잠시 소개하겠습니다. 아놀드 경의 주장이 옳다면, 19세기에 시작된 성서비평은 이미 밑천이 드러났고 그 결론은 대부분 성공적으로 반박되었습니다. 물론 19세기 유물론의 경우처럼 그것은 오랫동안 대중의 생각을 계속 지배할 것입니다. 그러나 그런 종류의 비평, 즉 옛날에 만든 모든 책은 가위와 풀을 잔뜩 갖춘 여섯 명의 익명의 저자들이 만들었고 조금이라도 흥미 있어 보이는 일화는 모두 비역사적인 것으로 밝혀 내는 그런 비평이 제가 가장 잘 아는 연구 분야에서는 이미 사라지기 시작했다는 사실은 보다 확실하게 말씀드릴 수 있습니다. 셰익스피어의 작품 목록과 텍스트에 대해 제멋대로 회의懷疑하던 시기는 이제 났습니다. 이 방법론은 얼마 안 가서 기독교 문서들에만 쓰일 것이고 〈사상가 총서〉와 신학교에서만 살아남을 거라 예상하는 것이 합리적입니다.

그러므로 저는 프라이스 교수의 두 번째 논점에도 반대할 수밖에 없습니다. 저는 과학이 종교의 기적적인 요소가 오류임을 보여 주었다고 생각하지 않습니다. 오히려, 과학의 본질상 그것을 보여 줄 수 없다고 생각합니다. 물론, 저는 과학자들이나 과학의 결과물을 읽는 사람들에게 과학이 미치는 심리적 영향에 대해 말하는 게 아닙니다. 과학적 방법을 계속 적용하다 보면 기적적인 현상에 대해 부정적인 마음의 경향을 낳게 될 가능성이 높아질 수 있습니다. 그러나 이런 경우에도 과학마다 어느 정도 차이가 있는 듯 보입니다. 기적적인 현상만 따로 떼어 생각하지 않고 종

---

13) London, 1945.

교 일반을 아울러 생각한다면 그런 차이가 확연하게 드러납니다. 수학자, 천문학자, 물리학자는 종교적이거나 심지어 신비적인 경우가 자주 있습니다. 생물학자들은 그보다 훨씬 덜합니다. 경제학자들과 심리학자들은 그런 경우가 아주 드뭅니다. 연구 주제가 인간에게 가까울수록 반종교적 편향은 더욱 굳어집니다.

이 얘기를 하다 보니 프라이스 교수의 네 번째 논점에 이르게 되는군요. 그의 세 번째 논점은 조금 후에 다루겠습니다. 기억하실 것입니다. 그의 네 번째 논점은 과학이 종교 안의 소위 신화적으로 덧붙여진 부분뿐 아니라 그 핵심까지도 허물어 버렸다는 것입니다. 그가 생각하는 종교의 핵심은 유신론과 불멸 신앙입니다. 자연과학이 인간을 순전히 생물학적 존재로 만족스럽게 설명할 수 있다면, 영혼이나 불멸 신앙은 설자리가 없어집니다. 그렇기 때문에 인간 자체에 많은 관심을 갖는 과학자들이 가장 반反종교적인 성향을 보이는 것이지요.

자, 만약 자연주의가 옳다면 바로 이 지점, 인간을 연구하는 학문에서 최종 승리를 거두고 우리의 모든 소망을 뒤엎어 버릴 것입니다. 우리는 불멸의 소망뿐 아니라 지금 여기, 우리 삶에서 의미를 발견할 수 있다는 소망도 잃어버리게 됩니다. 그러나 만약 자연주의가 틀렸다면, 그것은 인간에 대한 견해에서 그 치명적인 철학적 결함을 드러낼 것입니다. 그리고 저는 이것이 사실이라고 생각합니다.

온전히 자연주의적인 견해에 따르면 모든 사건들은 법칙에 의해 결정됩니다. 우리의 논리적 행동, 다시 말해 우리의 사고와, 이상과 의지의 행동을 포함한 윤리적 행동은 생화학 법칙의 지배를 받습니다. 생화학 법칙들은 물리 법칙들의 지배를 받는데, 물리 법칙들은 법칙을 따르지 않는 물질의 움직임들을 보험 통계 식으로 정리한 것입니다. 이 물질 단위들은 우리가 보는 바와 같은 규칙적인 우주를 만들어 낼 목적을 갖고 있지 않습니다. 임의적으로 다르게 움직이는 단위들의 충돌에서 규칙성을 만들어 낸 것은 평균의 법칙(루크레티우스의 "작은 성향"[14]의 뒤를 잇는 개념)이었습니다. 물리적 우주는 유기체를 만들어 낼 의도가 없었습니다. 지구상의 적절한 화학물들과 태양의 열기가 나란히 놓이자 물질의 이 불안한 질병, 즉 생명체가 생겨났습니다. 자연 선택은 하나의 유기체와 또 다른 유기체의 미세한 차이점에 작용하여 우리가 의식이라 부르는 모종의 발광성發光性 내지 신기루의 상태를 우연히 이루어 냈습니다. 그리고 이 의식은 두개골 아래 어떤 피질 안에서 어느 순간, 여전히 물리 법칙에 따르면서도 더 복잡한 법칙들을 통해 걸러진 물리 법칙들에 따라, 우리가 '사고'라 부르는 형태를 띠게 되었습니다. 이것이 바로 이 글의 근원이자 프라이스 교수의 논문의 근원입니다. 우리가 그의 '생각들'이라고 부르는 것은 인과적 연쇄의 마지막 고리에 불과하고, 그 이전까지의 모든 고리들은 비이성적입니다. 그가 그렇게 말한 이유는 그의 뇌 안의 물질이 특정 방식으로 움직였기 때문입니다. 그리고 그 순간에 이르기까지 흘러온 우주의 전 역사 때문에 그것은 그런 식으로 움직일 수밖에 없었습니다. 우리가 그의 생각이라 부르는 것이 본질적으로는 다른 생리적 분비 작용과 다를 바 없는 현상입니다. 자연의 광대한 비이성적 과정이 시공간의 특정 시점에 이르러 그런 형태로 나타날 수밖에 없었습니다.

물론 당장에는 프라이스 교수도 우리도 이것이 현실적으로 느껴지

---

14) "*exiguum clinamen*", *De Rerum Natura*, bk. II, line 292.

진 않습니다. 스스로의 눈에 비친 그의 모습은 사물의 본질을 연구하는 듯, 자신의 머리 바깥에 있는 실재, 심지어 초감각적 실재들까지 어떤 식으로건 인식하고 있는 듯 보입니다. 그러나 엄격한 자연주의가 옳다면, 그는 속은 것입니다. 그는 자신의 머리 안에서 비이성적으로 결정된 사건들이 의식의 형태로 투영된 그림자를 즐기고 있었을 뿐입니다. 그에게는 (자칭) 자신의 생각과 외부 실재들의 관계가 참이나 거짓이라는 전적으로 비물질적 관계가 될 수 있는 것처럼 보였습니다. 하지만 그의 생각이라는 것이 실은 뇌에서 일어나는 물리적 사건들의 그림자에 불과하기 때문에, 그것이 외부 세계와 인과 관계를 제외한 다른 어떤 관계를 맺을 수 있는지 이해하기란 어렵습니다. 프라이스 교수는 과학자들이 진리에 헌신하고 자신들이 아는 최고의 빛을 끊임없이 따라간다며 그들을 옹호했습니다. 그는 자신이 하나의 이상에 따르는 태도를 선택했다고 생각했겠지요. 그는 자신이 궁극적으로는 도덕과 관계없는 비이성적 근원들에 의해 결정된 반응을 따르고 있을 뿐이며, 그것은 딸꾹질이나 재채기가 그렇듯 옳을 수도 그를 수도 없음을 알지 못했습니다.

프라이스 교수와 우리가 엄격한 자연주의를 의식적으로 철저하게 따랐다면 그는 논문을 쓰지 못했을 것이고, 우리는 그것을 관심 있게 읽을 수 없었을 것입니다. 그러나 우리는 여기서 더 나아갈 수 있습니다. 우리가 자연주의를 정말 일관성 있게 믿는다면 자연주의를 받아들이는 일역시 불가능할 것입니다. 자연주의는 하나의 사고 체계이기 때문입니다. 그러나 자연주의에 따르면 모든 생각들은 비이성적인 원인들로 생겨난 사건에 불과합니다. 자연주의를 이루고 있는 생각들을 이런 식으로 여기면서 동시에 그것을 외부 실재에 대한 진정한 통찰로 여기는 일은 불가능합니다. 적어도 제게는 그렇습니다. 브래들리는 생각–사건idea-evnt과 생각–해내기idea-making를 구분했습니다만[15], 제가 볼 때 자연주의는 생각을 그저 하나의 사건으로 여기는 듯합니다. 의미는 영혼 자체만큼이나 실증적 연구로는 알 수 없는 동떨어지고 신비하고 전혀 새로운 종류의 관계이기 때문입니다.

이것은 다른 방식으로 훨씬 간단하게 표현할 수 있습니다. 모든 구체적인 사고(사실 판단이건 가치 판단이건)를 비이성적인 원인들의 결과로 남김없이 설명할 수 있다고 사람들이 믿게 되면 바로 그 순간부터 그것은 누구에게나 무가치한 것으로 전락하게 됩니다.

상대방이 하는 말이 단지 콤플렉스 때문이거나 뼛조각 하나가 뇌를 누르고 있기 때문이라고 생각한다면, 그 순간 우리는 상대의 말에 어떤 중요성도 두지 않게 될 것입니다. 만약 자연주의가 옳다면 모든 생각들이 이처럼 온전히 비이성적인 원인들의 결과일 것입니다. 그렇게 되면 모든 사고가 똑같이 무가치해질 것입니다. 그러므로 자연주의는 무가치한 것입니다. 만약 그것이 옳다면 우리는 어떤 진리도 알 수 없습니다. 그것은 자멸을 초래합니다.

예전에 어떤 종류의 매듭을 본 기억이 납니다. 매듭을 확실하게 지으려고 한 번 더 묶자 갑자기 지금까지 묶었던 게 순식간에 풀려 버리고 줄만 덩그러니 남는 모습을 보았습니다. 자연주의가 바로 그와 같습니다. 그것은 한 영역 또 한 영역을 계속 접수합니다. 처음에는 무생물, 이어서는 낮은 유기체, 그 다음에는 사람의 몸, 그 다음에는 사람의 감정까지 접

---

15) 'Spoken and Written English', *The Collected Papers of Henry Bradley*, ed. Robert Bridges(Oxford, 1928), pp. 168~193.

수합니다. 그러나 그것이 마지막 발걸음을 내디뎌 사고 자체에 대해 자연주의적 설명을 시도하면, 갑자기 모든 것이 풀어져 버립니다. 최후의 치명적인 조치가 이전의 모든 조치들을 무효로 만들어 버립니다. 왜냐하면 그것들은 모두 이성적 추론들이었는데 이성 자체가 믿을 수 없는 것이 되어 버렸기 때문입니다. 그러므로 우리는 생각하기를 아예 포기하거나, 1층부터 완전히 다시 시작해야 합니다.

이 시점에서는 기독교나 심령주의를 끌어들일 이유가 없습니다. 그런 것 없이도 자연주의를 반박하는 데 전혀 문제가 없습니다. 자연주의가 스스로를 반박하니까요. 우주에 대한 온갖 희한한 주장을 다 믿게 될지 모르지만, 자연주의만큼은 결코 믿을 수 없습니다. 전적으로 비자연주의적이고 (말하자면) 초월적이고 초자연적인 의미에서 이성적 사고의 타당성을 받아들이는 것이 다른 모든 이론화에 앞선 필수적인 전제 조건입니다. 하나의 우주관에서 출발하여 이후의 단계에서 사고에 대한 주장들을 끼워 맞추려는 시도는 결국 실패로 돌아가게 됩니다. 생각하는 행위 자체가 우리의 사고는 자연적 사건 이상의 것이라는 주장이라고 할 수 있습니다. 이 근본 주장을 축으로 삼고 다른 모든 명제를 맞춰 내야 합니다.

앞서 저는 과학이 종교의 기적적인 요소를 반박해 내지 못했다고 말했습니다. 또, 우리가 엄격하게 받아들인 자연주의는 그 자체를 제외하고는 아무것도 반박할 수 없다고 말했습니다. 그러므로 저는 프라이스 교수가 신화라 부르는 요소 없이 성립할 수 있는 종교를 찾고 싶어 하는 그의 열망에 물론 동의하지 않습니다. 그가 제안하는 것은 단순한 유신론입니다. 그 신뢰성은 불멸에 대한 믿음으로 보장되고, 그 믿음은 다시 심령 연구에 의해 보증되는 유신론 말입니다. 물론 프라이스 교수는 불멸 그 자체가 유신론을 증명한다고 주장하지는 않습니다. 그것은 유신론으로 가는 길 위의 장애물 하나를 제거하는 일에 불과할 것입니다. 그가 유신론에 대한 긍정적인 근거로 삼는 것은 종교적 체험입니다.

이 시점에서는 지금 우리가 다음 두 질문 중 어떤 것을 선택해야 하는지 판단하는 게 대단히 중요합니다. (1) 기적을 배제한 이 최소종교 minimal religion가 역사적·사회적·심리적 실체가 있어 사회에 새로운 마음을 주고, 도덕적 의지를 강하게 하고, 옛 종교들이 때때로 만들어 냈다고 하는 온갖 유익들을 만들어 낼 수 있는가? (2) 이 최소종교가 참된 종교가 될 수 있는가, 즉 우리의 궁극적 질문들에 대해 하나뿐인 참된 대답들이 있는가?

첫 번째 질문은 종교적 질문이 아니라 사회학적인 질문입니다. 순수한 종교적 정신은 이전의 순수한 과학적 정신이 그랬듯 사회적으로 유용한 일들에는 전혀 상관하지 않습니다. 둘 다 실재, 더없이 객관적인 것, 존재 자체에 목말라합니다. 과학자의 '열린 마음'과 신비가의 비우고 잠잠해진 마음은 모두 절대타자가 하는 말을 듣고자 자신의 것을 버리는 노력입니다. 그리고 종교적인 태도를 벗고 잠시 사회학자가 되어 말한다면, 역사적으로 볼 때 최소종교로부터 사회를 살리는 활력을 기대하기는 어렵다는 것을 인정해야 합니다. 이 최소종교에 대한 시도는 새로운 것이 아닙니다. 아크나톤Akhenaten[16]과 배교자 율리아누스[17]부터 처베리의 허버트 경[18]과 웰스H. G. Wells를 생각해 보십시오. 그러나 성인들, 위로, 황홀

---

16) 아멘호테프 4세. 이집트의 왕. 기원전 1375년 경 왕좌에 올랐으며 아몬 신을 몰아내고 태양신 라('아텐'이라 명명)를 섬기는 새 종교를 도입했다.

17) 로마의 황제. 재위 기간 361~363. 강제로 그리스도인으로 키워졌으나 재위에 오른 후에는 스스로를 이교도로 선포하고 고대 신들에 대한 숭배를 되살리기 위해 엄청나게 노력했다.

경은 어디에 있습니까? 이중에서도 가장 거창한 시도는 유대교와 기독교 전통을 단순화한 이슬람이라 할 수 있습니다. 그러나 이슬람 안에는 프라이스 교수가 신비적이고 야만적이라고 여길 만한 요소가 여전히 많고, 그 문화는 결코 가장 풍성하거나 가장 진보적이지 않습니다.

또한 저는 그런 종교가 중요한 세력이 될 경우, 교리로부터 자유로운 상태로 얼마나 오랫동안 존속할 수 있을지 모르겠습니다. 우리는 그 종교의 하나님을 범신론적으로 이해해야 할까요, 아니면 유대교, 플라톤, 기독교와 같은 방식으로 생각해야 할까요? 최소종교를 순수하게 보존하려면, 정답은 이렇게 될 것입니다. "우리는 모릅니다. 그리고 모르는 상태로 만족해야 합니다." 그러나 그렇게 되면 최소종교는 더 이상 실질적인 종교가 아니게 됩니다. 우리의 질문은 긴급하고 실질적이며 중요하기 때문입니다. 프라이스 교수가 제시하는 종교의 신이 전 우주의 곳곳에 퍼져 있고, 시공간의 모든 지점에서 똑같은 방식으로 똑같이 존재하는 비인격적 신성이라면, 그분 또는 그것은 매춘굴이나 고문실에서든, 잘 설비된 공장이나 대학교 휴게실에서든 자신을 똑같이 표현하는 존재, 선악을 초월한 존재로 생각해야 할 것입니다. 반면, 만약 그분이 자신의 창조 세계 바깥에 있는 인격적 존재로서 이것을 명령하고 저것을 금지한다면 전혀 다른 결과가 따를 것입니다. 이 두 견해 중 어떤 것을 선택하느냐는 사생활과 공공생활 모두에서·매순간 행동 경로를 선택하는 데 영향을 줄 것입니다. 질문은 이것만이 아닙니다. 최소종교의 신은 모든 인간과 똑같은

---

18) Edward Herbert(1583~1648). '이신론의 시조'로 알려져 있다. 신의 존재, 예배와 회개의 의무, 미래의 보상과 처벌 등 사람들이 본능적으로 받아들이는 '공통 관념'이 있다고 주장했고, 이런 관념들로 이루어진 '자연적 종교'가 미신과 교리로 더럽혀졌다고 믿었다.

관계를 맺을까요, 아니면 일부 사람들과 특별한 관계를 맺을까요? 최소종교가 그 비교리적 성격에 충실하려면 또다시 이렇게 말해야 합니다. "묻지 마시오." 그러나 만약 이것이 답변이라면, 최소종교는 하나님이 예수 안에서 특별한 방식으로 존재한다는 기독교의 견해도, 그분이 독일 민족 안에서 특별한 방식으로 존재한다는 나치의 견해도, 그분이 브라만에게 특별히 존재한다는 힌두교의 견해도, 그분이 죽은 영국군 병사의 대퇴골에 특별히 존재한다는 중앙아프리카의 견해도 배제할 수 없습니다.

최소종교가 글로서만 존재하는 동안에는 이 모든 난점들이 가려집니다. 그러나 이 종교가 어찌어찌하여 대영제국의 남은 지역 전체에서 확고한 자리를 차지하고 프라이스 교수가 (순전히 의무감에서 정말 마지못해) 지상에서 그 최고 수장이 된다고 해 봅시다. 그럼 저는 둘 중 한 가지 일이 벌어질 거라고 자신 있게 예측할 수 있습니다. ⑴ 통치 첫째 달에 그는 첫 번째 교리적 정의를 내리는 발언을 하게 될 것입니다. 예를 들면 이런 식이 되겠지요. "아니다. 하나님은 전 우주에 퍼져 있어 아내 순장殉葬이나 신전 매춘, 병원 건축, 어린이 교육을 똑같이 여기시는 초도덕적인 세력이 아니다. 그분은 의로우신 창조주로서 자신의 피조 세계와 구별되고 정의와 자비를 요구하신다." ⑵ 아니면, 프라이스 교수는 아무 말도 하지 않을 것입니다. 두 번째 경우라면 무슨 일이 벌어질지 분명하지 않습니까? 기독교에서 그의 최소종교로 온 사람들은 하나님을 유대교, 플라톤, 기독교적인 방식으로 생각할 것이고, 힌두교에서 온 사람들은 그분을 범신론적으로 생각할 것이고, 아무런 종교적 배경 없이 최소종교를 받아들인 보통 사람이라면 제멋대로 살아가는 순간순간 그분을 의로운 창조주로 떠올릴 것입니다. 마르크스주의자였던 사람은 그분이 프롤레타리아

안에 특히 존재하신다고 생각할 것이고, 나치당 출신은 그분이 독일 민족 안에 특별히 존재하신다고 생각할 것입니다. 최소종교주의자들은 세계 대회를 개최하여 같은 말을 하고 정말 유익한 합의에 이를 것입니다. 그러나 사람마다 뜻하는 바는 전혀 다를 것입니다. 최소종교가 실제로 최소한의 상태로 머무는 동안에는 행위의 근거가 될 수 없습니다. 무슨 일이건 하는 순간, 우리는 이미 여러 교리 중 하나를 채택한 것입니다. 최소종교는 사실 종교라고 할 수 없을 것입니다. 사람들이 이미 하고 있던 온갖 다양한 일들에 덧입혀진 새로운 색깔에 불과할 것입니다.

송구스럽지만 프라이스 교수가 순전한 이신론에 대해 말할 때, 특정한 신 개념을 무의식적으로 가정하고 있다는 말씀을 드리고 싶습니다. 즉, 그는 하나님에 대한 하나의 교리를 받아들이고 있습니다. 그리고 저는 그것이 그 자신의 종교적 체험을 유일하거나 주된 근거로 삼아 추론해 낸 결론이 아니며, 종교적 체험 일반에 대한 연구로 이끌어 낸 결론도 아니라고 생각합니다. 종교적 체험은 어떤 종류의 신에 대해서도 대부분 끼워 맞출 수 있기 때문입니다. 저는 프라이스 교수가 특정한 신을 가정하는 이유는 그가 특정 방식으로 양육되었기 때문이라고 생각합니다. 버틀러 주교와 후커, 토마스 아퀴나스, 아우구스티누스와 사도 바울과 그리스도, 아리스토텔레스와 플라톤이 말하자면 그의 '핏속에' 있기 때문입니다. 그는 맨 처음부터 시작하지도 않았습니다. 그가 만약 그렇게 했다면, 그래서 그의 머릿속의 하나님이 어떤 교리에도 매이지 않는 존재였다면, 그가 그렇듯 공허한 개념 안에서 사회 정의를 찾지는 않았을 거라고 생각합니다. 프라이스 교수나 최소종교를 받아들이는 모든 사람들에게, 최소종교의 힘과 가치는 그 자체에서 나오는 것이 아니라 그들이 거기에 주입한 다른 종교 전통에서 도출된 것입니다.

　제가 볼 때, 최소종교는 우리 모두가 이전에 하던 일을 계속하도록 그냥 내버려 둡니다. 자, 그것 자체는 프라이스 교수의 관점에 대한 반론이 아닐 것입니다. 그는 일치를 위해서가 아니라 우리가 문명의 어두운 밤을 뚫고 나가게 해줄 모종의 영적 활력을 얻기 위해 일하고 있습니다. 심령 연구로 사람들이 자연주의의 위협을 받는 모든 다양한 종교들을 계속 믿거나 그것들로 되돌아가게 된다면, 그렇게 해서 종교들이 힘과 소망과 규율을 갖출 수 있다면 그는 만족할 것 같습니다. 그러나 문제가 있습니다. 이 최소종교가 불교도를 여전히 불교도로, 나치당원을 나치당원으로 남겨 둔다면, 기계론적이고 민주적이고 세속화된 서구인들인 우리도 애초의 자리에 그대로 남겨 둘 것입니다. 심령 연구로 보장되는 불멸과 미지의 신에 대한 믿음이 어떻게 우리에게 선조들의 미덕과 에너지를 되찾아 줄 수 있습니까? 제가 볼 때 다른 근원에서 힘을 얻지 못하면 이 두 믿음 모두 현대인에게 공허한 느낌만 줄 뿐 아무 효력도 내지 못할 것입니다. 하나님이 의로우시고, 우리를 위한 목적을 갖고 계시고, 그분이 우주적 전쟁의 대장이시며, 우리의 행동이 전황戰況에 실질적인 영향을 미침을 알고 믿는다면, 그 믿음은 의미가 있을 것입니다. 아니, 다른 세계에서 나온 발언이라는 것들이 정말 그 세계를 암시하는 억양이 있어서 우리 죽을 본성이 그 음성을 한번이라도 듣고 그 앞에서 경외심이나 기쁨으로 떨게 된다면(열등한 실제 종교들에서도 그렇듯이), 그 믿음은 의미가 있을 것입니다. 그러나 최소유신론의 신은 두려움도 사랑도 불러일으킬 힘이 없습니다. 그 힘은 프라이스 교수의 말대로라면 과학이 결코 복귀를 허락하지 않을 전통 종교들로부터만 얻을 수 있습니다. 영매靈媒들의 발언에 대해서는……저는 다른 사람의 마음을 상하게 할 생각은 없습니다만 아무리 확신에 찬 심령주의자라 해도 자신이 심령 메시지로 받은 어떤 문장이 인류의 빛나는 가르침 가운데 자리 잡을 만하다거나, 고양시키거나 힘을 주거나 교정하는 능력에서 그보다 못한 가르침들에 (맞먹기는커녕) 근접한 적이라도 있다고 주장할 수 있겠습니까? 절대다수의 심령 메시지는 세상 사람들이 생각하고 말한 최고의 내용과 비교해도 처량할 만큼 수준이 떨어진다는 사실을 누가 부인할 수 있겠습니까? 그 대부분의 경우에서 우리는 진부함과 지역적 편협성에 더해 꼼꼼함과 열정, 단조로움과 과도한 감정의 역설적인 결합을 발견합니다. 그런 것에 따르자면, 애니 베전트[19]와 마틴 터퍼[20]의 가르침을 지키는 정도면 어느 정도 존경을 받기에 손색이 없다는 것 아닙니까?

저는 메시지의 저속성을 근거로 그 메시지가 죽은 자들로부터 왔다는 주장이 거짓이라고 논증하는 것은 아닙니다. 제가 그런 식으로 논증한다면, 심령주의자는 그 특성이 전달 매체의 불완전함 때문이라고 할 것입니다. 그렇다고 해둡시다. 지금 우리는 심령주의가 옳은지가 아니라 그것이 종교의 출발점이 될 힘이 있는지 따지고 있으니까요. 그런 취지에서, 저는 그 내용의 빈약함을 볼 때 심령주의는 그럴 만한 자격이 없다고 주장하는 바입니다. 심령 메시지와 빈약한 유신론으로 이루어진 최소종교는 우리 본성의 가장 깊은 곳을 울릴 힘이 없습니다. 영적 생활은 물론, 더 높은 세속적 수준으로 끌어올려 줄 어떤 반응도 불러일으키지 못합니

---

19) Annie Besant(1847~1933). 진보적인 대의명분을 열렬히 지지했고 1889년에 신지학협회 회원이 되었다.
20) Martin Tupper(1810~1889). 시적인 형식으로 진부한 금언과 사색을 담고 있는 《속담의 철학 Proverbial Philosophy》으로 가장 널리 알려졌다.

다. 믿어야 할 교리가 전혀 없는 신은 허깨비에 불과합니다. 그는 지혜의 출발점이 되는 주를 경외함을 낳지 못할 것이고, 따라서 그 지혜를 완성시키는 사랑도 낳지 못할 것입니다. 평범한 영혼을 가진 사람들은 최소종교의 메시지가 제시하는 불멸을 보며 해소되지 못한 개인적 갈망들, 모든 것이 잘되는(그러나 얼마나 한심한 의미에서 잘되는 것인지요!) 이 세상 이야기의 희미한 후속편을 향한 막연한 갈망을 느끼게 될 것입니다. 그런가 하면 보다 영적인 사람들은 그런 불멸 신앙으로 죽음에 대한 새로운 공포가 더해졌음을 느끼게 될 것입니다. 우리 모두를 묶어 두는 상태, 즉 다스 게마이네das Gemeine[21]에 갇혀 지내는 세월이 무기한으로 이어진다는 데서 오는 공포 말입니다. 최소종교에는 죄를 지적하거나, 죄에서 돌아서게 하거나, (고차원적인 의미에서) 위로해 주는 요소가 전혀 없습니다. 그러므로 우리 문명이 활력을 되찾게 해줄 요소도 없다고 할 수 있습니다. 최소종교는 별다른 희생을 요구하지 않습니다. 우리의 본성적인 나태와 탐욕을 통제하기는커녕 그에 맞설 변변한 상대도 못됩니다. 깃발, 노래, 모교의 넥타이도 그보다는 강합니다. 이교 종교들은 말할 나위도 없습니다. 최소종교에다 소망을 두느니 차라리 제 핏속(그 피가 적어도 어떤 의미에서는 생명이므로)의 북소리에 다시 귀를 기울이고 마이나스들Maenads[iii]의 대열에 합류하여 다음과 같이 노래하는 것이 낫겠습니다.

다이몬들이 친구로 삼은 사람들은 행복하도다.

---

21) Johann Wolfgang Goethe, *Epilog zu Schillers Glocke*, l. 32. 'das Gemeine' 는 '우리 모두를 지배하는 것' 정도의 뜻이다.
iii) 바쿠스의 시녀.

그들이 신의 잔치에 들어갔고

생명의 나날이 거룩하게 되었나니.

그리하여 마침내 그들의 심장 박동에는 그 춤이 요동치고

그들은 산 위에서 디오니소스와 함께 떠들썩하게 뛰논다네……[22]

그렇습니다. 그런 마음이 듭니다. 케케묵은 신경信經을 빨아먹는 이 교도의 형편이 더 나아 보입니다.

그러나 물론 그런 생각이 든다는 것이지 그렇게 하겠다는 말은 아닙니다. 이교의 음란하고 잔인한 관습들을 되살리느니 완전히 세속화되고 무의미한 우주에서 굶어 죽는 것이 더 나을 것입니다. 이교의 관행들에 조금이나마 마음이 끌리는 이유는 진리가 왜곡된 그 관행들 안에 진리의 향기가 어느 정도 남아 있기 때문입니다. 이 사실을 지적했으니 이제 두 번째 질문으로 넘어갈 수 있습니다. 논문의 끝부분이 다 되어 기독교의 진리성을 옹호하는 변증을 시작하긴 어렵겠군요. 그러니 이런저런 형태로 이미 충분히, 자주 말한 내용만 간단히 다루겠습니다. 하나님이 존재하지 않는다면, 우리는 그런 최소종교는 물론, 다른 어떤 최소종교에도 관심을 갖지 않을 것입니다. 문명을 구원하기 위해서라도 일부러 거짓 종교를 만들어 내지는 않을 것입니다. 그러나 하나님이 존재한다면, 주도권은 전적으로 그분에게 있다고 할 수 있습니다. 이 사실은 너무나 개연성이 높기에 거의 자명한 이치라고 할 수 있을 정도입니다. 우리가 하나님을 알 수 있다면 그것은 우리의 억측이 아니라 오로지 그분의 자기 계시

---

22) Euripides, *Bacchae*, 1, 74.

에 의해 가능할 것입니다. 그러므로 우리는 하나님이 기적과 영감된 교사들에 의해, 명령된 의식을 통해 자신을 계시하셨다고 주장하는 곳에서 그분을 찾아야 합니다. 종교 전통들은 내용이 상충되지만 시간을 들이고 마음을 열어 연구하면 할수록 그중 상당수에 들어 있는 공통 요소를 더욱 깨닫게 됩니다. 희생, 피 흘림을 통한 신비한 교제, 죽음과 재생, 구속의 주제가 너무나 분명히 나타나 있어 못 알아볼 수가 없습니다. 우리에겐 도덕적·지적 비판을 가할 권리가 얼마든지 있습니다. 그러나 윤리적 요소만을 추려 내어 그 자체를 하나의 종교로 내세울 권리는 없다고 생각합니다. 그런 최소종교가 아니라, 보다 철저히 윤리적인 동시에 단순한 윤리를 훌쩍 뛰어넘는 종교 전통 안에서, 즉 희생과 재생의 오래된 주제들이 우리의 양심과 이성에 더 이상 혐오감을 주지 않으면서도 그것들을 초월하는 형식으로 다시 나타나는 전통 속에서, 우리가 모든 종교의 성취이시며 전적 타자이신 살아 계신 창조주께서 주시는 온전한 메시지를 받게 될 거라고 믿는 것이 훨씬 합리적입니다. 그분이 존재한다면 철학자들만의 하나님이 아니라 신비가와 야만인의 하나님이기도 할 것이며, 머리와 가슴의 하나님만이 아니라 원시적인 감정과 모든 감정을 초월하는 영적 황홀경의 하나님일 것입니다.

우리가 교회에 합류하는 것은 지금도 여전히 합당한 일입니다. 교회는 오늘날까지 이교적, 어쩌면 전前이교적 메시지까지 망라하여 세계 너머에서 찾아온 모든 메시지의 핵심을 보존해 왔습니다. 우리는 소위 우리의 어떤 본성에서 더욱 '고차원의' 요소들을 일부 추려 낸 묶음에 근거한 종교가 아니라, 모든 부분에서 그 본성의 깨어짐과 다시 지음, 죽음과 재생이 신앙의 근거인 유일한 종교를 믿고 따르기 시작할 수 있습니다. 그리스인도 유대인도 야만인도 없고 오직 새로운 피조물만이 있을 뿐입니다.

[루이스와 프라이스 교수의 논쟁은 여기서 끝나지 않았다. 〈소크라테스클럽 회보〉, 통권 4호(1948)의 뒷부분(pp. 94~102)에 루이스의 '교리 없는 종교?'에 대한 프라이스 교수의 '답변'이 뒤따른다. 1948년 2월 2일 소크라테스클럽의 한 모임에서 미스 앤스콤G.E.M. Anscombe은 "'자연주의는 자기 반박적이다'라는 루이스의 논증에 대한 답변"이라는 제목의 논문을 읽었다. 이 글은 나중에 〈소크라테스클럽 회보〉 같은 호(pp. 7~15)에 프라이스 교수의 '답변'으로 실렸다. 미스 앤스콤은 루이스의 '교리 없는 종교?'의 136~138쪽에서 볼 수 있는 논증을 비판했다. 루이스의 《기적Miracles》(London, 1947) 3장, '자연주의자의 자기모순'에도 같은 논증이 등장한다. 이어지는 다음의 짧은 두 토막글은 앤스콤에 대한 루이스의 답변을 기록한 소크라테스클럽 회의록 A와 루이스가 쓴 답신 B이다. 두 글 모두 앞서 언급된 〈회보〉 같은 호(pp. 15~16)에서 재인쇄되었다. 《기적》 제3장이 모호하다는 것을 느끼고, 루이스는 폰타나the Fontana(1960)판에서 《기적》 3장을 고쳐 쓰고 제목도 '자연주의의 근본 난점'으로 바꾸었다.]

A

답변에 나선 미스터 C. S. 루이스는 '원인'과 '근거'라는 단어가 동의어가 아니라는 점을 인정하면서도 하나의 근거를 인식하는 것이 동의의 원인이 될 수 있고, 동의는 그런 원인에서 이루어질 때만 이성적일 수 있다고 말했다. 그는 인간이 지각하거나 인식하는 대상의 원인이 정신적 행위가 아닌 경우, '인식'과 '지각' 같은 단어들을 사용하는 일이 적절할 수 있다는 것을 부인했다.

앤스콤은 루이스가 자신을 오해했다고 했고, 이후 토론 첫 부분에서 두 연사는 자신의 입장과 차이점을 명료하게 하려고 했다. 앤스콤은 루이스가 아직도 '이유 있다having reasons'와 인과적으로 '추론했다having reasoned'를 구분하지 않고 있다고 했다. 루이스는 앤스콤이 다음의 네 가지 구분을 한 것으로 이해한다고 했다. (1) 논리적 이유들. (2) 이유 있다.(즉, 심리적 이유) (3)역사적 원인들. (4) 과학적 원인들 또는 관찰된 규칙성. 그의 대답의 요점은 관찰된 규칙성은 하나의 원인의 징후일 뿐이지 원인 자체가 아니라는 것이고, 중간에 나온 서기의 질문에 답하여 자신의 원인 개념이 '마법적'인 것이라고 했다. 공개 토론이 이어졌다. 앤스콤에게 근거와 원인은 연관성이 있음을 보여 주려 한 회원들도 있었고, 의장[루이스]에게 반대하며 이성의 타당성은 결코 혈류 상태 같은 것으로 시험할 수 없다고 하는 사람들도 있었다. 의장은 마침내 '타당한'이라는 단어가 적절하지 않다는 것을 시인했다. 토론 전반을 요약하면, 루이스는 원인들의 결과라는 뜻으로 '타당성' 개념을 사용했는데, 이 개념이 그에게 제기된 모든 질문의 시험대를 통과하려면 그의 논증을 엄격한 분석적 논증으로 발전시켜야 할 듯하다.

B

'타당한valid'은 제가 하려던 말을 전하기에 적절치 못한 단어였음을 시인합니다. '진실한veridical'(입증된verific, 검증된veriferous)이 더 나았을 것입니다. 사건들 사이의 인과관계와 명제들 사이의 근거와 귀결 관계가 구분된다는 점도 인정합니다. 영어에선 두 관계 모두를 '때문에because'라는 단어로 나타내므로, 여기서는 원인cause과 결과effect에 대해서는 '때문에CE'('이 인형은 발쪽이 무겁게 되어 있기 때문에CE 언제나 발부터 먼저 떨어진다'), 근거ground와 귀결consequent 관계에 대해서는 '때문에GC'('A와 C는 둘 다 B와 같기 때문에GC A와 C는 똑같다')를 쓰기로 합시다. 그러나 이 구분이 뚜렷해질수록 저의 어려움은 더욱 커집니다. 하나의 논증이 입증되려면 전제와 결론이 근거와 귀결 관계로 이어져야 합니다. 즉, 어떤 다른 명제들이 옳기 때문에GC 그런 결론이 나온 것이 되어야 합니다. 반면, 우리가 그 결론을 생각하는 행위는 하나의 사건이고, 이 사건은 그 이전 사건들이라는 원인에 대한 결과로서 생겨난 것입니다. 즉, 이 사고 행위는 이전의 사건들이 벌어졌기 때문에CE 벌어진 것이 분명합니다. 그러므로 우리가 결론을 생각하게 된 것은 그 결론이 그 근거의 귀결이기 때문GC이 아니라 특정한 이전 사건들이 벌어졌기 때문CE인듯 보입니다. 만약 그렇다면, GC의 연쇄로 인해 우리가 참된 결론을 생각해 낼 가능성이 더 높아질 것 같지는 않습니다. 그리고 이것이 바로 제가 말한 자연주의의 난점입니다.

17   몇 가지 생각

언뜻 생각하면 종교가 있는 사람들이 병자들을 보살펴야 한다는 생각은 아주 당연하게 여겨집니다. 교회를 제외하면 기독교 병원만큼 명백하게 기독교적인 건물도 없을 듯합니다. 하지만 좀더 찬찬히 생각해 보면 이 문제는 기독교의 불멸의 역설, 그 복된 양날적인 특성과 긴밀하게 이어져 있음을 알 수 있습니다. 우리 중에 지금 기독교를 처음으로 접하는 사람이 있다면 이 역설을 생생하게 인식할 것입니다.

그 사람이 기독교의 소위 현세 지향적인 활동들을 먼저 본다고 해봅시다. 그는 역사적으로 이 종교가 로마 제국의 멸망 후 남은 세속 문명을 보존한 주체였음을 알게 될 것입니다. 그 같은 위험한 시대들을 거친 유럽이 이 종교 덕분에 농업과 건축 기술, 법률과 읽고 쓰는 능력을 건질 수 있었음을 알게 될 것입니다. 그는 이 종교가 언제나 병자들을 치료하고 가난한 사람들을 보살폈고, 다른 무엇보다 혼인을 축복했으며, 이 종교가 퍼진 곳에서 예술과 철학이 번성하는 경향이 있음도 알게 될 것입니다. 한마디로, 이 종교는 세속적인 박애주의가 요구하는 온갖 일들을 행했고, 그렇지 못한 경우 적어도 부끄럽게 여기고 회개했습니다. 그 사람이 이 지점에서 조사를 마친다면, 그는 기독교를 분류하는 데 아무 어려움을 느끼지 않을 것입니다. '위대한 종교들' 지도에서 유교나 메소포타미아 도시 국가들의 농경 종교들처럼 기독교를 세상을 긍정하는 종교의 하나로 자리매김할 것입니다.

그러나 그 사람이 기독교 안의 전혀 다른 현상들을 가지고 조사를 시작했다면(충분히 그럴 수 있습니다) 어떻게 될까요? 그는 고문을 당해 서서히 죽어가는 한 사람의 모습이 모든 기독교 예술의 중심 이미지이고, 그를 고문했던 도구가 기독교 신앙의 전 세계적인 상징이고, 순교가 거의 명확하게 기독교적인 행위이고, 교회력에는 축제만큼이나 금식일이 가득하고, 신도들이 그들 자신뿐 아니라 온 우주의 유한성을 끊임없이 묵상하고, 그들의 모든 보화를 다른 세상에 쌓으라는 명령을 받으며, 때로는 자연 질서 전체에 대한 경멸contemptus mundi조차도 기독교적 미덕으로 여겨진다는 것을 알게 될 것입니다. 그가 이 지점에서 조사를 멈춘다면 역시 기독교를 분류하기가 아주 쉬울 것입니다. 이번에는 기독교를 세상을 부인하는 종교들 중 하나로 분류하겠지요. 아마 불교와 나란히 놓을 것입니다.

어느 쪽이건 그가 증거의 반쪽만 있다면 둘 중 하나로 결론을 내릴 수밖에 없을 것입니다. 그가 두 반쪽들을 결합하여 기독교가 그가 시도했던 분류 체계를 초월한다는 것을 보게 될 때 비로소 그는 자신이 직면하고 있는 것이 무엇인지 깨닫고 당황할 것입니다.

이 글을 읽는 대부분의 독자는 평생을 그리스도인으로 살아왔을 것입니다. 그렇다면 제가 말하는 당황스러움에 공감하기 어려울 것입니다. 그런 그리스도인으로선 기독교 신앙의 이 양날적 특성을 이해하기는 너무나 쉽습니다. 그들은 등급화 되고 위계질서가 정해진 우주에 살고 있으며, 그 안에서는 모든 것에 정해진 자리가 있어 각기 그 올바른 위치에 자리 잡아야 한다는 것을 당연하게 생각합니다. 초자연적인 것은 자연적인 것보다 높지만 각기 자기 자리가 있습니다. 인간이 개보다 높지만 개에게도 나름의 자리가 있는 것과 같습니다. 그러므로 병자를 치료하는 일과 가난한 사람들을 돕는 일이 (가끔 볼 수 있다시피 이런 일들이 영혼 구원과 양자택일의 문제가 될 경우) 영혼을 구원하는 일보다 중요하지는 않지만 그래도 그 자체로 대단히 중요합니다. 우리에게 이 사실은 전혀 놀랄 일이 아닙니다. 하나님은 자연적인 세계를 창조하셨고 그분의 사랑과 예술적인 솜씨로 자연을 발명하셨기에, 우리는 외경심을 갖고 자연을 대해야 합니다. 그러나 자연은 피조물일 뿐 하나님은 아니니 또 다른 관점에서는 그리 중요하지 않습니다. 더구나 자연Nature, 특히 인간 본성human nature은 타락하여 교정이 필요하고 그 안에 있는 악은 죽어야 합니다. 그러나 그 본질은 선합니다. 교정은 마니교처럼 부인하거나 스토아주의처럼 무시하는 것과는 다릅니다. 따라서 모든 참된 기독교 금욕주의는 어떤 대상을 누리기를 거부하면서도 그것을 존중합니다. 제가 볼 때 이것은 이교의 금욕주의에서는 결코 찾아볼 수 없는 모습입니다. 나는 결혼하지 않지만 결혼은 좋은 것이다, 나는 포도주를 안 마시지만 포도주는 좋은 것이다, 오늘 우리는 금식하지만 축제는 좋은 것이다, 라고 인정하는 태도입니다.

저는 이런 태도의 논리적 근거가 창조와 타락의 교리 안에 있다고 생각합니다. 타락 교리의 희미한 예시 같은 것은 이교에서도 찾아볼 수 있습니다. 그러나 기독교 바깥에서 진정한 창조 교리를 발견하는 일은 놀랄 만큼 드뭅니다. 아니, 과연 그 일이 가능하기나 할지 의심스럽습니다. 다신론의 신들은 대개 이미 존재하는 우주의 산물입니다. 키츠의 시 〈하이피리언Hyperion〉은 세부 내용까지는 아니라도 그 정신에 있어서는 하나의 이교적 신神 기원론으로서 충분히 옳습니다. 범신론이 말하는 우주는 하나님이 만든 것이 결코 아닙니다. 그들의 우주는 하나의 유출, 즉 하나님으로부터 흘러나온 그 무엇이거나 출현, 즉 우리 눈에는 하나님처럼 보이지만 실제 하나님은 아닌 그 무엇이거나, 설명할 수 없지만 하나님이 겪고 있는 불치의 정신분열증적 발작입니다. 다신론은 결국 늘 자연 숭배로 이어집니다. 범신론은 늘 자연에 적대적입니다. 둘 중 어느 것도 아침 식사를 즐길 자유와 지나친 식욕을 자제할 진정한 자유를 동시에 주지 않습니다. 현재의 자연스러운 식욕이 과도하게 되는 일이 없도록 식욕을 자제할 자유는 더더욱 주지 못합니다.

다신론도 범신론도 그것을 믿는 사람에게 루르드 병원에서 매일 벌어지는 일을 할 자유, 즉 영생이든 영벌이든 죽음이 세속적 박애주의자는 꿈도 못 꿀 영원한 운명으로 이어질 사건인 줄 알면서도 마치 세속적 박애주의자처럼 진지하고 능숙하고 차분하게 죽음에 맞서 싸울 자유를 주지 못합니다. 세상 사람들은 우리의 진정한 관심사가 죽음 너머에 있음을 알기 때문에 소위 '고차원의 사상'에만 골몰하여 '죽음은 중요하지 않다'고 하는 사람들보다 우리가 죽음에 관심을 기울이지 않을 거라고 생각할 수 있습니다. 그러나 우리는 "마음이 교만하지 아니"[1]합니다. 우리는 나사로의 무덤 앞에 서서 우셨던 분을 따르는 자들입니다. 그분이 우셨던 이유는 마리아와 마르다의 우는 모습이 마음 아프거나 그들의 불신앙을 슬퍼하셨기 때문이 아니라(이렇게 해석하는 사람들이 없는 건 아닙니다), 그분의 눈에 죽음과 죄의 형벌의 끔찍함이 더욱 잘 보였기 때문입니다. 그

---

1) 시 131:1.

분이 하나님으로서 창조하신 자연, 그분이 인간으로서 취하신 자연이 그곳에, 그분 앞에 치욕스럽게 누워 있었습니다. 고약한 냄새를 풍기며, 벌레들의 밥이 되어. 그분은 잠시 후 그것을 되살리실 것이었지만, 그 부끄러운 모습에 우셨습니다.

여기서 제가 공감하는 작가의 글을 인용할까 합니다. "나는 죽음이 두려운 것이 아니라 부끄럽다."[2] 여기까지 오고 보니 예의 그 역설로 돌아가게 됩니다. 우리는 누구보다도 죽음을 소망하는 사람들입니다. 하지만 우리는 그 무엇으로도 죽음의 부자연스러움과 화해할 수 없을 것입니다. 우리는 자신이 죽도록 만들어진 존재가 아님을 압니다. 침입자인 죽음이 우리 운명에 몰래 끼어들었음을 압니다. 우리는 죽음을 이기신 분을 압니다. 주님이 부활하셨기 때문에 어떤 차원에서는 죽음이 이미 무장 해제된 적이라는 것을 압니다. 그러나 우리는 자연적 차원 또한 하나님의 피조물임을 알기에 그것을 훼손하는 죽음, 그것을 더럽히는 다른 모든 오점과 고통, 가난, 야만성, 무지와 싸우는 일을 멈출 수 없습니다. 우리는 이 세상보다 다른 것을 더 사랑하기 때문에, 다른 세상을 알지 못하는 사람들보다 이 세상도 더 사랑합니다.

---

2) 토마스 브라운 경의 *Religio Medici*, First Part, Section 40을 가리킨 것이다. 원문은 이렇다. "나는 죽음이 두렵다기보다는 부끄럽도다."

18 '그 사람'의 문제

이 글을 읽는 사람 중 열에 일곱은 다른 사람 때문에 어떤 어려움을 겪고 있을 거라고 생각해도 무방할 것입니다. 직장에서나 가정에서, 우리를 고용한 사람들이나 우리가 고용한 사람들이, 우리 집에 세 들어 사는 사람이나 우리가 세 들어 사는 집의 주인이, 처가나 시댁 사람이, 부모나 자식이, 아내나 남편이, 이외 누군가가 요즘 필요 이상으로 우리 삶을 힘들게 만들고 있을 것입니다. 이런 어려움(특히 집안의 어려움)들은 외부 사람들에게 자주 말하지 않는 것이 바람직할 것입니다. 그러나 우리는 때때로 그런 얘기를 합니다. 바깥의 친구가 왜 그렇게 우울해 보이느냐고 물으면 사실대로 말하게 됩니다.

그러면 외부의 친구는 보통 이렇게 말합니다. "상대방에게 그 얘기를 해보는 게 어떤가? 아내(남편, 아버지, 딸, 상사, 집주인, 세입자)에게 가서 다 털어놓게나. 사람들은 보통 합리적이거든. 그들이 상황을 올바로 볼 수 있게 해주기만 하면 되는 거야. 합리적이고 차분하게. 우호적인 태도로 설명을 해주게나." 그러면 우리는 겉으론 어떨지 몰라도 속으로는 이런 서글픈 생각이 듭니다. '그 사람을 몰라서 하는 소리야.' 우리는 압니다. 우리는 '그 사람'이 사리 분별을 하게 할 수 없습니다. 그렇게 해보려고 거듭거듭 시도하다가 아예 시도 자체에 진력이 나버렸거나, 처음부터 아무 소용이 없을 거란 걸 알고 시도조차 하지 않았을 수도 있습니다. 우리는 압니다. '그 사람에게 다 털어놓으려' 하면 '소란'이 일어나겠지요. 그 사람이 깜짝 놀라며 멍한 표정으로 우리를 바라보면서 "도대체 무슨 말을 하는 건지 모르겠다"고 대꾸할지도 모릅니다. 그리고 (아마도 최악의 경우) 그 사람이 우리 말에 전적으로 동의하고 마음을 다잡아 모든 면에서 새로워지겠다고 약속하더라도 24시간 후면 그의 모습은 이전과 전혀 달라지지 않은 상태로 되돌아올 것입니다.

우리는 압니다. 그 사람과의 문제를 대화로 해결하려는 시도는 그의 오래되고 치명적인 인격적 결함 때문에 모두 실패하고 말 것입니다. 돌이켜 보면, 우리가 이제까지 세웠던 모든 계획은 구제 불능의 질투심, 게으름, 과민함, 멍청함, 거들먹거림, 못된 성질, 변덕 등 그 사람의 치명적 결함 때문에 언제나 실패로 돌아갔음을 알 수 있습니다. 지금보다 젊었던 시절, 우리는 외부적으로 어떤 행운이 찾아오면, 즉 건강이 좋아지거나 월급이 오르거나 전쟁이 끝나면 우리의 어려움도 사라질 거라는 환상을 갖고 있었습니다. 그러나 이제 우리는 그때보다는 세상을 많이 압니다. 전쟁은 끝났고 다른 일들도 벌어졌지만 '그 사람'은 여전히 '그 사람'이고, 우리는 오래된 똑같은 문제를 여전히 마주하고 있음을 깨닫습니다. 백만장자가 된다 해도 남편은 여전히 윽박지르고, 아내는 여전히 바가지를 긁고, 아들은 여전히 술을 마시고, 여전히 시어머니와 함께 살아야 할 것입니다.

이 사실을 깨닫는 것은 엄청나게 큰 진전입니다. 외적인 모든 상황이 바로잡힌다 해도 진정한 행복은 여전히 우리가 함께 살아야 하는 사람들의 인격에 달려 있고, 우리가 그들의 인격을 바꿀 수 없다는 사실을 직시하게 되었으니 말입니다. 이제 우리는 요점에 이르렀습니다. 이 사실을 깨닫는 순간, 우리는 하나님이 겪고 계신 상황을 처음으로 잠깐 엿보게 됩니다. (한 가지 면에서) 하나님은 이와 동일한 상황에 직면하고 계시기 때문입니다. 하나님은 사람들에게 풍성하고 아름다운 세계를 허락하셨고 그 안에서 살아가게 해주셨습니다. 그분은 세상을 어떻게 사용할 수 있는지 알게 하는 지성과 세상을 어떻게 사용해야 마땅한지 알려 주는 양심도 주셨습니다. 그분은 인간들의 생물학적 생명을 유지하는 데 필요한 것들(음식, 마실 것, 휴식, 잠, 운동)이 그들에게 대단히 즐거운 것이 되도록 만드셨습니다. 그리고 이 모든 일을 행하신 후 하나님은 이 모든 계획이 인간들의 사악함 때문에 망가지는 것을 보십니다. 그들은 하나님이 행복하게 누리라고 주신 모든 것을 다툼과 시기, 지나침과 축적, 허튼짓의 재료로 바꿔 버렸습니다.

하나님은 원하시면 사람들의 인격을 변화시키실 수 있지만 우리는 그렇지 못하므로 우리와 하나님은 경우가 아주 다르다고 할 수도 있습니다. 그러나 이 차이점은 얼핏 생각하는 것만큼 크지 않습니다. 하나님은 사람들의 인격을 강제로 바꾸지 않는 것을 그분의 규칙으로 삼으셨습니다. 하나님은 사람들의 인격을 변화시키실 능력과 의향이 있으나, 그들이 하나님께 자신을 내어 놓을 때만 그렇게 하십니다. 그런 식으로 하나님은 자신의 능력을 진정으로, 참으로 제한하셨습니다. 가끔 우리는 하나님이 왜 그렇게 하셨는지 의아해하고 그렇게 하지 않으셨으면 좋겠다고 생각합니다. 그러나 하나님은 그 일이 그만한 가치가 있다고 생각하셨습니다. 그분은 달리 어떻게 할 도리가 없어서 기계처럼 옳은 일을 하는 사람들이 사는 세상보다는, 온갖 위험이 산재하지만 자유로운 존재들이 사는 세상을 만들기 원하셨습니다. 완벽하게 자동적인 존재들이 사는 세상이 어떤 곳이 될지 제대로 상상할수록 우리는 그분의 지혜를 더 잘 깨닫게 될 거라고 생각합니다.

방금 저는 우리가 상대해야 하는 사람들의 인격 때문에 우리의 모든 계획이 실패하고 마는 것을 볼 때 우리는 '어떤 면에서' 하나님이 겪고 계신 상황을 보고 있는 거라고 말했습니다. 그러나 한 가지 면에서만 그렇습니다. 하나님의 시야는 두 가지 측면에서 우리의 시야와 아주 다를 것이기 때문입니다. 첫째, 그분은 우리 집이나 직장의 모든 사람이 정도는 다르지만 다루기 곤란하고 까다롭게 구는 모습을 (우리처럼) 보십니다. 그러나 하나님은 그 집이나 공장이나 사무실에서 같은 부류의 또 한 사람을 보십니다. 우리 눈에는 결코 보이지 않는 사람입니다. 당연히 그는 우리 자신입니다. 우리 또한 그런 부류의 사람이라는 것을 깨닫는 일이 지혜의 두 번째 커다란 진전입니다. 우리에게도 인격적으로 치명적인 결함이 있습니다. 우리의 소망과 계획들이 다른 사람들의 인격적 결함 때문에 깨어졌던 것처럼, 우리의 인격 때문에 다른 사람들의 모든 소망과 계획들이 거듭거듭 깨어지고 말았습니다.

"물론 나에게도 결점들이 있다는 거 알아"라는 식으로 모호하고 두루뭉술하게 자신의 부족함을 인정하며 은근슬쩍 넘어가려고 해봐야 소용없습니다. 우리 안에 뭔가 정말 치명적인 결점, 즉 다른 사람들의 결점들 때문에 우리가 느낀 것과 동일한 절망감을 그들에게 안겨 주는 그 무엇이 있음을 깨달아야 합니다. 그런데 우리는 그것을 알지 못하고 있음이 거의 확실합니다. 본인 말고는 누구나 다 맡는 '입냄새'(광고에서 자주 들을 수 있는 표현이지요)와도 같습니다. 우리는 '그러면 왜 다른 사람들이 내게 말해 주지 않느냐?'고 물을 수 있겠습니다. 제 말을 믿으십시오. 그들은 거듭 거듭 말하려고 했지만, 우리가 '그것을 받아들이지' 못했습니다. 우리가 손가락질하는 그들의 '잔소리'나 '못된 성미'나 '괴상한 행동'이 실은 우리에게 진실을 알려 주려는 시도였는지도 모릅니다. 우리는 익히 아는 자신의 결점들조차 제대로 알지 못합니다. "내가 어젯밤에 이성을 잃었던 것 인정해"라고 말하지만, 다른 사람들은 우리가 언제나 이성을 잃는 사람, 성질이 나쁜 사람이라는 것을 압니다. 우리는 "지난주 토요일에 과음한 거 나도 인정해"라고 말하지만, 우리가 상습적인 술꾼임을 다른 사람은 다 압니다.

이런 면에서 하나님과 우리의 시야는 다릅니다. 하나님은 모든 사람의 인격을 보십니다. 나는 내 인격만 빼고 모든 사람의 인격을 다 봅니다. 자, 두 번째 차이점은 이것입니다. 하나님은 결점이 있는 사람들을 그래도 사랑하십니다. 계속해서 사랑하십니다. 손을 놓아 버리지 않으십니다. "하나님이야 충분히 그러실 수 있겠지. 하나님은 그들과 함께 살 필요가 없잖아", 이렇게 말하지 마십시오. 그분은 그럴 필요가 있으니까요. 그분은 그들의 안에도 밖에도 계십니다. 우리보다 더 친밀하고 가깝게, 끊임없이 그들과 함께하십니다. 그들(과 우리)의 마음속에 있는 모든 악한 생각, 매순간 떠오르는 악심, 시기, 오만함, 탐욕, 자만심은 그분의 오래 참으시는 간절한 사랑에 대항하고 그분의 성령을 근심하게 만듭니다.

이 두 가지 측면에서 우리가 하나님을 본받는다면, 우리는 그만큼 진보하게 될 것입니다. 우리는 '그 사람'을 더욱 사랑해야 합니다. 그리고 우리 자신을 그들과 똑같은 부류의 사람으로 볼 줄 알아야 합니다. 늘 자신의 결점을 생각하는 것은 병적인 일이라고 말하는 사람들이 있습니다.

다른 사람의 결점을 생각하지 않으면서 우리의 결점에도 너그러울 수 있다면, 그것은 매우 바람직한 일일 것입니다. 그러나 불행히도 우리는 다른 사람들의 결점에 대해 생각하기를 즐기는 자들입니다. 이것이야말로 명실상부하게 세상에서 가장 '병적인' 일입니다.

우리는 강제 할당식 배급을 좋아하지 않습니다만, 저는 한 가지 문제에 대해서는 우리 스스로 일종의 배급을 실시해야 한다고 생각합니다. 웬만하면 다른 사람의 결점을 아예 생각하지 말자는 겁니다. 교사나 부모라면 학생이나 자녀의 교육을 위해 그들의 결점들을 생각할 필요가 있을 것입니다. 그러나 그런 생각이 불필요하게 우리 마음에 찾아올 때, 그때마다 그냥 무시해 버리는 게 어떨까요? 그리고 대신 자신의 결점을 생각하는 겁니다. 자신의 결점에 대해서는 하나님의 도우심으로 뭔가 조치를 취할 수 있기 때문입니다. 집이나 직장에 있는 온갖 까다로운 사람들 중에서 우리가 상당한 정도까지 개선시킬 수 있는 이가 딱 한 사람 있습니다. 이것이 우리가 출발점으로 삼아야 할 실질적인 목표입니다. 참으로, 이렇게 하는 편이 더 낫습니다. 이것은 언젠가는 달려들어 감당해야 할 일입니다. 이 일을 미루면 미룰수록, 시작하기는 더욱 어려워집니다.

그렇다면, 대안은 과연 무엇일까요? 우리는 '그 사람'이 시기하고 자기중심적이고 심술궂은 상태에 머무는 한 그 무엇도, 전지전능하신 하나님조차도 '그 사람'을 진정 행복하게 해줄 수 없다는 것을 분명히 압니다. 그러나 우리 안에도 그냥 내버려 두면 우리가 영원히 비참한 신세가 되지 않도록 막아 주실 하나님의 능력을 누리지 못하게 가로막는 무엇인가가 있음을 알아야 합니다. 그 무엇이 남아 있는 한 우리에게 천국은 있을 수 없습니다. 코감기에 걸린 사람에게 달콤한 냄새가 있을 수 없고, 귀먹은 사람에게 음악이 있을 수 없는 것과 같은 이치입니다. 이것은 하나님이 우리를 지옥으로 '보내시는' 문제가 아닙니다. 우리 각 사람 안에 무엇인 가가 자라나고 있고, 싹을 잘라 버리지 않으면 그것 자체가 지옥이 되고 말 것입니다. 심각한 문제입니다. 그러므로 우리를 그분 손에 당장 맡겨 드립시다. 바로 이날, 이 시간에.

19   예수 그리스도를 어떻게 생각할 것인가?

우리는 예수 그리스도를 어떻게 생각해야 할까요? 이 질문에는 매우 우스꽝스러운 면이 있습니다. 우리가 진짜 물어야 할 질문은 '그리스도를 어떻게 생각할 것인가?'가 아니라, '그분이 우리를 어떻게 생각하실까?' 이기 때문입니다. 파리가 코끼리 등에 붙어 그 코끼리가 어떻게 생겼는지 판단하는 모습, 어딘가 우스꽝스럽습니다. 그러나 이 질문은 '그리스도의 기록된 언행이 제기하는 역사적 문제를 어떻게 해결해야 하는가?'라는 의미에서 생각해야 할 것입니다. 이것은 두 가지 사실을 조화시키는 문제입니다. 한쪽에는 깊이 있고 건전하여 거의 모든 사람들의 인정을 받는 그분의 도덕적 가르침이 있습니다. 그 가르침의 깊이와 건전성에 심각하게 문제를 제기하는 사람은 별로 없습니다. 기독교를 반대하는 사람들의 경우도 그리 다르지 않습니다. 저는 대단히 반신反神적인 사람들과 논쟁을 벌일 때도 그들이 '나는 기독교의 도덕적 가르침은 전폭적으로 지지한다'는 말을 빠뜨리지 않는 것을 보았습니다. 도덕적 진리는 그리스도와 그 직계 제자들의 가르침 가운데 가장 순수한 최고의 모습으로 드러난다는 사실에 대해서는 대체적인 합의가 이루어진 듯합니다. 그 가르침은 어설픈 이상주의가 아니며 지혜와 신중함이 가득합니다. 그 전체가 지극히 현실적이고 참신하며, 건전한 정신의 산물입니다. 이것이 한 가지 현상입니다.

또 다른 현상은 그리스도의 신학적 주장에 담긴 상당히 소름 끼치는 특성입니다. 제가 무엇을 말하는지 잘 아실 것입니다. 저는 그리스도께서 내놓는 섬뜩한 주장이 그의 활동 기간 중 어느 한 순간에만 등장하는 것이 아니라는 점을 강조하고 싶습니다. 물론 그분이 사형을 선고받는 데 결정적 계기가 된 한 순간이 있습니다. 대제사장이 "네가 누구냐?"고 물었을 때 그분은 이렇게 대답했습니다. "나는 기름 부음 받은 자요 자존하시는 하나님의 아들이다. 너는 내가 역사가 끝나는 날 우주의 심판자로서 나타나는 모습을 보게 될 것이다."[i] 그러나 이런 주장은 한 번의 극적인 순간에만 국한된 것이 아닙니다. 그분의 대화를 살펴보면 이런 식의 주장이 내내 펼쳐지고 있음을 알 수 있습니다. 이를테면, 그분은 사람들에게 "내가 너희 죄를 용서하노라"고 말씀하십니다.

우리가 누군가에게 뭔가 잘못을 저지를 경우, 그 사람이 그 일에 대해 우리를 용서하는 것은 상당히 자연스러운 일입니다. 누군가가 저를 속여 돈 5파운드를 빼앗는다면, 제가 "음. 내가 그를 용서하지. 그 일에 대해 더 이상 거론하지 않겠네"라고 말하는 것은 가능할 뿐 아니라 합리적인 일입니다. 그런데 누군가가 여러분을 속여 5파운드를 빼앗았는데 제가 "괜찮아. 내가 그 사람 용서하지"라고 말한다면 여러분은 무슨 말을 하시겠습니까? 그분의 입에서는 그런 흥미로운 발언이 아무렇지도 않은 듯 무심코 흘러나옵니다. 언덕 위에 앉아 예루살렘을 내려다보시다가 갑자기 입을 열어 이런 비범한 말을 꺼내십니다. "내가 네게 선지자들과 현

---

i) 마 26:63-64 참조.
ii) 마 27:37 참조.

인들을 계속 보내고 있다."[ii] 사람들은 그 말에 대해 가타부타 말이 없습니다. 하지만 그분은 상당히 갑작스럽게, 거의 무심코, 수세기에 걸쳐 세상에 현인들과 지도자들을 보내고 있는 그 능력자가 바로 자신이라고 주장하고 있습니다.

그분의 흥미로운 발언은 또 있습니다. 거의 모든 종교에는 금식과 같은 유쾌하지 않은 의식이 있습니다. 그리스도께서 어느 날 갑자기 이렇게 말씀하십니다. "내가 여기 있는 동안에는 누구도 금식할 필요가 없다."[iii] 이 사람이 누구이기에 자신이 존재하는 것만으로 모든 통상적인 규칙이 일시 중단된다고 하는 것일까요? 이 사람이 누구이기에 갑자기 학교에 반휴일을 지키라고 말할 수 있습니까? 가끔 그분은 자신에게 죄나 결점이 전혀 없음을 가정할 때만 나올 수 있는 발언을 합니다. 그분은 언제나 "내 말을 듣고 있는 너희들은 다 죄인이다"라는 태도로 말하는데, 그 말에서는 본인 역시 동일한 질책을 받을 수 있다는 암시 비슷한 것조차도 찾아볼 수 없습니다. 그분은 다시 "나는 한 분이신 하나님의 독생자요, 아브라함이 나기 전부터 내가 있느니라"고 말씀하십니다(요 1:14, 8:58 참조). 히브리어에서 "내가 있느니라"가 무슨 말인지 기억해 보십시오. 그것은 어떤 인간도 입 밖에 꺼내선 안 될 하나님의 이름이었습니다. 그 이름을 함부로 말하다가는 죽임을 당했습니다.

자, 이것이 또 다른 측면입니다. 한쪽에는 명확하고 분명한 도덕적 가르침이 있습니다. 또 한쪽에는 사실이 아니라면 과대망상증 환자의 말임이 분명한 주장들이 있습니다. 이것에 비하면 히틀러조차도 더없이 멀

---

iii) 마 9:14-15 참조.

쩡하고 겸손한 사람일 것입니다. 중간 지점은 없고, 다른 종교에서는 이와 비슷한 모습을 찾아볼 수 없습니다. 누군가 부처를 찾아가 "당신이 브라마의 아들입니까?"라고 물었다면 그는 이렇게 말했을 것입니다. "아들이여, 그대는 여전히 환상의 속세에 빠져 있구나." 소크라테스에게 찾아가 "당신이 제우스입니까?"라고 물었다면 그는 우리를 비웃었을 것입니다. 우리가 마호메트에게 가서 "당신이 알라입니까?"라고 물었다면 그는 옆 사람에게 옷을 맡겨 놓고는 우리의 목을 잘라 버렸을 것입니다. 공자에게 가서 "당신이 천제天帝입니까?"라고 물었다면 그는 "본성에 합하지 않은 말들은 적절하지 않다"고 대답했을 것입니다. 위대한 도덕적 스승이 그리스도가 한 말과 같은 말을 한다는 것은 불가능합니다. 제가 볼 때, 그런 종류의 말을 할 수 있는 사람은 하나님이거나, 정신을 완전히 망가뜨리는 망상에 시달리는 미친 사람입니다. 우리가 스스로를 자신에게 어울리는 토스트 한 조각을 찾는 삶은 계란이라고 생각한다면 정상일 수 있습니다. 그러나 자신이 하나님이라고 생각하는 사람은 정상일 가능성이 전혀 없습니다. 게다가, 그분이 자신을 단순한 도덕적 스승으로 여긴 적이 없다는 사실도 가볍게 언급할 수 있습니다. 그분을 실제로 만난 사람들은 그런 식의 반응을 보이지 않았습니다. 그분을 만난 사람들은 주로 증오나 두려움, 흠모, 이렇게 세 가지 반응을 보였습니다. 그분을 적당히 인정하는 사람은 찾아볼 수 없습니다.

이 두 가지 모순되는 현상을 조화시키려면 어떻게 해야 할까요? 우선, 그리스도는 그런 말들을 하지 않았는데 추종자들이 이야기를 과장했고, 그래서 그가 그런 말들을 했다는 전설이 생겨났다는 견해가 있습니다. 그러나 받아들이기 어려운 입장입니다. 그의 추종자들이 모두 유대인이었기 때문입니다. 다시 말하면, 그들은 모든 민족 중에서도 하나님은 한분뿐이시고 다른 신은 있을 수 없다고 가장 굳게 믿던 민족이었습니다. 종교 지도자에 대한 이런 끔찍한 날조가 전 지구상에서 그런 오류가 나타날 가능성이 가장 낮은 민족 가운데 생겨났다니, 너무나 이상합니다. 성경의 기록은 오히려 정반대로 생각하게 합니다. 그리스도의 직계 제자들과 신약성경 기자들 중 누구도 그리스도가 하나님이라는 교리를 쉽게 받아들이지 않았습니다.

그리스도에 대한 기록을 전설로 봐야 한다는 견해에는 또 다른 문제점이 있습니다. 문학사를 연구하는 사람으로서 저는 사복음서가 무엇이건 간에 전설은 아니라고 확신하고 있습니다. 저는 많은 전설을 읽었고 사복음서와 전설이 종류가 다른 글이라는 점에는 의문의 여지가 없습니다. 사복음서는 전설이 되기에는 충분히 예술적이지 않습니다. 상상력의 관점에서 보자면 세련미가 부족하고 이야기가 제대로 펼쳐지지 않습니다. 예수의 생애 대부분은 당시 다른 모든 사람의 생애가 그렇듯 우리에게 전혀 알려져 있지 않은데, 전설을 만들어 내는 사람들이라면 이런 상황을 결코 허용하지 않을 것입니다. 제가 아는 한 플라톤의 일부 대화편을 제외하고는 고대 문헌에서 사복음서와 같은 대화를 담은 글이 없습니다. 현대 문학에서조차 약 100년 전 현실주의 소설이 생겨나기 전까지는 그런 종류의 글이 아예 없었습니다. 간음 도중에 잡혀온 여인의 이야기에는 그리스도가 몸을 굽히고 손가락으로 바닥에 뭔가 썼다는 기록이 있습니다. 그 기록은 그것으로 그냥 끝납니다. 이제껏 어느 누구도 그 대목을 어떤 교리의 근거로 삼지 않았습니다. 가상의 장면을 더욱 그럴듯하게 치장하기 위해 별 관계없는 세부 내용을 지어내는 것은 그야말로 현대의 기법입니다. 이 구절에 대한 유일한 설명은 그 일이 정말 벌어졌다는 것 아니겠습니까? 저자는 그 일을 보았기 때문에 복음서에 기록한 것입니다.

그리고 우리는 모든 이야기 중에서도 가장 이상한 이야기, 부활의 이야기를 보게 됩니다. 여기서는 이 이야기의 내용을 분명히 해두는 작업이 꼭 필요합니다. 저는 어떤 사람이 이렇게 말하는 것을 들었습니다. "그리스도의 부활은 그것이 생존의 증거, 인간의 인격이 죽음 이후에도 살아남는다는 증거로서 중요하다." 그의 견해에 따르면, 그리스도에게 벌어진 일은 모든 인간에게 언제나 벌어졌던 일이고, 그리스도의 경우는 우리가 그 일을 직접 목격하는 특권을 누렸다는 점이 다를 뿐이라고 해야겠지요.

그러나 초대 그리스도인 저술가들의 생각은 달랐습니다. 그들은 우주의 역사에서 전혀 새로운 일이 벌어졌다고 보았습니다. 그리스도는 죽음을 무찌르셨다, 늘 잠겨 있던 문을 그분이 처음으로 완력으로 열어 버리셨다고 생각했습니다. 이것은 그저 영만 살아남는 것과는 명확히 구분되는 현상입니다. 그들이 영의 생존을 믿지 않았다는 뜻은 아닙니다. 오히려 그들이 유령을 너무나 확고하게 믿었기 때문에 그리스도께서는 몇 번이나 자신이 유령이 아니라고 분명히 말씀하셔야 했습니다. 중요한 점은 그들이 영의 생존을 믿으면서도 그리스도의 부활을 완전히 다르고 새로운 일로 여겼다는 것입니다. 그리스도의 부활 이야기는 죽음 이후의 생존을 보여 주는 그림이 아닙니다. 성경 기자들은 우주에 전혀 새로운 존재 양식이 생겨났음을 기록하고 있습니다. 우주에 뭔가 새로운 일이, 생명체의 첫 번째 출현만큼이나 새로운 일이 벌어졌습니다. 그리스도는 죽음 이후 '유령'과 '시체'로 나뉘지 않았습니다. 새로운 존재 양식이 생겨났습니다. 이것이 부활의 이야기입니다. 우리는 이것을 어떻게 생각해야 합니까?

문제는 기독교 가설만큼 여러 사실들을 잘 담아내는 가설이 있느냐 하는 것입니다. 기독교의 가설은 하나님이 창조된 우주로 내려오셨고 인류에게 내려오셨으며 다시 올라가셔서 자신과 함께 인류를 끌어올리셨다는 것입니다. 전설이라거나, 과장이라거나, 유령의 출현이라는 설은 대안이 될 수 없습니다. 대안이 될 만한 가설은 미친 소리 혹은 거짓말이라는 것뿐입니다. 이 두 번째 대안을 받아들일 수 없다면(저는 받아들일 수 없습니다) 우리는 기독교의 이론에 귀를 기울여야 합니다.

'예수 그리스도를 어떻게 생각할 것인가?' 이것은 우리가 그분을 어떻게 생각할 수 있는지 묻는 질문이 아닙니다. 전적으로 그분이 우리를 어떤 존재로 만들기 원하시는지 묻는 질문입니다. 우리는 그분의 이야기를 받아들이거나 거부할 수밖에 없습니다.

그분이 말하는 내용은 다른 모든 스승이 말한 내용과 전혀 다릅니다. 다른 스승들은 이렇게 말합니다. "이것이 우주에 대한 진리이다. 이것이 네가 가야 할 길이다." 그러나 그분은 이렇게 말씀하십니다. "내가 진리요, 길이요, 생명이다."[iv] 그분은 이렇게 말씀하십니다. "어떤 사람도 나를 통하지 않고는 절대적 실재에 이를 수 없다.[v] 자기 목숨을 지키려고 애를 쓰면 너는 망하고 말 것이다. 자신을 버리면 구원을 얻을 것이다.[vi]" 그분은 이렇게 말씀하십니다. "네가 나를 부끄럽게 여기면, 네가 이 부름을 듣고 외면하면, 나도 숨김없는 하나님으로 다시 올 때 너희를 외면하겠다.[vii] 무엇이건 너를 하나님과 나로부터 멀어지게 하는 것이 있다면,

---

iv) 요 14:6 참조.
v) 요 14:6 참조.
vi) 마 16:25 참조.
vii) 막 8:38; 눅 9:26 참조.

그것이 무엇이건 내다버려라. 그것이 네 눈이라면 빼어버려라. 그것이 네 손이면 찍어버려라.[viii] 네가 자신을 첫째로 여기면 너는 마지막이 될 것이다. 무거운 짐 진 자들은 다 내게로 오너라. 내가 그것을 처리해 주겠다.[ix] 너희 죄, 너희 모든 죄가 씻겼고, 나는 능히 그렇게 할 수 있다. 나는 중생이요, 생명이다.[x] 나를 먹고, 나를 마셔라. 나는 너희 양식이니.[xi] 끝으로, 두려워 말라. 내가 세상을 이기었노라."[xii] 이것이 진짜 중요한 문제입니다.

---

viii) 마 18:8-9 참조.
ix) 마 11:28-30 참조.
x) 요 11:25 참조.
xi) 요 6:48-58 참조.
xii) 요 16:33 참조.

20 동물의 고통

신학의 문제 하나[1]

C. E. M. 조드의 질의

제가 볼 때 고통과 악의 문제는 여러 해 동안 기독교에 극복할 수 없는 반론을 제기하는 듯했습니다. 하나님에겐 고통과 악을 없앨 능력이 있지만 그렇게 하지 않았는지도 모릅니다. 그렇다면 그분이 우주에 나쁜 상황이라는 것을 일부러 용인하신 것이므로 어떻게 그분이 완전히 선할 수 있는지 저로선 알 수 없었습니다. 그게 아니면 하나님은 고통과 악을 없애고 싶지만 그럴 능력이 없었던 것일지도 모릅니다. 그럴 경우 그분이 어떻게 전능할 수 있는지 저로선 알 수 없었습니다. 이 딜레마는 성 어거스틴만큼 오래되었고, 여기서 쉽게 빠져나갈 길이 있다고 하는 사람은 여태 보지 못했습니다.

더욱이, 고통을 적당히 설명해 버리거나 그 엄연한 흉악함을 누그러뜨리거나 그것을 대단히 큰 악, 아니 가장 큰 악이 아닌 것처럼 넘어가려는 사람들의 시도는 모두 실패했습니다. 그런 시도들로 드러난 것은 예리한 지혜가 아니라 그들의 나약한 마음과 역겨운 양심뿐이었습니다.

---

1) 루이스는 《고통의 문제》에서 선하신 하나님이 창조하신 우주에서 도덕적인 죄를 물을 수 없는 피조물 가운데 나타나는 고통을 어떻게 설명할 것인가, 하는 문제를 다루었다. 런던대학 철학과장이었던 C. E. M. Joad가 이 부분을 보고 질의를 하고 나섰고, 그 결과로 탄생한 것이 이 지상 논쟁이다.

하지만 고통이 악이고, 어쩌면 가장 큰 악이라 하더라도, 저는 고통에 대한 기독교의 견해가 기독교의 창조주 개념, 그리고 그분이 만든 세상 개념과 모순되지 않음을 받아들이게 되었습니다. 그 견해를 제가 이해하는 대로 간단히 요약하면 다음과 같습니다. 하나님은 인간이라는 종을 고결한 자동인형들로 창조하실 마음이 전혀 없었습니다. 자신이 하는 일 외에는 달리 어찌할 도리가 없는 자동인형의 '미덕'이란 의례적 경칭에 불과할 것이기 때문입니다. 그것은 마치 아래로 굴러가는 돌이나 0도에서 얼어붙는 물의 '미덕'과도 같습니다. 하나님이 어떤 목적으로 그런 피조물을 창조하시겠느냐는 질문이 나올 수 있습니다. 그들의 찬양을 받기 위해서? 그러나 자동 기계의 찬양은 소음의 연속일 뿐입니다. 하나님이 그들을 사랑하시기 위해서? 그러나 그들은 본질적으로 사랑할 수 있는 대상이 아닙니다. 꼭두각시를 사랑할 수는 없습니다. 그래서 하나님은 인간에게 자유의지를 주셨습니다. 인간이 자신의 노력으로 미덕을 늘려 자유로운 도덕적 존재로서 하나님의 사랑을 받을 만한 대상이 되게 하시려는 것이었습니다. 자유에는 잘못될 수 있는 자유가 포함되어 있습니다. 인간은 하나님의 선물을 오용하고 악을 행하여 실제로 잘못되었습니다. 고통은 악의 부산물이고, 하나님이 선물로 주신 자유의지를 인간이 오용한 결과로 세상에 들어왔습니다.

여기까지는 제가 이해할 수 있습니다. 여기까지는 제가 받아들입니다. 그럴듯하고, 합리적이고 앞뒤가 맞습니다.

그런데 이제 저는 해결책이 보이지 않는 문제를 만났습니다. 제가 이 글을 쓰는 것도 해결책을 배울 수 있을까 하는 희망 때문입니다. 이것은 동물의 고통, 특히 인간이 우주에 나타나기 전에 있었던 동물 세계의 고통이라는 문제입니다. 신학자들은 이 문제를 어떻게 설명합니까? 제가 아는 가장 정교하고 주의 깊은 설명은 C. S. 루이스의 설명입니다.

그는 감각 능력sentience과 의식consciousness을 구분하는 것으로 설명을 시작합니다. 우리가 a, b, c라는 감각을 경험할 때, 우리는 그것을 경험하는 동시에 우리가 경험한다는 것을 압니다. 이 두 가지 사실은 경험들이 연이어 벌어진다는 것을 알아차릴 수 있을 만큼 그 경험들 바깥에 충분히 떨어져 있는 그 무엇의 존재를 암시합니다. 이것이 의식입니다. 감각들을 경험하는 의식입니다. 다시 말해, 연속의 경험, 연속되는 감각들을 경험하기 위해서는 그것들과 별개로 존재하는 자아나 영혼이 있어야 합니다.(루이스 교수는 시시각각 변하는 감각의 물줄기 밑에 자리 잡고 있는 강바닥이라는 유용한 비유를 사용합니다.) 그러므로 의식은 연속되는 감각들을 인식하는 지속성 있는 자아 ego가 있음을 뜻하고, 감각 능력은 감각들이 이어지는 것에 불과합니다. 동물은 감각 능력은 있지만 의식은 없습니다. 루이스 교수는 다음과 같은 예를 듭니다.

이것은 그 동물을 두 번 채찍질할 때 그저 두 번의 고통이 발생한다는 뜻입니다. 그 동물에게는 '나는 두 번 고통을 당했다'고 인식할 수 있는 통합 능력을 갖춘 자아self 가 없습니다. 심지어 한 번 고통을 당할 때도 "나는 고통당하고 있다"고 말할 수 있는 자아가 없습니다. 그 동물이 "나는 고통당하고 있다"고 말할 수 있을 정도로 자기 자신과 감각—이를테면 강의 흐름과 강바닥—을 구분할 수 있다면 이 두 번의 감각 또한 자기 경험으로 연결시킬 수 있을 것이기 때문입니다.[2]

(a) 우선 저는 루이스 교수의 주장을 받아들입니다. 그러나 그것이 오늘의 주제와 어떤 관련이 있는지는 모르겠습니다. 문제는 (i) 완전히 선한 하나님이 창조한 우주에서, (ii) 도덕적인 죄를 지을 수 없는 피조물들의 고통을 어떻게 설명할 것인가, 이것입니다. 특정하게 정의된 의식의 의미로 볼 때 그런 피조물들은 의식이 없기 때문에 실은 피조물이라고 할 수 없다는 말은 상황을 해결하는 데 전혀 도움이 되지 않습니다. "이 동물에게 고통이 일어났다"고 해야지 "이 동물이 고통을 느낀다"고 해서는 안 된다[3]는 루이스 교수의 말이 사실이라 해도, 고통이 일어나고 있는 것은 사실입니다. 고통을 느끼고 그것을 과거나 미래의 고통들과 연결시킬 지속적인 자아 *ego*가 없다 해도 고통은 느껴집니다. 고통을 느끼는 존재가 누구이건 무엇이건, 어떤 지속적인 의식이 그것을 느끼건 아니건, 선하신 하나님이 계획하신 우주에서 고통이 존재한다는 사실에는 설명이 필요합니다.

(b) 둘째, 감각 능력을 그저 연속된 감각으로 보는 이론은 지속성 있는 의식이 없음을 전제합니다. 지속성 있는 의식이 없다는 것은 기억이 없음을 전제합니다. 그러나 동물이 기억을 못한다는 말은 제가 볼 때 허튼소리입니다. 채찍으로 끊임없이 얻어맞은 개가 채찍만 봐도 움츠리는 것은 녀석이 기억을 하는 것처럼 보이는 행동입니다. 우리가 개를 판단할 근거는 녀석의 행동뿐입니다. 우리는 대체로 각자 기르는 말, 고양이, 개가 기억을 아주 잘 하며, 때로는 우리보다 더 잘 한다는 가정 하에서 행동합니다. 그러니 저로서는 지속성 있는 의식을 전제하지 않고 어떻게 동물

2) *The Problem of Pain*(London, 1940, ch. ix, p. 120).
3) 같은 책, pp. 120~121.

의 기억이라는 사실을 설명할 수 있는지 모르겠습니다.

루이스 교수는 이 사실을 인식하고 유인원, 코끼리, 개, 고양이 등의 고등 동물들은 여러 경험을 연결시키는 자아가 있다고 인정했습니다. 사실상 그가 영혼이라 부르는 것을 갖고 있음을 인정한 셈입니다.[4] 그러나 이런 가정에는 새로운 어려움들이 따릅니다.

(a) 동물들에게 영혼이 있다면, 그 영혼의 불멸성은 어떻게 되는 걸까요? 기억하시겠지만, 이 질문은 아나톨 프랑스Anatole France의 《펭귄의 섬》(다른우리 역간) 초반부에서 근시인 마엘 신부가 펭귄들에게 세례를 베푼 후 천국에서 열띤 논쟁거리가 됩니다. 그러나 만족할 만한 해결책이 나와 있지는 않습니다.

(b) 루이스 교수는 고등한 가축들이 인간을 머리로 하는 집단 사회의 구성원으로서 불멸성에 이를 거라고 말합니다. 불멸에 이르는 것은 '좋은-농가-에서-자식들과-짐승들을-다스리는-주인과-그의-아내'[5]라는 겁니다. 그는 이렇게 말합니다. "만약 여러분이 '그 농가 전체의 몸에 속한 한 지체로 동물이 부활한다면 그 동물의 인격적 정체성은 어디에 있느냐?'고 묻는다면 '살았을 때 늘 그랬던 것처럼 그 몸과의 관계, 특히 그 몸의 머리인 주인과의 관계에 있다'고 답하겠습니다. 다시 말해 주인은 자기 개를 인식할 것입니다. 개도 주인을 인식할 것이며, 그를 인식함으로써 자기 자신을 찾을 것입니다."[6]

이것이 좋은 신학인지는 모르겠지만, 이것을 받아들이면 저의 질의

---

4) 같은 책, p. 121.
5) 같은 책, p. 127.
6) 같은 책, p. 128.

와 관련해 두 가지 어려움이 생깁니다.

(i) 이 생각은 루이스 교수가 영혼이 있는 것으로 여긴 고등 동물 중 유인원과 코끼리처럼 인간을 알지 못하는 종의 경우를 반영하지 못합니다.

(ii) 만약 한 동물이 선량한 사람 안에서, 그를 통해 선한 불멸의 자아성을 얻을 수 있다면, 나쁜 사람 안에서, 그를 통해 나쁜 불멸의 자아성을 얻을 수도 있을 것입니다. 게으르고 과식하는 여성들 품에서 과식하는 애완용 개도 있지 않습니까. 동물들이 무슨 잘못이 있어서가 아니라 이기적이고 제멋대로이거나 잔인한 주인을 만나는 바람에 영원에 걸쳐 이기적이고 제멋대로이거나 잔인한 '초인적인 전체'의 일부를 형성하고, 어쩌면 그 때문에 처벌을 받아야 한다면 다소 가혹한 일일 것입니다.

(c) 동물들에게 영혼이 있고 어쩌면 자유까지 있다면, 우리는 그들의 고통에 대해 인간의 고통과 같은 종류의 설명을 받아들여야 할 것입니다. 다시 말해, 고통은 죄의 결과로 따라오는 불행 중 하나라는 겁니다. 그렇다면 고등 동물은 부패했다는 뜻이 됩니다. 그럼 누가 고등 동물들을 부패로 이끌었는가 하는 질문이 생겨납니다. 답은 다음 둘 중 하나일 것 같습니다. (1) 마귀 (2) 인간입니다.

(1) 루이스 교수는 이것이 답이라고 생각합니다. 그는 동물들이 원래는 모두 초식을 했을지 모른다고 말합니다. 그런 동물들이 육식을 하게 되었습니다. 다시 말해 동물들이 서로를 먹이로 삼고, 찢고 잡아먹기 시작했습니다. 그 이유는 "인간이 등장하기 전에 이미 한 강력한 피조물의 세력이 물질계나 태양계, 아니면 적어도 지구라는 행성에 나쁜 영향을 끼치고 있었"기 때문이고 "그러한 세력이 정말 있다면, 바로 그 세력이 인간이 나타나기 전에 동물 세계를 부패시켰다고 해도 무방할 것입니다."[7]

저는 여기에 대해 세 가지 할 말이 있습니다.

(i) 솔직히 저는 사탄이 원숭이들을 유혹했다는 가설이 믿기지 않습니다. 이것이 논리적인 반론이 아니라는 것은 저도 잘 알고 있습니다. 이 가설이 비위에 거슬리는 것은 저의 상상력 때문입니다. 아니면 상식 때문이라고 해야 할까요?

(ii) 대부분의 동물들이 핏발 선 자연의 '이빨과 발톱'에 희생되지만, 그렇지 않은 경우도 많습니다. 협곡으로 떨어진 양은 다리가 부러져 굶어 죽습니다. 매년 수십만 마리의 철새들이 굶주려 죽습니다. 번개를 맞은 동물은 바로 죽지 않고 몸이 그을린 채 오랜 시간에 걸쳐 서서히 죽어 갑니다. 이런 고통들이 부패 때문일까요?

(iii) 루이스 교수께서도 인정하신 바 있지만, 영혼이 없는 동물들의 고통은 '도덕적 부패' 때문이라는 식으로 설명할 수 없습니다. 하지만 자연의 상태에 대해 한 가지 사례를 살펴봅시다. 맵시벌 과科의 말벌은 먹이로 잡은 애벌레에다 침을 놓아 그 신경중추를 마비시킵니다. 그러고는 무력해진 애벌레 안에 알을 낳습니다. 말벌 유충이 알에서 깨어나면 그들의 인큐베이터에 해당하는, 마비되었지만 여전히 감각 능력이 있는 애벌레들의 살아 있지만 무력한 살을 곧장 먹어 댑니다.

그 애벌레가 서서히 먹히면서 아무 고통도 느끼지 않을 거라고 생각하기는 어렵습니다. 그 고통이 도덕적 부패 때문이라고 하기는 더 어렵습니다. 그런 상태가 온전히 선하고 온전히 지혜로운 창조주가 설계한 작품이라고 상상하기는 무엇보다 어렵습니다.

---

7) 같은 책, pp. 122~123.

(2) 동물들이 인간 때문에 부패했다는 가설은 지구에 생물체가 살았으나 인간은 없었던 수억 년(아마 9억 년 정도) 동안의 동물의 고통을 설명하지 못합니다.

정리하자면, 동물들은 영혼이 있거나 없거나 둘 중 하나입니다. 동물에게 영혼이 없다면 도덕적 책임이 있을 수 없는 존재가 고통을 느끼는 것이니, 그런 상태가 도덕적 자유라는 하나님의 선물을 오용했기 때문에 생긴 결과라는 변명은 내놓을 수 없습니다. 동물들에게 영혼이 있다면, 다음 두 가지를 설명해야 합니다. (a) 그들의 불멸성입니다. 영혼이 있는 동물과 인간을 어떻게 구분해야 할까요? (b) 동물들의 도덕적 부패입니다. 이 두 가지를 설명할 수 있다면, 기독교 변증가들은 동물들의 고통에 대해 인간의 고통과 같은 방식으로 설명할 수 있을 것입니다. 그러나 저는 인간의 고통에 대한 설명은 기꺼이 받아들일 준비가 되어 있지만, 동물들의 경우는 그렇지가 못합니다.

이 문제에 대해 정답이 있다면 좋겠습니다. 정답을 알려 주시는 분이 계시면 감사하겠습니다.

C. S. 루이스의 응답

조드 박사님 같은 진실하고 옹골찬 논객과의 만남은 즐거운 일이자 위험한 일이기도 합니다. 그러나 저는 별로 주저하지 않고 나왔습니다. 조드 박사께서는 논리를 따지는 논객으로서만이 아니라 정말 답을 얻기 원하는 탐구자로서 글을 쓰셨습니다. 제가 답변을 하러 나선 것은 오로지 기존의 제 답변들이 그분을 만족시키지 못했기 때문입니다. 그러니 어떤 면에서 박사님은 제대로 된 제품을 공급하지 못한 상점을 다시 찾은 손님과도 같아서 저로선 당혹스럽고, 박사님은 다소 맥이 빠진 상태일 듯합니다. 이것이 원래의 제품을 변호하는 문제일 뿐이라면, 저는 별다른 말을 하고 싶지 않습니다. 그러나 이 문제는 그것과 성격이 다릅니다. 저는 조드 박사님이 제가 팔려고 내놓은 상품을 약간 오해하셨다고 생각합니다.

조드 박사님은 제 책《고통의 문제》의 9장에 관심이 있으십니다. 우선 저는 박사님의 글만 읽고서는 어느 누구도 제 책의 9장이 대단히 사변적이라는 사실을 짐작할 수 없으리라는 점을 지적하고 싶습니다. 저는 이 사실을 머리말에서 인정했고 9장에서도 거듭 강조한 바 있습니다. 물론 그렇다고 해서 조드 박사님의 어려움이 덜해지는 것은 아닙니다. 잠정적이라고 해서 만족스럽지 못한 답변이 만족스러운 답변이 되는 것은 아니니까요. 제가 9장의 성격을 언급하는 이유는 그 장이 그 책의 8장까지와는 수준이 상당히 다르다는 것을 강조하기 위해서입니다. 그러한 차이점은 짐승들에 대한 저의 '추측의 산물' (저는 당시에도 9장을 그렇게 불렀고 지금도 그렇게 부릅니다)이 제 생각 속에서 얼마만큼의 자리를 차지하고 있는지 보여 주고 있으며, 저는 이 질문 전체가 조드 박사님의 생각 속에서도 그 정도의 자리만을 차지하길 바라고 있습니다.

《고통의 문제》의 8장까지에서 저는 인간의 고통에 근거하여 유신론에 반대하는 일견 그럴듯한 *prima facie* 반론에 답하려 했습니다. 그 내용은 조드 박사님의 경우와 다를 바 없이 오랜 기간에 걸쳐 나타난 마음의 변화의 산물이었습니다. 박사님은 그런 변화를 겪은 후 (제 생각에는) 희생이 따를 훌륭한 증언을 해주셨습니다. 박사님의 사고 과정은 저의 사고 과정과 여러 지점에서 달랐습니다(아마도 그분 쪽이 더 나았을 것입니다). 그러나 우리는 거의 같은 장소에 도착했습니다. 박사님이 "여기까지는 제가 이해할 수 있습니다. 여기까지는 제가 받아들입니다"라고 말씀하신 부분은 제가 《고통의 문제》의 8장까지에서 도달한 결론과 흡사합니다.

여기까지는 아주 좋습니다. 그런데 인간 고통의 문제를 '넘어선 후', 조드 박사님과 저는 동물의 고통이라는 문제에 직면하게 되었습니다. 이 지점에서도 우리는 입장이 곧장 갈리지는 않았습니다. 우리 둘 다(제가 그분의 글을 제대로 읽었다면) "잔인한 사람들을 위로하는 안일한 이야기"[8]는 물론, 동물의 고통이 진짜 문젯거리임을 깨닫지 못하고 동물은 결국 동물일 뿐이라고 말하는 것으로 만족하는 신학자들을 거북해하며 외면했습니다. 고통당하는 존재가 아무리 열등하고 하찮다 해도, 죄책감도 도덕적 결실도 없는 고통은 우리에게 아주 심각한 문제입니다.

이제 조드 박사님께서는 이 시점에서 제가 제시하는 바를 잘 지켜봐 주시기 바랍니다. 박사님이 생각하시는 것과 정확히 같지 않을 것 같아서 그렇습니다. 저는 동물의 감각 능력 교리를 입증된 것으로 내세우며 그로부터 "짐승들은 희생당하지만 보상을 받는 고로 하나님은 정당하시다"는 식의 결론을 이끌어 내지 않습니다. 박사님이 제 책의 9장을 자세히 보시면, 분량 차이가 많이 나는 두 부분으로 나눌 수 있음을 아시게 될 것입니다. 첫 단락으로 이루어진 1부와 나머지 전체에 해당하는 2부입니다. 그 내용은 다음과 같이 요약할 수 있습니다.

1부. 하나님은 우리에게 인간의 고통을 어느 정도 이해할 수 있는 데이터를 주셨습니다. 그러나 짐승에 대해서는 그런 데이터가 없습니다. 우리는 짐승들이 창조된 목적이나 본질에 대해 아는 바가 없습니다. 우리는

---

8) G. K. Chesterton, 'A Hymn', line 11. 이 시의 첫 행은 'O God of earth and altar'로 시작한다.

하나님이 선하시다면(저는 하나님이 선하시다고 말할 만한 근거가 있다고 생각합니다) 동물 세계에서 잔인하게 나타나는 그분의 겉모습은 환영이 분명하다는 것만 확실히 말할 수 있을 뿐입니다. 그 환영 배후에 있는 실체가 어떤 모습일지는 우리로선 다만 추측할 수 있을 따름입니다.

2부. 저는 여기서 저의 몇 가지 추측을 소개했습니다.

조드 박사님이 1부 내용에 동의하시는지 여부는 2부에 실린 추측 중 어느 하나를 인정하시는 것보다 훨씬 중요합니다. 그러나 그 추측들에 대한 박사님의 비판에도 제 능력이 허락하는 대로 답해 보겠습니다.

(1) 조드 박사님은 감각 능력과 의식에 대한 저의 구분을 논증의 목적상[9] 인정하면서도, 그 구분이 논의의 주제와 관련이 없다고 생각하십니다. 박사님은 이렇게 적고 있습니다. "고통을 느끼고 그것을 과거나 미래의 고통들과 연결시킬 지속적인 자아*ego*가 없다 해도 고통은 느껴집니다. 고통을 느끼는 존재가 누구든 무엇이든, 어떤 지속적인 의식이 그것을 느끼든 아니든, …… 고통이 존재한다는 사실에는 설명이 필요합니다."

저도 (현재의 목적상) 고통을 느끼는 존재가 '누구든 무엇이든' 어떤 의미에서 중요하지 않다고 생각합니다. 다시 말해, 고통당하는 존재가 아무리 하찮고, 무력하고, 작고, 우리의 즉각적인 동정을 받지 못한다 해도 중요하지 않습니다. 그러나 고통당하는 존재가 우리가 정신적 고통이라 부르는 것을 얼마나 느낄 수 있는지, 진정 가련한 그 상태가 그것의 존재 방식에 얼마나 영향을 끼치는지는 매우 중요한 문제입니다. 고통당하는

---

9) "*positionis causa.*"

존재가 통일성 있는 의식을 갖출수록 그것의 고통에 대해 우리가 더 많은 연민과 분노를 느껴야 마땅하다는 사실은 거의 부인할 수 없습니다. 그런데 제가 생각할 때 이것은 통일성 있는 의식을 갖추지 못한 존재일수록 우리가 연민과 분노를 덜 느껴도 된다는 말로 들립니다. 저는 어떤 고통은 너무나 즉각적으로 일어나(연속에 대한 모든 지각이 없기 때문에), 그 '무가치'(이런 단어를 지어내도 된다면)가 0과 다를 바 없는 고통이 있다고 생각합니다. 저와 편지를 주고받는 한 분은 우리의 경험에서 너무나 순식간에 지나가 버려 두려움이 뒤따르지 않는 고통들의 사례를 알려 오셨습니다. 그런 고통들이 강렬할 수도 있지만 우리가 그 강렬함을 인식할 때쯤이면 이미 사라지고 없습니다. 제가 볼 때 그런 고통 안에서 연민을 가져야 할 요소가 없습니다. 오히려 희극적입니다. 웃음을 자아냅니다. 물론 그런 고통이 이어진다면 끔찍할 것입니다. 그러나 의식 없이 감각 능력만 있는 경우에는 그것을 감지할 연속된 지각이 존재하지 않습니다.

(2) 저는 '기억에서 나온 것 같은' 행동이 의식적인 의미의 기억을 입증해 준다고 생각하지 않습니다. 인간이 아닌 관찰자는 우리가 다가오는 물체를 보고 눈을 깜빡일 때 이전에 받았던 고통들을 '기억하고' 있는 거라고 생각할 것입니다. 그러나 온전한 의미에서는 여기엔 어떤 기억도 개입하지 않습니다(물론 유기체의 행동은 과거의 경험으로 수정되고, 따라서 정신이 잊어버린 것을 신경이 기억한다고 환유換喩로 말할 수도 있겠습니다. 그러나 그것은 지금 조드 박사님과 제가 다루는 내용이 아닙니다). 과거 사건들이 재현될 것 같은 상황에 행동이 적응하는 모든 경우를 기억의 사례로 본다면, 일부 곤충들의 경우 부모의 번식 습관에 대한 기억을 물려받았다고 봐야 한다는 말입니까? 과연 이것을 믿을 수 있습니까?

(3) 길들여진 동물의 부활은 주인인 인간(그러므로 간접적으로 하나님) '안'에서 이루어진다고 추측한 저의 이론은 물론 야생 동물이나 학대당한 가축들을 포함하지 않습니다. 저는 이 주장을 편 뒤 이렇게 덧붙였습니다. "저는 동물의 부활에 관한 이론을 세울 때 지켜야 할 일반적 원칙을 보여 주기 위해 ······ 사례로 끌어왔을 뿐입니다."[10] 이어서 저는 이 원칙에 충실한 대안이길 바라며 한 가지를 제시했습니다. 그 부분에서 저의 주된 목적은 짐승들의 의미와 운명에 대해 자유롭게 상상해 보는 동시에 이것은 근본적으로 알 수 없는 부분임을 인정하는 것이었습니다. 저는 하나님의 선하심에 대한 앞선 주장이 옳다면 우리는 어떤 식으로건 "모든 일이 잘 될 것이다. 모든 면에서 잘 될 것이다"[11]라고 확신할 수 있을 거라는 말로 동물의 고통에 대한 논의를 시작했습니다. 그리고 우리가 아는 바가 너무나 적고 수많은 것들을 가능성으로 염두에 둘 수 있다는 사실을 지적함으로써 이것을 강조하고 싶었습니다.

(4) 조드 박사께서 제가 사탄이 "원숭이를 유혹하는" 모습을 상상했다고 생각하셨다면, 그것은 '조장'이라는 단어를 사용한 제 탓입니다. 모호한 표현을 사용해서 죄송합니다. 저는 악마가 '유혹'(즉 의지의 부추김)의 방식으로만 부패와 손상을 일으킬 거라고 생각하지 않습니다. 마귀가 유혹의 방식으로만 인간들을 손상시킬 수 있는 것도 아닐 것입니다. 우리 주님은 허리 굽은 여인에 대해 "사탄에게 매인 바 된"[12] 사람이라 말씀하셨습니다. 그녀가 유혹을 받아 몸이 그렇게 되었다는 뜻은 아닐 것입니

---

10) *The Problem of Pain*, p. 128.
11) Lady Julian of Norwich, *Sixteen Revelations of Divine Love*, ch. xxvii.
12) 눅 13:16.

다. 부패에는 도덕적 부패만 있는 게 아닙니다. 그러나 '부패'라는 단어 선정은 적절치 않았고 오해의 소지가 있는 듯합니다. '왜곡'이 더 안전한 단어였을 것입니다.

(5) 저와 편지를 주고받는 한 분이 제게 이렇게 적어 보냈습니다. "대부분의 생물학자들은 대부분의 무척추동물이 아무리 극심한 부상을 당해도 고통을 느끼지 못한다고 말합니다. 뢰브[i]는 대뇌 반구가 없는 동물들은 심리학적으로 모든 면에서 식물과 구별되지 않음을 입증하는 많은 증거들을 수집했습니다. 맵시벌 유충에게 속이 먹히면서도 아무 일 없다는 듯 계속 먹이를 먹는 애벌레들의 경우가 금세 떠오르는군요. 무척추동물에게는 생체해부금지법Vivisection Act이 적용되지 않습니다. 법안을 작성한 사람들의 견해를 알 수 있는 대목이지요."

(6) 조드 박사님이 제기하지 않은 문제이지만, 저와 편지를 주고받는 그분이 동물의 두려움에 대한 상당히 흥미로운 몇 가지 생각을 보내와 이자리를 빌려 공개하고자 합니다. 그는 동물의 두려움에 두 가지 요소가 있다고 지적합니다. (a) 체내 분비물 등으로 인한 물리적 감각 (b) 손을 놓치거나 여기 폭탄이 떨어지거나 기차가 탈선할 경우 벌어질 일에 대한 심상. (a) 자체는 결코 순수한 괴로움이 아니기 때문에 (b) 없이, 또는 (b)를 믿지 않고, 또는 (b)를 가라앉힌 채 (a)가 생기면 많은 사람들이 그것을 오히려 좋아합니다. 롤러코스터, 워터 슈트, 과속 운전, 산악 등반이 그렇게 해서 나온 것들입니다.

그러나 《고통의 문제》 9장의 1부를 받아들이지 않는 독자에게는 이

---

i) Jacques Loeb, 독일 출신의 미국 생리학자, 실험 생물학자.

모두가 아무 의미가 없습니다. 제정신인 사람이라면 짐승의 정신에 대한 추측들을 토대로 신정론神正論을 쌓아 나가지는 않을 것입니다. 제가 책에서 말했다시피, 이런 추측들은 인간을 대하시는 하나님의 방식들이 더 이상 부당하게 보이지 않는 사람에게만 의미가 있고, 여러 가능성에 대한 상상의 문을 열어 주고 실재에 대한 우리의 불가피한 불가지론을 더욱 분명히 하고 확증해 주는 역할로만 의미가 있습니다. 우리는 동물의 고통에 대해 정답을 모릅니다. 이런 추측들은 그럴지도 모른다는 짐작일 뿐입니다. 그러나 정말 중요한 것은 해답이 분명히 있다는 논증입니다. 우리가 하나님을 알 수 있는 유일한 자리인 인생에서 너무나 오래되고 너무나 새로운 아름다움[13]을 인식하게 되면, 하나님에 대해 몇 가지만 알(savoir, 경험적 지식) 수 있을 뿐 그분을 알(connaître, 개념적 지식) 수 없는 다른 영역들에서도 겉모습은 아무리 다르게 보여도 하나님이 흑암의 세력이실 수 없다고 확신할 수 있다는 논증이지요. 우리가 속한 영역에서도 실제와는 다르게 보이는 모습들이 있지 않았습니까. 그러나 조드 박사님이나 저의 경우, 어떻게든 그런 모습들을 극복할 수 있었습니다.

저도 압니다. 동물의 고통으로 보이는 상황이 끊임없이 난감하게 이어지는 걸 볼 때면 때로는 유신론을 지지하는 모든 논증이 공허하게 들리고 (특히) 곤충 세계는 우리 주위에서 눈에 보이게 활동 중인 지옥처럼 느껴집니다. 그러고 나면 옛날의 분노, 옛날의 연민이 고개를 듭니다. 그러나 이 경험이 이상할 만큼 얼마나 이중적인지 모릅니다. 그 이중성을 길게 설명할 필요는 없을 듯합니다. 제 기억으로는 다른 곳에서 이 문제를

---

13) St Augustine, *Confessions*, bk. X, ch. 27. 《고백록》 "*pulchritudo tam antiqua et tam nova.*"

길게 설명한 바 있고 조드 박사님도 그것을 오래 전에 간파하셨으리라 확신하기 때문입니다. 제가 이 연민과 분노를 당장 그럴듯하게 느껴지는 (다음 순간에는 달라질) 주관적인 경험으로만 여기고 그 이상의 타당성을 부여하지 않는다면, 이것을 기준 삼아 피조 세계를 지으신 하나님을 비난할 수는 없을 것입니다. 동물 세계를 보고 느끼는 분노와 연민이 하나님께 대항하는 강력한 논증이 되려면 전제 조건이 필요합니다. 그 감정들을 피조 세계가 따라야 하거나, 피조 세계를 판단할 기준이 될 만한 초월적인 조명하심으로 받아들여야 한다는 것입니다. 저의 반감이 하나님께 대항하는 논증이 되려면 그 자체가 하나님의 음성이어야 합니다. 저의 반감이 셸리[ii]적이고 프로메테우스[iii]적인 것이 되어갈수록, 그것은 하나님의 인가를 더욱 확실하게 받은 것인 양 주장하고 나섭니다. 하지만 안정되고 자유로운 문명의 시대에 태어나 그 시대의 몇몇 인도주의적 감상들을 흡수한 우연한 존재인 조드나 루이스가 어쩌다 고통 때문에 마음이 상한다 해도, 그 사실이 이 문제와 무슨 관련이 있습니까? 그런 역사적인 우연을 어떻게 하나님을 지지하거나 반대하는 근거로 삼을 수 있습니까!

그럴 수 없습니다. 우리가 그런 분노와 연민을 느낀다는 사실만으로는 부족합니다. 그런 감정을 느끼는 것이 옳다고 주장할 수 있을 때, 그런 감정들이 모든 가능 세계에 대해 정당하고de jure 절대적인 지배권을 가진 기준이 된다고 확신할 수 있을 때, 비로소 그 감정들이 불신의 근거

---

ii) 영국 낭만파 시인. 대표작으로 《사슬에서 풀린 프로메테우스》가 있다. 작품이나 생애가 압제와 인습에 대한 반항, 이상주의적인 사랑과 자유의 동경으로 일관하여 바이런과 함께 낭만주의 시대의 가장 인기 있는 작가였다.

iii) 그리스 신화에서 제우스가 감추어 둔 불을 훔쳐 인간에게 내줌으로써 인간에게 맨 처음 문명을 가르친 장본인으로 알려져 있다. 제우스에게 벌 받아 바위에 쇠사슬로 묶여, 낮에는 독수리에게 간을 쪼여 먹히고, 밤이 되면 간이 다시 회복되어 영원한 고통을 겪게 되었다.

또는 신앙의 근거가 될 수 있습니다. 우리는 우리 바깥에 존재하는 외견 상의 하나님을 정죄하는 순간 은근슬쩍 우리 안으로 하나님을 끌어들입 니다. 테니슨의 시에 보면, 전통적인 신경이 고백하는 하나님이 악한 존 재라고 확신하게 된 남자가 이렇게 선언합니다. "그런 하나님이 존재한 다면, 위대한 하나님이 그를 저주하고 무無로 돌려놓기를 바라노라."[14] 그 러나 그 저주를 들으실 '위대한 하나님'이 없다면, 누가 저주하겠습니 까? 그가 저주의 대상으로 삼은 작은 '하나님'의 꼭두각시겠지요. 그런 상황이라면 그의 저주는 뿌리에서부터 오염되어 있습니다. 그의 저주는 그가 정죄하는 잔학 행위들과 같은 부류의 사건이자 무의미한 비극의 일 부일 뿐입니다.

제가 볼 때 이 상황에서 빠져나갈 출구는 둘뿐입니다. 첫째, 위대하 신 하나님은 계시고 "이 세상의 신"[15]인 공중의 권세 잡은 자도 있습니다. 위대하신 하나님은 그자를 저주하시고 때로는 우리를 통해 그자를 저주 하십니다. 둘째, 위대하신 하나님의 일하심은 우리 눈에 보이는 모습과 다릅니다.

---

14) "Despair", xix, 106.
15) 고후 4:4.

21 유신론이 중요한가?[1]

저는 프라이스 교수님의 논문에 답하여 원래 했던 말을 적어 둔 원고를 잃어버렸고 지금은 그 내용도 잊었습니다. 다신론자들에 대한 교수님의 공감을 진심으로 환영한다고 말했던 것만 기억이 납니다. 제 생각은 지금도 다르지 않습니다. 근엄한 사람들이 잉글랜드가 이교로 되돌아가고 있다는 우려를 표명할 때면 저는 "그렇다면 참 좋겠습니다"라고 대꾸하고 싶어집니다. 상원 의회가 화환을 씌운 흰 황소를 잡는 의식으로 개원하거나, 각료들이 하이드파크를 찾아가 드라이어드[i]에게 샌드위치를 예물로 바치는 모습을 보게 될 것 같지는 않은 까닭입니다. 만약 그런 사태가 발생한다면, 기독교 변증가에겐 작업할 거리가 생길 것입니다. 역사가 보여주다시피, 이교도는 기독교로 개종하기가 유난히 쉽기 때문입니다. 이교도는 본질적으로 전前 기독교, 하위 기독교적 종교를 가진 사람입니다. 오늘날 후後 기독교 시대의 사람과 옛날의 이교도는 이혼녀와 처녀가 다른 것만큼이나 다릅니다. 그리스도인과 이교도는 〈뉴스테이츠먼 *New Statesman*〉[ii]의 필진보다는 서로 공통점이 훨씬 더 많습니다. 물론 그

---

1) H. H. 프라이스 교수가 옥스퍼드 소크라테스클럽에서 발표한 논문에 응하여 쓴 글이다. 프라이스 교수의 글은 같은 제목으로 〈소크라테스클럽 회보〉, 통권 5호(1962), pp. 39~47에 실렸고 루이스의 답글도 같은 회보에 처음 실렸다.
i) 숲의 요정.

필진은 제 말에 동의할 것입니다. 이 외에, 프라이스 교수님의 논문을 다시 읽은 후 지금 떠오르는 생각은 다음과 같습니다.

1. 저는 이 논의에서 신앙Faith이라는 단어의 두 가지 의미를 구분해야 한다고 생각합니다. 이 단어는 (A) 확고한 지적 동의를 뜻할 수 있습니다. 이런 의미로 볼 때 하나님에 대한 신앙(또는 '믿음')은 자연의 균일성이나 다른 사람들의 의식에 대한 신앙과 그리 다르지 않습니다. 이것은 '개념적', '지적', '현세적' 신앙이라 일컬어지기도 했습니다. 신앙은 또한 (B) 이런 식으로 존재 사실에 동의하게 된 하나님에 대한 신뢰나 확신을 뜻할 수도 있습니다. 여기에는 의지의 태도가 포함됩니다. 우리가 친구에 대해 갖는 확신과 비슷합니다.

A의 의미에서의 신앙이 종교적인 상태가 아니라는 점은 대체로 동의할 것입니다. [하나님이 한 분이심을] "믿고 떠는"[2] 귀신들은 A신앙을 갖고 있습니다. 하나님을 저주하거나 무시하는 사람도 A신앙을 가질 수 있습니다. 하나님의 존재를 지지하는 철학적 논증의 의도는 A신앙을 이끌어 내기 위한 것인 듯합니다. 왜냐하면 그것이 B신앙에 필요한 전제 조건이기 때문입니다. 이런 의미에서 볼 때 그들의 궁극적인 의도는 종교적인 것이라 할 수 있습니다. 그러나 그들의 당장의 목표, 그들이 입증해 내려는 결론은 그렇지 않습니다. 그러므로 저는 그들이 비종교적 전제로부터 종교적 결론을 끌어내려 한다는 비판을 받는 것이 정당하지 않다고 생각합니다. 그것이 불가능한 일이라는 프라이스 교수님의 생각에는 동의하지만, 종교적인 철학자들이 바로 그 일을 시도하고 있다는 주장은 반대합니다.

---

ii) 영국의 진보적인 정치·학예 주간지.
2) 약 2:19.

또 저는 '신 존재 증명Proofs of Theism'이 프라이스 교수님이 생각하는 것보다 A신앙을 이끌어 내는 데 훨씬 효과적이었던 시대가 있었다고 생각합니다. 제가 아는 사람 가운데 어른이 되어 기독교를 받아들인 사람들 대부분은 신 존재를 증명해 주는 논증에 영향을 받았습니다. 적어도 그들은 그렇게 생각합니다. 저는 데카르트의 존재론적 신 증명[3]에 완전히 설득된 사람들도 알고 있습니다. 그들은 데카르트를 통해 A신앙을 먼저 받아들였고 이후 더 나아가 B신앙을 추구하여 발견한 것입니다. 배움이 극히 짧은 사람들 중 평생 그리스도인으로 살았던 이들도 단순한 형태의 설계 논증을 내세우는 경우가 많습니다. 전통을 받아들이는 결정에도 "그것이 옳지 않다면 그 모든 지혜로운 사람들이 믿었을 리가 없다"는 논증이 깔려 있습니다.

물론 A신앙에는 대개 그런 논증들이 보장하거나 보장한다고 추정되는 논리적 확실성을 넘어서는 상당한 주관적 확신이 들어 있습니다. 저는 A신앙이 B신앙의 지원 없이도 오랫동안 이 확신을 견지할 수 있을 거라고 생각합니다. 한번 동의한 사실에 대한 이런 식의 과도한 확신은 드문 현상이 전혀 아닙니다. 자연의 균일성, 진화론, 태양계를 믿는 사람들도 대부분 이런 과도한 확신을 갖고 있습니다.

2. 종교가 있는 사람들은 누군가 A신앙을 갖게 되면 B신앙이 저절로 따라온다고 생각하지 않을 것입니다. 그들은 B신앙이 '선물'이라고 말합니다.[4] 그리고 하나님의 존재에 대해 A신앙을 갖게 되면, B신앙을 하나님

---

3) 이것은 데카르트의 *Discours de la Méthode*, Part iv에 간략하게 요약되어 있다. 이 부분에서 그는 "나는 생각한다, 고로 나는 존재한다"라고 말한다.
4) 예를 들면, 고전 12:1-11; 엡 2:8.

께 선물로 구하라고 말합니다. 제1원인이자 최고의 실재*Ens Realissimum*이며 부동不動의 동자動者에게 구하는 것치고는 참으로 이상한 요구입니다. 하지만 그런 메마른 철학적 하나님일지라도 인격적 접근을 불러일으키지 못할 뿐, 인격적 접근을 거부하는 것은 아니라는 주장이 가능하고 저 역시 그런 주장을 펼 수 있을 것 같습니다. 어쨌거나 인격적 접근을 시도한다고 해서 해 될 것은 없을 듯합니다. 그러나 저는 A신앙에 도달한 후 B신앙을 달라고 기도하는 사람들은 대부분 종교적 체험 비슷한 것을 이미 경험했기 때문에 그렇게 기도한 것이라는 사실을 인정합니다. 어쩌면 A신앙이 이제까지 잠재적 또는 암묵적으로만 종교적이었던 그 무엇을 종교적 체험으로 바꿔 놓는다는 말이 최선의 표현일 것입니다. 이렇게 수정된 형태라면, 철학적 증명들 그 자체는 결코 종교로 이어지지 않는다는 프라이스 교수님의 견해를 저도 받아들이겠습니다. 어떤 준準종교적인 체험들로 마음이 기울어진 경우, '신 존재 증명'은 그런 체험들이 진정한 종교로 발전하지 못하도록 막고 있던 심리적 억제를 제거해 준다고 할 수 있습니다.

이것은 정확히 말해 '이해를 추구하는 신앙'[5]이 아닙니다. 이런 준종교적 체험들은 신앙*fides*이 아니기 때문입니다. 프라이스 교수님은 거부하지만, 누멘적인 것the Numinous[iii]을 다룬 오토의 기록[6]이 지금까지 나온 신앙에 대한 분석 중 최고라는 제 생각에는 변함이 없습니다. 누멘적인

---

5) "*fides quaerens intellectum.*"

iii) 오토가 라틴어에서 '아직 명확한 표상을 갖추지 않은 초자연적 존재'를 뜻하는 누멘*numen*에서 만든 단어. 전적 타자, 즉 세속 영역을 철저히 초월하는 존재를 가리킨다.

6) Rudolf Otto, *The Idea of the Holy*, trans. John W. Harvey(London, 1923). 《성스러움의 의미》(분도출판사 역간).

것을 단지 '감정'의 문제로 여기는 것은 오류입니다. 오토가 그것을 묘사하면서 그것이 우리 안에 불러일으키는 감정을 가리킬 수밖에 없는 것은 사실입니다. 그러나 따지고 보면, 모든 것은 그것이 우리 의식에 끼친 영향의 관점에서만 기술될 수 있는 것 아닙니까. 영어에는 누멘적인 것이 불러일으키는 감정에 해당하는 정확한 단어가 있습니다. 독일어로 글을 쓴 오토는 알지 못했던 단어, 바로 '경외감Awe'입니다. 두려움과 상당히 비슷하면서도 위험을 감지했을 때 느끼는 감정이 아니라는 중요한 차이점이 있지요. 우리가 호랑이를 두려워하는 이유는 그놈이 우리를 죽일지도 모른다는 두려움 때문입니다. 하지만 유령을 두려워할 때는 다릅니다. 우리는 유령이 이런저런 해코지를 할까 봐 두려운 것이 아닙니다. '누멘적인 것' 또는 '외경스러운 존재'는 우리가 이런 '이해관계를 떠난 맹목적인 두려움', 즉 경외감을 느끼는 대상입니다. 그리고 '누멘적인 것'은 우리 자신의 경외감을 가리키는 이름이 아닙니다. '경멸스러운 것the Contemptible'이 경멸contempt의 다른 이름이 아닌 것과 같습니다. '누멘적인 것'은 "당신은 무엇에 외경심을 느끼는가?"라는 질문에 대한 대답입니다. 우리가 경외감을 느끼는 대상 그 자체가 경외감이 아닌 것은 분명합니다.

오토와 함께, 어떤 의미에서는 프라이스 교수와 함께, 저는 누멘적인 것에 대한 우리의 체험에서 종교적 체험의 씨앗을 찾겠습니다. 오늘날에도 그런 체험은 분명히 존재하지만, 그래도 종교가 찾아와 그 체험을 되새겨 변화시키기 전까지, 체험 당사자에게 그것은 대개 특별한 형태의 심미적 체험 정도로만 느껴집니다. 저는 고대의 누멘적인 것(그 자체로 반드시 도덕적이지는 않은)에 대한 체험은 도덕적으로 선한 기준과 연결되었을 때만 성스러운 체험으로 발전했다고 생각합니다. 이런 일은 이스라엘에서 정기적으로 나타났고, 다른 곳에서도 산발적으로 벌어졌습니다. 그러나 저는 이교의 경우엔 이 과정 끝에 정확히 신앙fides이 나타났다고 생각하지는 않습니다. 고등 이교도 다를 바 없었습니다. 이교에는 신경信經과 같은 것이 전혀 없습니다. 이스라엘에는 신앙fides이 분명히 존재하지만, 이것은 늘 특정한 역사적 주장들과 연결되어 있습니다. 그들에게 신앙Faith의 대상은 단지 누멘적인 엘로힘, 거룩한 야훼가 아니라, "우리 조상들의" 하나님, 아브라함을 부르시고 이스라엘 백성을 이집트에서 이끌어내신 하나님입니다. 기독교는 이 역사적인 요소를 재차, 강하게 긍정하고 있습니다. 신앙의 대상은 철학자들의 '모든 존재자들 중의 존재자,'[7] 이교의 경외스러운 신비, 도덕주의자들에게 주어진 거룩한 율법인 동시에 본디오 빌라도 치하에서 십자가에 못 박혔다가 삼일 만에 다시 살아난 나사렛 예수입니다.

따라서 우리가 아는 바 신앙의 근원은 철학적인 논증만도 아니고, 누멘적인 것에 대한 체험만도 아니며, 도덕적 경험만도 아니고, 역사만도 아닙니다. 도덕적 범주를 성취하는 동시에 초월하고, 이교에서 가장 누멘적인 요소들과 연결되어 있고, 많은 저명한 철학자들이 증명할 수 있다고 생각하는 하나님보다 더욱 큰 존재자의 존재를 그 전제 조건으로 요구하는 역사적 사건들이 바로 그 근원입니다. 우리는 이 사실을 인정해야 합니다.

우리가 아는 바 종교적 체험은 이 모든 요소들을 포괄합니다. 하지만

---

7) "*ens entium.*"

우리는 이 단어를 신비적이거나 경건하거나 그저 누멘적인 체험의 순간들을 나타내는 좁은 의미로 쓸 수 있습니다. 그리고 프라이스 교수님과 더불어 우리는, 일종의 보이는 것*visio*에 해당하는 그런 순간들이 어떻게 정의상 '보이지 않는 것'인 신앙과 연결될 수 있는지 질문할 수 있습니다. 제가 볼 때 이것은 그리 어려운 문제가 아닙니다. 좁은 의미에서의 '종교적 체험'은 왔다가 사라집니다. 그렇습니다, 사라집니다. 특별한 은혜의 순간들에는 우리의 의지와 지성의 눈에 거부할 수 없고 명백해 보이는 것들을 그 순간들이 지나간 후에도 유지하게 하는 일이 바로 신앙의 역할입니다. 신앙으로 우리는 내세에선 항상 완벽하게 보게 되길 바라는 그것, 현세에선 불완전하게 섬광처럼 보았던 것을 언제나 믿습니다. 철학적 전제에서 출발해 논리적으로 추론되느냐를 기준으로 판단하자면, 그리스도인의 신앙은 물론 지나치다고 할 수 있습니다. 그러나 신자가 가끔씩 체험하는 영적 실체를 기준으로 판단하면, 그의 신앙은 많은 경우 아마 한참 부족할 것입니다. 지상의 친구에 대한 저의 믿음조차도 논증적으로 입증할 수 있는 수준을 훌쩍 넘어섭니다. 하지만 또 다른 의미에서 저는 친구를 제대로 신뢰하지 못하는 경우가 많을 것입니다.

22   피텐저 박사에 대한 답변

노먼 피텐저 박사님이 〈크리스천센추리〉 10월 1일자 '비판'[1]에서 지적한 내용 중에는 부끄럽지만 제가 인정할 수밖에 없는 대목이 있습니다. 박사님은 제가 '말 그대로'라는 단어를 진심도 아니면서 갖다 썼다고 지적하셨습니다. 저널리즘에나 나올 법한 그런 몹쓸 상투어 사용에 대해서는 그분의 꾸지람이 무색할 만큼 모질게 자책하고 있습니다.[2]

제 글에 아폴리나리우스설Apollinarianism[i]이 드러난다는 박사님의 지적에도 일말의 진리가 있음을 인정해야 하겠습니다. 《고통의 문제》의 한 구절은 엄격히 말하면 충격적이라 할 수 있을 정도로 조잡한 성육신의 개념을 담고 있습니다. 프랑스어판에서는 각주로 그것을 바로잡았지만 다른 곳에서는 그렇게 할 수 없었습니다. 《순전한 기독교》의 4부 3장이 해독제가 될 수 있을 것입니다.

1) W. Norman Pittenger, 'A Critique of C. S. Lewis', *Christian Century*, vol. LXXV (1 October 1958), pp. 1104~1107.
2) *Broadcast Talks*(London, 1942), Part II, ch. 5, p. 60에서 루이스는 "그리스도인들의 전체 무리는 말 그대로 물리적 유기체이며, 그리스도는 그분의 몸의 세포이자 손가락이자 근육을 이루는 우리를 통해 일하십니다"라고 썼다. 이후 *Broadcast Talks*를 다른 두 짧은 책과 함께 묶어 *Mere Christianity*(London, 1952)로 재출간했을 때, 그는 '말 그대로'라는 표현을 삭제했다. 인용된 부분은 재출간된 책 bk. II, ch. 5, p. 51에서 볼 수 있다.
i) 그리스도에게 육체와 혼은 있으나 인간의 영 대신 신의 영이 있다는 설. 그리스도의 인성을 불완전한 것으로 만드는 이단으로 정죄되었다.

그러나 제 말을 피텐저 박사님의 모든 비판을 수용한다는 뜻으로 받아들이시면 안 됩니다. 박사님은 "하나님이 그 안에서 너무나 활발하게 일하시고 분명하게 임재하셔서 '신인God-Man'이라 불릴 수 있는 존재이신 우리 주님이 기독교 신앙에서 차지하는 유일무이한 지위의 타당성"에 대해 말씀합니다.[3] 그런데 저는 이 말이 무슨 뜻인지 잘 모르겠습니다. 이렇게 번역해도 될까요? "우리 주님은 절대적인 실재의 구조 안에서 유일무이한 방식과 정도로 하나님이 임재하고 활동하시는 정말 유일하신 분이기 때문에 '신인'이라는 문구는 그분에 대한 객관적으로 참된 기술이다." 만약 이런 뜻이라면, 우리 두 사람의 의견은 거의 일치하는 겁니다. 아니면 이렇게 번역하는 것이 옳을까요? "그리스도인들이 (주관적으로, 그들의 생각 속에서) 우리 주님께 하나님이 유일무이한 정도로 임재하시고 활동하시는 분이라는 유일무이한 지위를 부여했기 때문에 그들이 그분을 신인이라 부르는 것은 합당한 일이다." 만약 이런 뜻이라면 저는 반대할 수밖에 없습니다. 다시 말해, 피텐저 박사님의 "불릴 수 있는"이라는 표현이 "이다"보다 못하거나 그와 다른 뜻이라면 저는 그의 문구를 받아들일 수 없습니다. 저는 예수 그리스도가 (실제로) 유일한 하나님의 아들, 즉 하나님의 독생자시며 그분을 통해 다른 사람들이 "하나님의 아들들이 될"[4] 수 있다고 생각하기 때문입니다. 만약 피텐저 박사님이 이 교리를 공격하고 싶으셨다면, 저를 그 대변인으로 선택하신 것이 의아합니다. 그분의 상대로 손색이 없는 훨씬 뛰어난 이 교리의 옹호자들이 많으니까요.

제 책 《기적》으로 넘어가 보자면, 애석하게도 피텐저 박사님이 지적

---

3) Pittenger, p. 1106.
4) 요 1:12.

하신 내용들을 정면으로 부인한다는 말씀을 드려야겠습니다. 그분은 이 책이 "기적을 자연법칙의 '침해violation'로 정의하고 시작한다"[5]고 말합니다. 잘못 생각하신 것입니다. 해당 구절(2장)은 실제로 이렇습니다. "저는 기적이란 말을 자연에 대한 초자연적 힘의 '간섭interference'이라는 의미로 사용합니다."[6] 만약 피텐저 박사님이 원문의 내용과 본인이 잘못 인용한 부분을 두고 내용은 같은데 말만 좀 다른 것뿐이라고 생각하신다면, 그것은 거의 그 책 전체를 오해한 것입니다. 저는 자연(사실과 사건으로 이루어진 시공간 체계)을 자연법칙(사실들과 사건들이 따르는 패턴들)과 동일하게 취급한 적이 없습니다. 그럴 바엔 차라리 실제 연설과 문법 규칙을 동일시하는 것이 나을 것입니다. 8장에서 저는 아주 많은 말을 통해 어떤 기적도 자연법칙을 깨뜨릴 수 없으며, 그럴 필요도 없다고 말했습니다. "기적이 자연법칙을 깨뜨린다고 정의하는 것은 부정확합니다."[7] "기적이라는 신적인 예술은 사건들이 순응하는 패턴을 잠시 중단시키는 예술이 아니라, 그 패턴 속으로 새로운 사건들을 들여오는 예술입니다."[8] 도대체 얼마나 많은 말을 해야 정반대의 말을 했다는 비난을 받을 가능성에서 벗어날 수 있을까요?(저는 지금 잠시나마 피텐저 박사님이 정직하지 못했다고 말하는 게 아닙니다. 자신의 비위에 맞지 않는 책의 요지를 파악하거나 기억하기가 얼마나 어려운 일인지는 너무나 잘 알고 있습니다.)

피텐저 박사님은 기적을 피조 세계에서 하나님의 활동과 임재를 보

---

5) Pittenger, p. 1105.
6) *Miracles: A Preliminary Study*(London, 1947). 루이스는 나중에 이 책의 3장을 고쳐 썼기 때문에 여기서의 출전은 모두 개정된 보급판 *Miracles*(Fontana Books, London, 1960)를 가리킨다.
7) 같은 책, p. 63.
8) 같은 책, p. 64.

여 주는 신호로 보는 견해를 저의 기적관과 다른 견해로 소개합니다. 하지만 15장에서 저는 가나의 기적이 "태고로부터 포도주를 베풀고 계신 바로 그 이스라엘의 하나님"을 보여 준다는 것과 기적적으로 사람들을 먹이시면서 하나님은 "바다와 호수와 시내에서 자신이 늘 해오시던 일을 …… 바로 가까이서 작게 행하셨던 것"[9]이라고 말했습니다. 이것이 피텐저 박사님이 제게 바라셨던 내용이자 아타나시우스가 말한 내용(*De Incarnatione* xiv. 8, edited by F. L. Cross, 1939)이 아닙니까?

제가 신약성경 기자들이 기적을 가리킬 때 사용한 여러 단어들(세메이아, 테라타 등)을 전혀 사용하지 않는 것은 사실입니다. 하지만 제가 왜 그 단어들을 써야 합니까? 제가 독자로 상정한 사람들은 그런 일들을 어떤 명칭으로 불러야 하는지가 아니라, 그런 일들이 과연 벌어질 수 있는지, 그리스도가 빈 무덤에서 살아났다고 모순 없이 믿을 수 있는지 알고 싶어 하는 사람들이었습니다. 제 독자들 대부분은 일단 그리스도가 살아나지 않았다는 확신이 들면, 그리스도가 살아난 적은 없지만 그런 일이 벌어진다고 가정할 때 그 사건이 테라스*teras*인지 두나미스*dunamis*인지 정하는 일이 너무나 사소한 문제라고 생각했을 것입니다. 그리고 잘 헤아려 보면 결국 그들의 입장을 이해할 수 있습니다.

피텐저 박사님은 제가 《기적》 3장에서 반박하려 애쓴 자연주의자가 허수아비라고 생각합니다. 피텐저 박사님이 자주 만나는 사람들 사이에선 그를 볼 수 없을지 모릅니다. 하지만 제가 살던 곳에는 아주 흔했습니다. 아마 모스크바 같은 곳에서도 흔할 것입니다. 그 장에는 참으로 심각

---

9) 같은 책, pp. 140, 141.

한 결함이 있는데도(다시 써야 할 것입니다), 피텐저 박사님은 그것을 발견하지 못했거나 알면서도 관대하게 그것에 대해 거론하지 않으셨습니다.[10]

이제 더 어렵고 흥미로운 제4복음서[ii] 질문으로 넘어가겠습니다. 이 부분이 어려운 이유는 여기서도 제가 피텐저 박사님이 쓰신 내용을 잘 이해할 수 없었기 때문입니다. 그분은 제가 네 복음서 모두를 같은 범주에 두었다는 점, 특별히 제4복음서에 나와 있다는 이유로 예수님이 신성을 주장했다고 믿는 점을 나무라고 있습니다. 그러나 피텐저 박사님은 제4복음서를 틀린 것으로 완전히 거부하지도 않습니다. 박사님의 말에 따르면, 제4복음서는 우리 주님의 '중요성'에 대한 '해석'을 제공하며, 초대 그리스도인들은 그것이 '옳은 것임을' '발견했고', 그것은 '제대로' 된 발견이었습니다.[11] 제 어법에서는 어떤 것이 '옳은 것임이 제대로 발견'되었다면 그것의 중요성은 참된 중요성이고, 그것을 발견한 사람들은 그것의 실제 의미를 발견한 것입니다. 제4복음서가 우리에게 예수 그리스도의 진정한 의미를 알려 준다면, 제가 그것을 받아들인다고 야단맞을 이유가 무엇입니까? 그러나 저는 야단을 맞았습니다. 그러므로 피텐저 박사님의 말에는 뭔가 다른 의미가 있음이 분명합니다. 그분의 말은 그들이 '옳은 것으로 제대로 발견한' 것이 실은 옳지 않았다는 말일까요? 아니면 그들이 옳은 것으로 제대로 발견한 중요성을 우리가 옳은 것으로 '틀리게 발견할' 거라는 말일까요? 아니면 그들은 '중요성'을 올바로 파악했지만 그 '중요성에 대한 해석'에서 틀렸다는 말일까요? 저는 모르겠습니다.

10) 루이스는 여기서 말한 대로 《기적》의 3장을 고쳐 썼다.

ii) 요한복음.

11) Pittenger, p. 1106.

하지만 제4복음서의 문제 때문에 제 안에서 권위를 존중하는 마음과 개인적 식견이 갈등을 일으킨다는 사실을 고백해야 하겠습니다. 요한복음이 비역사적이라고 생각하는 모든 학자들의 권위와 그 책이 최소한 보스웰의《존슨전》만큼은 사실에 가깝다는 생각을 떨칠 수 없게 하는 문학비평가로서 제 식견이 벌이는 갈등입니다. 여기서 저는 권위에 따르지 않고 과감하게 제 식견을 따르고 싶습니다. 그 부분적인 이유는 저로서는 [사복음서 중에서] 공관복음만을 믿을 수 있는 자료로 한정해서는 '하나님 아니면 나쁜 사람'[12]의 딜레마에서 빠져나갈 방법을 찾을 수 없기 때문입니다. 성경을 보면 예수님은 죄를 용서하십니다. 그분께 저지른 죄만이 아니라 모든 죄를 용서하십니다. 그 모습에 당시 사람들은 깜짝 놀라지만, 현대인들은 그렇지 않은 듯합니다. 하지만 현대인들도 그런 일을 직접 겪는다면 분명 생각이 달라질 것입니다. 피텐저 교수님이 두 동료가 그분의 인품에 대해 거짓말을 하는 바람에 교수직을 잃었다고 하는데, 제가 그 말을 듣고 "내가 그 두 사람을 값없이 용서합니다"라고 한다면 이 것을 두고 (옛날이나 지금의 의미 모두에서) 미친 짓에 가까운 뻔뻔한 소리라고 생각하지 않겠습니까? 그리고 물론 세 공관복음 모두 예수님이 재판을 받으실 때 자신이 하나님의 아들이라고 말함으로써 처형당할 운명을 확정지어 버리는 이야기를 들려줍니다.

피텐저 박사님은 하나님이 "자연으로 침공"하거나 "침입"한다고 하는 것은 하나님께 "거의 공간적인 초월성"을 부여하고 자연 안에서 지속되는 그분의 임재를 부인하는 일이라며 저를 비판합니다.[13] 여기가 박사

---

12) aut Deus aut malus homo.
13) Pittenger, p. 1105.

님의 말씀이 지나친 부분입니다. 물론 '초월성'이라는 단어는 공간적인 이미지를 담고 있습니다. 그러나 '내재성'도 마찬가지입니다. 피텐저 박사님이 말하는 "하나님의 피조 세계 내의 임재와 활동" 역시 마찬가지입니다.[14] 결국 우리는 인간의 언어로 말해야 하니까요(저는 에드윈 비번 Edwyn Bevan의 《상징과 믿음Symbolism and Belief 》에서 이 문제에 대한 많은 통찰을 얻었습니다). 저는 하나님의 초월성과 내재성을 모두 믿지만 그분의 초월성을 내재성보다 강조했다는 사실은 기꺼이 인정합니다. 저는 현 상황이 그것을 요구한다고 생각했고 지금도 그렇게 생각합니다. 주위를 둘러볼 때 이신론의 위험은 보이지 않지만 부도덕하고 안일하고 감상적인 범신론의 위험은 많이 보입니다. 저는 그것이 실제로 회심의 가장 큰 장애물이 되는 경우도 심심찮게 보았습니다.

피텐저 박사님은 제가 권위("교회 안에서 발전되어 위대한 학자들의 승인을 얻은")[15]를 신앙의 근거로 삼는다고 합니다만 그것은 박사님도 마찬가지입니다. 박사님이 인정하는 권위는 "사도 시대 이후 모든 그리스도인들의 온전한 만장일치의 증언"[16]입니다. 저는 박사님이 제가 인정하는 권위를 '기계적'이라 부르는 이유를 모르겠습니다. 그것이 발견 가능하다는 점에서 박사님이 인정하는 권위와 다르다는 것일까요? 우리가 "온전한 만장일치의 증언"을 확보할 수 있다면 매우 멋질 것입니다. 그러나 믿지 않는 사람들이 그렇듯, 절대다수의 그리스도인들이 자신의 '증언'을 기록하지 않은 채 죽었고 제가 이 글을 쓰는 동안에도 죽고 있습니다. 피텐

---

14) 같은 책.

15) Pittenger, p. 1106, Lewis의 *Problem of Pain*(London, 1940), ch. v, p. 60을 인용.

16) Pittenger, p. 1106.

저 박사님은 자신이 믿는 권위의 의견을 어떻게 참고하십니까?

제가 동물에게 무정하다는 박사님의 지적에 저는 정말 마음이 아팠습니다. 한편으론 놀랍기도 했습니다. 똑같은 구절에 대해 어떤 사람들은 지독히 감상적인 생각이라고 야단을 쳤기 때문입니다.[17] 모두를 기쁘게 하기란 어렵습니다. 그러나 파타고니아족[iii]이 저를 난쟁이라고 생각하고 피그미족은 저를 거인이라고 생각한다면, 제 신장은 아마 보통일 것입니다.

제가 산상수훈을 '그리 아끼지' 않는 반면 인간의 죄성과 무력함을 가르치는 '바울의 윤리'는 '선호'한다는 말[18]은 그 두 가지가 양자택일을 해야 할 사안이라는 말처럼 들립니다. 하지만 저는 그 둘이 꼭 지나가야 할 연속된 단계라고 봅니다. 제 책은 대부분 '밖에 있는 사람들 tous exo'[iv]에게 복음을 전하는 내용입니다. 자신에게 죄 용서와 구세주가 필요함을 모르는 사람들에게 그 둘을 전하는 것은 어리석은 일입니다. 그래서 저는 사도 바울과 세례 요한의 진단(그것을 과연 윤리라고 부르시겠습니까)을 강조해야 했던 것입니다. 제가 아는 한, 우리 주님도 그것을 바꾸신 바 없습니다("너희가 악한 자라도……").[19]

산상수훈을 "아끼는 것"에 대해 말해 볼까요. 여기서의 "아낀다"는 말이 '좋아한다'거나 즐긴다는 뜻이라면, 저는 누구도 그것을 '아끼지' 않을 거라고 생각합니다. 커다란 쇠망치로 얼굴을 얻어맞는 일을 누가 좋아할 수 있겠습니까? 그 구절을 읽으면서 차분한 즐거움을 느낄 수 있는

<hr>

17) 《고통의 문제》에서 '동물의 고통' 장의 내용을 가리킨다.

iii) Patagonians, 남아메리카 파타고니아 지방에 사는 아라우칸족의 일부와 그 밖의 종족을 이르는 말. 키가 크며 수렵 생활을 주로 한다.

18) Pittenger, p. 1106.

iv) [교회] 밖에 있는 사람들, 고전 5:12 참조.

19) 마 7:11; 눅 11:13.

사람이 있다면 그보다 영적으로 더 치명적인 상태에 있는 사람을 상상할 수 있을까요? 이것은 참으로 "시온에서 안일한"[20] 상태입니다. 그런 사람은 아직 성경을 읽을 만큼 성숙하지 못한 사람입니다. 그는 이슬람에서 분별력을 배우는 일을 출발점으로 삼는 것이 나을 것입니다. "하늘과 땅과 그 가운데 모든 것들아, 너희는 내가 그것들을 장난으로 만들었다고 생각하느냐?"

저는 이 부분이 피텐저 박사님의 비판 방법의 약점을 잘 보여 준다고 생각합니다. 그는 제 책들을 '진공 상태로in vacuo' 비판합니다. 그 책들이 어떤 사람들을 독자로 상정했는지, 어떤 오류들과 맞서 싸우려고 했는지 고려하지 않은 채 비판하는 겁니다. '일류 과학자들'과 아인슈타인의 논문을 읽는 사람들 사이에서 자연주의자를 찾아볼 수 없다는 이유로 제가 말하는 자연주의자를 허수아비 취급합니다. 그러나 저는 '성직자들을 위해서ad clerum'가 아니라 '대중을 위해ad populum' 글을 씁니다. 이것은 제 글의 내용뿐 아니라 방식과도 관련이 있습니다. 정말입니다. 저는 평면기하학과 입체기하학의 개념을 차용해 한 차원에서 모순되는 것이 다른 차원에서는 서로 조화될 수 있다는 사례를 들어 삼위일체를 설명하는 것이 왜 저속하고 불쾌한 일인지 이해할 수 없습니다.[21] 제가 하나님을 불의의 재판관에 비유하거나 그리스도를 한밤에 찾아오는 도둑에 비유했다면 박사님이 충격을 받으셨다 해도 이해할 수 있었을 것입니다. 그러나 제가 볼 때 수학적 대상은 사람의 머리에 남을 수 있는 어떤 천한 연상으

---

20) 암 6:1(개역한글).

21) *Mere Christianity*, bk. iv, ch. 2, p. 128에서 루이스는 이렇게 말한다. "여러분은 하나님의 차원에서 세 인격인 동시에 하나인 존재를 보게 됩니다. 정육면체가 하나의 정육면체인 동시에 여섯 개의 정사각형인 것처럼 말이지요."

로부터도 자유롭습니다.

그러나 이 모든 것을 인정한다고 해봅시다. 그 이미지가 저속하다고 합시다. 그런데 그것이 불신자가 반드시 알아야 할 내용을 전해 준다면, 저속함은 감내해야 합니다. 어쩌면 그 이미지의 저속성이야말로 이점일지 모릅니다. 아퀴나스는(위-디오니시우스Pseduo-Dionysius[v]를 본받아) 하나님의 진리를 '천한 몸의 형상을 입혀'[22] 제시하는 쪽을 선호하는데, 이에 대해 그가 제시한 이유들이 상당히 타당합니다.

제가 이 일을 시작했을 때, 믿지 않는 수많은 동포들은 기독교를 부흥사들이 제시하는 대단히 감정적인 형태로 접하거나, 교양 수준이 대단히 높은 성직자들이 늘어놓는 이해 할 수 없는 언어로 만나고 있었습니다. 그러나 둘 중 어느 쪽도 대다수 사람들의 마음을 움직이지 못했습니다. 그러므로 저는 제가 단순한 번역자의 임무를 맡아야 한다고 생각했습니다. 기독교 교리, 아니 제가 믿는 기독교 교리를 일상어로, 배우지 못한 사람들이 귀 기울여 듣고 이해할 수 있는 언어로 바꾸는 일이었습니다. 이런 목적상, 그들이 이해할 수 있는 정도보다 더 조심스럽고 뉘앙스를 살리는 섬세하고 미묘한 문체와, 여러 가지 해석이 가능한 모호한 표현들, 한마디로 피텐저 박사님의 글과 같은 문체를 썼다면 쓸모없는 것보다도 못한 결과를 낳았을 것입니다. 그런 글은 평범한 독자의 이해력을 밝혀 주지 못할 뿐 아니라 오히려 의심을 불러일으켰을 것입니다. 가엾게도 그 사람은 제가 울타리에 양다리를 걸치고 앉아 뭔가 주는 척하다 다음

---

v) 여러 편의 그리스어 논문과 편지를 써서 기독교의 신학과 신비 체험에 신플라톤 철학의 영향을 깊이 새긴 인물. 5세기 경 시리아에서 활동한 것으로 추측된다.

22) "sub figuris vilium corporum", (Summa Theologica, Qu. I, Art. 9 ad tertium).

순간 빼앗아 간다고, 한마디로 자신을 속이려 든다고 생각했을 것입니다. 저는 신학적 실수를 저질렀을지도 모릅니다. 저의 방식에 결점이 있었을 수도 있습니다. 향후 다른 분들이 저보다 더 잘하실지도 모릅니다. 제가 아직 그럴 만큼 젊은지는 모르지만, 저는 배울 의향이 있습니다. 피텐저 박사님이 많은 질병을 지적하시면서 치료법도 하나쯤 조언해 주신다면 더 도움이 되는 비평가가 되실 것입니다. 박사님은 그 일을 어떻게 하고 계십니까? 어떤 방법을 사용하여 같은 도시에 사는 수많은 상점 주인, 변호사, 부동산중개인, 장의사, 경찰과 기능공을 회심시키려 노력하십니까? 그 방법은 어떤 성과를 낳고 있습니까?

적어도 한 가지는 분명합니다. 진짜 신학자들이 사람들(그리스도께서 그들을 위해 목숨을 바치셨습니다)과의 접촉점을 잃기 시작했던 100년 쯤 전에 누군가 이 수고로운 번역 일에 달려들었다면, 오늘날 제가 끼어들 자리는 아예 없었을 거라는 사실입니다.[23]

---

23) 편지 11을 보라.

23 우리의 하나님 상을 버려야 할까?[1]

울리치 지역 주교님의 주장에 대한 평신도 그리스도인들의 반응은 대부분 주교님의 기대에 못 미칠 것입니다. 우리가 공간적인 천국의 왕좌에 앉아 계신 하나님에 대한 믿음을 내다 버린 것은 이미 오래 전 일입니다. 교회는 신인동형론이라고 불리는 그 믿음을 먼 옛날에 정죄했습니다. 기번의 책[i]에 이에 대한 부분이 있습니다. 저는 '저 위에 계신 하나님'을 '공간적으로 우주 바깥'이라는 의미에서 '저 밖에 계신 하나님'으로 바꾸어 표현한 어른을 만나 본 적이 없습니다. 만약 제가 하나님이 시공간 '바깥'이나 '너머'에 계신다고 한다면, 그것은 '셰익스피어가 그의 작품 《폭풍》 바깥에 존재하듯이' 계신다, 즉 그 작품의 장면들과 등장인물들로 그의 존재가 규명되지 않는다는 뜻입니다. 우리는 언제나 하나님을 '안에', '위에' 계신 분, 그리고 우리 '아래' 계시는 깊은 바닥 같은 분으로 생각했습니다. 우리는 상상력을 발휘해 '하늘에 계신' 아버지에 대해 말할 수 있고, '아래에서' 우리를 품는 영원한 팔에 대해서도 말할 수 있습

1) 〈옵저버 The Observer〉(1963년 3월 24일자)에 처음 실린 이 글은 당시 울리치 지역의 주교였던 J. A. T. Robinson이 같은 잡지 1963년 3월 17일자에 실은 글 "우리의 하나님 상을 버려야 한다"에 대한 답글이다. Robinson의 글은 그의 책《신에게 솔직히 Honest to God》(London, 1963)의 내용을 요약한 것이다.

i) 《로마제국쇠망사 The History of the Decline and Fall of the Roman Empire》.

니다. 저는 울리치의 주교님이 하나의 상을 절대적으로 추앙하고 나머지를 금지하기 위해 노심초사하시는 이유를 모르겠습니다. 자신이 선호하는 상을 사용하고 싶은 그분의 자유를 인정합니다. 동시에 우리에겐 두 가지 상을 모두 사용할 권리가 있다고 말하고 싶습니다.

예수님을 '창'으로 보는 주교님의 견해는 전적으로 정통적인 듯합니다("나를 본 자는 아버지를 보았거늘").[2] 어쩌면 그분의 진정한 독창성은 하나님에 대한 교리에 있는지도 모릅니다. 하지만 확신할 수는 없습니다. 이 부분에 관한 그분의 말이 아주 모호하기 때문입니다. 주교님은 "하나님이 하나의 인격으로 존재하시는가?"라는 질문과 궁극적 실재가 인격적인지 묻는 질문을 명확하게 구분합니다. 하지만 두 번째 질문에 그렇다고 말하는 사람은 첫 번째 질문에 이미 그렇다고 말한 것이 아닙니까? 심각한 언어의 남용 없이 하나님으로 기술될 수 있는 존재라면 분명히 궁극적 실재이고, 만약 궁극적 실재가 인격적이라면 하나님은 인격적입니다. 울리치의 주교님은 '하나의 인격'이 아닌 그 무엇이 여전히 '인격적'일 수 있다는 뜻으로 그렇게 말한 것일까요? 만약 '하나의 인격이 아닌'이 '하나의 인격과 그 이상'의 뜻이라면, 즉 삼위일체 교리가 가르치는 방식으로 그 말을 이해할 수 있다면 수용할 수 있습니다. 그러나 주교님은 여기에 대해 언급하지 않습니다.

따라서 저는 그분의 글이 때로 좀 어리둥절하긴 했지만 충격적으로 다가오지는 않았습니다. 그분이 완고해질 위험은 있을지 몰라도 마음만은 바른 곳에 가 있는 듯합니다. 만약 그분이 자신이 말하는 내용을 그

---

2) 요 14:9.

렇게 중요하게 여기는 이유를 전달하지 못했다면, 그것은 주로 문학적인 실패일 것입니다. 제가 그의 입장을 변호하는 일을 맡는다면, 이렇게 말하겠습니다. "땅-어머니의 하나님 상은 하늘-아버지 하나님 상이 빠뜨린 부분을 채워 줍니다. 땅-어머니 종교들은 이제까지 하늘-아버지 종교들보다 영적으로 열등했지만, 이제는 그 요소들 중 일부를 다시 허가해야 할 때인지도 모릅니다." 개인적으로 이 내용을 그다지 확신할 수는 없지만, 모종의 변론은 펼칠 수 있을 것 같습니다.

2
부

1 국가적 회개의 위험

잉글랜드는 독선적인 국가라는 비판을 자주 듣고 있고 지난 전쟁에도 독선적인 태도로 참전했(다는 말을 듣고 있)습니다. 국가적 회개의 개념은 전혀 다른 눈으로 잉글랜드를 바라보게 하기에 얼핏 생각하면 상당히 유익하게 느껴집니다. 그래서 그리스도인은 자연스럽게 희망을 품고 국가적 회개에 착수합니다. 특히 작년까지 학부생이었던 일 년차 목사보 같은 젊은 그리스도인들이 국가의 죄를 회개하는 일에 대거 나서고 있습니다. 그들은 당면한 전쟁에는 잉글랜드가 일부 책임이 있다고 믿으려 하고, 잉글랜드의 죄책에서 자신의 몫을 인정하려 합니다. 그러나 저로서는 그 몫이 무엇인지 판단하기가 쉽지 않습니다. 잉글랜드가 현재의 혼란의 원인으로 설득력 있게 추적할 만한 상당수의 결정들을 내린 시기는 지금의 젊은이들 대부분이 어린이였고 투표권은 물론 투표권을 지혜롭게 행사할 만한 경험도 갖추지 못한 때였습니다. 그렇다면 그들은 어떤 의미에서도 자신이 저지르지 않은 일을 회개하는 것일까요?

만약 그렇다면, 그들의 오류는 아주 무해하다고 생각할 수 있습니다. 사람들이 자신의 진짜 죄를 회개하지 않는 경우가 너무나 많기 때문에 가끔 가상의 죄라도 회개하는 것이 거의 바람직한 일로 보일 수 있습니다. 그러나 국가의 죄를 회개하는 젊은이들에게 실제로 벌어지는 일(저는 그런 일이 벌어지는 것을 지켜보았습니다)은 이보다 다소 복잡합니다. 잉글랜드는 하나의 자연적인 주체가 아니라 시민 사회입니다. 따라서 잉글랜드의 행위라고 하는 것은 실상 영국 정부의 행위를 말합니다. 젊은이에게 잉글랜드의 외교 정책을 회개하라고 하는 것은 실제로는 이웃의 행위를 회개하라는 뜻입니다. 외교부 장관이나 각료 장관은 이웃이 분명하기 때문입니다. 그리고 회개는 정죄를 전제로 합니다. 그러므로 국가적 회개의 으뜸가는 치명적인 매력은 우리 자신의 죄를 회개하는 괴로운 일에서 벗어나 다른 사람들의 행위를 슬퍼하는—그러나 우선 비난하는—쾌적한 일에 참여할 수 있다는 점입니다. 이것이 자신이 하는 일의 본질이라는 사실을 젊은이들이 분명히 알게 된다면, 그는 분명 사랑의 원리law of charity를 기억하게 될 것입니다. 불행히도 국가의 죄를 회개할 때 쓰는 표현이 그 진정한 본질을 감추고 있습니다. 참회자는 위험한 수사적 표현을 사용하여 정부를 '그들'이 아니라 '우리'라고 부릅니다. 그는 자신의 죄에 관대해선 안 되고 자신에게는 무죄 추정의 원칙을 절대 적용해서는 안 되는 입장이므로, '우리'라고 불리는 정부는 '사실상ipso facto' 사랑의 영역은 물론, 정의의 영역에도 들지 못합니다.

그러므로 참회자는 정부에 대해 무슨 말이건 하고 싶은 대로 말할 수 있습니다. 거침없는 비난이라는 널리 퍼진 악을 마음껏 저지르면서도 줄곧 자신이 참회하고 있다고 생각합니다. 그런 젊은 참회자들은 "우리 국가의 죄를 회개합시다"라고 말하지만, 그 말의 진의는 이런 뜻입니다. "내각에 속한 우리 이웃(그리스도인 이웃이라 해도)이 우리가 동의할 수 없는 주장을 펼칠 때마다 그가 사탄이 일시적으로 머릿속에 떠올려 줄 수 있는 가장 혐오스러운 꿍꿍이를 갖고 있다고 생각합시다."

개인적 회개에서 벗어나

격한 감정을 마음껏 발산해도

그 본명으로 불릴 일이 없는 특권을 누리는[1]

그런 솔깃해지는 영역으로 도피하는 일은 누구에게나 있는 도덕적 비겁함이 반길 만한 행동입니다. 그러나 젊은 지성인들에게는 그 일이 이중으로 매력적입니다. 마흔이 넘은 사람이 잉글랜드의 죄를 회개하고 그 원수들을 사랑하려 하는 것은 큰 희생이 따르는 일입니다. 그는 어릴 때부터 모종의 애국적 감정들 속에 자라났고, 그런 감정들을 죽이려면 치열한 싸움이 필요합니다. 그러나 오늘날 교육받은 20대는 죽여야 할 그런 감정이 대체로 없습니다. 예술·문학·정치 방면에서 그가 기억하는 자신의 모습은 성나고 초조한 소수자였습니다. 그는 어머니의 젖을 빨듯 영국 정치가들에 대한 불신과 교육받지 못한 동포들의 예절, 즐거움, 열정들에 대한 경멸을 마시고 자랐습니다. 모든 그리스도인들은 원수를 용서해야 한다는 걸 압니다. 그러나 '내 원수'는 주로 내가 정말 미워하고 험담하고 싶은 유혹을 느끼는 사람을 뜻합니다. 젊은 그리스도인 지성인들이 하는 말을 들어 보면 그들의 진짜 원수가 누구인지 금세 알 수 있습니다. 그 원수는 두 개의 이름이 있습니다. 블림프 대령[i]과 '그 사업가'입니다. 후자는 대체로 말을 하는 사람의 아버지를 뜻하는 듯하지만, 어디까지나 제 추측일 뿐입니다. 확실한 것은, 그리스도를 믿는 젊은 지성인들에게 독일인과 러시아인들을 용서하고 잉글랜드의 죄에 눈을 뜨라고 하는 일은 그

---

1) Wordsworth, *The Prelude*, bk. XI, line 230.

ⅰ) 1930년대 영국의 만화 캐릭터로, 거만하고 보수적인 중년 군인.

들을 지배하는 걱정을 극복하지 말고 거기 탐닉하라고 하는 꼴이라는 사실입니다. 그들에게 요구하는 내용이 그 자체로 옳지 않거나 필요하지 않다는 뜻이 아닙니다.

우리는 우리의 모든 원수를 용서해야 하고, 그렇지 않으면 저주를 받을 것입니다. 그러나 그것은 젊은 그리스도인들에게 필요한 권고는 결코 아닙니다. 그들이 회개해야 할 공동체적 죄는 그들의 나이와 계급에 해당하는 죄입니다. 교육받지 못한 자들에 대한 경멸, 걸핏하면 남의 행동을 악한 것으로 의심하는 자세, 독선에 빠져 공개적으로 분 내며 쏟아내는 비방, 제5계명[2]에 대한 불순종입니다. 저는 그들이 이런 죄들에 대해 말하는 것을 들어 본 적이 없습니다. 이 죄들에 관한 얘기가 들려오기 전까지는 국가적 회개에 대한 그들의 솔직함이 값싼 미덕이라고 생각할 수밖에 없습니다. 옆집에 사는 눈에 보이는 블림프 대령을 용서할 수 없다면, 한 번도 본 적이 없는 독재자들을 어떻게 용서할 수 있겠습니까?

그렇다면 국가적 회개를 가르치는 일은 교회의 임무가 아닐까요? 저는 그것이 교회의 임무라고 생각합니다. 그러나 다른 많은 임무와 마찬가지로, 그 임무는 마지못해 그 일을 맡는 사람들만이 감당할 수 있고 그로부터 유익을 얻을 수 있습니다. 우리는 주님을 위해 자기 어머니를 '미워'해야 할 수 있음을 압니다.[3] 그리스도인이 자기 어머니를 꾸짖는 광경은 슬프기는 하지만 유익을 줄 수 있습니다. 그러나 단서가 있습니다. 그동안 그가 착한 아들이었어야 하고, 어머니를 꾸짖을 때는 번민과 싸워야

2) "네 부모를 공경하라 그리하면 네 하나님 여호와가 네게 준 땅에서 네 생명이 길리라"(출 20:12).
3) "무릇 내게 오는 자가 자기 부모와 처자와 형제와 자매와 더욱이 자기 목숨까지 미워하지 아니하면 능히 내 제자가 되지 못하고"(눅 14:26).

합니다. 그러면서도 그의 영적 열정이 어머니를 향한 강하고 지극한 효성을 뛰어넘는 상황이어야 합니다. 그가 어머니를 꾸짖는 일을 즐기고 있다고 의심되는 순간, 즉 그 자신은 자연적 수준을 초월했다고 믿지만 실제로는 그에 못 미치는 부자연스러운 상태에서 허우적대고 있다고 의심할 만한 이유를 발견하는 순간, 그 광경은 그저 정떨어지는 패악으로 전락하게 됩니다. 우리 주님의 어려운 말씀은 그것을 어렵다고 느끼는 사람들에게만 유익합니다. 모리악의 《예수의 생애》에는 끔찍한 장이 있습니다. 주님이 형제와 아이에게 부모를 미워하라고 말씀하시자, 다른 제자들은 경악했습니다. 그러나 유다는 달랐습니다. 그는 오리가 물을 좋아하듯 그 말씀을 좋아했습니다.[4] 주님의 역설을 접하고도 꼼짝도 않는 마음 상태에도 두 부류가 있습니다. 하나님이 그중 하나에서 우리를 구해 주시기를 기도합니다.

---

4) François Mauriac, *Vie de Jésus* (Paris, 1936), ch. ix, "'왜 이렇게 놀라는 거야?' 유다가 물었다.(중략) 그는 그리스도가 보여 주는 세상에 대한 간결한 견해, 인간의 부패에 대한 신적 시각이 마음에 들었다.

2 자아를 다루는 두 가지 방법

　자기부인self-renunciation은 기독교 윤리의 핵심에 아주 가깝다고 여겨집니다. 그리고 실제로 그렇습니다. 아리스토텔레스는 특정한 종류의 자기애self-love를 칭송했는데, 정당한 필라우티아(자기애)와 부당한 필라우티아를 주의 깊게 구분하고 있긴 하지만[1], 우리는 그의 글을 보면서 특히 기독교에 못 미치는 요소가 있다고 느낍니다. 프랑수아 드 살St. François de Sale의 책에 등장하는 '자신을 향한 온유함에 대하여'[2]의 내용은 어떻게 생각해야 할지 판단하기가 더 어렵습니다. 그 부분에서 저자는 우리 자신에 대해서도 분개하지 말라고 하고, 자신이 잘못했을 때도 격정이 아니라 동정을 느끼며 "부드럽고 차분한 충고로"[3] 타이르라고 합니다. 노리치의 줄리안도 이와 비슷하게 우리의 '동료 그리스도인들'에게뿐 아니라 '우리 자신'에게도 "정답고 평온하게"[4] 대하라고 합니다. 신약성경조차도 내 이웃을 '나 자신과 같이'[5] 사랑하라고 명합니다. 자아가 단순히 미워해야 할 대상이라면 이것은 끔찍한 명령일 것입니다. 하지만 우리

---

1) *Nicomachean Ethics*, bk. ix, ch. 8.
2) *Introduction to the Devout Life*(Lyons, 1609)의 3부 9장 *"De la douceur envers nous-mêsmes."*
3) *"avec des remonstrances douces et tranquilles."*
4) *The Sixteen Revelations of Divine Love*, ch. 49.
5) 마 19:9, 22:39; 막 12:31, 33; 롬 13:9; 갈 5:14; 약 2:8.

주님은 참된 제자는 "자기 목숨까지 미워"[6]해야 한다고도 말씀하십니다.

이렇게 모순적으로 보이는 말씀을 대하면서, 자기애는 어느 지점까지는 옳고 그 지점을 넘어가면 틀렸다는 식으로 설명해서는 안 됩니다. 이것은 정도의 문제가 아닙니다. 자기혐오에는 두 종류가 있는데, 초기 단계에서는 그 둘이 상당히 비슷해 보이지만 하나는 처음부터 틀렸고 또 하나는 끝까지 옳습니다. 셸리는 자기 경멸을 잔인함의 근원이라 했고, 이후의 한 시인은 "자기 이웃을 자신처럼 질색하는" 사람은 마음에 들지 않는다고 했습니다. 그들이 가리킨 것은 대단히 실질적이고 대단히 비기독교적 자기혐오입니다. 흔한 이기심에 따라 살았다면 그저 동물적인 수준에 (적어도 한동안) 머물렀을 사람이 이런 자기혐오에 빠지면 악마적이 될 수 있습니다.

오늘날의 냉철한 경제학자나 심리학자가 자신의 모습에서 '이데올로기적 잔재'나 무의식적인 동기를 발견한다고 해도 반드시 기독교적 겸손을 배우는 건 아닙니다. 그들은 결국 자기 영혼을 포함한 모든 영혼을 '낮추어 보는 견해'를 갖게 될 수 있습니다. 그런 견해는 냉소나 잔인함, 또는 둘 모두로 나타납니다. 그리스도인들조차도 어떤 형태의 전적 부패의 교리를 받아들이게 되면 이런 위험에서 벗어나지 못합니다. 이런 과정의 논리적 결론은 고통의 숭배입니다. 제가 바르게 읽었다면, 데이빗 린지의 《아르크투르스로의 항해*Voyage to Arcturus*》, 그리고 셰익스피어가 《리처드 3세》의 끝 부분에서 묘사한 그 기묘하게 명한 상태에서 자아뿐 아니라 다른 사람에 대한 고통의 숭배를 읽을 수 있습니다. 리처드는 자기애의 도

---

6) 눅 14:26; 요 12:25.

움을 받아 괴로움을 덜어 보려 합니다. 그러나 그는 너무나 오랫동안 모든 감정을 "꿰뚫어 보고" 있었던 터라 이 감정조차 "꿰뚫어 보고" 맙니다. 자기애가 그저 동어반복이 되어 버리는 것이지요. "리처드는 리처드를 사랑해. 그건, 나는 나라는 말이지."[7]

자, 자아는 두 가지 방식으로 볼 수 있습니다. 우선 그것은 하나님의 피조물이며, 사랑하고 기뻐해야 할 대상입니다. 현재 혐오스러운 상태에 있기는 하지만 가엾게 여기고 치료해야 할 존재입니다. 또 한 가지는 다른 모든 사람들에 대해 '나', '나'를 내세우고, 그것을 근거로 불합리한 우선권을 주장하는 주체입니다. 이런 주장은 미워해야 할 뿐 아니라 그냥 죽어야 합니다. 조지 맥도널드는 이렇게 말합니다. "영원한 죽음에서 잠깐의 유예도 허락해서는 안 된다." 그리스도인은 자아ego가 벌이는 아우성에 맞서 끝없는 전쟁을 벌여야 합니다. 그러나 그는 자아의 죄는 미워하고 거부하되, 자아 그 자체는 사랑하고 인정합니다. 그가 거절해야 하는 자기애는 모든 자아에 대해 어떻게 느껴야 하는지 보여 주는 표본입니다. 그가 자기 이웃을 자신처럼 사랑하기를 참으로 배울 때(이생에서는 기대하기 힘든 일이지요), 그때 비로소 자신을 이웃처럼, 즉 편애가 아니라 박애로 사랑할 수 있을 것입니다.

하지만 또 다른 종류의 자기혐오는 자아 자체를 미워합니다. 그것은 '나'라는 특수한 자아의 특별한 가치를 인정하는 데서 출발합니다. 그리고 그렇게 소중한 대상이 얼마나 실망스러운지 발견하고 자존심에 큰 상처를 입어 처음에는 자신의 자아에게, 다음엔 모두에게 복수를 꾀합니

---

7) *Richard III*, V, iii, 184.

다. 이런 자기혐오는 여전히 매우 자기중심적이되 이제는 뒤집힌 자기중심주의에 사로잡혀 "나는 나를 아끼지 않아"라고 주장하고는 타키투스의 백부장처럼 "자신이 (친히 그것을) 감내했기 때문에 더욱 가차 없게"[8] 됩니다.

잘못된 금욕주의는 자아를 고문하지만, 올바른 금욕주의는 자아성을 죽입니다. 우리는 매일 죽어야 합니다. 그러나 아무것도 사랑하지 않느니 자아라도 사랑하는 편이 낫고, 아무도 불쌍히 여기지 않느니 자아라도 불쌍히 여기는 편이 낫습니다.

---

8) *Annals*, Bk. I, sect, xx, line 14. "*immitior quia toleraverat.*"

3 제3계명에 대한 묵상

〈가디언〉[1]에 보내온 많은 편지들과 다른 곳에 인쇄된 많은 글을 보면, 기독교 '정당', 기독교 '전선', 기독교 '정강政綱'을 원하는 사람들이 늘고 있음을 알 수 있습니다. 우리는 기독교가 세상의 정치를 공격해 주기를 진심으로 바랍니다. 그리고 얼핏 생각하면, 기독교 정당으로 이런 공격을 하는 것은 매우 합당하게 여겨집니다. 그러나 마리탱의《스콜라주의와 정치》[2]의 잉크가 채 마르기도 전에 이런 전략에 따르는 특정한 어려움들이 벌써 무시되고 있다는 사실이 참 이상합니다.

기독교 정당은 어떤 목표가 바람직하고 어떤 수단이 적법한지 언급하는 선에서 그치거나, 거기서 더 나아가 적법한 수단들 중에서 가능하고 유효해 보이는 것들을 선택하여 그 수단들을 실질적으로 지지해야 합니다. 첫 번째 대안을 택한다면 이미 정당이라 할 수 없을 것입니다. 안보, 생존을 보장하는 임금, 질서와 자유의 요구 사이의 최적의 균형 등 바람직하다고 받아들이는 목표에 대해서는 거의 모든 정당이 동의합니다. 한

---

1) *The Guardian*은 옥스퍼드 운동(1833년 이후 옥스퍼드대학을 중심으로 일어난 영국 국교회의 개혁 운동. 영국 국교회의 고古가톨릭적 전통을 강조하고 국교회의 권위를 회복하려고 했다)의 원리를 옹호하고 그 원리들이 당대 최고의 세속 사상과 연관성이 있음을 보여 주기 위해 설립된 주간 성공회 신문이었다.

2) Jacques Maritain, *Scholasticism and Politics*, trans. M. J. Adler(London, 1950).

정당과 다른 정당을 구분하는 것은 어떤 수단을 옹호하는지에 있습니다. 시민을 행복하게 해야 한다는 목표에는 의견을 같이하지만, 평등주의 국가와 위계적 국가, 자본주의와 사회주의, 독재 체제와 민주주의 중 어느 쪽이 그 목표를 실현시킬 가능성이 높은지에 대해서는 정당마다 의견이 다릅니다.

그렇다면 기독교 정당은 실제로 무슨 일을 하게 됩니까? 경건한 그리스도인 필라르쿠스는 일시적 복지라도 기독교적인 생활에서만 나올 수 있고, 혐오스러운 '자유주의'의 영향의 마지막 흔적까지 없애 버린 권위 국가만이 사회에서 기독교적 생활을 장려할 수 있다고 확신합니다. 그는 파시즘을 악이 아니라 선한 것이 왜곡된 형태로 보고 오히려 민주주의를 괴물처럼 여깁니다. 그는 그 괴물의 승리가 곧 기독교의 패배가 될 것이라 보기에 파시스트의 지원이라도 받고 싶은 유혹을 느낍니다. 자신과 친구들이 영국 파시스트당이라는 반죽의 누룩이 되기를 바라면서 말이지요. 스타티부스는 필라르쿠스 못지않게 경건한 그리스도인입니다. 그는 인간의 타락을 깊이 인식하고 어떤 인간에게도 최소한의 권력 이상을 맡겨선 안 된다고 믿습니다. 그리고 하나님의 권리 주장이 카이사르의 권리 주장에 침해당하지 않도록 보존되기를 간절히 바랍니다. 따라서 그는 여전히 민주주의가 기독교적 자유의 유일한 희망이라고 생각합니다. 그렇기 때문에 상업적, 제국주의적 동기를 노골적으로 드러내고 유신론 따위는 개의치도 않는 기존 질서status quo 옹호자들의 지원을 받고 싶은 유혹을 느낍니다. 끝으로, 역시 신실한 그리스도인인 스파르타쿠스가 있습니다. 그는 부자들을 고발했던 선지자들과 주님의 의분을 지닌 사람이고, 사도들과 교부들, 교회가 오래 전에 배신했던 '역사적 예수' 께서 우리에게 좌파 혁명을 요구하신다고 확신합니다. 그는 하나님의 원수라고 공공연히 선언하는 불신자들의 도움을 받고 싶은 유혹을 느낍니다.

아마 이 세 그리스도인이 대표하는 세 유형의 사람들이 하나의 기독교 정당을 결성하겠다고 모일 것입니다. 그리고 교착 상태가 벌어지거나(그것으로 그 기독교 정당의 역사는 끝납니다), 셋 중 하나가 정당을 설립하고 나머지 둘을 추종자들과 함께 당적에서 몰아낼 것입니다. 새로운 정당은 시민 중에서 소수에 불과한 그리스도인 중에서도 소수일 것이므로 실질적인 일을 하기에는 규모가 너무 작을 것입니다. 그래서 실제로 그 정당은 정치적 수단에서 가장 근사한 믿음을 가진 비기독교 정당과 힘을 합치게 될 것입니다. 필라르쿠스가 승리한다면 파시스트당에, 스타티부스가 승리한다면 보수당에, 스파르타쿠스가 승리한다면 공산당에 붙겠지요. 그 결과로 나타나는 상황이 그리스도인들이 오늘날 보고 있는 상황과 어떻게 다를까 하는 질문은 여전히 남습니다.

그런 기독교 정당이 새로운 힘을 얻어 제휴하게 되는 불신 조직에 영향을 끼칠 수 있을 거라고요? 불합리한 생각입니다. 어떻게 그럴 수 있겠습니까? 그 정당이 스스로를 무엇이라 부르건, 그것은 기독교권 전체가 아니라 일부만을 대표하게 될 것입니다. 그 정당이 믿음의 형제들로부터 분리해 나와 정치적 동맹자들과 연합하게 되는 원리는 신학에 따른 것이 아닙니다. 그 정당은 기독교를 대변할 권위가 없을 것이고, 그 정당의 힘이라고는 그 구성원들이 신앙이 없는 동맹자들의 행동을 통제하기 위해 내놓는 정치적 묘수가 전부일 것입니다. 그러나 그 정당의 진짜 새로운 요소, 대단히 위험한 요소는 따로 있습니다. 그 정당이 단순한 기독교권의 일부가 아니라, 전체라고 주장한다는 점입니다. 스스로를 기독교 정당이라 부르는 행위에는 그 정당에 합류하지 않는 것 자체가 배교와 배신이라는 암묵적인 비난이 깔려 있습니다. 그 정당은 우리 중 누구도 한시도 벗어날 수 없는 마귀의 한 가지 유혹에 점점 많이 노출될 것입니다. 그것은 우리가 좋아하는 의견을 기독교 신앙의 본질에 속하는 확실성과 권위를 가진 것으로 내세우고 싶은 유혹입니다. 우리의 적법하지만 자연적일 뿐인 열정enthusiasm을 거룩한 열심holy zeal으로 오해할 위험은 늘 있습니다. 조직의 규모를 키울 요량으로 파시스트, 공산주의자, 민주주의자들의 작은 무리를 '기독교 정당'이라 부르는 것만큼 분별없는 편법이 있을까요? 모든 정당에 내재하는 악마는 스스로를 성령으로 위장할 준비가 언제나, 충분히 되어 있습니다. 기독교 정당을 결성하면 악마는 뜻대로 할 수 있는 가장 효과적인 조직을 넘겨받게 됩니다. 일단 악마가 성령으로 위장하는 데 성공하면, 우리는 그자의 명령을 받아들여 이내 모든 도덕법을 파기하고 '기독교' 정당의 불신 동맹자들이 원하는 모든 일을 정당화하게 될 것입니다. 혹시라도 그리스도인들이 배신과 살인을 정권 창출의 적법한 수단으로 여기게 되고, 재판 조작, 종교 재판, 조직 폭력을 정권 유지에 필요한 적법한 수단으로 생각하게 된다면, 앞의 과정을 거쳐 그렇게 될 것입니다. 우리는 중세 후반의 사이비 십자가 원정, 언약도言約徒Covenanters[3], 오렌지당원들Orangemen[4]의 역사를 기억해야 합니다. 자신들의 인간적인 발언에 "주께서 가라사대"를 덧붙이는 사람들은 양심의 죽음을 향해 치닫게 됩니다. 양심이 죄의 짐에 눌릴수록 그 과정은 더욱

---

3) 16세기와 17세기의 스코틀랜드 장로교도들은 신앙의 지조를 지키기 위해 종교적 정치적 맹세를 하고 지켰다.

4) 아일랜드에서 개신교의 입장을 옹호하기 위해 1975년 설립된 Orange Association의 당원들

더 분명하게 진행됩니다.

이 모든 것은 하나님이 말씀하지 않으셨는데 말씀하신 것처럼 가장하는 상황에서 나옵니다. 그분은 두 형제의 유산 문제를 해결해 주지 않으십니다. "누가 나를 너희의 재판장이나 물건 나누는 자로 세웠느냐?"[5] 그분은 자연적인 빛을 통해 적법한 것의 의미를 보여 주셨습니다. 어느 쪽이 더 유효한지 판단하도록 우리에게 두뇌를 주셨습니다. 그리고 나머지는 우리에게 맡기셨습니다.

마리탱은 (기독교를 대표한다는 불경스러운 주장을 하는 분리주의자들과 반대로) 기독교가 정치에 영향을 끼칠 수 있는 유일한 방식을 암시했습니다. 비국교도들이 현대 영국사에 영향을 끼친 이유는 비국교도 정당이 있었기 때문이 아니라 비국교도의 양심이 있었기 때문이고, 모든 정당이 그것을 고려해야 했기 때문이었습니다. 초교파적인 그리스도인투표자협회가 있다면 모든 협회원이 어떤 당이건 자신이 지지하는 정당에 지지의 대가로 요구할 수 있는 목표와 수단의 목록을 작성할 수 있을 것입니다. 그 협회는 어떤 '기독교 전선'보다도 기독교권을 잘 대표한다고 주장할 수 있을 것이고, 그런 이유로 저는 그 협회에 가입하고 따르는 것이 원칙상 그리스도인들의 의무라고 받아들일 준비가 되어 있습니다. "그러니까 결론은 편지를 써서 의회 의원들[6]을 성가시게 하라는 것입니까?" 그렇습니다. 그렇게 하십시오. 저는 그렇게 그들을 성가시게 하는 일이 비둘기(의 순결함)와 뱀(의 지혜로움)이 결합된 조치라고 생각합니다. 그렇게 되면 그리스도인들이 불신 정당들에 '충성을 다해야' 하는 세상이 아니라, 정당

---

5) 눅 12:14.
6) M.P.'s(Members of Parliament).

들이 그리스도인들의 의견을 놓치지 않으려고 신경 써야 하는 세상이 될 것입니다. 끝으로 저는 정치가들을 '성가시게 하거나', 신대륙에서 말하는 '당파'(즉, 살인자들과 약탈자들의 비밀 협회)가 되는 일만이 소수 세력이 정치에 영향을 끼칠 수 있는 방법이라고 생각합니다. 두 번째 방법은 그리스도인들에게는 불가합니다. 그러나 제가 잊고 있었군요. 세 번째 방법이 있습니다. 그리스도인들이 다수가 되는 것이지요. 이웃을 회심시키는 사람은 가장 실제적으로 기독교적 정치 행위를 실행에 옮긴 것입니다.

4 옛날 책의 독서에 대하여[1]

'옛날 책들은 전문가들만 읽어야 한다', '아마추어는 현대의 책들에 만족해야 한다'는 이상한 생각이 모든 학문 분야에 퍼져 있습니다. 저는 영문학 개인지도 교수로 학생들을 가르치면서 평범한 학생이 플라톤 철학을 알고 싶어도 도서관 책꽂이에서 플라톤 번역서 《심포지움》을 찾아 읽어 볼 생각을 전혀 못한다는 것을 알게 되었습니다. 오히려 그 학생은 《심포지움》보다 열 배나 길고 지루한 현대의 책을 읽습니다. 대부분 '주의들'과 영향에 대한 이야기로 가득하고, 플라톤이 실제로 한 말은 열두 쪽에 한 번 정도만 등장하는 책이지요. 이런 오류에는 다소 호감이 가는 구석이 있습니다. 그것이 겸손에서 비롯한 행위인 까닭입니다. 학생은 위대한 철학자를 대면하여 만나기가 반쯤은 무서운 것입니다. 자신이 부족하다고 느끼고 그를 이해하지 못할 거라고 생각합니다. 그러나 위대한 사람은 바로 그 위대함 때문에 그의 주석을 단 현대인보다 훨씬 이해하기 쉽다는 것을 학생이 안다면 얼마나 좋을까요. 아무리 평범한 학생이라도 플라톤이 한 말을 전부는 아니어도 상당히 많은 부분을 이해할 수 있을 것입니다. 그러나 플라톤 철학을 다룬 현대의 책들 중 일부는 거의 누구

---

[1] 이 글은 원래 루이스가 성 아타나시우스의 《화육론The Incarnation of the Word of God》, trans. by A Religious of C.S.M.V.(London, 1944)의 도입으로 써서 출간되었다.

도 이해할 수 없습니다. 그러므로 교사로서 저는 언제나 젊은이들에게 일차적인 지식이 이차적 지식보다 훨씬 습득할 가치가 높을 뿐 아니라 습득하기도 대체로 훨씬 쉽고 즐겁다는 사실을 납득시키는 일에 전력해 왔습니다.

현대 서적들에 대한 잘못된 선호와 옛날 책들에 대한 기피 현상이 가장 만연한 분야가 바로 신학입니다. 평신도 그리스도인들의 소규모 연구 모임을 찾아가 보면 십중팔구 그들은 사도 누가나 바울, 어거스틴, 토마스 아퀴나스, 후커[2], 버틀러[3] 대신 베르디예프[4]나 마리탱[5], 니버[6], 미스 세이어즈[7], 그리고 제 책으로 공부하고 있을 것입니다.

제가 볼 때 이것은 거꾸로 된 일입니다. 저 자신이 작가이다 보니 평범한 독자가 현대 서적들을 읽지 않기는 바라지 않습니다. 그러나 그가 새 책이나 옛날 책 중 하나만 읽어야 한다면, 저는 옛날 책을 권하겠습니다. 제가 이런 조언을 하는 이유는 그가 아마추어이고, 전문가에 비해 현대의 책들만 읽을 때 맞닥뜨리게 되는 위험에 거의 무방비 상태이기 때문입니다. 새 책은 여전히 시험대에 올라 있는데 아마추어는 그것을 감정할 입장이 아닙니다. 그 책은 유구한 기독교 사상 전체에 비춰 시험해 봐야 하고, 그 모든 숨겨진 의미들(종종 저자 자신도 생각하지 못한)이 밝혀져야 합니다. 제법 많은 다른 현대 서적들을 알지 못하고는 그 책의 내용을 온전히 이해할 수 없는 경우도 많습니다. 여덟 시부터 시작된 대화에 열한

---

2) Richard Hooker(약 1554~1600), 성공회 신학자.

3) Joseph Butler(1692~1752), 더럼의 주교.

4) Nicolas Berdyaev(1874~1948), 러시아의 철학자, 저술가.

5) Jacques Maritain(1882~1973), 프랑스의 토마스주의 철학자.

6) Reinhold Niebuhr(1892~1971), 미국의 신학자.

7) Dorothy L. Sayers(1893~1957), 몇 편의 종교 희곡과 많은 대중 탐정 소설을 쓴 작가.

시에 끼어든다면 대화 내용의 진정한 의미를 알기 힘들 것입니다. 아주 평범한 말을 했을 뿐인데 사람들이 웃음을 터뜨리거나 흥분할 때 우리는 그 이유를 알 수 없을 것입니다. 그 이유는 분명합니다. 그 전까지 진행된 대화에서 그런 말들이 특별한 의미를 갖게 되었기 때문입니다. 마찬가지로, 현대 서적 속의 상당히 평범해 보이는 문장들이 어떤 다른 책을 '겨냥한' 것일 수 있고, 그 진짜 의미를 알았더라면 분개하며 거부했을 내용을 자기도 모르게 받아들이게 될 수도 있습니다. 유일한 안전망은 당대의 논쟁들을 균형 잡힌 시각에서 보게 해주는 명백하고 중심이 되는 기독교(백스터의 표현을 빌자면 '순전한 기독교')의 기준을 갖는 일입니다. 그런 기준을 얻는 방법은 옛날 책을 읽는 것뿐입니다. 새 책을 한 권 읽은 후에는 반드시 옛날 책을 한 권 읽고 그 후 다시 새 책을 읽는 것이 바람직한 규칙입니다. 그것이 너무 부담스러우시다면, 새 책을 세 권 읽은 뒤에는 옛날 책 한 권은 꼭 읽으십시오.

모든 시대에는 나름의 시각이 있습니다. 각 시대가 특별히 잘 파악한 진리들이 있고 특히 잘 저지르는 실수들이 있습니다. 그러므로 우리 모두에게는 우리 시기의 전형적인 실수를 바로잡아 줄 책들이 필요합니다. 그것이 바로 옛날 책입니다. 같은 시대의 저자들은 어느 정도 같은 시각을 공유합니다. 저처럼 그것에 극렬히 반대하는 사람들도 크게 다르지 않습니다. 지난 시대의 논쟁들을 읽다 보면 무엇보다 양측 진영 모두 지금의 우리라면 철저히 부인할 만한 많은 내용을 당연하게 받아들이고 있다는 사실을 깊이 인식하게 됩니다. 그들은 자신들이 서로 더없이 철저한 반대 입장이라고 생각했지만, 미처 몰랐을 뿐 실제로 그들은 내내 엄청난 양의 공통되는 가정假定으로 연결되어 있었습니다. 서로를 이어 주고, 그 전후 시대와는 구분 짓는 가정입니다. 20세기의 특징적인 맹목은 우리가 전혀 예상하지 못한 곳에 있을 것이고 후세 사람들은 그 맹목성에 대해 이렇게 물을 것입니다. "하지만 그들은 어떻게 그런 생각을 할 수 있었을까?" 우리는 히틀러와 루스벨트 대통령[8], H. G. 웰스와 칼 바르트 사이에도 그러한 상당히 맹목적인 공통점을 확인할 수 있습니다. 우리 중 누구도 이 맹목에서 완전히 벗어날 수는 없지만 현대 서적들만 읽는다면 그 맹목성이 심해질 것이며 그에 대한 경계심도 약해질 것입니다.

현대 서적들의 내용이 옳은 부분들은 우리가 이미 알고 있는 진리들을 알려 줄 것입니다. 그리고 내용이 틀린 부분들은 우리가 이미 위험할 정도로 앓고 있는 오류를 더욱 악화시킬 것입니다. 이런 증상을 완화하는 유일한 비결은 지난 수 세기의 깨끗한 바닷바람이 우리의 정신에 계속 불어오게 하는 것이고, 이 일은 옛날 책들을 읽는 것으로만 가능합니다. 물론 과거에 무슨 마법이 있어서는 아닙니다. 그때 사람들이 지금보다 더 영리한 건 아니었습니다. 그들은 우리만큼 많은 실수를 범했습니다. 그러나 같은 실수를 저지르지는 않았습니다. 그들은 우리가 저지르는 오류에 대해 반성할 계기를 주고, 그들의 오류는 이제 명백하게 드러났기 때문에 우리에게 위험거리가 되지 않습니다. 두 머리가 하나보다 나은 이유는 어느 쪽에 오류가 없어서가 아니라 둘 다 같은 방향으로 잘못될 가능성이 낮기 때문입니다. 미래의 책들은 과거의 책들만큼이나 좋은 교정책이 될 것이 분명하지만, 불행히도 우리는 미래의 책은 입수할 수가 없습니다.

제가 처음 기독교 고전들을 읽게 된 것은 영문학 연구의 결과로 거의

---

8) 이 글의 기록 시기는 1943년이다.

우연히 이루어진 일이었습니다. 후커, 허버트[9], 트러헌[10], 테일러[11], 버니언[12] 같은 저자들의 책들은 그들이 위대한 영문학 저자들이기 때문에 읽었습니다. 그 외의 보에티우스[13], 성 어거스틴, 토마스 아퀴나스와 단테 같은 사람들은 영문학에 '영향을 끼친 사람들'이기 때문에 읽었습니다. 조지 맥도널드의 책은 제가 열여섯 살 때 발견했고, 그의 기독교를 애써 무시하면서도 오랫동안 그의 책들을 한결같이 좋아했습니다. 보면 아시겠지만, 이들은 많은 교파와 풍토, 시대를 대표하는 다양한 사람들입니다. 이 얘기를 하고 보니 이들의 책을 읽어야 할 또 다른 이유가 생각나는군요. 기독교권의 분열은 부인할 수 없는 사실이고 이들 중 몇몇 저술가는 특정 분파의 입장을 맹렬하게 내세웠습니다. 그러나 '기독교'가 너무 많은 의미를 지닌 단어이기 때문에 아무 의미가 없다고 생각하고픈 유혹을 받는 사람이 있다면, 자신이 속한 세기를 벗어나 보면 실상이 그렇지 않음을 의문의 여지 없이 알게 될 거라고 말해 주고 싶습니다. 지난 여러 시대에 걸쳐 드러난 바에 따르면, '순전한 기독교'는 교파를 초월한 단순하고 무미건조한 종교가 아니라 긍정적이고 사리에 맞고 다함이 없는 실체입니다. 이것은 제가 쓰라린 경험을 통해 알게 된 사실입니다. 제가 기독교를 미워하던 시절[14], 저는 청교도 버니언의 작품과 성공회 후커, 때로는 토마스주의자 단테의 글에서 너무나 친숙한 어떤 냄새처럼, 제가 만날 때마다 거의 변하지

---

9) George Herbert(1593~1633), 영국 시인.

10) Thomas Traherne(1637~1674), 영국의 종교 저술가.

11) Jeremy Taylor(1613~1667), 영국의 신학자. 대표작으로 《성생론聖生論 Holy Living》과 《성사론聖死論 Holy Dying》이 있다.

12) John Bunyan(1628~1688), 대표작 《천로역정》.

13) Boethius는 기원후 470년경 태어났고 《철학의 위안》을 썼다.

14) 이 시기에 대해 더 알고 싶은 사람은 루이스의 자서전 Surprised by Joy(London, 1955)《예기치 못한 기쁨》(홍성사 역간)을 읽으면 된다.

않는 그 무엇을 계속 감지하게 되었습니다. 그것은 (달콤하고 화려하게) 프랑소아 드 살[15]의 작품에도, (진지하고 꾸밈없이) 스펜서[16]와 월튼[17]의 글에도 있었습니다. (엄격하지만 남자답게) 파스칼[18]과 존슨[19]의 글에도 있었습니다. 부드럽고 무서우면서도 낙원의 향을 풍기며 본[20]과 뵈메[21]와 트러헌의 글에도 깃들어 있었습니다. 18세기의 도회적 합리성도 안전지대는 아니었습니다. 로[22]와 버틀러가 그 길에 버티고 선 두 사자였습니다. 엘리자베스 여왕 시대의 소위 '이교 사상'도 그것을 몰아낼 수 없었습니다. 그것은 가장 안전하다고 생각할 만한 곳, 《선녀여왕》과 《아케이디아Arcadia》[23] 한복판에도 들어 있었습니다. 그것은 물론 다양한 형태를 지니지만 그러면서도 너무나 명백하게 동일했고, 능히 알아볼 수 있고 외면할 수 없는 냄새, 생명이 되도록 우리가 허락하기 전에는 오직 죽음을 뜻하는 냄새를 풍기고 있었습니다.

당신으로부터 먼 나라에서 불어와

죽음을 부르는 공기.[24]

---

15) François de Sales(1567~1622), 대표작은 *Introduction to the Devout Life*와 *Treaties on the Love of God*.

16) Edmund Spenser(1552?~1599), 《선녀여왕*The Faerie Queen*》(나남출판 역간).

17) Izaak Walton(1593~1683), 대표작은 *Compleat Angler*.

18) Blaise Pascal(1623~1662), 《팡세*Pensées*》로 특히 유명함.

19) Dr Samuel Johnson(1709~1784).

20) Henry Vaughan(1622~1695), 영국 시인.

21) Jakob Boehme(1575~1624), 독일 루터파 신지학 저술가.

22) William Law(1686~1761), 그의 저서 *Serious Call to a Devout and Holy Life*는 루이스에게 많은 영향을 끼쳤다.

23) 필립 시드니 경Sir Philip Sidney(1554~1586).

24) A. E. Houseman, *A Shropshire Land*(London, 1896), stanza 40.

우리 모두 기독교권의 분열 때문에 괴롭고 부끄럽습니다. 그럴 만도 합니다. 그러나 평생 그리스도인들의 공동체 안에서만 살아온 사람들은 이로 인해 너무 쉽게 낙담할 우려가 있습니다. 기독교 내의 분열은 나쁘지만, 이 사람들은 바깥에서 그것이 어떻게 보이는지 알지 못합니다. 바깥에서 보면, 온갖 분열 후에도 손상되지 않고 남은 부분은 여전히 (실제로도 그렇듯) 엄청나게 강력한 단일체로 보입니다. 저는 그것을 직접 보았기 때문에 압니다. 우리의 원수들도 그 사실을 잘 압니다. 그 단일성은 이 시대를 벗어나서 보면 우리 중 누구라도 발견할 수 있습니다. 충분하지는 않지만, 우리가 생각했던 것 이상입니다. 일단 그 안에 푹 잠기고 난 뒤 과감하게 말을 해보면, 재미있는 경험을 하게 될 것입니다. 실제로는 버니언의 글을 인용하고 있는데 천주쟁이라는 말을, 아퀴나스의 글을 인용하는데 범신론자라는 말을 듣게 될 것입니다. 그것은 우리가 이제 모든 시대를 가로지르는 고가도로, 골짜기에서 보면 너무 높고, 산에서 보면 너무 낮고, 습지에 비하면 너무 좁고, 양 떼가 다니는 길에 비하면 너무 넓은 대단한 수준의 고가도로에 올라섰기 때문입니다.

이 책《화육론De Incarnatione》은 일종의 실험입니다. 이 책의 번역은 신학생뿐 아니라 일반 독자들까지 의식하고 진행되었습니다. 만약 성공한다면 다른 기독교 고전들의 새로운 번역서도 계속 출간될 것입니다. 물론 어떤 의미에서 보면 이것이 이 분야의 첫 번째 번역서는 아닙니다.《독일신학Theologia Germanica》[25],《그리스도를 본받아》[26],《완전함의 척도Scale of

---

25) 14세기 후반에 나온 작자 미상의 신비주의적 저술.
26) The Imitation of Christ, 1418년 처음 유통된 경건 생활 지침서. 저자는 전통적으로 Thomas à Kempis(약 1380~1471)로 알려져 있다.
27) 저자는 Walter Hilton(1396 사망), 영국의 신비가.

Perfection》[27] 그리고 노리치의 줄리안의 《계시》[28] 같은 책의 번역본들이 이미 시장에 나와 있습니다. 그중에는 그리 학문적이지 못한 번역서들도 있지만 모두 대단히 소중합니다. 그러나 척 보면 아시겠지만, 이 책들은 모두 교리서가 아니라 경건서입니다. 그런데 평신도나 아마추어는 격려뿐 아니라 가르침도 받아야 합니다. 이 시대에는 지식의 필요성이 특히 절실합니다. 게다가 두 종류의 책을 날카롭게 나누는 것도 인정할 수 없습니다. 저의 경우, 경건서보다는 교리 서적을 통해 경건 생활에 더 큰 도움을 받는 경향이 있고, 많은 사람들이 저와 동일한 경험을 하게 될 거라고 생각합니다. 자리에 앉거나 무릎을 꿇고 경건 서적을 읽어도 "아무 일도 벌어지지" 않는다고 하는 사람들이 많은데, 연필을 손에 들고 어려운 신학 책을 조금씩 읽어 나가다 보면 심장이 마음껏 노래하는 경험을 하게 될 것입니다.

이 책은 아주 훌륭한 책의 좋은 번역본입니다. 성 아타나시우스는 '아타나시우스 신조Athanasius Creed'[29]의 한 문장 때문에 대중적으로 좋지 않은 평가를 받았습니다. 정확히 말하면 그 저작이 신조가 아니고 성 아타나시우스의 글도 아니라는 점을 굳이 밝히지는 않겠습니다. 그 글은 그 자체로 아주 훌륭하기 때문입니다. "이 신앙을 완전무결하게 유지하지 못하는 사람은 의심의 여지 없이 영원한 멸망에 이를 것이다"라는 대목이 문제가 됩니다. 흔히 오해받는 대목이지요. 여기서 중요한 단어는 '유지하다' 입니다. '획득하다' 도, 심지어 '믿다' 도 아니고 '유지하다' 입니다. 저자는 지금 불신자들이 아니라 배교자들에 대해 말하고 있습니다. 그리

---

28) *The Sixteen Revelations of Divine Love* by Lady Julian of Norwich(약 1342~1413 이후)
29) 성공회 기도서에서 볼 수 있는 신앙 고백.

스도를 들어 보지 못한 사람들이나, 그분을 오해하여 영접하기를 거부한 사람들이 아니라, 제대로 이해하고 정말 믿었다가 나태함이나 유행이나 다른 어떤 혼란에 이끌려 기독교에서 멀어지고 그보다 못한 사고방식에 빠져든 사람들이 대상입니다. 이것은 모든 신념의 변화는 발생 경위와 상관없이 무조건 탓할 수 없다는 흥미로운 현대적 가정에 대한 경고입니다.[30] 그러나 이것은 지금 제가 말하려는 바가 아닙니다. 제가 (흔히 말하는) '아타나시우스 신조'를 언급한 것은 독자의 생각에 방해가 되었을 만한 요소를 제거하고 진짜 아타나시우스를 그 자리에 놓기 위함일 뿐입니다. 그의 묘비명은 "세상과 맞선 아타나시우스*Athanasius contra mundum*"입니다. 우리는 우리나라가 세상과 맞선 것이 한 번만이 아님을 자랑스럽게 생각합니다. 아타나시우스도 똑같은 일을 했습니다. 그가 삼위일체 교리를 지지하고 나선 시기는 문명 세계 전체가 기독교에서 벗어나 아리우스[31]의 종교로 넘어가는 것처럼 보이는 때였습니다. 아리우스의 종교는 합리적인 종합적 종교로서 오늘날 적극 추천되고 있고 지금처럼 그때도 대단히 교양 있는 성직자들의 많은 지지를 받았습니다. 아타나시우스는 시대와 함께 움직이지 않았는데, 그것이 그에게는 영예로운 일입니다. 그리고 모든 시대가 으레 그렇듯 그 시대가 흘러가 버린 뒤에도 그는 여전히 남아 있는 것이 그가 받은 보상입니다.

저는 그의 《화육론》을 처음 펼쳤을 때 간단한 시험법을 통해 제가 걸작을 보고 있음을 금세 발견했습니다. 저는 신약성경의 그리스어 외에는 기독교 그리스어를 거의 몰랐기에 그 책을 읽어 내기가 어려우리라 생각

---

30) 히 6:4 이하 참조.
31) Arius(약 250~약 336), 성부 하나님에 대해 그리스도가 종속적인 존재라는 가르침의 주창자.

했습니다. 그런데 그 책이 크세노폰의 작품들만큼이나 쉽다는 것을 알고 깜짝 놀랐습니다. 뛰어난 지성만이 4세기에 그런 주제를 그토록 고전적인 간결함으로 깊이 있게 쓸 수 있었을 것입니다. 한 장 한 장 읽어 나갈수록 이 생각은 확증으로 굳어졌습니다. 기적에 대한 그의 접근법은 오늘날 절실히 필요합니다. 기적이 "자의적이고 무의미한 자연법칙의 위반"이라며 반대하는 사람들에 대한 결정적인 대답이기 때문입니다.[32] 그는 기적이란 자연이 알아보기 어렵게 흘려 쓴 메시지를 대문자로 다시 들려주는 것이요, 생명력으로 너무나 충만했기에 죽고자 하셨을 때 "다른 존재들로부터 죽음을 빌려야" 했던 분에게서 능히 기대할 만한 작용임을 보여 주었습니다. 이 책 전체가 참으로 생명나무의 그림입니다. 활력과 확신이 가득하고 기운이 넘치는 황금의 책입니다. 오늘날의 우리가 이 책의 모든 확신을 그대로 다 누릴 수는 없음을 저도 인정합니다. 아타나시우스는 기독교 교리들이 옳다는 증거로 그리스도인의 삶의 높은 덕목과 순교자들의 쾌활함과 박해자들을 비웃는 용기를 자신 있게 내세웁니다. 우리는 그런 자신감을 당연한 것으로 받아들일 수 없습니다. 그러나 그 원인이 누구에게 있건, 적어도 아타나시우스의 잘못은 아닙니다.

이 책의 번역자는 저보다 기독교 그리스어를 훨씬 잘 알기 때문에 제가 그녀의 번역을 칭찬하는 것은 부적절한 일이 될 것입니다. 그러나 제가 볼 때 그녀는 영어 번역의 올바른 전통에 서 있는 것 같습니다. 독자는 고대어의 현대 번역서에서 흔히 볼 수 있는 지루함을 이 책에서 찾아볼 수 없을 것입니다. 영어 독자는 그만큼은 알아챌 수 있을 것입니다. 이 번

---

32) 루이스는 이 글을 쓰고 몇 년 후, *Miracles: A Preliminary Study*(London, 1947)라는 책을 써서 기적을 옹호하는 탁월한 변론을 펼쳤다. 《기적》(홍성사 역간).

역서를 원문과 대조해서 보는 독자라면, 예를 들어 첫 페이지에 나오는 "잘난 체하는 그들" 같은 번역어를 선택하기 위해 얼마나 많은 재치와 재능이 필요한지 가늠할 수 있을 것입니다.

5 두 강연

강사가 말했습니다. "그러므로 저는 제가 출발한 지점에서 마치겠습니다. 진화, 발전 그리고 조악하고 미숙한 것에서 시작하여 점점 더 큰 완전함과 정교함을 향해 상승하고 전진하려는 더딘 싸움이 바로 온 우주의 공식인 듯합니다.

우리가 연구하는 모든 것에서 그 사례를 볼 수 있습니다. 참나무는 도토리에서 나옵니다. 오늘날의 거대한 고속 엔진은 로켓에서 나왔습니다. 현대 예술 최고의 작품들은 선사先史인이 동굴 벽에 새겼던 조잡한 그림들로부터 이어져 내려왔습니다.

문명인의 윤리와 철학은 가장 원시적인 본능과 야만적인 금기를 기적적으로 정교하게 한 것이 아니면 무엇입니까? 우리 각 사람은 너무 작아서 보이지도 않는 물질 입자, 포유류보다 물고기에 더 가까운 모습에서 출발하여 더딘 태아기를 거쳐 자라났습니다. 인간은 짐승에서 나왔습니다. 유기체는 무기물에서 나왔습니다. 발전이 핵심 단어입니다. 만물은 낮은 것에서 높은 것으로 움직입니다."

물론 저를 포함한 청중에게 새로운 이야기는 없었습니다. 그러나 그 내용이 너무나 잘 제시되었고(제가 소개를 잘 못해서 그렇지 실제로는 훨씬 근사했습니다), 강사의 음성과 모습 전체가 매우 인상적이었습니다. 적어도 제가 깊은 인상을 받은 것은 분명합니다. 그렇지 않았다면 그날 밤 제가 꾼 진기한 꿈을 설명할 수 없을 테니까요.

꿈에서 저는 여전히 강의를 듣고 있었고 강단에서는 목소리가 계속 들려오고 있었습니다. 그렇지만 꿈속의 강사는 엉뚱한 말을 늘어놓고 있었습니다. 아니면 제가 듣기 전까지는 제대로 된 말을 하다가 제가 듣게 된 시점부터 뭔가 잘못되기 시작했는지도 모릅니다. 잠에서 깨어난 후 제가 기억해 낸 내용은 이렇습니다. "…… 온 우주의 공식인 듯합니다. 우리는 우리가 연구하는 모든 것에서 그 사례를 봅니다. 도토리는 다 자란 참나무에서 나옵니다. 최초의 조잡한 엔진인 로켓은 그보다 더 조잡한 엔진이 아니라 훨씬 완전하고 복잡한 존재인 사람, 그것도 천재의 정신에서 나왔습니다. 최초의 선사 시대 그림들은 그 이전의 끼적거림이 아니라 어떤 면에서도 우리보다 열등했다고 볼 수 없는 인간들의 손과 두뇌에서 나온 것입니다. 아니, 그림을 그린다는 생각을 처음으로 해낸 사람은 그 뒤를 이은 어떤 예술가들보다 위대한 천재였음이 분명합니다. 우리 각 사람의 생명의 출발점이었던 태아의 기원은 그보다 더 미숙한 그 무엇이 아니라 완전히 장성한 두 인간, 즉 부모입니다. 하강, 아래로의 움직임이 핵심 단어입니다. 만물은 높은 곳에서 낮은 곳으로 움직입니다. 언제나 미숙하고 불완전한 것이 완전하고 발달된 것에서 나옵니다."

수염을 깎으면서는 꿈 생각을 별로 안 했는데, 마침 그날 오전 10시에 수업이 없었기에 편지 몇 통에 답장을 써놓은 후 저는 자리에 앉아 꿈에 대해 곰곰이 생각해 보았습니다.

제가 볼 때 꿈속의 강사는 상당히 그럴듯한 말을 한 듯했습니다. 우리는 주위 곳곳에서 작고 미숙하게 출발하여 완전함으로 자라 가는 모습을 볼 수 있습니다. 그러나 작고 미숙하게 출발하는 존재가 언제나 장성하고 발달된 것에서 나온다는 것도 사실입니다. 모든 성인成人이 한때 아기였던 것은 사실입니다. 그러나 그 아기들을 낳은 부모는 성인들입니다. 곡물이 씨앗에서 나오는 것은 사실이지만, 씨앗은 곡물에서 나옵니다. 저는 꿈속의 강사가 놓친 사례도 하나 이야기할 수 있습니다. 모든 문명은 작은 시작에서 자라납니다. 그러나 그 안을 들여다보면 그 작은 시작 자체가 다른 성숙한 문명에서 '떨어진'(참나무가 도토리를 떨어뜨리듯) 것임을 알게 됩니다. 게르만족의 야만적 무기들과 요리들은 소위 로마 문명이라는 난파선에서 떠내려 온 나무입니다. 그리스 문화의 출발점은 그보다 오래된 미노아 문화의 유물에다 이집트와 페니키아 문명의 산물들이 더해져 이루어졌습니다.

그렇다면 최초의 문명은 어떻게 되는 걸까, 저는 문득 그런 생각이 들었습니다. 이 질문을 하는 순간, 저는 꿈속의 강사가 사례를 조심스럽게 선별하여 제시했음을 알았습니다. 그는 우리 주위에서 볼 수 있는 일들에 대해서만 말했습니다. 절대적 시작이라는 주제는 건드리지 않았습니다. 그는 현재도, 역사적 과거에도, 완전한 생명체에서 불완전한 생명체가 나오는 모습을 그 반대의 경우 못지않게 많이 본다고 상당히 정확하게 지적했습니다. 그러나 그는 모든 생명체의 시작에 대해서는 대답하려는 시도조차 하지 않았습니다. 진짜 강사는 충분히 멀리까지 과거를 거슬러 올라가 우리가 잘 알지 못하는 과거의 시기들로 돌아가면, 거기서 절대적인 시작을 발견하게 될 것이고 그것은 뭔가 작고 불완전한 것일 거라고 생각했습니다.

이것은 진짜 강사에게 유리한 논점이었습니다. 적어도 그는 절대적 시작에 대한 이론을 하나 갖고 있었습니다. 그러나 꿈속의 강사는 그것을 슬쩍 흐려 버렸습니다. 그런데 진짜 강사도 뭔가를 좀 흐려 놓지 않았습니까? 그의 궁극적 기원 이론에 따르면 최초의 그날 이후 자연의 모습은 완전히 달라졌어야 합니다. 그러나 그는 이 사실에 대해선 입도 벙긋하지 않았습니다. 자연의 현재 모습은 우리에게 끝없는 순환을 보여 줍니다. 새가 알에서 나오고 알은 새에서 나오는 식입니다. 그러나 그는 우리에게 모든 것이 알에서 시작되었고, 그 알 이전에는 새가 없었음을 믿으라고 했습니다. 어쩌면 그랬는지도 모릅니다. 그러나 그의 견해가 그럴듯해 보이는 이유는, 즉 청중이 그의 견해를 자연스럽고 명백한 것으로 순순히 받아들인 이유는 그가 그의 이론과 우리가 실제로 관찰하는 과정의 엄청난 차이를 흐려 놓았기 때문입니다. 그는 우리가 알이 자라나 새가 된다는 사실에 주목하게 하고 새가 알을 낳는다는 사실은 잊어버리게 하여 그 일에 성공했습니다. 참으로 우리는 평생 이런 훈련을 받았습니다. 한쪽 눈을 감고 우주를 바라보도록 훈련받은 것입니다. '발달주의 Developmentalism'가 그럴듯하게 보이게 된 비결은 일종의 속임수입니다.

저는 평생 처음으로 두 눈을 다 뜨고 그 문제를 바라보기 시작했습니다. 제가 아는 세상에서는 완전한 것이 불완전한 것을 낳고, 불완전한 것이 다시 완전해지고 이런 과정이 끝없이 되풀이됩니다. 알이 새가 되고, 새가 다시 알을 낳는 과정이 계속 이어집니다. 만약 아무 생명도 없는 우주에서 저절로 생겨난 생명체가 하나라도 있었거나, 완전한 야만의 상태에서 순전히 자기들의 힘만으로 일어선 문명이 있었다면, 그 사건은 이후의 모든 생명체와 모든 문명의 시작과는 본질이 전혀 다른 것입니다. 그런 일이 벌어졌는지도 모릅니다. 그러나 지금 볼 때는 그럴 개연성은 전혀 없습니다. 알이 먼저건 새가 먼저건, 첫 번째 시작은 자연의 평범한 작용 바깥에 있었음이 분명합니다. 아무 새도 없던 상태에서 나온 알은 영원 전부터 존재했던 새 못지않게 '자연적'이지 않습니다. 그리고 알-새-알의 연쇄가 개연성 있는 출발점으로 우리를 이끌어 주지 못한다면, 진정한 기원을 찾기 위해 그 연쇄 바깥 어딘가를 바라보는 것이 이치에 맞지 않습니까? 엔진의 연쇄 바깥으로 나가 인간들의 세계로 들어서야 로켓의 진짜 원조를 찾을 수 있습니다. 그렇다면 자연 질서의 진짜 원조를 찾기 위해서도 자연 바깥을 바라보아야 하지 않을까요? 그것이 이치에 맞는 일 아닙니까?

6 공구실에서 한 생각

저는 오늘 어두운 공구실에 서 있었습니다. 바깥에선 해가 비치고 있었고 문 위쪽에 난 틈으로 햇살이 들어왔습니다. 제가 선 자리에서 그 햇살은 공구실 안에 떠도는 먼지 조각들과 함께 단연 눈에 띄었습니다. 다른 모든 것은 거의 칠흑처럼 깜깜했습니다. 저는 햇살을 보고 있었을 뿐, 햇살로 사물을 보지 못하고 있었습니다.

그리고 저는 햇살 쪽으로 걸어가 그 햇살에 눈을 갖다 댔습니다. 그러자 그전까지 보이던 광경이 모두 사라졌습니다. 공구실도, (무엇보다) 햇살도 보이지 않았습니다. 대신 문 위쪽의 고르지 않게 벌어진 틈 사이로 어떤 나무의 가지들에서 움직이는 푸른 나뭇잎들과 그 너머 1억 4천 4백만 킬로미터 떨어진 태양이 보였습니다. 햇살과 더불어 보는 것과 햇살을 바라보는 것은 아주 다른 경험입니다.

그러나 이것은 무엇을 바라보는 것과 더불어 보는 것의 차이를 보여주는 아주 간단한 사례일 뿐입니다. 한 젊은이가 어떤 여자를 만납니다. 그녀를 보자 온 세상이 다르게 보입니다. 그녀의 음성은 그가 평생 기억해 내려 애쓰던 그 무엇을 떠올리게 하고, 그녀와 10분간 나누는 가벼운 잡담이 세상의 다른 모든 여자들이 줄 수 있는 어떤 호의보다 소중합니다. 그는 흔히 하는 말로 "사랑에 빠졌습니다." 이제 어떤 과학자가 와서 청년의 모습을 외부에서 관찰하며 그의 경험을 적습니다. 과학자에게 청년의 경험은 젊은이의 유전자와 생물학적 자극의 문제입니다. 이것이 성적 충동과 **더불어** 보는 것과, 성적 충동을 바라보는 것의 차이입니다.

이렇게 구분하는 습관을 들이면 하루 종일 그 사례를 발견하게 됩니다. 수학자가 생각하며 앉아 있습니다. 그는 자신이 양量에 대한 시공간을 초월한 진리를 생각한다고 여깁니다. 그러나 뇌생리학자가 수학자의 머리를 들여다볼 수 있다면, 그는 거기서 시간과 공간을 초월한 그 무엇도 발견하지 못할 것이고 그저 회색 물질 안에서 이루어지는 미세한 움직임만을 볼 것입니다. 한 미개인이 있습니다. 자정이 되자 그는 황홀경에 빠져 춤을 추면서 자신의 춤이 새로운 푸른 작물과 봄비와 아기들을 불러오는 데 도움을 주고 있다고 온몸으로 느낍니다. 인류학자는 그 야만인을 관찰하면서 그가 모종의 다산多産 기원 의식을 행하고 있다고 기록합니다. 어린 소녀가 부서진 인형을 앞에 놓고 울면서 진짜 친구를 잃었다고 느낍니다. 심리학자는 아이가 특정한 모양과 색깔로 만든 밀랍 조각을 향해 일시적으로 미성숙한 모성 본능을 발휘했다고 말합니다.

이 간단한 구분을 파악하고 나면, 곧장 한 가지 질문이 떠오릅니다. 어떤 것과 더불어 바라볼 때와 그것을 바라볼 때 우리는 다른 경험을 하게 됩니다. 어느 쪽이 '참되'거나 '타당'한 경험입니까? 어느 쪽이 그 대상에 대해 많은 것을 알려 줍니까? 이 질문을 하게 되면 지난 50년 동안 모두가 그 질문의 답을 당연하게 여겨 왔음을 깨닫게 됩니다. 종교에 대한 참된 설명을 듣기 위해서는 종교인들이 아니라 인류학자들에게 가야 하고, 성애性愛에 대한 참된 설명을 원한다면 연인들이 아니라 심리학자에게 가야 하며, 어떤 '이데올로기'(중세의 기사도나 19세기의 '신사' 관념)를 이해하고 싶으면 그 안에서 살던 사람들이 아니라 사회학자들의 말을 들어야 한다는 것이 논의의 여지조차 없이 당연하게 받아들여져 왔습니다.

사물을 바라보는 사람들은 지금까지 모두 자기들 뜻대로 해왔습니다. 사물과 더불어 바라보는 사람들은 그냥 눌려 지냈습니다. 무엇인가에 대한 외적인 설명은 내부에서 주어지는 설명을 어떤 식으로건 반박하거나 그 실체를 폭로한다는 것이 거의 상식이 되어 버렸습니다. 잘난 체하는 그들은 이렇게 말합니다. "내부에서는 그토록 초월적이고 아름답게 보이는 이 모든 도덕적 이상들이 실제로는 생물학적 본능과 전해 내려온 금기禁忌 덩어리에 불과합니다." 그런데 누구도 똑같은 논리를 그대로 뒤집어 다음과 같이 대답하지 않습니다. "내부로 걸어 들어오기만 하면 지금 본능과 금기로 보이는 것들이 갑자기 그 진정하고 초월적인 본질을 드러낼 것입니다."

실제로 그것이 특별히 '현대적인' 사고방식의 근거입니다. "그것은 매우 분별 있는 근거가 아닌가?"라고 물으시겠지요. 따지고 보면 우리는 내부에서 본 시각에 속는 경우가 종종 있으니까요. 예를 들어, 우리가 사랑에 빠져 있는 동안에는 아주 아름다워 보이는 소녀가 실제로는 아주 수수하고 아둔하고 까다로운 사람일 수도 있습니다. 야만인의 춤은 실제로 곡물이 자라게 해주지 않습니다. 더불어 보는 것에 너무 자주 속았으니 바라보는 것만 믿으라, 이 모든 내부의 경험을 무시하라는 충고가 적절하지 않을까요?

그렇지 않습니다. 내부의 경험을 모두 무시하면 안 되는 중요한 이유가 두 가지 있습니다. 첫째는 이것입니다. 내부 경험을 무시하는 이유는 더 정확하게 생각하기 위해서입니다. 그러나 생각할 대상이 없다면, 올바로 생각할 수 없음은 물론 생각 자체를 할 수 없습니다. 예를 들어, 생리학자는 고통을 연구한 뒤 그것이 그렇고 그런 신경적인 사건 "이다"('이다'가 무슨 뜻이건)라는 사실을 발견할 수 있습니다. 그러나 그가 실제로 고통을 겪음으로 "속에 들어가 본" 경험이 없다면 고통이란 단어는 그에게 아무 의미가 없었을 것입니다. 그가 고통과 더불어 바라본 적이 없었다면 그는 자신이 무엇을 바라보는지도 알 수 없었을 것입니다. 그가 외부에서 연구하는 대상이 그에게 존재할 수 있는 것은 그가 적어도 한 번은 그 안에 들어가 보았기 때문입니다.

고통의 경우는 내부적 경험을 무시할 가능성이 낮습니다. 모든 사람이 고통을 겪어 봤기 때문입니다. 그러나 종교, 사랑, 도덕, 명예 등의 경우, 그 안에 들어가 본 경험 없이 그것들을 설명하면서 평생을 보내기가 매우 쉽습니다. 그리고 그렇게 살아가는 것은 그냥 모조 지폐를 가지고 장난을 치는 꼴이 될 것입니다. 대상이 무엇인지도 모른 채 그것을 설명하는 일을 계속하기 때문입니다. 그래서 수많은 현대 사상은 엄격히 말해 내용이 없는 사상이고, 진공 상태에서 바쁘게 작동하는 사고 장치에 불과합니다.

또 다른 반대 이유는 이렇습니다. 공구실로 돌아가 봅시다. 저는 햇살과 더불어 볼 때 봤던 것(즉, 움직이는 나뭇잎들과 태양)이 "어두운 공구실에 있는 먼지투성이 빛 조각에 불과"하다는 근거로 무시할 수도 있었을 겁니다. 다시 말해, 제가 햇살을 '옆에서 본 광경'이 '진짜'라고 주장할 수도 있었을 겁니다. 그러나 옆에서 본 그 광경 역시 '보는' 행위의 한 가지 사례입니다. 그리고 이 새로운 사례도 바깥에서 바라보는 대상이 될 수 있습니다. 원한다면 저는 과학자를 찾아가 공구실의 빛살로 보이던 것이 "실제로는 내 시신경이 자극을 받은 것뿐"이라는 대답을 얻을 수도 있습니다. 이것 또한 이전 것 못지않게 괜찮은(또는 몹쓸) 정체 폭로가 될 것입니다. 앞서 나무와 태양의 영상을 무시하는 일이 정당했다면, 공구실 안에 있는 햇살의 영상도 무시해야 할 것입니다. 그렇게 해서 우리가 이르는 곳은 어디입니까?

다시 말하면, 하나의 경험 밖으로 나오기 위해서는 또 다른 경험 속으로 들어갈 수밖에 없습니다. 그러므로 모든 내부의 경험이 우리를 현혹시키는 것이라면, 우리는 언제나 현혹된 채 살아갈 수밖에 없을 것입니다. 뇌생리학자는 얼마든지 수학자의 사고가 회색 물질의 미세한 물리적 움직임들에 '불과하다'고 할 수 있습니다. 그렇다면, 바로 그 순간 뇌생리학자 자신의 사고는 어떻게 되는 걸까요? 두 번째 생리학자가 와서 그것 역시 첫 번째 생리학자의 두개골에서 나타나는 미세한 물리적 움직임들에 불과하다는 판정을 내릴 수 있습니다. 이런 허튼소리는 어디서 끝나게 될까요?

답은 간단합니다. 우리는 그런 허튼소리가 시작되게 해서는 안 됩니다. 바보라는 소리를 듣더라도 처음부터, 바라보는 것은 그 본질상 더불어 보는 것보다 옳다거나 더 낫다는 생각을 거부해야 합니다. 우리는 모든 것을 더불어 보기도 하고 바라보기도 해야 합니다. 구체적인 사례들을 통해 우리는 어느 쪽을 선택해야 할지 판단할 수 있을 것입니다. 이성적 사고에 대해서는 내면에서 보는 시각이 회색 물질의 움직임들만 보는 외부의 시각보다 분명 더 옳을 것입니다. 외부의 시각이 옳다면 모든 사고 (이 사고 자체도 포함해)가 무가치할 것인데, 이것은 자기모순이 되기 때문입니다. 어떤 증명도 중요하지 않다는 증명은 있을 수 없습니다. 반면, 야만인의 춤에 대한 내면적 시각은 믿을 수 없는 것임이 드러납니다. 춤은 곡물과 아기에게 아무런 영향을 주지 않는다고 믿을 만한 근거가 있기 때문입니다. 사실, 우리는 각각의 경우를 그 자체의 가치에 따라 판단해야 합니다. 그러나 둘 중 어느 방식에 대해서도 찬성이나 반대의 선입견 없이 출발해야 합니다. 연인과 심리학자 중 어느 쪽이 사랑을 더 정확하게 설명하는지, 아니면 두 설명 모두 다른 방식으로 정확한지, 아니면 둘 다 틀렸는지 미리 알 수는 없습니다. 우리가 알아내야 합니다. 그러나 우격다짐의 시기는 끝나야 합니다.

7 단편들

〈1〉

제 친구가 말했습니다. "그래. 천국에 책이 없어야 할 이유를 난 모르겠네. 하지만 천국에 있는 우리 서재에는 지상에 있을 때 갖고 있던 책 중 일부만 있다는 걸 알게 될 걸세."

"어떤 책인가?" 제가 물었습니다.

"우리가 주었거나 빌려준 책들이지."

"빌려준 책들에는 빌려갔던 사람의 더러운 엄지손가락 자국이 그대로 남아 있지 않으면 좋겠는데." 제가 말했습니다.

친구가 말하더군요. "그거야 물론 남아 있겠지. 하지만 순교자들의 상처가 아름다운 모습으로 바뀌게 될 것처럼, 그 엄지손가락 자국들이 아름답게 장식한 대문자나 절묘한 여백의 목판화로 바뀌어 있는 걸 보게 될 걸세."

〈2〉

친구가 말했습니다. "천사들은 감각이 없어. 그들의 경험은 순전히 지적이고 영적이지. 그래서 하나님에 대해 우리가 아는 내용 중에는 그들이 모르는 것도 있다네. 하나님의 사랑과 기쁨의 어떤 측면들은 감각적인 경험을 통해서만 피조물에게 전달될 수 있거든. 천사들이 결코 이해하지 못할 하나님의 어떤 측면은 새파란 하늘, 달콤한 꿀맛, 차갑거나 뜨거운 물의 기분 좋은 감촉, 심지어 잠을 통해 우리에게 흘러들어온다네."

〈3〉

제가 제 몸에게 말했습니다. "넌 언제나 날 끌어내리고 있어."

제 몸이 대답하더군요. "내가 널 끌어내리고 있다고! 듣던 중 반가운 소리군! 내게 담배와 술을 가르친 게 누구였더라? 물론 너였어. 그게 '어른다운' 거라는 사춘기의 바보 같은 생각으로 말이지. 처음에 내 미각은 둘 다 몹시 싫어했지만 넌 한사코 네 뜻대로 했어. 어젯밤의 그 온갖 분한 생각, 복수심에 불타던 네 생각을 중단시켜 준 게 누구지? 물론 나야. 한 사코 졸라서 자게 해줬잖아. 목이 바싹 마르게 만들고 두통이나 소화불량을 일으켜서 네가 말을 너무 많이 하거나 너무 많이 먹지 못하게 막아 주는 은인이 누군지 알아? 어?"

제가 말했습니다. "섹스는 어떻고?"

몸이 반박했습니다. "그래. 그건 어때? 너와 네 몹쓸 상상이 날 그냥 내버려 두면 난 아무 말썽도 안 일으킬 거야. 그건 완전히 영혼의 문제라구. 명령은 자기가 내려 놓고 그대로 행하는 나를 탓하면 안 되지."

〈4〉

제가 말했습니다. "구체적인 일을 놓고 기도하는 건 말이지 하나님께 세상을 어떻게 운영하시라고 조언하는 것 같은 기분이 들어. 하나님이 가장 좋은 일을 아신다고 생각하는 게 더 지혜롭지 않을까?"

친구가 말했습니다. "그 원리를 따르자면, 자네는 식탁에서 옆 사람에게 소금을 달라고도 하지 않겠구만. 하나님은 자네에게 소금이 있어야 하는지 아닌지 가장 잘 아실 것 아닌가. 자네는 우산도 쓰고 나가지 않겠구만 그래. 자네의 몸이 젖어야 할지 말라야 할지 하나님이 가장 잘 아실 테니 말일세."

"그건 전혀 다르지." 제가 항의했습니다.

친구가 말했습니다. "뭐가 다르다는 건지 모르겠군. 이상한 점은 하나님이 우리에게 사건들의 경로에 영향을 미치도록 허용하셨다는 사실이야. 그런데 하나님이 한 가지 방식으로 그 일을 허락하셨다면 다른 방식으로 그 일을 허용하셔서는 안 되는지 나는 이유를 모르겠네."

8 종교의 쇠퇴

　현재 제가 옥스퍼드 학부에서 보는 상황에 비추어, 이른바 '떠오르는 세대'의 종교적 상황에 대해 반대되는 두 가지의 결론을 쉽게 내릴 수 있을 듯합니다. 실제로 옥스퍼드의 학부생들은 나이나 시각, 경험 면에서 교수진과 그들이 다른 것만큼이나 그들끼리도 크게 다른 모습을 보이고 있습니다. 그들의 모습을 보면 종교가 완전히 쇠퇴했음을 보여 주는 증거도, 종교에 대한 관심의 부흥이 그들의 가장 두드러진 특징 중 하나임을 보여 주는 증거도 많이 찾을 수 있습니다. 실제로는 '쇠퇴'라 부를 법한 일과 '부흥'이라 부를 법한 일이 동시에 벌어지고 있습니다. 여기서는 '승자를 예측'하여 우리의 운을 시험하기보다는 양쪽 모두를 이해하려는 시도가 훨씬 유용할 것입니다.

　사람들이 그토록 자주 한탄(내지 환영)하는 '종교의 쇠퇴'의 증거로 거론하는 것이 텅 빈 칼리지 예배당들입니다. 1900년에는 학생들로 가득 찼던 예배당들이 1946년에는 비어 있다는 것은 분명한 사실입니다. 그러나 이런 변화는 점진적으로 이루어진 것이 아니었습니다. 이것은 의무 사항이던 예배 참석이 선택 사항으로 바뀐 시기에 나타난 현상입니다. 이것은 쇠퇴가 아니었습니다. 급락이었습니다. '출석 점검'[1]보다 채플 시간이 조금 늦다는 이유로 (둘 중 하나를 선택할 수 있었습니다) 채플에 참석했던 60명이 더 이상 오지 않게 되었고 결국 5명의 그리스도인만 남았습니다. 채플 의무 참석 규정의 폐지로 새로운 종교적 상황이 만들어진 게 아닙니다. 이미 오래 전부터 존재했던 상황이 모습을 드러냈을 뿐이지요. 그리고 이것은 잉글랜드 전역에 나타나는 '종교 쇠퇴'의 전형적인 모습입니다.

지난 50년간 나라의 모든 교실, 모든 부분에서 기독교의 가시적인 예배가 크게 줄어들었습니다. 많은 사람들이 이 일을 나라 전체의 시각이 기독교에서 세속적인 것으로 바뀌었음을 보여 주는 현상으로 받아들였습니다. 그러나 우리가 19세기를 당시에 쓰인 책들로 판단해 본다면, 우리 할아버지 세대(극소수의 예외가 있기는 하지만)의 시각은 우리 시대 못지않게 세속적이었습니다. 메러디스[i], 트롤럽[ii], 새커리[iii]의 소설들은 이 세상을 영원으로 가는 통로로 여기고, 교만을 가장 큰 죄로 여기며, 심령이 가난하기를 원하고, 초자연적인 구원을 추구했던 사람들이 쓴 작품이 아니었고, 그런 독자들을 위해 쓴 것도 아니었습니다. 디킨스의 《크리스마스 캐럴》에 성육신에 대한 관심이 전혀 비치지 않는다는 사실은 더욱 의미심장합니다. 마리아, 동방박사, 천사들 대신 작가가 만들어 낸 '유령들'이 등장하고, 마구간의 황소와 나귀가 아니라 새 장수가 파는 거위와 칠면조가 나옵니다. 그중에서도 가장 인상적인 장면은 《골동품 수집가*The*

---

1) 옥스퍼드 칼리지들에 비非성공회 신자 학생들이 많아지자, 학교 측에서는 오전 예배에 참석하고 싶지 않은 학생들을 대상으로 예배가 시작되기 5~10분 전에 학생감에게 출석 점검을 받게 했다. 따라서 채플에 가지 않는 출석자들은 채플 참석자들보다 더 일찍 일어나야 했다. 현재는 채플도 출석 점검도 의무 사항이 아니다.

i) George Meredith(1828~1909), 영국의 소설가.

ii) Anthony Trollope(1815~1882), 영국의 여류 소설가.

iii) William Makepeace Thackeray(1811~1863), 영국의 소설가.

Antiquary》33장에 등장합니다. 여기서 글렌날란 경은 나이든 엘스페스의 참을 수 없는 잘못을 용서합니다. 작가 스콧Walter Scott은 글렌날란을 평생에 걸쳐 참회하고 금욕하는 인물, 여러 해 동안 초자연적인 일에 모든 생각이 쏠려 있었던 인물로 묘사합니다. 그러나 막상 그가 누군가를 용서해야 할 때는, 기독교적인 동기가 아무런 역할도 하지 않습니다. 그는 '관대한 천성'으로 그 싸움에서 승리합니다. 스콧은 그가 알고 있는 기독교의 사실들, 고독, 묵주, 고해 신부를 낭만적인 '장치들'로 유용하게 여겼지만, 그것이 책의 핵심 줄거리에 자리 잡은 진지한 행동과 효과적으로 연결될 수 있다고는 생각하지 않았던 것입니다.

저는 이 부분에서 오해를 받지 않을까 조바심이 납니다. 저는 스콧이 용감하고 관대하고 명예로운 사람, 훌륭한 작가가 아니라고 말하는 게 아닙니다. 당대 대부분 작가들의 경우처럼, 그의 작품에서도 세속적이고 자연적인 가치들만이 진지하게 받아들여지고 있다는 뜻입니다. 이런 의미에서 보면, 플라톤과 베르길리우스[iv]가 그들보다 기독교에 더 가깝습니다.

따라서 '종교의 쇠퇴'는 아주 모호한 현상이 됩니다. 쇠퇴한 종교의 정체가 기독교가 아니었다, 이렇게 말하면 진실의 일면이 드러납니다. 쇠퇴한 것은 완고하고 엄한 규칙을 가진 모호한 유신론이었습니다. '세상'과 대립 관계에 있기는커녕 영국의 제도와 정서라는 틀에 완전히 흡수되어 있었던 이 종교는 교회 출석을 (기껏해야) 국가에 대한 충성의 일환으로, 예절을 (최악의 경우) 사회적 지위의 증거로 요구했습니다. 따라서 채플 의

---

iv) Vergil(B.C. 70~19), 로마의 시인.

무 참석 철폐의 경우와 마찬가지로, 그런 사회적 압력이 사라지면서 새로운 상황을 만들어 낸 것이 아니었습니다. 오히려 새로운 자유가 처음으로 정확한 상황 관찰을 가능하게 해주었습니다. 그리스도를 추구하는 사람 외에는 누구도 교회에 가지 않을 때, 마침내 진짜 신자의 수를 헤아릴 수 있게 됩니다. 이 새 자유가 생겨난 부분적인 원인은 그로 인해 드러난 상황에서 찾아볼 수 있다는 말을 덧붙여야 하겠습니다. 19세기에 활동한 다양한 반反성직자, 반反유신론 세력들이 철저한 그리스도인들이라는 견고한 진영을 공격해야 했다면, 이야기는 달라졌을 것입니다. 그러나 그냥 '종교'―'감정이 가미된 도덕', '사람이 혼자 있을 때 하는 일', '모든 선한 사람의 종교'―는 적에게 저항할 힘이 거의 없습니다. 그것은 아니라고 말하는 데 익숙지 않습니다.

이렇게 이해한 '종교'의 쇠퇴는 제게 어떤 면에서 축복으로 느껴집니다. 적어도 이것은 문제를 명확하게 해줍니다. 현대의 학부생들에게 기독교는 최소한 지적 선택 사항 중 하나가 되었습니다. 기독교는 이른바 안건에 올라 있습니다. 토론의 대상이 될 수 있고 회심이 뒤따를 수도 있습니다. 저는 이 일이 매우 어려웠던 시절을 기억할 수 있습니다. '종교'(기독교와 다른)는 너무 모호해서 토론의 대상이 될 수 없었고, 감정, 예절 등과 너무 뒤섞여 있어서 거북스러운 주제의 하나가 될 지경이었습니다. 기독교에 대해 말해야 할 경우, 사람들은 들릴락 말락 하는 낮은 목소리로 말했습니다. 십자가가 주는 어떤 거리낌은 없앨 수 없고 없애서도 안 됩니다. 그러나 순전히 사회적이고 감정적인 당혹스러움은 사라졌습니다. '종교'의 안개가 걷혔습니다. 양측 군대의 위치와 수를 관찰할 수 있게 되었습니다. 진짜 총격전이 이제 가능해졌습니다.

'종교'의 쇠퇴는 '세상'의 입장에서 안 좋은 일이 분명합니다. 그로 인해 잉글랜드를 상당히 행복한 나라로 만들어 주었던 모든 요소가 위험에 처하게 되었다는 게 제 생각입니다. 상대적으로 깨끗한 공적 생활, 상대적으로 인간적인 경찰, 정적들 사이에도 어느 정도 기대할 수 있을 만큼 몸에 밴 상호 존중과 친절이 그것입니다. 그러나 그로 인해 기독교로 회심하는 일이 더 드물어졌거나 더 어려워졌는지는 확신하지 못하겠습니다. 오히려 정반대라고 생각합니다. 이제는 선택을 회피하기가 어려워졌습니다. 원탁이 부서진 후에는 모든 사람이 갤러해드나 모드레드ᵛ, 둘 중 하나를 따라가야 합니다. 중간 지대는 사라졌습니다.

종교의 쇠퇴에 대해서는 이만큼만 얘기하겠습니다. 이제 기독교의 부흥에 대해 살펴봅시다. 그런 부흥이 있다고 주장하는 사람들은 그 증거로 몇몇 명시적이고 심지어 과격한 기독교 작가들의 성공(판매량으로 측정할 수 있는 의미에서의 성공을 말합니다)이나, 신학적 주제를 다룬 강연들의 인기, 우호적인 분위기에서 신학적 주제들로 일상적인 토론이 이루어지는 활발한 분위기 등을 꼽습니다. 그들은 제가 "기독 지성인들의 소란"이라고 들은 바 있는 현상을 증거로 꼽습니다. 이 현상을 상당히 중립적인 용어로 기술하기란 어렵습니다. 그러나 기독교가 이제 1920년대와는 달리 젊은 지식층 사이에서 '중요하게 되었다'는 사실은 누구도 부인할 수 없을 것입니다. 이제 대학에서 반反기독교적 입장이 자명한 것처럼 말하는 사람은 신입생들뿐입니다. '소박한 불신앙'의 시대는 '소박한 신앙'의 시대 못지않게 확실히 사라졌습니다.

ᵛ) 갤러해드, 모드레드: 아서 왕 전설에 나오는 원탁의 기사들. 갤러해드는 충신. 모드레드는 배신자.

이 현상을 두고 저와 같은 편에 있는 사람들은 상당히 흐뭇하게 생각합니다. 우리에겐 감사할 이유가 있습니다. 그리고 제가 이제부터 덧붙이고자 하는 말은 손에 닿는 모든 수프에 찬물을 끼얹으려는 중년 특유의 심술이 아니라, 다만 앞으로 있을 상황을 미리 지적하여 혹시 모를 실망을 미연에 방지하고 제거하려는 마음에서 나온 것입니다.

첫째, 기독교를 받아들이는 모든 사람은 기독교에 대한 관심의 증대와 기독교에 대한 지적 동의의 확대가 잉글랜드의 회심과, 심지어 한 영혼의 회심과도 아주 다른 것임을 인정해야 합니다. 회심은 의지의 변화가 있어야 하는데, 그런 변화는 초자연적인 개입 없이는 나타나지 않습니다. 이 사실을 근거로 기독교에 우호적인 지적 풍토(와 상상력의 풍토)를 퍼뜨리는 일이 쓸모없다고 결론 내리는 사람들도 있지만, 저는 전혀 동의하지 않습니다. 군수 공장 노동자들이 전쟁터에 나가 승리를 거둘 수 없다는 사실은 그들이 쓸모없다는 증거가 아닙니다. 물론 그들이 전투원들에게 합당한 명예를 요구하고 나선다면 그 사실을 상기시켜 주어야 할 것입니다.

만약 올바른 지적 풍토가 조성되고 누군가가 위기에 몰려 그리스도를 영접하거나 거부해야 할 상황에 처한다면, 그는 유리한 상황에서 싸우게 될 것입니다. 그러므로 올바른 지적 풍토를 만들고 퍼뜨리는 사람들은 유용한 일을 하고 있다고 할 수 있습니다. 하지만 결국 그것은 그렇게 거창한 일은 아닙니다. 그들의 역할은 소박합니다. 그 일이 아무 성과도, 전혀 아무 성과도 내지 못할 수도 있습니다. 그보다 훨씬 높은 곳에 자리 잡은 역할이 있습니다. 제가 아는 한, 현재의 기독교 운동은 그 역할을 감당할 만한 사람을 아직 배출하지 못했습니다. 그는 온전한 의미에서의 설교자, 복음전도자, 불붙은 사람, 전염시키는 사람입니다. 기독교 선전자, 변증가가 세례 요한에 해당한다면, 설교자는 주님에 해당합니다. 그는 보냄을 받거나 받지 않을 것입니다. 그러나 그가 오지 않으면, 그저 기독 지성인들에 불과한 우리는 그리 많은 영향력을 끼치지 못할 것입니다. 그렇다고 우리가 하던 일을 그만두어야 한다는 뜻은 아닙니다.

둘째, 우리는 어떤 주제에 대한 광범위하고 활발한 관심이 바로 우리가 '유행Fashion'이라 부르는 것임을 기억해야 합니다. 그리고 유행의 본질은 지속되지 않는다는 점입니다. 현재의 기독교 운동은 장기간 지속될 수도 있고 그렇지 못할 수도 있습니다. 그러나 조만간 사람들은 그것에 귀 기울이지 않을 것입니다. 옥스퍼드 같은 곳에서 그런 변화는 대단히 빠릅니다. 브래들리와 그 밖의 관념론자들은 몇 학기 만에, 더글러스 계획은 그보다 더 빨리, 소용돌이파는 하룻밤 사이 힘을 잃었습니다.[2] (지금 누가 포고Pogo를 기억합니까? 지금 누가 《칠더마스Childermass》를 읽습니까?)[3] 현재 우리가 거둔 성공 중에서 무엇이든 유행이 가져다준 것이 있다면 유행이 이내 거두어 갈 것입니다. 진정한 회심은 남겠지만, 그 외의 어떤 것도 남지 않을 것입니다. 그런 의미에서 우리는 참되고 영속적인 기독교의 부흥을 눈앞에 두고 있는지도 모릅니다. 그러나 그것은 더디고 눈에 띄지 않으며 소규모로 이루어질 것입니다. 현재의 햇빛은 (그렇게 불러도 된다면) 일시적인 것이 분명합니다. 우기가 찾아오기 전에 곡식을 창고에 들여 놓아야 합니다.

---

2) F. H. Bradley(1846~1924)는 옥스퍼드 머튼칼리지의 교수였고 *Appearance and Reality*(London, 1893)의 저자다. 사회경제 학자 Major C. H. Douglas는 *Social Credit*(London, 1933)을 포함한 여러 저작을 남겼다. 소용돌이파Vorticists는 1920년대 예술가들의 학파였다.

3) 사실상 누구도 그를 모르고 아무도 그 책을 읽지 않는다. 내가 아는 한, 1922년에 발명된 포고, 또는 포고스틱은 막대기 끝에 스프링이 달린 놀이 기구다. 《칠더마스》는 P. Wyndham Lewis(London, 1928)의 작품이다.

이런 변덕스러움은 모든 운동, 유행, 지적 풍토가 맞이할 운명입니다. 그러나 기독교 운동은 단순히 변덕스러운 취향보다 더 무서운 상대와 맞닥뜨리게 됩니다. 우리는 아직 진짜 호된 반대에 직면한 적이 없습니다(적어도 옥스퍼드 학부에서는). 그러나 만약 우리가 더 많은 성공을 거둔다면, 이런 반대가 분명히 나타날 것입니다. 원수는 아직 우리가 전력을 다해 공격할 만한 가치가 있다고 생각하지 않습니다. 그러나 곧 그렇게 할 것입니다. 이 일은 그리스도의 사역부터 시작해 모든 기독교 운동의 역사에서 벌어졌던 일입니다. 처음에 기독교 운동은 그것을 반대할 특별한 이유가 없는 모든 사람에게 환영받습니다. 이 단계에서는 반대하지 않는 자는 그것을 지지하는 사람입니다.[vi] 사람들은 세상에서 자신이 싫어하는 측면들과 기독교의 다른 점에만 주목합니다. 그러나 나중에, 기독교가 내세우는 주장의 진정한 의미와 전적 항복에 대한 요구, 자연과 초자연 사이의 분명한 간격이 선명하게 드러남에 따라, 사람들은 점점 '기분이 상합니다.' 반감, 공포, 마침내 증오가 생겨납니다. 기독교의 요구 사항(기독교는 전부를 요구합니다)을 내놓지 않으려는 사람은 누구도 기독교를 견딜 수 없습니다. 그것과 함께하지 않는 사람은 모두 그것을 반대하는 사람입니다.[vii] 그렇기 때문에 우리는 현재의 지적 운동이 성장하고 퍼져 나가서 마침내 유쾌하고 합리적인 논증으로 수백만 명을 되찾게 될 거라는 생각을 품어서는 안 됩니다. 기독교 운동이 그만큼 중요해지기 전에 벌써 진짜 반대가 시작될 것이며, 기독교 편에 서게 되면 (최소한) 직업을 잃는 상황도 감수해야 할 것입니다. 그러나 기억하십시오. 잉글랜드에서는 반대

---

vi) 눅 9:50.
vii) 눅 11:23.

하는 세력도 기독교라고(아니면 기독민주주의, 영국 기독교, 이런 식일 것입니다) 불릴 가능성이 높습니다.

솔직히 제가 알 도리는 없습니다만, 저는 모든 일이 상당히 잘 진행되고 있다고 생각합니다. 그러나 지금은 초기입니다. 우리의 기갑 부대와 적들의 부대는 아직 교전에 돌입하지 않았습니다. 그리고 전투원들은 늘 전쟁이 실제보다 멀리 떨어져 있다고 생각하는 경향이 있습니다.

9 생체 해부

생체 해부에 대한 이성적 토론을 듣는 것만큼 세상에서 드문 일도 없을 것입니다. 생체 해부를 반대하는 사람들은 흔히 '감상주의자'라는 비난을 받는데, 그들의 주장을 들어 보면 대부분 그런 말을 들을 만합니다. 그들은 해부대 위에 놓인 아주 작은 개들의 모습을 그려 냅니다. 그러나 반대쪽도 똑같은 비난을 받을 여지가 있습니다. 그들도 고통받는 여자들과 아이들의 그림을 그려 놓고는 그들의 고통을 완화시킬 방법은 생체 해부의 성과를 활용하는 것뿐이라(고 장담하)며 생체 해부를 옹호하니까요. 양쪽 모두 분명하게 감정, 그것도 '연민'이라는 특정한 감정에만 호소하고 있습니다. 그러나 어느 쪽도 아무것도 증명하지 못합니다. 만약 생체 해부가 옳다면, 옳은 일은 하나의 의무이므로 동물에 대한 연민은 그 의무를 수행하기 위해 이겨 내야 할 유혹의 하나가 됩니다. 생체 해부가 잘못이라면, 인간의 고통에 대한 연민은 우리를 부추겨 그 잘못된 일을 하게 하기 쉬운 바로 그 유혹입니다. 그러나 진짜 문제, 즉 생체 해부가 옳고 그른지의 여부는 여전히 제자리에 머물러 있습니다.

이 주제에 대한 이성적 토론의 출발점은 고통이 악인지 아닌지 탐구하는 것입니다. 고통이 악이 아니라면, 생체 해부에 반대하는 논증은 무너집니다. 생체 해부에 찬성하는 논증도 마찬가지입니다. 인간의 고통을 줄여 준다는 근거가 아니라면, 무슨 근거로 생체 해부를 옹호할 수 있습니까? 그런데 고통이 악이 아니라면 인간의 고통을 줄여야 할 이유가 무엇입니까? 그러므로 우리는 토론 전체의 토대로서 고통이 악이라고 가정해야 합니다. 그렇지 않으면 토론할 거리가 없습니다.

만약 고통이 악이라면 고통을 가하는 것 자체는 악한 행위가 분명할 것입니다. 그러나 필요악이라는 게 있습니다. 그 자체만 놓고 보면 나쁘지만 더 큰 선으로 가는 데 필요한 수단일 때는 받아들일 수 있고 심지어 칭찬할 만한 행위가 되기도 합니다. 고통을 가하는 것 자체는 나쁘다는 말이, 무슨 일이 있어도 고통을 가해서는 안 된다는 뜻은 아닙니다. 우리 대부분은 좋은 목적을 위해 정당하게 고통을 가할 수 있다고 생각합니다. 치과 치료의 경우가 그렇고 교정을 위한 정당한 형벌이 그렇습니다. 중요한 것은 고통을 가하는 일에는 정당한 이유가 있어야 한다는 것입니다. 타자에게 고통을 가하는 사람의 경우, 그 자체만 놓고 보면 나쁜 행위가 특정한 상황에서 선할 수 있는 이유를 입증할 책임은 그에게 있습니다. 그런데 어떤 사람이 타자에게 즐거움을 주는 모습을 우리가 볼 경우, 그의 행동이 잘못임을 입증하는 일은 (우리가 그를 비판할 경우) 우리의 몫입니다. 그러므로 우리가 어떤 사람이 타자에게 고통을 가하는 광경을 본다면, 그의 행동이 옳음을 입증할 책임은 그에게 있는 것입니다. 그것을 입증하지 못한다면, 그는 사악한 사람이 됩니다.

생체 해부를 옹호할 수 있는 유일한 방법은 다른 종이 행복해지기 위해 한 종이 고통을 겪어야 한다는 주장이 옳음을 보여 주는 것뿐입니다. 그리고 여기서 우리는 길을 갈라서게 됩니다. 생체 해부에 대한 기독교적 옹호자와 보통의 '과학적'(즉 자연주의적) 옹호자는 상당히 다른 길로 가야 합니다.

기독교적 옹호자, 특히 라틴계 국가의 사람이라면 동물에겐 '영혼이 없기' 때문에 우리는 동물에게 무엇이건 원하는 대로 할 권리가 있다고 말하기 쉽습니다. 그러나 이 말은 무슨 뜻입니까? 동물에겐 의식이 없다는 뜻입니까? 그것을 어떻게 압니까? 동물들은 분명 의식이 있는 것처럼 행동합니다. 적어도 고등 동물들은 그렇습니다. 저 개인적인 생각으로는 우리가 의식으로 간주해야 할 만한 것을 갖춘 동물은 흔히 생각하는 것보다 훨씬 적습니다. 그러나 이것은 개인의 의견일 뿐입니다. 생체 해부가 옳음을 말해 주는 다른 근거를 찾기 전까지는, 단지 개인의 의견을 내세워 동물을 괴롭히는 도덕적 위험을 감수해선 안 됩니다. 그런데 동물에겐 '영혼이 없다'는 말은 도덕적 책임이 없고 불멸의 존재가 아니라는 뜻일 수도 있습니다. 하지만 그런 의미에서의 '영혼'의 부재는 동물에게 가하는 고통을 정당화하기 더 어렵게 합니다. 그것은 동물이 벌로 고통받을 수 없고, 고통의 징계를 통해 도덕적인 유익을 얻을 수도 없으며, 다른 세상에서 누리게 될 행복으로 이 세상에서의 고통을 보상받을 수도 없다는 뜻이기 때문입니다. 그렇게 되면 인간의 경우, 고통을 보다 견딜 만하거나 완전히 악하지는 않게 해줄 만한 모든 요소들이 짐승들에게는 없게 될 것입니다. 동물의 고통과 관련해서 볼 때 '영혼의 부재'는 생체 해부에 반대하는 논거입니다.

생체 해부를 지지하는 그리스도인이 택할 수 있는 유일한 이성적 논증은 짐승에 대한 인간의 우월성이 하나님의 계시가 보장하는 진정한 객관적 사실이고, 그로부터 인간을 위해 짐승을 희생시키는 일이 정당하다는 논리적 결론이 도출된다고 하는 것입니다. 우리가 스스로를 "많은 참

새보다 귀하다"[1]고 할 때는 단지 우리가 인간이기 때문에 인간이라는 종種에 대한 자연적 편애를 표현한 것이 아니라, 하나님이 창조하셨고 다른 누가 인정하건 말건 우주에 실제로 존재하는 위계질서를 따르고 있는 것입니다. 그러나 이 입장은 만족스럽지 못할 듯합니다. 어떻게 자애로운 조물주께서 당신이 친히 창조하신 위계질서로부터 우리가 그런 결론을 이끌어 내길 바라실 수 있는지 우리는 알 수 없습니다. 짐승을 괴롭힐 인간의 권리를 공식화하면서 같은 논리로 인간을 괴롭힐 천사의 권리를 똑같이 인정하지 않기란 어려운 일입니다. 그리고 인간의 객관적 우월성을 정당하게 주장할 수 있다 해도, 그 우월성의 부분적인 본질은 생체 해부 같은 행동을 하지 않는 데 있다고 생각할 수도 있습니다. 동물들은 이 같은 사실을 알지 못하지만 우리에게는 동물들에 대한 의무가 있음을 인정하는 모습을 보여 줌으로써 우리가 동물보다 낫다는 점을 스스로 입증해야 한다는 생각이지요. 그러나 이 문제에 관한 정직한 의견이 다양하게 있을 수 있습니다. 하나님이 정해 주신 인간의 진정한 우월성을 근거로 생체 해부가 옳다고 생각하는 그리스도인 병리학자가 있다고 합시다. 그가 동물에게 어떤 불필요한 고통도 주지 않으려고 면밀하게 주의하면서 자신이 맡은 책임에 대한 떨리는 경외감을 견지한다면, 그리고 인간의 생명을 위한 동물의 희생을 정당화하려면 인간이 얼마나 고귀하게 살아야 할지 또렷이 의식하며 생체 해부를 한다면, (그의 생각에 동의하든 않든) 우리는 그의 관점을 존중할 수 있을 것입니다.

그러나 물론 생체 해부를 하는 절대 다수의 사람들은 그런 신학적 배

---

1) 마 10:31.

경이 없습니다. 그들은 대부분 자연주의적이거나 다윈주의적인 생각을 하고 있습니다. 이제 여기서 우리는 대단히 염려스러운 사실에 맞닥뜨리게 됩니다. 동물의 고통이 '연구'에 방해가 된다면 오만하게도 그것을 깡그리 무시할 그들은, 또 다른 상황에서는 인간과 다른 동물 사이의 어떤 근본적인 차이점도 결단코 부인할 것입니다. 자연주의적 견해에 따르면 짐승들은 우리 인간들과 같은 부류로서 좀더 아래쪽에 있을 뿐입니다. 그렇게 되면 그리스도인이 생체 해부를 옹호할 수 있는 모든 근거가 우리 발밑에서 잘려 나갑니다. 우리가 우리 종을 위해 다른 종들을 희생시키는 것은 우리 종이 다른 종들에 비해 객관적이고 형이상학적인 특권이 있어서가 아니라 단지 우리 종이기 때문이 됩니다. 우리의 종에 대한 이런 충성은 대단히 자연스러운 일이겠지만, 생체 해부 반대자들을 가리켜 '감상주의' 운운하는 자연주의자들의 말에는 더 이상 귀를 기울이지 맙시다. 우리가 인간이라는 이유만으로 우리 종에 대한 충성과 편애를 갖는 일은 감정이 아닙니까? 그렇다면 도대체 무엇이 감정이란 말입니까? 그것은 좋은 감정일 수도 있고 나쁜 감정일 수도 있습니다. 그러나 감정인 것은 분명합니다. 그것의 논리적 토대를 찾아보고 어떤 결과가 나오는지 살펴보십시오!

그러나 현대의 생체 해부에서 무엇보다 불길한 대목은 이것입니다. 만약 감정만으로 잔인한 행위를 정당화할 수 있다면, 과연 인류 전체를 위한 감정에만 머물게 될까요? 흑인들을 혐오하고 백인들을 선호하는 감정, 비非아리안족을 혐오하고 지배 민족Herrenvolk[i]을 선호하는 감정, '야만인' 내지 '뒤떨어진' 민족들을 혐오하고 '문명화'되거나 '선진적인' 민족들을 선호하는 감정도 있습니다. 그리고 다른 나라, 다른 당, 다른 계급을 혐오하고 우리나라, 우리 당, 우리 계급을 선호하는 감정도 있습니다. 인간과 짐승이 질적으로 전혀 다르다는 오랜 기독교적 견해를 버리면, 동물 실험만 찬성하고 열등한 인간들에 대한 실험은 반대하는 논증은 나올 수 없습니다. 짐승들이 우리를 막을 수 없고 인간은 생존 투쟁에서 인간 편을 든다는 이유로 짐승들을 해부한다면, 같은 이유로 저능아, 범죄자, 원수, 자본가들을 해부하는 일을 막을 수 없습니다. 이 둘은 논리적으로 이어져 있습니다. 실제로, 인간을 대상으로 한 실험은 이미 시작되었습니다. 우리 모두 나치 과학자들이 그 일을 실시했다고 듣고 있습니다. 우리 모두 우리의 과학자들이 언제라도 비밀리에 그 일을 시작할 수 있을 거라 생각하고 있습니다.

걱정스럽게도 생체 해부자들이 1회전에서 승리를 거두었습니다. 19세기와 18세기에는 생체 해부에 반대한다고 해서 '별난 사람'으로 낙인 찍히지 않았습니다. 제가 루이스 캐럴의 유명한 편지를 제대로 기억한다면, 그도 제가 이제까지 제시한 것과 같은 근거로 생체 해부에 반대했습니다.[2] 어느 누구 못지않은 강인한 정신의 소유자였던 존슨 박사가《심벌린》에 대한 주석에 실은 항의 내용은 자세히 인용할 만한 가치가 있습니다.《심벌린》제1막 5장에서 여왕은 주치의에게 "짐이 볼 때 목매달 가치가 없는 피조물들에게, 하지만 인간은 제외하고"[3] 실험해 보고 싶으니 독극물을 달라고 합니다. 주치의는 이렇게 대답하지요.

---

i) 나치 독일 민족의 자칭.

2) 'Vivisection as a Sign of the Times', *The Works of Lewis Carroll*, ed. Roger Lancelyn Green(London, 1965), pp. 1089~1092. 'Some Popular Fallacies about Vivisection', ib., pp. 1092~1100도 보라.

3) Shakespeare, *Cymbeline*, I, v, 19~20.

그런 경험은

폐하의 마음만 무정해지게 만들 것입니다.[4]

존슨은 이렇게 주석을 달고 있습니다. "우리의 저자가 지금까지 살아남았다면, 그래서 무정하게 고문을 행하고도 부끄러운 줄 모르고 그 이야기를 늘어놓으며 떳떳하게 고개를 들고 다니는 인간들이 근년에 출간한 실험 내용들에 충격을 받았다면, 이 부분을 더 상세히 다루었을 것이다."[5]

이것은 존슨 박사의 글이지 제 글이 아닙니다. 사실 오늘날 우리는 이런 식의 차분하지만 단호한 표현을 감히 쓸 수 없습니다. 반대편이 실제로 승리했기 때문입니다. 잔혹 행위는 짐승을 상대로 한 것이라도 중요한 문제이지만, 그들의 승리는 더 중요한 문제를 드러내 줍니다. 생체 해부의 승리는 도덕에 매이지 않는 무자비한 공리주의가 윤리적 법의 구세계에 거둔 커다란 성공입니다. 이 성공 안에서는 동물뿐 아니라 우리도 이미 피해자입니다. 다카우(의 나치 강제 수용소)와 히로시마(의 원자폭탄)는 이 공리주의가 보다 최근에 거둔 위업입니다. 동물에 대한 잔혹 행위를 정당화하는 가운데 우리는 우리 자신도 동물의 수준으로 내려놓고 있습니다. 우리는 정글을 선택했으니 그 선택에 충실하게 살 수밖에 없습니다.

제가 실험실에서 실제로 벌어지는 일은 전혀 다루지 않았음을 다들

4) 같은 책, p. 23.
5) *Johnson on Shakespeare: Essays and Notes Selected and Set Forth* with an Introduction by Sir Walter Raleigh(London, 1908), p. 181.

아실 것입니다. 물론 우리는 잔혹 행위는 놀랄 만큼 적다는 말을 듣게 될 겁니다. 현재로서 그것은 제가 어떻게 할 수 없는 문제입니다. 우리는 먼저 무엇을 허용해야 할지 결정해야 합니다. 그 다음 무슨 일이 벌써 이루어지고 있는지 찾아내는 것은 경찰의 몫입니다.

10 현대어 번역 성경[1]

서점의 판매대에서 이 책을 펼치는 독자가 성경의 어떤 부분이건 새로운 번역이 필요한 이유, 그중에서도 서신서의 새로운 번역이 필요한 이유를 자문해 볼 가능성이 있을까요? 이렇게 말이지요. '우리는 이미 어떤 언어라도 자랑스럽게 여길 가장 아름다운 번역본, 흠정역이 있잖아?' 제가 만난 몇몇 사람들은 여기서 더 나아가 현대어 번역 성경을 불필요한 것 정도가 아니라 불쾌한 것으로 여기고 있었습니다. 그들은 유서 깊은 단어들이 바뀌는 것을 참지 못합니다. 그들에게 그것은 불경한 일입니다.

저는 그런 사람들에게 몇 가지 대답할 말이 있습니다. 첫째, 그들이 새로운 번역 성경에 대해 느끼는 반감은 한때 사람들이 모든 영어 번역 성경에 대해 느끼던 반감과 똑같습니다. 16세기를 살았던 수십 명의 진실로 경건한 사람들은 불가타 역본의 유서 깊은 라틴어를 일상적이고 (그들의 생각에 따르면) '야만적인' 영어로 옮긴다는 생각에 몸서리쳤습니다. 신성한 진리가 오랫동안 미사와 성무일도[i] 시간에 들었던 다음절多音節의

---

1) 이 에세이는 원래는 J. B. Phillips의 *Letters to Young Churches: A Translation of the New Testament Epistles*(London, 1947) 서문이었다.

i) 가톨릭의 일일 공적 기도.

라틴어를 벗고 '사람들이 진짜 사용하는 언어'로 들어간다고 하니 마치 그 신성함을 잃어버리는 것처럼 보였습니다. 영어는 육아실, 여관, 가축우리, 거리 같은 온갖 평범한 공간들에서 벌어지는 온갖 일들을 잔뜩 연상시키는 언어였습니다. 이런 반응에 대한 답변은 그때나 지금이나 동일합니다. 성경(최소한 신약성경)이 현대어로 번역되면서 신성함이 사라진다면, 그 신성함은 저자들이나 최초의 독자들은 발견하지 못한, 우연히 생겨난 신성함에 불과합니다. 원래 그리스어 신약성경은 문학예술 작품이 아니었습니다. 그것은 근엄한 교회 언어가 아니라, 그리스어가 국제어가 되고 그 진정한 아름다움과 섬세함을 잃어버린 후 지중해 동부 전역에서 쓰이던 그리스어로 기록되었습니다. 신약성경에 등장하는 그리스어는 어릴 때 그리스어 단어들을 쓰지 않아 그 언어에 대한 실질적인 감이 없는 사람들이 쓴 것입니다. 그것은 일종의 '기본' 그리스어, 토양에 뿌리내리지 못한 언어, 실용적이고 상업적이고 행정적인 언어입니다.

이 사실이 충격적입니까? 그래선 안 될 것입니다. 그렇게 말하자면 성육신 자체야말로 충격으로 다가와야 마땅합니다. 하나님이 시골 아낙의 젖을 빠는 아기가 되고, 나중에는 야외 설교자가 되어 결국 로마 경찰의 손에 체포되도록 정하신 겸손하신 하나님은 또한 일상적이고 산문적이고 비문학적인 언어를 그분을 전파하는 도구로 정하셨습니다. 하나를 감수할 수 있으면 다른 하나도 감수할 수 있습니다. 성육신은 그런 의미에서 불경한 교리입니다. 기독교는 그런 의미에서 구제 불능의 불경한 종교입니다. 기독교가 지금 우리가 흠정역에서 느끼는 아름다움을 갖추고 세상에 나타났기를 기대했다면, 메시아가 위대한 지상의 왕으로 올 것을 기대했던 유대인들 못지않게 헛다리 짚은 것입니다. 신약성경의(그리스도의 생애처럼) 진정한 신성함, 진정한 아름다움과 숭고함은 그것과 종류가 다릅니다. 그보다 훨씬 깊고, 더 깊숙이 들어갑니다.

둘째, 흠정역은 더 이상 좋은(즉, 명확한) 번역이 아닙니다. 더 이상 현대 영어가 아니거든요. 단어들의 의미가 바뀌었습니다. 흠정역이 (피상적인 의미에서) 너무나 '아름답고', '신성하고', '위로를 주고', '영감을 주는' 번역이 되게 해주었던 고풍스런 매력 때문에 결국 흠정역은 많은 부분에서 이해할 수 없는 번역이 되었습니다. 사도 바울이 "내가 자책할 아무것도 깨닫지 못하나I know nothing against myself"라고 말하는 대목을 흠정역은 "I know nothing by myself"[2]라고 번역합니다. 16세기에는 이 문장이 좋은 번역이었지만(당시에도 다소 구식이긴 했지만) 현대의 독자에게는 아무 의미가 없거나 사도 바울이 말한 내용과 전혀 다른 뜻("나 혼자 힘으로는 아무것도 모릅니다")이 됩니다. 우리에게 번역이 필요하다면 주기적인 재번역이 필요하다는 것이 진실입니다. 한 권의 책을 단 한 번만 다른 언어로 번역하면 되는 경우는 없습니다. 언어는 변하기 때문입니다. 아들에게 옷이 필요하다면 단 한 번 근사한 옷을 사준다고 끝나는 게 아닙니다. 아들은 자라서 그 옷을 못 입게 될 것이고 다른 옷을 입혀 줘야 합니다.

끝으로, 불쾌한 역설로 들릴지 모르지만, 우리는 가끔 흠정역에서 벗어나야 합니다. 다른 이유가 없어도, 그것이 너무나 아름답고 장엄하다는 이유만으로도 그렇게 해야 합니다. 아름다움은 마음을 기쁘게 해주지만 느슨하게 만들기도 합니다. 성경이 말하는 실체는 황홀하거나 무시무시

---

2) 고전 4:4.

하여 그 말씀 앞에서 우리가 수치심에 어쩔 줄 모르거나, 두려움에 사로
잡혀 아무 말도 못하거나, 황홀한 소망과 흠모로 자기를 망각할 지경이
되어야 마땅할 텐데, 흠정역의 아름답고 장엄한 번역을 거친 후에는 무뎌
지고 무장 해제되어 우리는 그 말씀 앞에서 그저 잔잔한 존경심을 느끼며
한숨만 내쉬고 말 수 있습니다. 'scourged'[3]라는 단어가 'flogged' 처
럼 채찍질 장면을 실감나게 전해 줍니까? 'mocked him'[4]이 'jeered
at him' 처럼 조롱받는 괴로움을 전합니까?

그러므로 우리는 모든 새로운 성경 번역본을 환영해야 합니다(물론
번역한 사람들이 건전한 학자들이어야 하겠지요). 성경을 난생처음 접하는 사
람들은 흠정역으로 시작하지 않는 편이 더 지혜로울 것입니다. 다만 흠정
역의 고어체가 옛 전설 같은 분위기와 잘 맞는 구약성경 역사서들의 경우
는 다를 수 있겠습니다. 제게는 현대어 번역 성경 중 모팟 박사[5]와 녹스[6]
몬시뇰[ii]의 번역서가 특히 좋아 보입니다.

본서는 사도 서신에 집중하며 초심자들에게 더 많은 도움을 줍니다.
번역 의도 자체가 다른 것이지요. 각 서신서에 딸린 예비적인 내용 요약
이 특히 도움이 될 것입니다. 서신서들을 읽어 본 적이 없는 독자라면 성
경 본문을 읽기 전에 이 요약문들을 찬찬히 읽어 보고 묵상하는 것도 좋
을 듯합니다. 기독교가 무엇인지 알아보기 위해 제가 처음으로 진지한 노
력을 기울였을 때 이 책을 만났더라면 엄청나게 많은 수고를 덜 수 있었

---

3) 요 19:1.
4) 마 27:29; 막 15:20; 눅 22:63, 23:11, 36.
5) James Moffatt(1870~1944). 그가 번역한 신약성경은 1913년에, 구약성경은 1924년에 나왔으며
   신구약 전체가 1935년에 개정되었다.
6) Ronald A. Knox(1888~1957)가 번역한 신약성경은 1945년에, 구약성경은 1949년에 출간되었다.
ii) 가톨릭 고위 성직자에 대한 경칭.

을 것입니다.

기독교를 제대로 알아보고 싶은 사람은 사도 서신을 직시해야 합니다. 그리고 좋건 싫건, 사도 서신의 대부분을 쓴 사람은 사도 바울입니다. 그는 누구도 건너뛸 수 없는 기독교의 핵심 저자입니다.

사도 바울을 둘러싼 놀라운 오해 하나가 현대인의 정신을 오랫동안 지배해 왔습니다. 그 내용인즉, 예수님은 친절하고 소박한 종교(사복음서에서 볼 수 있는)를 선포했는데 이후 사도 바울이 그것을 잔인하고 복잡한 종교(사도 서신에서 볼 수 있는)로 타락시켰다는 것입니다. 정말 도저히 지지할 수 없는 주장입니다. 오히려 가장 무시무시한 본문들은 모두 우리 주님의 말씀이고, 모든 사람이 구원받게 될 거라고 바랄 수 있는 근거가 될 만한 성경 구절의 출처는 모두 사도 바울입니다. 만약 사도 바울이 주님의 가르침을 어떤 식으로건 바꾸었음을 입증할 수 있다면, 그는 사람들이 흔히 생각하는 것과 정반대 방향으로 바꾼 셈이 됩니다. 그러나 사도 바울의 교리와 다른, 바울 이전의 기독교 교리가 있다는 제대로 된 증거는 전혀 없습니다. 사도 서신은 대체로 우리가 갖고 있는 가장 초기의 기독교 문서에 해당합니다. 사복음서는 그 이후에 나왔습니다. 사복음서의 내용은 기독교 신앙의 명제를 담은 '복음'이 아닙니다. 사복음서는 이미 회심한 사람들, 이미 '복음'을 받아들인 사람들을 위해 쓰였습니다. 사복음서가 '복잡한 내용들'(즉 신학)을 상당수 제외한 까닭은 이미 그 내용으로 가르침을 받은 사람들을 위해 쓴 책이기 때문입니다.

그런 의미에서 사도 서신은 사복음서보다 근본적이고 더 중심이 됩니다. 물론, 사복음서가 기록하고 있는 그 위대한 사건들이 너 근본적이고 중심적입니다. 하나님의 행하심(성육신, 십자가 처형, 부활)이 먼저 있었고 그 일에 대한 최초의 신학적 분석이 사도 서신에 등장합니다. 그리고 주님을 직접 알았던 세대가 죽어 갈 무렵, 신자들에게 주님의 위대한 행하심과 그분의 일부 말씀에 대한 기록을 남겨 주기 위해 복음서들이 기록되었습니다. 여기서 우리는 널리 퍼진 통상적인 생각이 모든 것을 뒤집어 놓았음을 알 수 있습니다. 그 이유는 먼 데서 찾을 필요가 없습니다. 모든 반역의 역사를 보면, 초기 단계에서 왕을 직접 공격하지는 않습니다. 대신 이렇게 말하지요. "폐하는 모두 옳으시다. 그분의 대신들이 틀렸다. 그들이 폐하의 뜻을 잘못 전하고 그분의 모든 계획을 더럽히고 있다. 대신들의 농간만 없으면 폐하의 좋은 계획이 효력을 나타낼 줄 확신한다." 그리고 몇몇 대신의 목을 베는 것으로 첫 승을 올립니다. 그리고 그로부터 몇 단계가 지나서야 본색을 드러내고 왕의 목을 베기에 이릅니다.

이와 마찬가지로, 사도 바울에 대한 19세기의 공격은 사실 그리스도에 대한 반역의 한 단계에 불과했습니다. 당시 그리스도를 직접 공격할 준비가 된 사람은 그리 많지 않았습니다. 그들은 통상적인 첫 번째 조치를 취했습니다. 그분의 주요 대신 한 명을 공격한 것입니다. 그들이 싫어하는 기독교 안의 모든 요소를 사도 바울의 탓으로 돌렸습니다. 안됐지만 그들의 주장은 사복음서와 사도 서신을 주의 깊게 읽은 사람에게는 통할 수 없는 내용이었습니다. 그러나 그런 사람이 거의 없었던지 이 싸움에서 그들은 첫 승을 거두었습니다. 사도 바울은 고발당한 뒤 추방되었고 세상은 그 다음 단계로 접어들어 왕을 직접 공격했습니다. 그러나 사도 바울과 그의 동료 교사들이 정말 무슨 말을 했는지 알고 싶은 사람들은 이 번역본에서 아주 큰 도움을 얻게 될 것입니다.

11   교회에 여사제?

캐럴라인 빙리가 말했습니다. "무도회가 다른 식으로 진행되면 정말 좋을텐데……. 춤보다는 대화가 중심이 되는 거예요. 그럼 무도회의 분위기가 훨씬 이성적일 거라구요." 그녀의 오빠는 이렇게 대답하지요. "물론 훨씬 더 이성적이겠지만, 무도회답지는 않겠지."[1] 그 말에 미스 빙리는 입을 다물었습니다. 하지만 여기서 제인 오스틴은 미스터 빙리가 자신의 입장을 충분히 펼치게 해주지 않았다고 할 수 있을 듯합니다. 그는 '디스팅구오_distinguo_'[i] 로 대답해야 했습니다. 어떤 의미에서는 대화가 더 이성적입니다. 대화는 이성을 활용하지만 춤은 그렇지 않기 때문입니다. 그러나 이성을 제외한 다른 능력을 사용한다고 해서 비이성적인 것은 아닙니다. 특정한 경우, 특정한 목적에 있어서는 그렇게 하지 않는 것이 오히려 진짜 비이성적인 일이 됩니다. 순수한 삼단 논법으로 말을 길들이려 하거나 시를 쓰거나 아기를 낳으려는 사람은 비이성적인 사람일 것입니다. 하지만 삼단 논법 그 자체는 이런 일들이 요구하는 활동들보다 더욱 이성적입니다. 엉뚱한 곳에서는 추론에 기대지 않거나 이성에만 기대지 않는 것이 이

---

1) *Pride and Prejudice*, ch. 11.

ⅰ) "나는 구별합니다." 중세의 철학적 토론에서 상대의 주장에 개념적 구분이 필요함을 지적할 때 쓰던 표현.

성적입니다. 그리고 이성적인 사람일수록 이 사실을 더 잘 압니다.

《오만과 편견》에 대한 평론에 보태기 위해 이런 말들을 하는 게 아닙니다. 성공회Church of England[2]가 여성도 사제가 되기 위한 안수를 받을 수 있다고 선포하라는 조언을 받고 있다고 들었을 때 제 머리에 떠오른 생각입니다. 교회 당국이 그런 제안을 진지하게 받아들이지는 않을 거라고 생각합니다. 이 시기에 그런 혁명적인 조치를 내리고, 기독교의 과거와 우리를 단절시키고 다른 교파와의 차이를 더 넓혀 놓는 선택을 한다는 것은 터무니없다고 할 정도로 경솔한 일일 것입니다. 이 작업을 진행함으로써 성공회는 갈기갈기 찢어질 것입니다. 여성 사제 안수에 대한 저의 우려는 보다 이론적인 성격의 것입니다. 이 문제는 교회 질서의 변화보다도 더 심오한 사안입니다.

저는 여성 성직자를 찬성하는 사람들을 전적으로 존중합니다. 저는 그들이 진실하고 경건하고 분별 있는 사람들이라 생각합니다. 그런데 어떤 면에서 그들은 지나치게 분별 있습니다. 저는 그 부분에서 그들에게 반대하는데, 그 이유는 빙리가 여동생의 말에 반대하는 이유와 비슷합니다. 저는 여성 사제 안수 제안이 우리를 더욱 이성적으로 만들긴 하겠지만 "그다지 교회답게" 만들지는 못할 거라고 말하고 싶습니다.

얼핏 생각할 때 모든 합리성(캐럴라인 빙리의 의미에서)은 혁신 주창자들의 편인 듯합니다. 우리에겐 사제가 부족합니다. 그런데 여러 전문직에서 점차 여성들이 예전에는 남성들만 할 수 있다고 여겨지던 온갖 일들을 대단히 잘 해내는 것을 발견했습니다. 여사제를 탐탁지 않게 여기는 사람

---

2) 미국에서는 '주교감독제교회'라는 의미의 에피스코팔Episcopal 교회라고 부른다.

들 중 누구도 여성이 남성보다 경건, 열정, 학식 그리고 성직 업무에 필요한 듯 보이는 다른 어떤 특성이 부족하다고 주장하지는 않습니다. 다른 많은 전문직의 경우와 마찬가지로 이 분야에서도 여성이 남성과 동등한 자격을 갖추고 있다면, 목사가 될 수 있는 엄청난 예비 인원을 활용하지 못하게 막는 것은 전통이 낳은 편견 외에 달리 무엇이 있겠습니까? 이 도도한 상식에 맞서 반대자들(그중 상당수는 여자들입니다)이 우선 내놓을 수 있는 것은 불명확한 혐오감과 그들도 분석하기 어려운 거북함뿐입니다.

저는 이런 반응이 여성을 경멸하는 태도에서 비롯한 것은 아니라고 생각합니다. 그것은 역사를 통해 분명히 알 수 있습니다. 중세에는 한 여인에 대한 존경을 끝까지 밀어붙인 나머지 성모 마리아를 거의 '삼위일체의 제4위'로 여겼다는 비난이 그럴듯하게 들릴 지경까지 이르렀습니다. 그러나 제가 아는 한 중세의 어떤 시기에도 그녀를 기원으로 하는, 성직과 조금이라도 유사한 직무는 없었습니다. 모든 구원은 그녀가 "주의 여종이오니 *Ecce ancilla*"[3]에서 내린 결정을 통해 왔고, 그녀는 9개월 동안 영원한 말씀과 상상도 못할 친밀함으로 연합되었으며, 나중에는 십자가 아래에 서 있었습니다.[4] 그러나 최후의 만찬[5] 때도, 오순절 성령 강림 자리에도 그녀는 없습니다.[6] 성경의 기록이 이와 같습니다. 당시 여성들은 지역적 시대적 조건들 때문에 발언권이 없었고 남 앞에 설 수도 없었다는 말로 그 기록을 무시할 수는 없습니다. 당시에도 여성 설교자들이 있었으니

---

3) 동정녀 마리아는 자신이 하나님께 은총을 입었고 아기 그리스도를 잉태할 거라는 천사 가브리엘의 말을 들은 후 "주의 여종이오니"라고 선포한다. 마리아의 찬가 *Magnificat*가 46-55절에 이어진다.

4) 마 27:55-56; 막 15:40-41; 눅 23:49; 요 19:25.

5) 마 26:26; 막 14:22; 눅 22:19.

6) 행 2:1 이하.

까요. 어떤 사람의 네 딸은 모두 "예언을 했습니다." 즉 설교를 했습니다.[7] 구약성경 시대에도 여선지자들은 있었습니다. 여사제가 아니라 여선지자들입니다.

이 시점에서 상식으로 무장한 개혁자는 여자들이 설교를 할 수 있다면 목사직의 나머지 역할까지 전부 감당하지 못할 이유가 무엇이냐고 물을 것입니다. 이 질문 앞에서 제 편의 거북함은 더욱 깊어집니다. 우리와 반대편 사람들의 진정한 차이는 '사제 priest'라는 단어에 부여하는 의미의 차이가 아닐까, 하는 생각을 하게 됩니다. 그들이 행정, 조언가로서의 감각과 공감 능력, 타고난 '심방'의 재능이 있는 여자의 유능함을 (지당하게) 말할수록, 핵심이 망각되고 있다는 느낌은 더욱 짙어집니다. 사제는 무엇보다 대표자입니다. 하나님께는 우리를, 우리에게는 하나님을 대표하는 2중의 대표자입니다. 바로 우리가 교회에서 보는 것들로 이것을 배울 수 있습니다. 목사는 때로 우리에게 등을 돌리고 제단 쪽을 바라봅니다. 우리를 대신해 하나님께 말씀드리는 것이지요. 때로는 우리를 보고 하나님의 말씀을 대언합니다. 여성이 첫 번째 일을 하는 것에는 아무런 반대가 없습니다. 곤란한 문제는 두 번째 일에 있습니다. 왜 그렇습니까? 여자는 왜 그런 의미에서 하나님을 대표해선 안 됩니까? 여자가 필연적으로나 확률적으로 남자보다 거룩하지 못하거나 사랑이 부족하거나 어리석기 때문은 물론 아닙니다. 오히려 이 부분에서 여자는 남자만큼 '하나님 같을' 수 있고, 일대일로 놓고 보면 훨씬 더 그럴 수도 있습니다. 여자가 어떤 의미에서 하나님을 대표할 수 없는가? 이것은 문제 자체를 뒤집

---

7) 행 21:9.

어 보면 더 분명해질 것입니다.

앞의 개혁자가 선한 여자는 하나님 같을 수 있다는 말 대신 하나님이 선한 여자와 같다고 한다고 해 봅시다. "하늘에 계신 우리 아버지" 못지않게 "하늘에 계신 우리 어머니"에게 기도할 수 있다고 한다고 합시다. 성육신이 남자의 몸으로 이루어진 것처럼 여자의 몸으로 이루어질 수도 있었고, 삼위일체의 제2위는 아들이 아니라 딸로 부를 수도 있다고 한다고 해 봅시다. 끝으로, 그 신비한 혼인의 역할이 뒤바뀌어 교회가 신랑이 되고 그리스도가 신부가 된다고 해 봅시다. 제가 볼 때 여자가 목사로서 하나님을 대표할 수 있다는 주장에는 이 모든 가정들이 들어 있습니다.

만약 이 모든 가정들이 현실로 나타난다면, 우리는 다른 종교가 시작되었다고 봐야 할 것입니다. 물론 예부터 여신들은 숭배의 대상이었습니다. 많은 종교 안에는 여사제들이 있었습니다. 그러나 그 종교들은 기독교와 성격이 전혀 달랐습니다. 우리의 모든 신학 용어를 여성형으로 바꾼다는 발상에 대부분의 그리스도인들은 불편함 내지 혐오감을 느끼지만, 상식은 "안 될 이유가 뭐야?"라고 물을 것입니다. 하나님은 실제로 생물학적인 존재가 아니시고 성별이 없으시니, 우리가 하나님에 대해 남성형을 쓰건 여성형을 쓰건, 하나님을 아버지라 부르건 어머니라 부르건, 제2위를 아들이라 부르건 딸이라 부르건 무슨 문제가 될 수 있겠습니까?

그러나 그리스도인들은 우리가 하나님을 어떻게 불러야 하는지 그분이 친히 가르쳐 주셨다고 생각합니다. 그것이 중요하지 않다고 한다면 모든 남성형 이미지가 영감을 받아서 된 것이 아니라 인간에게서 나왔다는 뜻이거나, 영감을 받아서 된 것이라 해도 상당히 임의적이고 주변적인 것이라는 뜻입니다. 도저히 용납할 수 없는 주장입니다. 아니, 만약 용납할 수 있다면, 이것은 기독교 여성 사제 안수를 지지하는 주장이 아니라 기독교를 반대하는 주장입니다. 이런 주장의 근저에는 이미지에 대한 천박한 견해가 있습니다. 굳이 종교까지 거론하지 않더라도, 우리는 시적詩的 경험을 통해 이미지와 이해력이 상식의 수준으로는 받아들이기 어려울 만큼 긴밀하게 결합되어 있음을 압니다. 그러므로 하늘에 계신 어머니께 기도하도록 배운 어린이는 기독교 신앙을 가진 아이와 근본적으로 다른 신앙생활을 하게 될 것입니다. 이미지와 이해가 유기적인 통일체이듯, 그리스도인에게는 인간의 몸과 영혼도 유기적인 통일체입니다.

여성 사제 안수를 주장하는 혁신가들은 성性이 영적 생활과 관련이 없는 피상적인 것이라고 암묵적으로 말하고 있습니다. 남자와 여자가 특정 직업을 가질 동등한 자격이 있다는 말은 그 직업을 수행할 때 성은 상관이 없다는 의미입니다. 그리고 그 맥락에 있어서는 남녀 모두를 중성적인 존재로 취급하는 게 됩니다. 현대 국가가 벌집이나 개미탑처럼 되어 가면서 중성적인 존재로 취급할 수 있는 일꾼들이 점점 더 많이 필요해집니다. 이것은 우리의 세속 생활을 유지하는 데 불가피한 일일지 모릅니다. 그러나 그리스도인으로 살아가는 우리는 실재로 돌아가야 합니다. 거기서 우리는 동질적인 단위들이 아니라, 신비한 몸을 이루는 다양하고 보완적인 기관들인 것입니다. 레이디 넌번홈은 남녀평등이 기독교적 원리라고 주장했습니다.[8] 저는 성경, 교부들의 글, 후커의 글, 기도서 그 어디에서도 그런 주장을 하는 구절이 기억나지 않습니다만, 제가 정말 하고 싶은 말은 그것이 아닙니다. 저는 '평등한'이 '호환성 있는'이란 뜻이 아

8) Lady Marjorie Nunburnholme, 'A Petition to the Lambeth Conference', *Time and Tide*, vol. XXIX, No. 28 (10 July 1948), p. 720.

닌 한, 평등은 여성 사제 안수와 별 관계가 없다는 말을 하고 싶습니다. 대등한 것끼리의 호환성(동전이나 똑같은 기계처럼)을 뜻하는 평등은 인간들 사이에서 통용되는 법적 허구입니다. 이것은 유용한 법적 허구일 수 있습니다. 그러나 교회 안의 우리는 허구에 관심이 없습니다. 성의 창조 목적 중 하나는 하나님의 감추어진 것들을 상징하는 일이었습니다. 혼인의 한 가지 기능은 그리스도와 교회의 연합의 본질을 나타내는 것입니다. 하나님은 우리의 본성이라는 캔버스 위에다 생생하고 민감한 인물들을 그려 주셨습니다. 우리에겐 그 인물들이 그저 기하학적 도형들에 불과한 것처럼 이리저리 바꿀 권한이 없습니다.

상식은 이것을 두고 '신비적'이라고 말할 것입니다. 정확히 그렇습니다. 교회는 스스로를 '계시의 담지자'라고 주장합니다. 만약 그 주장이 틀렸다면 여성 사제들을 안수해서 세울 것이 아니라 목사 제도를 폐지해야 할 것입니다. 그러나 그 주장이 옳다면, 교회 안에는 불신자들은 불합리하다고 여기고 신자들은 초합리적이라고 여길 요소가 있을 거라 짐작할 수 있습니다. 자연적 차원에서 성과 감각이 분명히 이해되지 않는 요소가 있듯, 교회 안에는 이성에 반대되지는 않으나 불분명한 요소가 있을 것입니다. 이것이 본질적인 사안입니다. 성공회는 이 불분명한 요소를 간직하고 있을 때만 교회로 남을 수 있습니다. 우리가 이 요소를 내버리고 계몽된 상식의 법정에서 신중함과 편의의 기준에 따라 인정할 수 있는 요소만 남겨 둔다면 어떻게 될까요? 계시는 갖다버리고 이제는 죽어 버린 옛 자연 종교를 취하는 꼴이 될 것입니다.

남자인 제가 기독교가 남성에게 부과하는 특권 또는 부담이 있다고 주장하려니 참 괴롭습니다. 저는 우리 남자들 대부분이 우리를 위해 마련된 자리를 감당하기에 턱없이 부족함을 절실하게 느끼고 있습니다. 그것은 역사적으로도 그렇고 지금도 그렇습니다. 그러나 군대에는 "경례의 대상은 제복이지 그것을 입은 사람이 아니다"라는 말이 있습니다. 남성의 제복을 입은 사람만 (일시적으로, 파루시아[9] 전까지) 교회 앞에서 주님을 대표할 수 있습니다. 우리 모두는 그리스도께 집단적, 개인적으로 여성이기 때문입니다. 우리 남자들이 엉터리 목사가 되는 일이 종종 있을 수 있습니다. 그것은 우리가 충분히 남성답지 못하기 때문입니다. 그러나 남성이 아닌 사람들을 불러들인다고 해결할 수 있는 문제는 아닙니다. 어떤 남자가 정말 엉터리 남편이 될 수도 있지만, 그렇다고 부부의 역할을 뒤바꾸어서 문제를 바로잡을 수는 없습니다. 남자가 서툴기 짝이 없는 댄서라면, 그 상황을 극복하기 위해 남자는 더 부지런히 댄스 수업에 참석해야 합니다. 다짜고짜 무도장에서 성의 구별을 무시하고 춤추는 사람들을 모두 중성적인 존재로 취급해서는 곤란합니다. 물론 그렇게 한다면 대단히 분별 있고, 문명화되고, 계몽된 일이긴 하겠으나, 결과는 이번에도 "무도회답지 못할" 것입니다.

이런 식으로 교회와 무도회를 비교하는 일이 터무니없다고 생각하는 분도 계시겠지만 절대 그렇지 않습니다. 교회는 공장이나 정당보다는 무도회에 훨씬 가까워야 합니다. 아니, 공장과 정당은 주변부에 위치하고 중심에는 교회, 그 사이에 무도회가 자리 잡고 있다는 말이 더 정확할 것입니다. 공장과 정당은 인위적인 창조물입니다. '한순간에 만들어진 그것들은, 한순간이면 또다시 만들 수 있습니다.'[ⅱ] 공장과 정당에서 우리가

---

9) 장차 산 자와 죽은 자를 심판하러 영광 중에 오실 그리스도의 재림.

상대하는 대상은 구체적이고 총체적인 인간이 아니라 '일손'과 '투표권자'입니다. 여기서 '인위적'이라는 말에는 경멸의 의미가 있지 않습니다. 그런 고안물들은 필요합니다. 그러나 그것들은 우리가 고안한 것이기 때문에 우리 마음대로 섞고 해체하고 실험할 수 있습니다. 그러나 무도회는 뭔가 자연스러운 일, 총체적인 인간과 관련된 일, 즉 구애를 양식화하기 위해 존재합니다. 무도회는 공장이나 정당의 경우처럼 그렇게 많이 뒤섞고 변경시킬 수 없습니다. 교회의 경우, 우리는 더 깊숙이까지 들어갑니다. 교회에서 우리가 다루는 대상은 그저 자연에 존재하는 사실들로서의 남성과 여성이 아니라, 우리가 전혀 통제할 수 없고 대체로 직접 알 수도 없는 실재들을 보여 주는 생생하고 굉장한 그림자로서 남성과 여성입니다. 아니, 우리가 그것들을 다루는 것이 아니라, 그것들이 우리를 다루고 있을 겁니다(우리가 함부로 끼어들다간 곧 알게 될 사실입니다).

---

ii) Oliver Goldsmith, *Deserted village*, line 51.

12 피고석의 하나님

    현대의 불신자들에게 기독교 신앙을 전하려 할 때 부딪치게 되는 어려움에 대해 써달라는 요청을 받았습니다. 하지만 그 문제는 제 역량을 넘어설 뿐 아니라, 한 번의 글로 다루기엔 너무 광범위한 주제입니다. 청중이 다 다르듯 난점도 각기 다릅니다. 청중은 국적이나 연령, 학식이 다 다를 수 있습니다. 저는 영국인 청중만을, 그중에서도 거의 어른들만을 겪어 보았습니다. 게다가 그들 대부분은 R.A.F.[1]에 복무하는 남자(와 여자)들이었습니다. 이 말은 학문적인 의미에서 그들이 식자층이 아니라는 뜻입니다. 그들 중 상당수는 기초적인 실용 과학을 조금 알고 있었고, 기계공, 전기 기사, 무선 통신사로 일하고 있었습니다. R.A.F.의 하사관과 사병은 '프롤레타리아의 인텔리겐치아'라고 불릴 법한 사람들입니다. 이들 외에는 대학생들과 이야기를 나눠 봤습니다. 독자 여러분은 제 경험이 이렇게 제한적이라는 점을 명심하셔야 합니다. 제가 군인들에게 신앙을 전했던 단일 상황에서 경험한 내용을 일반화한다면 참으로 성급한 일이 될 것입니다. 저는 영국 군대 전체의 지적 수준이 R.A.F.의 군인들보다 훨씬 낮고, 그들에게 다가갈 때는 전혀 다른 접근법을 써야 한다고 생각합니다.

---

1) 영국 공군.

첫째, 저는 R.A.F.를 대상으로 말씀을 전하면서 기독교의 유력한 적수가 유물론뿐이라는 생각이 틀렸음을 알게 되었습니다. 영국 '프롤레타리아의 인텔리겐치아' 사이에서 유물론은 신지학, 심령주의, 영국 선민주의English Israelitism[i] 등 많은 비기독교 신조 중 하나에 불과합니다. 물론 잉글랜드는 언제나 '괴짜들'의 본고장이었습니다. 그런 사람들이 줄어들고 있다는 신호는 보이지 않습니다. 저는 일관성 있는 마르크스주의자를 거의 만나 보지 못했습니다. 정말 일관성 있는 마르크스주의자가 드물기 때문인지, 아니면 마르크스주의자들이 제가 말씀을 전하는 모임에 참석하지 않기 때문인지 가려낼 도리는 없습니다. 기독교를 믿는다고 고백하는 사람들도 범신론적인 요소에 많이 물들어 있습니다. 엄격하고 제대로 된 기독교적 진술은 대개 로마가톨릭 신자나 극단적인 개신교 교파(예를 들면 침례교) 신자들의 입을 통해서나 들을 수 있습니다. 학생 청중의 경우에도 정도는 덜하지만 R.A.F.에서 발견한 것과 같은 신학적 모호함을 볼 수 있었습니다. 제대로 된 기독교적 진술을 하는 사람들은 고교회파 신자들Anglo-Catholics[ii]과 로마가톨릭 신자들, 그리고 드물게 비국교도들이 있었습니다. 위에서 언급한 다양한 종교들에서는 거의 찾아볼 수 없었습니다.

둘째, 저는 학문적인 교육을 받은 사람들은 상상도 못할 정도로 영국의 프롤레타리아 계급이 역사에 대해 회의적이라는 것을 R.A.F.에서 알게 되었습니다. 제가 볼 때 이것은 배운 사람들과 배우지 못한 사람들 사

---

i) 서유럽 사람들이 이스라엘의 사라진 10지파의 후손이라는 주장.
ii) 성공회 내에서 가톨릭 유산을 강조하는 분파에 속한 신자들. 반면 종교 개혁 전통을 강조하는 분파는 '저교회파'라 한다.

이에 벌어진 가장 큰 틈입니다. 교육을 받은 사람은 현재를 그것을 낳은 이전의 수세기와 연결하여 길게 보는 균형 감각을 지니고 있습니다. 이런 특성은 미처 의식하지도 못한 사이에 형성된 습관에 가깝습니다. R.A.F. 에서 제 강연을 들은 사람들의 머릿속에는 이런 균형 감각이 존재하지 않습니다. 그들은 우리가 역사적인 인물에 대해 믿을 만한 지식을 가질 수 있다고 믿지 않는 듯합니다. 그러나 기묘하게도, 이런 회의주의는 선사인 先史人에 대해서는 상당히 많이 안다는 확신과 어우러져 있는 경우가 많았습니다. 선사인은 '과학'(신뢰할 만하다는 뜻이지요)으로 분류되는 반면, 나폴레옹이나 율리우스 카이사르는 '역사'(신뢰할 수 없다는 뜻입니다)로 분류됩니다. 따라서 '동굴인'이라는 사이비 과학의 그림과 '현재'의 그림이 그들의 상상력을 거의 다 채우고 있으며, 그 중간에 놓인 흐릿하고 중요하지 않은 지역에는 로마 병정, 역마차, 해적, 갑옷 입은 기사, 말 탄 노상강도 등의 허깨비들이 갈피를 못 잡고 돌아다닙니다.

저는 청중이 사복음서를 믿지 않는다면 거기 기록된 기적들 때문일 거라고 생각했습니다. 그러나 저는 그들이 사복음서를 믿지 않는 진짜 이유는 아주 오래 전에 벌어진 일을 다루고 있기 때문일 뿐이라는 느낌을 받았습니다. 그들은 그리스도의 부활뿐 아니라 악티움 전투도 같은 이유로 믿지 않을 것 같습니다. 저는 이런 회의주의를 옹호하는 논리로 인쇄술 발명 이전의 모든 책은 필사와 재필사 과정을 거친 끝에 본문이 알아볼 수 없을 정도로 바뀌었을 거라는 주장을 종종 듣습니다. 그리고 이 부분에서 깜짝 놀랄 만한 일이 일어납니다. 역사에 대한 그들의 회의주의가 이런 합리적 형태를 띨 경우, '본문비평이라 불리는 과학'이 존재하고 그 과학이 일부 고대 문서들의 정확성을 합리적으로 보증해 준다고 말해 주면 쉽사리 의심이 누그러진다는 것입니다. 전문가들의 권위를 이렇듯 금세 받아들이는 모습은 중요합니다. 그것은 그 자체로 현명한 일일 뿐 아니라 제가 경험을 통해 대체로 확신하게 된바, 즉 그들이 기독교를 반대할 때도 악의가 있거나 무턱대고 의심해서 그런 경우는 거의 없다는 사실의 방증이기 때문입니다. 그들의 반대는 대개 순수한 의심에서 나온 것이며, 그들의 지식 수준에서 보자면 합당한 의심에서 나온 것입니다.

셋째, 저는 다른 어느 곳보다 잉글랜드에서 더욱 심각할 것으로 보이는 어려움을 발견했습니다. 바로 언어로 인해 생겨나는 어려움입니다. 어느 사회나 대중이 사용하는 말과 식자들이 사용하는 말은 다릅니다. 이중의 어휘(라틴어와 고유어)를 가진 영어, 영국인들의 관습(교양 있는 모임에서도 무작정 속어를 남발하는 경향)과 프랑스 아카데미 같은 것을 허용하지 않는 영국 문화는 그 간극을 유난히 넓게 만듭니다. 배우지 못한 사람들에게 말하려는 사람은 그들의 언어를 배워야 합니다. '어려울 성싶은 단어'의 사용을 피한다고 되는 게 아닙니다. 그는 청중의 언어에 어떤 단어들이 존재하고 그 단어들이 어떤 의미로 쓰이는지 실증적으로 발견해야 합니다.

예를 들어 퍼텐셜potential은 '가능한'이 아니라 '힘'이라는 뜻입니다. 크리처creature는 피조물이 아니라 '동물'을 뜻합니다. 프리미티브 primitive[iii]는 '무례한' 또는 '서툰'의 뜻입니다. 루드rude[iv]는 (종종) '까다로운', '외설적인'의 뜻입니다. 원죄 없는 잉태Immaculate Conception는 (로마가톨릭 신자의 입에서 나오는 경우를 제외하고는) 동정녀 탄생을 뜻합니

iii) 원시적인.
iv) 무례한.

다. 존재being는 '인격적 존재'를 뜻합니다. 누군가가 제게 "나는 성령을 믿습니다만 그가 하나의 존재라고 믿지는 않습니다"라고 말한 적이 있는데, 그 뜻은 "나는 그런 존재가 있다는 걸 알지만 그것이 인격적인 존재라고는 생각하지 않는다"입니다. 반면 인격적personal은 때로 '유형의'라는 의미로 쓰입니다. 교육받지 못한 영국인이 '하나님'은 믿지만 "인격적인 하나님은 믿지 않는다"고 할 때는 자신이 엄격한 의미에서의 신인동형론자가 아니라는 뜻에 불과할 수도 있습니다. 추상적인abstract에는 두 가지 의미가 있는 듯합니다. (a) '비물질적인' (b) '막연한', '모호하고 비실제적인'. 따라서 그들의 어법에 따르면 산수는 '추상적인' 과학이 아닙니다. 실제적인practical은 종종 '경제적인' 또는 '실리적인'의 뜻으로 쓰입니다. 도덕morality은 거의 언제나 '순결'을 뜻합니다. 따라서 그들의 어법에서는 "이 여자가 부도덕하다는 말은 아니지만 도둑인 것은 분명하다"라는 말이 허튼소리가 아닙니다. "그녀는 순결하지만 정직하지 않다"는 뜻일 것입니다. 그리스도인 또는 기독교적Christian은 기술적인 의미라기보다는 찬사입니다. '기독교적 기준'은 그저 '높은 도덕적 기준'을 뜻합니다. "누구누구는 그리스도인이 아니다"라는 주장은 그의 행동에 대한 비판일 뿐, 그의 믿음에 대한 진술로 받아들여지지 않을 것입니다.

두 개의 단어 중 식자에게는 더 어려워 보이는 단어가 배우지 못한 사람들에게는 더 쉬울 수도 있음을 파악하는 것 또한 중요합니다. 최근 성공회에서 쓰이는 기도문 중 행정관은 "참되고truly 치우침 없이 indifferently 정의를 시행하게 하소서"라는 구절을 "참되고 공명정대하게 impartially 정의를 시행하게 하소서"라고 바꾸자는 제안이 있었습니다. 그런데 한 시골 목사가, 교회 관리인이 '치우침 없이'는 문제없이 이해한 반면, '공명정대하게'는 무슨 뜻인지 전혀 모른다는 사실을 알게 되었다고 제게 말해 주었습니다.

그렇다면 영국인들에게 설교하고자 하는 사람은 대중이 사용하는 영어 어법을 배우는 수밖에 없습니다. 선교사가 반투족에게 설교하기 전에 먼저 반투어를 배우는 것과 같습니다. 이 일이 꼭 필요한 이유는 강연이나 토론이 시작된 후 단어의 의미를 자세히 파고들게 되면 배우지 못한 청중은 지루해하기 쉽고 불신을 품을 수도 있기 때문입니다. 문헌학만큼 그들이 흥미를 느끼지 못하는 주제도 없을 것입니다. 우리의 문제는 종종 단순한 번역 문제입니다. 목사 안수 시험에는 표준적인 신학 서적의 한 구절을 일상어로 번역하는 문제가 포함되어야 합니다. 힘이 많이 들겠지만 금세 보람을 느낄 수 있는 일입니다. 우리가 믿는 교리들을 일상어로 번역하다 보면 우리 자신이 그 교리들을 얼마나 이해하고 있는지 알게 됩니다. 번역이 잘 안 된다면, 그 이유가 일상어에 무지하기 때문일 수도 있습니다. 하지만 훨씬 많은 경우, 그것은 우리가 정확히 이해하지 못하는 말을 사용하고 있기 때문입니다.

이런 언어적인 어려움을 제외하고, 제가 만난 가장 큰 장애물은 청중의 머릿속에서 죄의식을 거의 찾아볼 수 없다는 사실이었습니다. 저는 대학생들보다는 R.A.F. 군인들에게 강연할 때 그런 느낌을 더욱 강하게 받았습니다. (제가 생각하는 것처럼) 프롤레타리아 계급이 다른 계급보다 더 독선적인지, 아니면 교육받은 사람들이 더 영리하게 자신들의 교만을 숨기는 것인지는 모르겠으나, 이것은 우리가 처한 새로운 상황을 보여 줍니다. 초기 기독교 설교자들은 듣는 사람들이 유대인이건 메투엔테스건 이교도건, 모두 죄책감이 있다고 가정할 수 있었습니다(이것이 이교도들 사이에서 공통적인 현상이었음은 에피쿠로스 학파와 신비 종교가 방식은 다르지만 둘 다 죄책감을 완화시켜 준다고 주장했다는 사실만 봐도 알 수 있습니다). 따라서 당시 기독교의 메시지는 너무나 분명한 에반겔리움*Evangelium*, 즉 복음福音이었습니다. 기독교는 자신이 병들었음을 아는 사람들에게 치료를 약속했습니다. 우리는 청중에게 그들이 앓고 있는 질병에 대한 달갑지 않은 진단을 먼저 내려 줘야 합니다. 그 후에야 그들이 치료의 소식을 반기게 되길 기대할 수 있습니다.

고대인은 피고인이 재판장에게 가듯이 하나님께(또는 신들에게) 나아갔습니다. 현대인의 경우엔 그 역할이 뒤바뀌었습니다. 인간이 재판장이고 하나님은 피고석에 계십니다. 인간은 상당히 이해심 많은 재판장입니다. 하나님이 전쟁, 가난, 질병을 허용하신 일에 대해 조리에 맞는 항변을 내놓으시면 귀 기울일 준비가 되어 있습니다. 재판은 하나님의 무죄 방면으로 끝날 수도 있습니다. 그러나 중요한 사실은 인간이 판사석에 앉아 있고 하나님은 피고석에 계시다는 겁니다.

옛날 설교자들이 했던 방식으로 음주와 음행 같은 죄를 길게 늘어놓아 현대인의 이런 태도와 싸우려 해봐야 대체로 소용없습니다. 현대의 프롤레타리아는 주정뱅이가 아닙니다. 간음의 경우, 피임의 도입으로 상황이 엄청나게 달라졌습니다. 이 죄로 인해 여성이 미혼모가 되어 사회적으로 파멸하게 될 경우, 남자들은 순결을 깨뜨리는 죄를 지었음을 알고 그 때문에 양심의 가책을 느끼기도 합니다. 그러나 이제는 그런 결과가 따르지 않게 되었으므로, 저는 남자들이 그것을 전혀 죄로 느끼지 않을 거라고 생각합니다. 제 경험에 따르면, 우리는 듣는 사람들의 양심을 일깨우기 위해 상당히 다른 방향으로 접근해야 합니다. 자만, 원한, 질투, 비겁함, 비열함 등에 대해 이야기해야 합니다. 그러나 저는 이 문제의 해결책을 발견했다고 자부할 만한 처지가 전혀 아닙니다.

끝으로 덧붙일 말이 있습니다. 저의 전도 활동은 제 접근 방식이 지닌 구제 불능의 지성주의 때문에 상당히 타격을 입었다는 사실입니다. 단순히 감정에 호소하는 전도 방식("예수님께 오십시오")은 여전히 효과를 발휘하곤 합니다. 그러나 저처럼 그런 은사가 없는 사람들은 섣부른 시도를 하지 않는 편이 낫습니다.

13   무대 뒤쪽

어린 시절, 극장에 간 저에게 무엇보다 흥미로웠던 것은 무대 배경이었습니다. 그것은 미학적인 흥미가 아니었습니다. 정원, 발코니, 궁전 같은 에드워드 시대의 '무대 장치'가 당시 제 눈에 지금보다 더 멋져 보였던 것은 사실이지만, 무대 배경에 대한 저의 흥미는 그것과는 상관이 없었습니다. 보기 흉한 배경이라도 제게는 충분했을 것입니다. 화폭에 담긴 풍경을 진짜로 착각한 것은 더더욱 아니었습니다. 오히려 저는 무대 위의 모든 것이 실제보다 더 인공적인 것이라 믿었습니다(그렇기를 바랐습니다).

배우가 평범한 현대 의상을 입고 나올 때도 저는 그가 진짜 조끼가 딸린 정장 상하의를 평범한 방식으로 걸쳐 입었다고 믿지 않았습니다. 무대용 멜빵 바지 같은 것을 입고 있다고 생각했고, 배우라면 으레 일체형으로 되어서 통째로 몸에 걸치고 보이지 않게 뒤에서 조이는 그런 옷을 입어야 마땅하다고 막연하게 생각했습니다. 배우가 무대에서 입는 정장은 정장이 아니어야 했습니다. 실제 정장과는 전혀 다르면서도 객석에서 보면 진짜처럼 보여야 했습니다(그래서 재미있게 느껴지는 거지요). 어쩌면 그래서 저는 장성한 후에도 [배우는 냉차를 마시며 술 마시는 시늉을 한다는] '냉차 가설Cold Tea theory'을 계속 믿었는지도 모릅니다. 그러다 런던의 어느 극장에서 주연을 맡은 사람이 매일 저녁 공연에서 냉차 한 잔을 마시는 대신 (필요하다면) 자기 돈으로 진짜 위스키를 마실 여유도 있고 그쪽을 더 선호한다는 말을 진짜 배우에게 듣고서야 배우도 진짜 술을 마신다는 걸 받아들이게 되었습니다.

그렇습니다. 저는 무대 배경이 화폭에 그린 그림이라는 걸 잘 알고 있었습니다. 뒤에서 보면 무대 위의 방들과 나무들이 전혀 다르게 보이리라는 걸 알았습니다. 제 흥미의 핵심은 바로 그것이었습니다. 그것이 제가 집에서 직접 무대 배경을 만든 장난감 극장의 매력이었습니다. 탑 모양의 마분지를 잘라 색칠을 하고 뒤편에 평범한 블록을 붙여서 똑바로 서게 합니다. 그러고 나서 앞뒤를 번갈아 보면 무척 신기했습니다. 앞으로 가면 탑이 있고 뒤쪽으로 가면 누런 마분지와 블록이 모습을 드러냈습니다.

진짜 극장에서는 '뒤로' 갈 수 없었지만 저는 그곳도 이와 똑같으리라는 것을 알았습니다. 배우가 무대 옆쪽으로 사라지는 순간, 그는 다른 세계로 들어갔습니다. 저는 그곳이 특별한 아름다움이나 경이로움을 지닌 세상이 아니라는 걸 알았습니다. 누군가 말해 준 것이 분명합니다만, 어쨌거나 저는 그곳이 휑한 바닥과 회칠한 벽이 있는 다소 어두운 세상이라고 믿었습니다. 그러나 세 걸음만 내디디면 하나의 세상 속으로 들어가고 나올 수 있다는 생각이 너무나 매력적으로 다가왔습니다.

저는 배우가 되고 싶었습니다. (나이가 나이니만큼) 명성이나 박수갈채를 원해서가 아니라 이런 변화의 특권을 누리고 싶어서였습니다. 분장실과 휑한 벽들과 실용적인 복도에서 나와 갑자기 알라딘의 동굴이나 웬디의 침실, 아니 어느 곳이건 이전과 다른 곳에 들어가 이전과 다른 존재가 된다니, 정말이지 부러운 일이었습니다.

무대에 있는 방에 딸린 문이 열려서 복도가 약간 보일 때가 가장 좋았습니다. 물론 무대 위의 가짜 방(보는 사람은 가짜인줄 알지만)을 집 전체의 일부처럼 보이게 하려고 벽면을 그려넣은 가짜 복도입니다. "거울 속 집의 복도를 살짝 엿볼 수 있어…… 보이는 데까지는 우리 복도와 아주 똑같은 모습이지만 그 너머는 아주 다를 수도 있다는 걸 알아야 해." 앨리스는 고양이에게 이렇게 말합니다.[1] 그러나 무대 위의 복도는 추측할 여지를 남겨 주지 않았습니다. 저는 그것의 '그 너머'가 전혀 다르다는 걸, 복도가 아니라는 걸 알았습니다.

저는 무대 옆 특별 관람석에 앉은 아이들이 부러웠습니다. 그렇게 옆쪽으로 바싹 앉아 목을 길게 늘이면 가짜 복도를 따라가 그것이 더 이상 존재하지 않는 지점, 실재와 외양의 경계선을 실제로 볼 수 있을 것 같거든요.

몇 년 뒤 저는 '뒤로' 가봤습니다. 엘리자베스 시대의 연극 공연을 위해 설치된 무대였습니다. 궁전 전면이 그려진 배경막 위로 실물 발코니가 설치되어 있었습니다. 저는 (어떤 관점에서 보면) 그 궁전 발코니에 올라섰습니다. (또 다른 관점에서 보면) 저는 배경막을 뚫고 설치한 버팀 다리 위에 세운 판자 위에 서 있었습니다. 정말 만족스러운 순간이었습니다.

이제 저는 현실의 모든 것 뒤에 무엇이 있을지 궁금합니다. 이 모든 것은 무엇에서 나왔을까요? 다른 모든 설명을 배제하지만 않는다면 프로이트적 설명을 포함시키는 것도 반대하지 않겠습니다. 저의 궁금증을 일컬어 여성의 몸에 대한 유아기적 호기심과 뒤섞인 감정이라고 할 사람들도 있겠고, 그럴 수도 있습니다. 하지만 전혀 그런 식으로 느껴지지는

---

1) Lewis Carroll, *Through the Looking-Glass and What Alice Found There*, ch. 1.

않습니다. 그러면 그들은 이렇게 대답하겠지요. "당연히 그렇겠지요. 그렇게 느껴지기를 기대해선 안 됩니다. 어떤 비유를 들 수 있을까요. 그래요. 무대 위의 방들과 숲은, 먼지 쌓이고 바람이 불고 희게 칠해진 무대 '뒤'의 이상한 형태의 각목들, 화폭들과 전혀 다르게 보이지 않습니까."

아주 정확한 비유입니다. 상상을 불허하는 무의식 속을 이리저리 다니다 갑자기 모습을 바꾸어 제가 직접 알 수 있는 유일한 '의식'에 등장하는 (그렇게 모습을 바꿈으로써만 의식에 등장할 수 있는) 콤플렉스는, 배우 같지 않은 원래의 표정으로 바람 부는 휑한 '무대 뒤'를 거닐다가 갑자기 웬디 침실에 있는 달링 씨(웬디 아빠)나 동굴 속 알라딘이 되어 무대에 등장하는 배우와 정말 비슷합니다.

그러나 참으로 이상하게도, 이 글 처음에 소개했던 저의 즐거움을 프로이트 이론으로 설명할 수 있는 것만큼 쉽사리 프로이트 이론을 그 즐거움으로 설명할 수 있습니다. 심층 심리학Deep Psychology에 대해 우리가 느끼는 즐거움(저도 어느 정도 그런 즐거움을 느낍니다)도 '무대 뒤'와 '무대 위'의 차이에 대한 즐거움의 한 가지 사례가 아닙니까? 극장 안에 존재하는 그 대립이 어떤 보편적인 것을 상징하는 기성품이기 때문에 우리 마음에 와 닿는 게 아닐까요?

현실의 온갖 것들은 사실 무대 위로 등장하는 배우와 같습니다. 광자光子나 파동(혹은 다른 무엇이건)은 태양에서 나와 공간을 지나 우리에게 옵니다. 과학적 의미에서 그것들이 '빛'입니다. 그러나 그것이 공기 속으로 들어올 때는 또 다른 의미의 '빛'이 됩니다. 보통 사람들은 그것을 햇빛 또는 낮이라 부릅니다. 파란색이나 회색, 또는 녹색으로 빛나는 거품 속에서 우리는 걸어다니고 봅니다. 이렇게 '낮'은 일종의 무대 장치입니다.

다른 파동(이번에는 공기의)은 제 고막에 이르러 신경을 지나 뇌를 자극합니다. 이것은 무대 뒤쪽에 있는 것과 같습니다. 흰 칠을 한 복도가 극의 일부가 아니듯, 이 파동은 소리가 없습니다. 곧이어 이 파동은 어찌어찌해서 (그것이 어떻게 가능한지 설명을 들어 본 적은 없습니다) 무대 위로 올라가 (이 무대가 어디 있는지 아무도 말해 주지 못했습니다) 친구의 음성이 되고 〈교향곡 제9번〉이 됩니다. 물론 이웃의 라디오 소리일 수도 있습니다. 배우는 무대 위에 올라 엉터리 연극에서 시원찮은 역을 맡을 수도 있습니다. 그러나 무대 위와 무대 뒤의 모습이 다르다는 것은 여전합니다.

생물학적인 욕구가 일시적인 생리적 상태와 영향을 주고받으며 청년의 뇌를 자극해 신비한 무대에 오르면 '사랑'이 됩니다. 그것은 (이 무대에서는 온갖 종류의 연극이 공연되므로) 단테가 칭송하는 사랑일 수도 있겠고, 귀도Guido[2]나 거피 씨Mr Guppy[3]의 사랑일 수도 있겠습니다.

우리는 이것을 실재와 외양의 구분이라고 부를 수 있습니다. 그러나 우리는 이 구분을 극장에서 처음 대했으니 '외양'이라는 단어를 경멸적인 어조로 받아들일 위험이 없을 듯합니다. 극장에서는 당연히 연극, 즉 '외양'이 핵심이기 때문입니다. 무대 뒤의 모든 '실재들'은 외양을 위해 존재하고 외양에 보탬이 되는 한에서만 가치가 있습니다. 쇼펜하우어가 들려준 두 일본인의 이야기가 중립적이고 훌륭한 비유가 될 듯합니다. 그들은 연극을 보러 영국의 극장에 갔습니다. 한 사람은 영어를 한마디도 몰랐지만 연극을 이해하기 위해 최선을 다했습니다. 또 한 사람은 극장의 무대 뒤로 가본 적이 없으면서도 무대 배경, 조명, 기타 기계 장치의 작동

---

2) 로버트 브라우닝의 *The Ring and the Book*의 주요 인물.
3) 찰스 디킨스의 *Bleak House*의 등장인물.

원리를 이해하기 위해 최선을 다했습니다. 쇼펜하우어는 "여기서 철학자와 과학자를 볼 수 있다"고 말했습니다.[4] '철학자'라는 말 대신 '시인', '연인', '예배자', '시민', '도덕적 행위자', 또는 '평범한 사람'이라고 쓸 수도 있었을 것입니다.

그러나 쇼펜하우어의 비유는 우리가 다룬 내용과 두 가지 방식으로 다릅니다. 첫 번째 일본인은 영어를 배우는 조치를 취할 수 있었을 것입니다. 그러나 우주적 드라마가 공연되는 언어에 대해, 우리가 그 언어를 분석한 문법책이나 사전을 받은 적이 있습니까, 언어 교사를 찾을 수 있습니까? 그렇다고 하는 사람들도 있고(저도 그중 하나입니다), 아니라고 하는 사람들도 있습니다. 양측의 논쟁은 이어지고 있습니다. 두 번째 일본인은 무대 뒤로 들어가 무대 장치들을 직접 보고, 줄을 당겨 보고 설명도 들어 볼 수 있었을 것입니다. 적어도 그는 그런 물건들이 있다는 사실은 알았습니다.

그러나 우리에겐 이 두 가지 가능성이 모두 없습니다. 누구도 '뒤쪽'으로 갈 수 없습니다. 일반적인 의미에서 누구도 광자, 음파, 무의식을 만나거나 경험할 수 없습니다(그래서 극장에서 '무대 뒤로' 가는 일이야말로 신나는 일일 것입니다. 대부분의 경우엔 불가능한 일을 해볼 기회니까요). 게다가 우리는 그런 것들이 존재하는지 절대적으로 확신하지도 못합니다. 그것들은 우리의 경험을 설명하기 위해 가정한 것이지만 그 자체는 결코 경험

---

4) 루이스는 쇼펜하우어의 *Studies in Pessimism*에 나오는 다음의 비유를 기억으로 떠올려 쓴 듯하다. "유럽을 여행하는 두 중국인이 처음으로 극장에 갔다. 한 사람은 무대장치만 연구했고 그래서 무대장치가 어떻게 작동하는지 알아냈다. 또 한 사람은 영어를 몰랐지만 작품의 의미를 파악하려고 노력했다. 앞 사람이 천문학자고 다른 한 사람은 철학자다." 이 비유는 쇼펜하우어의 다음 글에서 찾아볼 수 있다. *Essays from the Parerga and Paralipomena*, trans. T. Bailey Saunders(London, 1951), pp. 80~81.

할 수 없는 구성 개념들입니다. 대단히 개연성이 높은 가정이기는 하지만, 결국 가설의 성격을 벗어날 수 없습니다.

　무대 뒤에 있는 배우들의 존재조차도 가설입니다. 어쩌면 그들은 무대에 나오기 전까지는 존재하지 않는지도 모릅니다. 그리고 만약 그들이 존재한다면, 우리는 무대 뒤로 갈 수 없으니 그들의 무대 뒤 생활과 성격은 우리가 생각하는 것과 무척 다를 수도 있습니다. 어쩌면 그들끼리도 많이 다를지 모릅니다.

14 부흥인가 쇠퇴인가?

교장선생님이 말했습니다. "그럼 여기 서구에서 종교에 대한 관심이 많을 뿐 아니라 늘어나고 있다는 사실을 부인하시는 겁니까?"

그건 대답하기 쉽지 않은 질문입니다. '많다'와 '늘어나고 있다'는 통계 수치를 포함하는 말 같은데, 저는 그런 통계를 확보하고 있지 않습니다. 상당히 폭넓은 관심이 있다고 생각할 뿐입니다. 그러나 그 교장 선생님이 문제를 제대로 해석하고 계시다는 확신은 들지 않았습니다. 대부분의 사람들이 하나의 종교가 있던 시절에는 그가 말하는 식의 '종교에 대한 관심'이 존재할 수 없었을 겁니다. 신을 믿는 사람들은 그 신을 섬깁니다. 그것을 '종교'라고 묘사하는 사람들은 구경꾼들입니다. 마이나스[i]들은 종교가 아니라 디오니소스를 생각했습니다. 적절한 변경을 가하면 *mutatis mutandis* 이것은 그리스도인들에게도 해당되는 사실입니다. 사람이 어떤 신을 진심으로 받아들이게 되면, 그 순간 '종교'에 대한 그의 관심은 사라집니다. 그에겐 달리 생각할 대상이 생겼기 때문입니다. 지금 우리가 종교 토론을 벌일 때 사람들이 쉽게 귀를 기울인다고 해서 더 많은 사람이 종교적이 되고 있다는 뜻은 아닙니다. 그저 많은 '부동표'가 존

---

i) 디오니소스를 수행하는 여자.

재한다는 뜻일 뿐입니다. 회심이 이루어질 때마다 이런 잠재적 청중은 줄어들 것입니다.

일단 이런 부동표가 생겨나는 것을 허용하는 여론이 조성되면 부동표가 금세 줄어들 이유가 없습니다. 종교에 대한 미결정 상태는 종종 아주 정직한 선택이고 매우 자연스럽습니다. 하지만 그것이 전혀 어려운 선택이 아니라는 점을 깨닫지 못한다면 어리석은 일이 될 것입니다. 부동浮動의 상태는 대단히 쾌적합니다. 오히려 어느 쪽으로든 결정을 내리는 일에 대가가 따릅니다. 진정한 기독교와 일관성 있는 무신론은 둘 다 구체적인 요구 사항이 있습니다. 그러나 한쪽이 주는 위로는 다 받으면서 그것이 요구하는 규율은 거부하는 태도, 다른 쪽이 주는 자유는 다 누리면서 그에 따라 철학적·정서적으로 포기해야 할 것은 포기하지 않는 태도, 글쎄요, 이것이 정직한 태도일 수는 있다고 봅니다. 그러나 이것이 거북한 일인 체해 봐야 소용없습니다.

교장선생님이 말했습니다. "기독교가 가장 학식 있는 집단에서 지난 수세기보다 더 많이 존중받고 있다는 사실을 부인하시는 겁니까? 인텔리겐치아가 넘어오고 있습니다. 보십시오. 마리탱도 그렇고, 베르그송도 그렇고, 또⋯⋯."

그러나 저는 이 사실이 전혀 기쁘지 않습니다. 물론 회심한 지성인은 오늘날의 특징적인 현상입니다. 하지만 이 현상은 제게 그다지 희망적으로 다가오지 않습니다. 지금은 인텔리겐치아(과학자들은 제외하고)가 인류 전체와의 접촉점을 거의 잃고 그들에 대한 영향력도 상실한 때이기 때문입니다. 우리의 가장 존경받는 시인과 평론가들의 작품은 가장 존경받는 평론가와 시인들(대개는 그들을 그다지 좋아하지 않습니다)만 읽을 뿐, 달리 누구도 관심을 기울이지 않습니다. '지식인들'이 하는 일을 그냥 무시하는 교양 있는 일반인들이 점점 늘고 있습니다. 그들에게 지식인들은 아무 관계 없는 사람들입니다. 그리고 지식인들은 일반인들을 무시하거나 모욕합니다. 그러므로 인텔리겐치아가 회심하는 사건들이 그리 널리 영향을 끼치지는 못할 것 같습니다. 오히려 그런 사건들은 기독교 자체가 전반적인 '지식인 사기 행각'의 일부가 되어 버린 게 아닌가, 초현실주의와 침팬지가 그린 그림들처럼 "부르주아지에게 충격을 주는" 또 다른 방법으로 채택된 것이 아닌가 하는 끔찍한 의심을 불러일으킬 수 있습니다. 이것은 분명히 끔찍할 만큼 무자비한 생각입니다만, 인텔리겐치아는 다른 계급에 대해 무자비한 말들을 엄청나게 많이 한 바 있습니다.

교장선생님이 큰 소리로 말했습니다. "또 있습니다. 명시적인 종교가 없거나 아직은 없는 곳에서도 사람들이 인정하건 안 하건 우리의 영적 유산의 일부를 형성하는 기준들을 지키기 위한 커다란 움직임이 보이지 않습니까? 기독교적 가치라고는 말하지 않더라도 서구적 가치가……."

우리 모두 인상을 찡그렸습니다. 저는 그 말을 듣자 공군 예배당으로 쓰이던 골함석 막사와 무릎 꿇은 소수의 공군 병사들, 그리고 이렇게 기도하던 젊은 군목이 떠올랐습니다. "오, 주님. 당신이 대변하시는 것들을 사랑하도록 우리를 가르치소서." 그 군목의 기도는 더없는 진심이었고, 그가 말한 '것들'이 무엇인지는 알 수 없으나 '서구적 가치'를 넘어서고 그보다 나은 무엇을 포함하고 있는 것이 분명할 겁니다. 하지만…… 제가 볼 때 그의 기도에는 기독교나 다른 어떤 진지한 유신론과도 양립할 수 없는 생각이 들어 있는 듯했습니다. 그의 기도에서는 하나님이 목표나 목적이 아닙니다. 그분이 (참으로 다행히!) 계몽되셔서 올바른 이상들을 갖고 계시거나 그것들을 '대변하십니다.' 하나님은 그 이유 때문에 존중의 대상이 되십니다. 그 군목에게 하나님은 하나의 리더로 자리 잡으신 것입니다. 그러나 리더는 자기 너머의 무엇인가로 사람들을 이끄는 존재입니다. 다른 그 무엇이 진짜 목표인 것이지요. 이것은 "주께서는 우리를 당신 자신을 위하여 만드셨으니 당신께 가기 전에는 우리 영혼에 안식이 없나이다"[ii] 라는 고백과는 한참 동떨어진 모습입니다. 마이나스들이 이보다는 더 종교적이었습니다.

교장선생님의 말씀이 이어졌습니다. "그리고 종교의 대체물들은 믿을 수 없는 것으로 드러나고 있습니다. 과학은 신이 아니라 악령이 되어버렸습니다. 마르크스주의가 노래한 지상 천국은……."

며칠 전, 한 부인이 어떤 소녀에게 죽음에 대해 말했다가 이런 대답을 들었다고 했습니다. "그거요. 하지만 제가 그 나이가 될 무렵이면 과학이 뭔가 조치를 취해 놓을 거예요." 그 말을 듣자 저는 소박한 청중 앞에서 논쟁을 펼칠 때 자주 보았던 확고한 믿음이 떠올랐습니다. 인간의 모든 문제점은 (그리 멀지 않은) 미래에 결국 '교육'으로 바로잡힐 거라는 믿음이었습니다. 그리고 제가 실제로 접했던 '종교'에 대한 온갖 '접근법들'을 생각하게 되었습니다. 저는 "당신이 동정녀 탄생을 믿는다고 고백했으니 수레 뒤에서 채찍질을 당해야 한다"는 내용의 익명의 엽서를 받았습니다. 한 저명한 무신론자 문필가는 제 소개를 받자 고개를 돌리고 빠른 걸음으로 반대쪽 끝으로 가버렸습니다. 친분이 없는 한 미국인은 제게 편지를 보내 엘리야의 불병거가 실제로는 비행접시가 아니었는지 물었습

---

ii) 어거스틴의 《고백록》에 나오는 고백.

니다. 저는 신지학자, 영국 선민주의자, 심령주의자, 범신론자들을 만납니다. 앞의 교장선생님 같은 사람들은 왜 계속 '종교'에 대해 말하는 걸까요? 왜 '종교들'이 아닐까요? 우리는 종교들에 대해 말이 많습니다. 기독교가 그중의 하나라는 점을 지적하게 되어 기쁩니다. 저는 성도들이 보낸 편지를 받습니다. 자신들이 거룩한 존재라는 자의식이 전혀 없는 사람들로, 그들의 편지 한 줄 한 줄에는 극심한 고통 중에도 믿음, 기쁨, 겸손과 심지어 유머까지 빛나고 있습니다. 여러 해 전에 글로 제게 사소한 무례를 범했던 일에 대해 사과하고 싶어 하는 회심자들의 편지도 받습니다.

이런 조각과 부분들이 제가 직접 접해서 아는 '서구'의 전부입니다. 이것들은 교장선생님이 다룰 수 있는 범위를 벗어납니다. 그는 책과 글을 보고 말합니다. 하지만 우리를 둘러싼 진정한 거룩함, 증오, 광기는 책과 글에 거의 나타나 있지 않습니다. 책과 글에 더더욱 나타나지 않는 큰 부정적 요소는 또 있습니다. 이것은 그 교장선생님이 생각하는 '무지'와는 수준이 다릅니다. 대부분의 사람들의 생각에는 그가 당연하게 여기는 어떤 차원이 아예 존재하지 않습니다. 그 구분을 잘 보여 주는 두 가지 사례를 소개하겠습니다.

한번은 제가 방송에서 자연법에 대해 말한 후, 나이 지긋한 대령님('정직하고 솔직한 영혼'[1]이 분명했습니다)이 편지를 보내와 방송 내용에 대단히 흥미를 느꼈다며 '그 주제를 상세히 다룬 간편하고 작은 브로슈어'를 구할 수 있겠느냐고 물었습니다. 놀랍도록 무지한 요청이지요. 하지만 여기서 드러난 무지는 정보의 양에서만 빈약한 무지일 뿐입니다. 또 다른

---

1) *"anima candida."*

예는 이렇습니다. 어느 날 깊은 밤, 수의사와 직공과 제가 국토방위군 순찰 임무를 맡아 지루하게 이리저리 돌아다니고 있을 때였습니다. 수의사와 저는 전쟁의 원인에 대해 얘기를 나누다가 전쟁이 재발할 거라고 봐야 한다는 결론에 도달했습니다. 그러자 노동자가 이렇게 말하며 숨을 헐떡이더군요. "하지만…… 하지만…… 하지만." 그리고 잠시 침묵이 흐른 후 그는 불쑥 이렇게 말했습니다. "하지만 그러면 이 망할 놈의 세상이 굴러가는 게 무슨 의미가 있단 말입니까?" 저는 무슨 일이 벌어지고 있는지 분명히 알 수 있을 것 같았습니다. 그는 난생처음, 참으로 궁극적인 질문 앞에 섰던 것입니다. 우리가 평생 줄곧 생각하는 그 질문이 그에게 닥친 것입니다. 그건 완전히 새로운 차원이었습니다.

균질적인 '서구'가 존재합니까? 의심스럽습니다. 우리 주위에서는 벌어질 수 있는 모든 일이 벌어지고 있습니다. 종교들은 벌떼처럼 우리 주위를 윙윙거립니다. 인간들에게만 나타나는 유쾌한 성욕과는 상당히 다른, 진지한 성 숭배도 그중 하나입니다. 과학 소설에서는 종교의 초기 형태가 나타납니다. 그리고 언제나처럼 그리스도의 길을 따라가는 사람들도 있습니다. 하지만 요즘은 기독교를 따르지 않으면서도 따르는 체할 필요가 없습니다. '종교의 쇠퇴'라 불리는 상황은 상당 부분 그런 현실에서 나온 것입니다. 그것을 제외하면, 현재가 다른 시대, 혹은 다른 곳의 '서구'와 과연 그리 많이 다를까요?

15   의사소통의 전제 조건

'의사소통 문제'에 대해 글을 써달라는 요청을 받았습니다. 여기서 의사소통은 '현대 상황에서 그리스도인들과 바깥세상의 의사소통'을 뜻하는 말이었습니다. 제가 질문을 받을 때 자주 겪는 일이지만, 제가 내놓으려는 답변이 얼마나 소박하고 심심한 것인지 생각할 때 당혹스러워지기까지 합니다. 저는 질문자가 기대하신 것보다 더 투박하고 단계가 낮은 답변을 제시할 수밖에 없을 듯합니다.

[불신 세상과의] '의사소통'에 대한 저의 생각은 순전히 실증적인 것입니다. 이제 제시할 두 가지 사례(둘 다 실화입니다)가 어떤 종류의 경험이 제 생각의 바탕이 되었는지 잘 보여 줄 것입니다.

1. 이전의 성공회 《기도서》는 행정관들이 "참되고truly 치우침 없이 indifferently 정의를 시행"하게 해달라고 기도했습니다. 그런데 개정 작업 담당자들은 '치우침 없이'를 '공명정대하게impartially'로 바꾸면 이해가 더 쉬워질 거라 생각했습니다. 제가 아는 한 시골 목사님이 '치우침 없이'가 무슨 뜻인지 교회 관리인에게 물었습니다. 그러자 올바른 답이 돌아왔습니다. "이 사람 저 사람을 구별하지 않는다는 뜻입니다." 그러자 목사가 다시 물었습니다. "그러면 '공명정대하게'가 무슨 뜻인지 알겠는가?" 관리인의 답인즉, "그건 모르겠는데요."

개정자들이 무엇을 염두에 두었는지는 다들 압니다. 그들은 '신도 석에 앉은 사람'이 '치우침 없이'를 '속 편하게', '염려 없이'의 뜻으로 받아들일까 봐 우려한 것입니다. 그들은 교육을 많이 받은 사람들은 이런 실수를 저지르지 않겠지만 그 외의 다른 사람은 저지를 수 있다고 생각했습니다. 하지만 교회 관리인의 대답은 아무리 배움이 짧은 계급의 사람들도 그런 실수를 저지르지 않음을 보여 줍니다. 그런 실수는 교육 수준이 중간에 해당하는 사람들이 저지를 것입니다. 학문적 깊이 없이 언어의 유행만을 따라가는 사람들이지요. 교육의 최상 계급과 최하 계급 에게는 그런 위험이 없습니다. 그리고 '중간층' 교인들의 오해를 막아 주는 '공명정대하게'는 배움이 짧은 사람들에겐 아무 의미가 없는 단어 입니다.

2. 전쟁 중에 저는 한 노동자와 마귀에 대해 토론하게 되었습니다. 그는 마귀의 존재는 믿지만 "인격적인 마귀는 믿지 않는다"고 했습니다. 토론이 진행될수록 대화는 양측 모두에게 점점 혼란스러워졌습니다. 어 찌된 일인지 서로 말이 엇갈리고 있었습니다. 그러다 문득, 거의 우연히 저는 무엇이 문제인지 알게 되었습니다. 그는 '인격적personal'이라는 단 어를 줄곧 '유형의corporeal'라는 뜻으로 쓰고 있었던 것입니다. 그는 대 단히 이해력이 뛰어난 사람이었고, 일단 이 사실을 발견한 뒤로는 대화에 아무 어려움이 없었습니다. 실제로 우리는 어떤 문제에 대해서도 의견 차 이가 없었던 것입니다. 우리 둘의 차이점은 어휘의 문제일 뿐이었습니다. 그 일이 있은 후 저는 수천 명의 사람들이 "하나님은 믿지만 인격적인 하 나님은 믿지 않는다"고 하지만, 그 말이 실은 '나는 엄격한 의미의 신인동 형론자가 아니며 이 부분에 대해 완벽한 정통 교리를 믿고 있다'는 뜻이

라고 생각하는 사람이 얼마나 될지 궁금해졌습니다.

《기도서》의 개정 작업을 하는 분들과 저는 바로 이 부분에서 실수를 저지른 것입니다. 우리는 보통 사람들이 사용하는 단어들의 의미를 선험적으로 *a priori* 규정했습니다. 저는 그 노동자의 어법이 우리와 같을 거라고 가정했습니다. 개정 작업을 하는 사람들은 《기도서》의 '치우침 없이'라는 단어를 다른 단어로 바꾸면 그 본의를 모두가 더 잘 파악할 거라고 가정했습니다. 저보다 세심하게 내린 판단이었으나 결과적으로는 역시 틀린 생각이었습니다. 우리는 프랑스 사람들이 프랑스어 단어를 어떤 의미로 쓰는지 선험적으로 판단하지 않습니다. 이와 마찬가지로 다른 사람들이 영어 단어를 어떤 의미로 쓰는지 선험적으로 정해서는 안 됩니다. 전적으로 실증적으로 접근해야 합니다. 귀를 기울이고 적고 암기해야 합니다. '옳거나' '틀린' 용례에 대한 건방지고 현학적인 태도는 완전히 버려야 합니다. 이것은 매우 단조롭고 평범한 대답입니다. 거창한 철학적 수준에서 의사소통 문제를 논하고 싶은 사람, 세계관의 갈등과 현대의 혹은 도시의 곤경, 위기의식에 대해 말하고 싶은 사람에게는 그 첫 번째 단계가 가장 원초적인 의미에서의 언어학적 작업이라는 말은 맥 빠지는 소리일 것입니다. 그러나 그것이 사실입니다.

모든 목사 자격시험에 (단순한) 번역 문제가 의무적으로 포함되면 좋겠습니다. 어떤 신학 서적의 한 구절을 실어 놓고 "평이한 일상 영어로 번역하시오"라는 식으로 말이지요. 꾸미거나 희석시키거나 '거북하지 않게' 만드는 것이 아니라 그냥 일상 영어로 바꿔야 합니다. 이 상황은 라틴어 산문을 공부할 때와 아주 비슷합니다. '키케로라면 그것을 어떻게 말했을까?'라고 묻는 대신 '내 사환이나 침실 사환이라면 그 말을 어떻게 했을까?'라고 바꾸어 생각해야 합니다.

이런 번역의 수고에는 두 가지 유용한 부산물이 따릅니다.

1. 자신의 글에서 전문적·학술적인 표현, 다른 글을 암시하는 구절을 모두 제거하는 과정에서 학문 언어의 진정한 가치를 처음으로 발견하게 될 것입니다. 간결성 말이지요. 일상 언어로는 100단어를 써도 표현하기 힘든 내용을 학문 언어는 10단어로 말할 수 있습니다. 대중적으로 풀어 쓴 글은 원문보다 훨씬 길어야 할 것입니다. 이런 불편은 우리가 감수할 수밖에 없습니다.

2. 여러분은 지금 번역하려는 언어를 이제까지 얼마나 이해하고 있었는지 발견하게 될 것입니다. 많은 '번역'을 해본 저는 그랬습니다. 저는 그 과정에서 거듭 수모를 겪었고, 또 많은 도움을 받았습니다. 예를 들어, 우리는 대속Atonement이나 성직Orders이나 영감Inspiration에 대해 자신이 특정한 견해를 갖고 있다고 생각합니다. 그리고 몇 년 동안 같은 부류에 속한 다른 사람들을 상대로 그 견해를 논하고 옹호합니다. 비판자들에게 답하기 위해 자신의 견해를 여러 부분에서 다듬고, 모호한 부분을 명확하게 해주는 듯한 기발한 비유들을 고안하고, 다른 견해들과 비교하여 대강의 '위치'를 가늠해 보면서 자신의 견해가 일류 사상들 사이에서 확고히 자리하고 있는 것처럼 느껴집니다. 다른 사람들도 모두 같은 언어를 쓰고 같은 말을 하는 세계에서 이루어지는 활동이기 때문입니다. 모든 것이 무난해 보입니다. 그런데 지적인 기계공이나 진지한 호기심이 있지만 겉으로는 상당히 불경해 보이는 학생에게 자신의 그 견해를 설명하려고 해보십시오. (식자들 사이에서는 결코 나오지 않을) 유치한 질문들을 받게 될 것입니다. 그러면 우리는 검술의 첫 번째 원칙조차 모르

는 상대의 칼에 어이없이 꿰뚫린 능숙한 검객의 신세가 됩니다. 상대의 유치한 질문은 치명적인 한 방이 됩니다. 우리는 자신이 그렇게 오랫동안 주장했던 내용을 실제로는 이해하지 못하고 있었음을 알게 됩니다. 그 견해를 철저히, 끝까지, '완전히 끝장을 볼 때까지' 생각해 보지 않았음을 깨닫게 됩니다.

그러고 나면 그 견해를 포기하거나, 아니면 완전히 새로 시작해야 합니다. 참을성과 통상적인 노련함을 발휘하는데도 분별 있는(들을 마음이 있는) 상대가 알아들을 수 있게 한 가지도 설명하지 못한다면, 우리는 그 내용을 전혀 이해하지 못한 것입니다. 여기서도 상황은 라틴어 산문을 번역할 때와 아주 비슷합니다. 라틴어로 번역되지 않는 문장은 대개 영어로 완전히 이해하지 못한 문장입니다.

우리가 특히 주의해야 할 것은 바로 우리가 속한 집단의 유행어와 주술적인 단어들입니다. 지금 세대에는 연대성engagement, 헌신commitment, 대항하여over against, 심판받는under judgement, 실존적인existential, 위기crisis, 대결confrontation 등이 그런 단어들이 될 것입니다. 이런 표현들의 경우, 다른 학파나 세대나 사회 계급에 속한 사람이 이해할 가능성은 거의 없습니다. 이것들은 가족 언어 또는 학교 은어와도 같습니다. 그리고 우리만의 언어는 외부인들을 어리둥절하게 할 뿐 아니라 우리 자신을 속일 수도 있습니다. 마법적 단어들은 너무나 의미심장하고 너무나 많은 깨달음을 주는 듯 보입니다. 그러나 우리는 속을 수 있습니다. 때로 우리는 그 단어들에서 명확한 개념을 얻는 게 아니라 '집에 왔구나, 같은 부류에 속해 있구나' 하는 푸근함을 느끼는 정도에 그치기도 합니다. "우린 서로를 이해해"라는 말은 "우리는 서로 공감한다"는 뜻일 때가 있습니다. 공감은 좋은 것입니다. 어떤 면에서는 지적 이해보다 더 좋을 수도 있습니다. 그러나 그 둘이 같은 것은 아닙니다.

16   질의응답

[다음 글은 케임브리지 모들린칼리지의 루이스 연구실에서 1963년 5월 7일 C. S. 루이스와 한 인터뷰다. 인터뷰를 진행한 사람은 빌리그레이엄전도협회의 셔우드 워트 Sherwood E. Wirt이다.]

<u>워트</u>

루이스 교수님, 기독교와 관련된 주제로 글을 쓰는 일에 관심이 있는 젊은 친구가 있다면, 준비 과정에 대해 어떤 조언을 해주시겠습니까?

<u>루이스</u>   화학에 관한 글을 쓸 사람은 화학을 배웁니다. 기독교의 경우도 마찬가지입니다. 그러나 글쓰기 자체로 말하자면, 글 쓰는 법에 대해 어떤 조언을 할 수 있을지 모르겠습니다. 그것은 재능과 흥미의 문제입니다. 저는 누군가 작가가 되려면 그러고 싶은 마음이 강하게 일어야 한다고 믿습니다. 글쓰기는 '정욕'이나 '가려울 때 긁는 것'과 비슷합니다. 글쓰기는 아주 강한 충동의 결과로 이루어지고, 저의 경우 그런 충동이 생겨날 때는 글로 써내야만 합니다.

<u>워트</u>

우리 세대에 영향을 끼칠 만큼 강력한 기독교 문학 작품들의 탄생을

촉발시킬 방안에는 어떤 것이 있을까요?

루이스   이 문제에는 공식이 없습니다. 저는 비법이나 묘약도 없습니다. 작가들은 너무나 다양한 방식으로 훈련받기 때문에 저로선 어떻게 하라는 처방을 내릴 수가 없습니다. 우선 성경 자체가 체계적이지 않습니다. 신약성경은 무엇보다 큰 다양성을 보여 줍니다. 하나님은 어떤 도구라도 쓰실 수 있음을 우리에게 보여 주셨습니다. 발람의 나귀는 울음소리 와중에도 대단히 효과적인 설교를 했음을 기억하실 겁니다.[1]

워트

교수님의 글은 무거운 신학적 주제를 다룰 때도 가벼움을 잃지 않는 특징이 있습니다. 그런 태도를 기르는 비결이 있다면 말씀해 주시겠습니까?

루이스   저는 그것이 기질 문제라고 생각합니다만, 그래도 중세 문인들을 연구하고 G. K. 체스터턴의 글을 읽으면서 도움을 받긴 했습니다. 체스터턴은 심각한 기독교적 주제와 익살을 결합해 내는 일을 두려워하지 않았습니다. 중세의 기적극 역시 그리스도의 탄생 같은 신성한 주제를 다룰 때도 익살을 곁들였습니다.

워트

그렇다면 기독교 작가들이 익살스러워져야 한다고 보십니까?

루이스   아닙니다. 영적 주제에 대한 억지 익살은 끔찍한 일이

---

1) 민 22:1-35.

고, 웃기는 글을 쓰려는 일부 종교적 저술가들의 시도는 한마디로 형편없습니다. 글을 무겁게 쓰는 사람도 있고, 가볍게 쓰는 사람도 있습니다. 제가 가벼운 접근법을 선호하는 것은 엉터리 공경심이 주위에 너무 많다고 생각하기 때문입니다. 신성한 문제들을 다룰 때 엄숙함과 긴장이 너무 많습니다. 거룩한 어조의 말도 너무 많습니다.

워트

그러나 그 엄숙함은 적절하지 않습니까? 신성한 분위기를 조성하는 데 도움도 되고요.

루이스

그렇기도 하고 아니기도 합니다. 사적인 경건 생활과 공적인 경건 생활은 다릅니다. 엄숙함은 교회에 적합합니다. 그러나 교회에 적합한 일들이 바깥에서도 모두 적절한 것은 아닙니다. 그 반대의 경우도 마찬가지구요. 예를 들어, 저는 이를 닦으면서 기도할 수 있습니다. 하지만 그렇다고 해서 제가 교회에서 이를 닦아야 하는 건 아닙니다.

워트

오늘날 기독교회 내에서 나오는 글들을 어떻게 생각하십니까?

루이스

종교 전통에 속한 저술가들이 출간하는 책들 중 상당수는 한마디로 추문이고 실제로 그 때문에 사람들이 교회에 등을 돌리고 있습니다. 자유주의 저술가들은 복음의 진리에 계속 물을 타고 그 내용을 자꾸만 잘라 냅니다. 성직자가 되려면 반드시 믿어야 할 교리들이 있는데, 어떻게 성직자라는 사람이 그 내용을 전부 안 믿는다고 책에서 주장할 수 있는지 저로서는 이해할 수 없습니다. 저는 그것이 일종의 매춘이라고 생각합니다.

<u>월트</u>

울리지의 주교인 존 로빈슨의 새 책 《신에게 솔직히》가 많은 논쟁을 불러일으키고 있습니다. 이 책을 어떻게 생각하십니까?

<u>루이스</u>　저는 '하나님께 솔직'한 것보다는 그냥 솔직한 게 낫다고 생각합니다.

<u>월트</u>

어떤 기독교 작가들이 교수님에게 도움을 주었습니까?

<u>루이스</u>　제게 가장 큰 도움을 준 현대의 책은 체스터턴의 《영원한 인간 The Everlasting Man》입니다. 다른 책으로는 에드윈 비번의 《상징과 믿음 Symbolism and Belief》, 루돌프 오토의 《성스러움의 의미 The Idea of the Holy》, 그리고 도로시 세이어즈의 희곡들[2]이 있습니다.

<u>월트</u>

체스터턴은 왜 교회의 일원이 되었느냐는 질문에 "내 죄를 없애기 위해서"라고 대답했다고 들었습니다만.

<u>루이스</u>　죄를 없애고 싶은 마음만으로는 충분하지 않습니다. 우리 죄에서 우리를 구원하시는 분을 믿기도 해야 합니다. 우리는 자신이 죄인임을 인정해야 할 뿐 아니라, 죄를 없애 주시는 구세주를 믿어야 합

---

2) 예를 들면 *The Man Born to be King*(London, 1943: reprinted Grand Rapids, 1970).

니다. 매튜 아널드는 "배고픈 상태가 우리에게 빵이 있다는 증거는 아니다"라고 쓴 바 있습니다. 우리가 죄인이라는 사실에서 우리가 구원을 받는다는 결론이 나오는 것은 아닙니다.

<u>워트</u>

《예기치 못한 기쁨》에서 교수님은 기독교 신앙으로 끌려가는 와중에도 발길질을 하고 몸부림 치고 화를 내면서 사방을 두리번거리며 도망갈 기회를 찾았다고 말씀하셨습니다.[3] 여기서 교수님은 말하자면 할 수 없이 그리스도인이 되었다고 말씀하시는 것 같습니다. 교수님이 당시 회심하기로 결단을 내렸다고 느끼십니까?

<u>루이스</u>   저는 그것을 그렇게 표현하지 않겠습니다. 저는 《예기치 못한 기쁨》에서 이렇게 썼습니다. "하나님께서 나를 완전히 포위하시기 전에 전적으로 자유로운 선택의 기회라고 할 만한 순간을 허락해 주셨다."[4] 그러나 이제 저는 제 결정이 그리 중요한 것이 아니었다고 느낍니다. 저는 이 문제에서 주체라기보다는 객체였습니다. 저는 하나님이 내리시는 결정의 대상이었습니다. 나중에는 일이 그렇게 된 게 기뻤지만, 당시 제가 들은 것은 하나님의 이런 말씀이었습니다. "총을 내려놓아라. 그리고 우리 이야기를 하자."

<u>워트</u>

그 말씀은 교수님이 아주 분명한 결단의 순간에 이르렀다는 의미로

---

3) *Surprised by Joy*(London, 1955), ch. xiv, p. 215, 《예기치 못한 기쁨》(홍성사 역간).
4) 같은 책, p. 211.

들립니다.

루이스   글쎄요, 저는 가장 심오한 의미에서 강요된 행동이 또한 가장 자유로운 행동이라고 말씀드리겠습니다. 그 말은, 저의 어떤 부분도 그 행동 바깥에 있지 않았다는 뜻입니다. 저는 이것을 《예기치 못한 기쁨》에서 이렇게 표현했습니다. "내가 선택했다고 말했지만, 반대쪽을 택한다는 것은 사실상 불가능해 보였다."[5]

워트

교수님은 20년 전에 이렇게 쓰셨습니다. "인간에 불과한 사람이 예수와 같은 주장을 했다면, 그는 결코 위대한 도덕적 스승이 될 수 없습니다. 그는 정신병자, 즉 자신을 삶은 계란이라고 말하는 사람과 수준이 똑같은 정신병자거나, 아니면 지옥의 악마일 것입니다. 이제 여러분은 선택해야 합니다. 이 사람은 하나님의 아들이었고, 지금도 하나님의 아들입니다. 그게 아니라면 미치광이거나 그보다 못한 인간입니다. 당신은 그를 바보로 여겨 입을 틀어막을 수도 있고, 악마로 여겨 침을 뱉고 죽일 수도 있습니다. 아니면 그의 발 앞에 엎드려 하나님이요 주님으로 부를 수도 있습니다. 그러나 위대한 인류의 스승이니 어쩌니 하는 선심성 헛소리에는 솔깃해하지 맙시다. 그는 우리에게 처음부터 그럴 여지를 주지 않았습니다. 그는 그럴 생각이 처음부터 없었습니다."[6] 이후 이 문제에 대한 교수님의 견해가 달라졌습니까?

루이스   본질적으로 달라진 부분은 없습니다.

---

5) 같은 글.
6) *Mere Christianity*(London, 1952), ch. iii, p. 42, 《순전한 기독교》(홍성사 역간).

<u>워트</u>

교수님의 글쓰기를 포함해 그리스도인의 저술의 목적은 독자가 예수 그리스도를 만날 수 있도록 계기를 마련하는 것이라고 보십니까?

<u>루이스</u>　　　저는 그런 식으로 말하지 않습니다만, 분명 그런 목적을 염두에 두고 있습니다. 예를 들어, 저는 방금 기도에 대한 책을 탈고했습니다. 기도의 어려움들에 대해 문제를 제기하는 사람에게 보낸 가상의 서신집입니다.[7]

<u>워트</u>

어떻게 하면 사람들이 예수 그리스도를 더 잘 만나도록 도울 수 있을까요?

<u>루이스</u>　　　우리는 하나님이 일하시는 방식을 임의로 규정할 수 없습니다. 하나님이 사람들을 그분의 나라로 불러들이는 방법은 매우 다양하고 그중에는 제가 특별히 싫어하는 방법들도 있지요. 그러므로 저는 판단을 내릴 때 조심하도록 배웠습니다.

그런데 우리는 여러 방식으로 하나님의 일하심을 방해할 수 있습니다. 우리 그리스도인들은 신앙 바깥에 있는 사람들에게 불필요한 양보를 하고 싶은 유혹을 받습니다. 너무 많이 물러섭니다. 그렇다고 적절치 못한 시간대에 복음을 전하여 성가신 사람이 될 위험을 감수하라는 말은 아닙니다만, 우리가 그들에게 동의하지 않는다는 사실을 보여 줄 필요가 있습니다. 예수 그리스도께 충실하기 위해서는 우리의 깃발을 흔들어야 합

---

7) 그의 *Letters to Malcolm: Chiefly on Prayer*(London, 1964), 《개인기도》(홍성사 역간).

니다. 가만히 입 다물고 있거나 모든 것을 넘겨줘서는 안 됩니다.

제가 쓴 어린이 이야기책에 나오는 아슬란이라는 캐릭터는 이렇게 말합니다. "나는 누구에게나 본인의 이야기만 들려준다."[8] 저는 하나님이 다른 사람들을 다루시는 방식에 대해 왈가왈부할 수 없습니다. 하나님이 개인적으로 저를 어떻게 다루시는지 알 뿐입니다. 물론 우리는 영적 각성을 위해 기도해야 하고, 그 일을 위해 여러 가지 방식으로 뭔가를 할 수 있습니다. 그러나 '바울도 아볼로도 자라게 하는 이가 아님'[9]을 기억해야 합니다. 찰스 윌리엄스는 이렇게 말한 바 있습니다. "우리는 어디엔가 제단을 쌓아야 한다. 그래야 다른 곳에라도 불이 내리게 된다."[10]

워트

루이스 교수님. 교수님의 글에는 기독교의 주제를 다루는 다른 글에서 흔히 찾아볼 수 없는 색다른 맛이 있습니다. 교수님은 글쓰기를 즐기시는 듯합니다.

루이스

글쓰기를 즐기지 않았다면 계속 쓸 수 없었을 것입니다. 제가 쓴 책들 중에서 글쓰기가 즐겁지 않았던 경우는 단 한 권뿐입니다.

---

8) 표현은 조금 다르지만, 아슬란은 *The Horse and His Boy*(London, 1954), ch. xi, p. 147, ch. xiv, p. 180《말과 소년》(시공사 역간)에서 다른 사람들의 삶에 대해 묻는 두 아이에게 그렇게 말한다.

9) 고전 3:6.

10) "우리는 하늘이 임할 길을 예비해야 한다. 그러면 하늘은 다른 길을 통해서라도 올 것이다. 희생 제물을 준비해야 한다. 그러면 다른 제단에라도 불이 내릴 것이다." Charles Williams, *He Came Down from Heaven*(London, 1938), ch. ii, p. 25.

<u>워트</u>

어떤 책입니까?

<u>루이스</u>　　《스크루테이프의 편지》입니다. 그 책을 쓰는 내내 컬컬하고 모래를 씹는 듯했습니다. 당시 저는 그리스도인의 삶에 대한 반론들을 생각하고 있었고 그 내용을 "악마라면 이렇게 말할 것이다"라는 형식으로 표현하기로 했습니다. 그러나 선을 '악하게', 악을 '선하게' 그리는 것은 무척 고달픈 일이었습니다.

<u>워트</u>

젊은 그리스도인 작가가 독자적인 표현법을 개발하려면 어떻게 해야 할까요?

<u>루이스</u>　　독자적인 표현법을 개발하는 방법은 (a) 자신이 하고 싶은 말이 무엇인지 분명히 알고 (b) 정확히 그 말을 하는 것입니다. 독자는 저자가 뜻하는 바를 이미 아는 상태에서 책을 읽지 않습니다. 우리는 그것을 기억해야 합니다. 저자의 단어가 애매모호하면 독자는 그 의미를 놓치고 말 것입니다. 가끔 저는 글쓰기가 도로를 따라 양떼를 몰고 가는 일과 비슷하다는 생각을 합니다. 도중에 오른쪽이나 왼쪽으로 열린 문이 있다면 독자들은 틀림없이 그리로 들어갈 겁니다.

<u>워트</u>

성령께서 오늘날 그리스도인 작가들을 통해 세상에 말씀하실 수 있다고 믿으십니까?

<u>루이스</u>　　저는 작가가 성령의 직접적인 '조명'을 받았는지 여

부는 판단하지 않습니다. 저로선 작가가 쓴 내용이 하늘에서 온 것인지 아닌지 분간할 길이 없습니다. 다만 저는 하나님이 빛들의 아버지시라고 믿습니다. 그분은 영적인 빛들뿐 아니라 자연적인 빛들의 아버지이시기도 합니다(약 1:17). 하나님은 그리스도인 작가들 자체에만 관심을 갖지 않으신다는 말입니다. 그분은 온갖 종류의 글쓰기에 다 관심을 두십니다. 신성한 소명이 교회 일에만 한정되지 않는 것과 같습니다. 순무밭의 잡초를 뽑는 사람도 하나님을 섬기고 있습니다.

워트

듀이 비글이라는 미국 작가는 아이작 와츠의 찬송시 '주 달려 죽은 십자가'가 구약성경의 아가서보다 하나님의 감동을 더 많이 받은 것 같다고 말했습니다. 교수님은 어떻게 생각하십니까?

루이스

교회의 위대한 성인들과 신비가들은 정반대로 생각했습니다. 그들은 아가서에서 엄청난 영적 진리를 발견했습니다. 여기에는 수준의 차이가 있습니다. 정경 문제가 개입되지요. 성인을 위한 내용이 아이의 입맛에는 맞지 않을 수도 있다는 점도 기억해야 합니다.

워트

어니스트 헤밍웨이, 새무얼 베케트, 장 폴 사르트르 같은 작가들로 대표되는 현대 문학의 경향을 어떻게 평가하십니까?

루이스

저는 그 분야의 책들은 거의 읽지 못했습니다. 저는 현대 학자가 아닙니다. 과거를 잘 아는 학자도 아니지요. 그저 과거를 사랑하는 사람일 뿐입니다.

워트

현대 문학에서 현실적인 분위기를 그리기 위해 추잡한 말과 음란한 내용이 필요하다고 생각하십니까?

루이스   아닙니다. 저는 그런 경향이 신앙을 잃어버린 문화의 징후 또는 신호라고 봅니다. 도덕적 붕괴는 영적 붕괴의 뒤를 따라 나타납니다. 저는 가까운 앞날이 대단히 염려스럽습니다.

워트

그렇다면 현대 문화가 비非기독교화되고 있다고 느끼시는 겁니까?

루이스   저는 그 질문의 정치적 측면에 대해서는 말할 수 없지만, 교회의 비기독교화에 대해서는 분명한 생각이 있습니다. 저는 세상에 순응하는 설교자가 많고 신자가 아닌 교인들이 교회에 너무 많다고 생각합니다. 예수 그리스도께서는 "세상으로 나가 세상이 괜찮다고 말해 주거라" 하고 말씀하지 않으셨습니다. 복음은 그것과 전혀 다릅니다. 아니, 복음은 세상과 정반대됩니다.

세상이 기독교에 반대하며 내세우는 논증은 아주 강력합니다. 모든 전쟁, 모든 파선破船, 모든 암 발병, 모든 재난이 기독교에 반대하는 일견 그럴듯한 논증에 보탬이 됩니다. 이런 표면적인 증거들을 보면서 신자가 되기란 쉽지 않습니다. 예수 그리스도에 대한 강한 믿음이 있어야 합니다.

워트

어떤 시점에서 그리스도인의 삶을 선택하는 분명한 결단을 내리라고 하는 브라이언 그린과 빌리 그레이엄 같은 사람들을 어떻게 보십니까?

루이스   저는 빌리 그레이엄을 한 번 만난 적이 있습니다. 즐거운 시간이었지요. 그가 1955년에 케임브리지 대학을 방문했을 때 함께 저녁 식사를 했습니다. 당시 그는 학생들을 대상으로 전도 집회를 열고 있었습니다. 저는 그가 매우 겸손하고 분별 있는 사람이라 생각했고 무척 마음에 들었습니다.

서구 문명에 속한 지역의 모든 사람들은 예수 그리스도의 주장이 자신의 삶에 어떤 의미가 있는지 진지하게 고려해야 한다고 생각합니다. 그렇지 않으면 그들은 제대로 주의를 기울이지 않았거나 질문을 회피했다는 문책을 피할 수 없을 것입니다. 소련은 상황이 좀 다릅니다. 지금 러시아에 사는 많은 사람들은 그리스도의 주장을 들어 본 적이 없었고 따라서 그분의 주장을 고려할 기회도 없었습니다.

영어권 나라에 사는 우리는 힌두교 같은 다른 종교의 주장들을 고려해야 할 처지가 되어 본 적이 없습니다. 그러나 예수 그리스도에 대해 진지하게 생각하고 어떻게 반응할지 선택할 도덕적·지적 책임은 있습니다. 만약 그 책임을 거부한다면 제대로 따져 보고 생각하지 않은 죄의 대가를 치르게 될 것입니다.

워트

그리스도인의 삶에서 매일의 경건 훈련, 즉 하나님과 홀로 보내는 시간을 가질 필요성에 대해 어떻게 생각하십니까?

루이스   그 주제에 대해서는 신약성경에 명확한 명령이 있습니다. 저는 그리스도인이라면 누구나 당연히 그런 신앙 훈련을 할 거라고 생각합니다. 그것은 우리 주님의 명령입니다. 그래서 저는 그 명령을 따라야 한다고 믿습니다. 예수 그리스도께서 우리에게 은밀한 곳을 찾아가 문을 닫고 기도하라고 하셨으니, 우리는 그 말씀을 진지하게 받아들여야 할 것입니다.[11]

월트

루이스 교수님, 몇 년 뒤에는 어떤 일이 벌어질까요?

루이스 저로선 알 길이 없습니다. 제가 잘 아는 분야는 과거입니다. 저는 차에 거꾸로 앉아서 여행을 하는 셈인데, 그렇게 되면 운전하는 사람이 쉽지 않습니다. 세상은 10분 후 멈출 수도 있습니다. 하지만 그동안 우리는 자신이 맡은 일을 계속 감당해야 합니다. 매일을 그날이 마지막 날인 것처럼 살아가되 세상이 백 년도 더 유지될 것처럼 계획을 세우며 자기 자리를 지키는 하나님의 자녀, 얼마나 멋집니까.

물론 신약성경은 앞으로 벌어질 사건들에 대해 분명히 말하고 있습니다.[12] 저는 사람들이 미래의 이런저런 파멸에 대해 염려하는 모습을 볼 때마다 웃음을 참기가 어렵습니다. 그들은 자신이 어떻게든 죽게 될 것임을 몰랐단 말입니까? 그런 것처럼 보입니다. 제 아내가 한 젊은 여성에게 죽음에 대해 생각해 본 적이 있느냐고 물었다가 이런 대답을 들었습니다. "제가 그 나이가 될 무렵이면 과학이 뭔가 조치를 취해 놓을 거예요!"

---

11) 마 6:5-6.
12) 마 24:4-44; 막 13:5-27; 눅 21:8-33.

<u>월트</u>

앞으로 광범위한 우주 여행이 있을 거라고 생각하십니까?

<u>루이스</u> 저는 생명체가 사는 다른 행성들이 있을 경우 그들과 접촉하기를 간절히 바라면서도 두려워집니다. 우리는 그들에게 우리의 온갖 죄와 소유욕만을 전해 줄 것이고 그곳에 새로운 식민지를 세울 것입니다. 그 생각을 하면 견딜 수가 없습니다. 그러나 지구에 사는 우리가 하나님과 올바른 관계를 맺게 된다면, 물론 모든 것이 달라질 것입니다. 일단 우리 자신이 영적으로 깨어나면, 우주로 나가 좋은 것들을 전해 줄 수 있을 것입니다. 전혀 다른 이야기가 펼쳐지는 거지요.

3
부

1 '불버주의'

에머슨이 어디선가 말한 것처럼, 우리가 존재한다는 사실을 발견하는 일은 재난입니다. 장미를 단순하게 바라보지 못하고, 특정 유형의 사고방식과 견해 때문에 장미를 바라보는 자신을 생각할 수밖에 없다면 그것은 재난이라는 뜻입니다. 그 이유는, 대단히 주의하지 않으면 자칫 장미의 색깔은 우리 시신경의 산물로, 그 향기는 우리 코의 산물로 여기고, 결국 장미는 없다고 말하는 지경에 이르게 되기 때문입니다. 철학자들은 이런 포괄적인 시각 상실 현상으로 200년이 넘도록 골머리를 앓았지만 세상 사람들은 그들에게 별로 귀 기울이지 않았습니다. 하지만 지금, 똑같은 재난이 우리 모두 이해할 수 있는 수준에서 벌어지고 있습니다.

최근 우리는 두 가지 의미에서 '우리가 존재한다는 사실을 발견'했습니다. 프로이트주의자들은 우리가 콤플렉스 덩어리로 존재한다는 사실을 발견했습니다. 마르크스주의자들은 우리가 모종의 경제적 계급의 일원으로 존재한다는 사실을 발견했습니다. 옛날에는 백 명의 사람들이 어떤 것을 옳다고 여기면, 그것이 실제로 옳을 가능성이 높다고 생각했습니다. 요즘 같으면 프로이트주의자들이 이렇게 말할 것입니다. "그 백 명의 정신을 분석해 보라. 그렇게 해보면 그들 모두 모성 콤플렉스가 있기 때문에 여왕 엘리자베스[1세]를 위대한 여왕이라고 생각한다는 사실을 알게 될 것이다. 그들의 생각은 근원에서부터 심리적으로 오염되어 있다." 마르크스주의자는 우리에게 이렇게 말할 것입니다. "그 백 명의 경제적인 이해 관계를 따져 보라. 그렇게 해보면 그들 모두 자유방임정책 덕에 더욱 번성하게 되는 자본가 계급의 일원이라서 자유를 옹호한다는 것을 알게 될 것이다. 그들의 생각은 근원부터 '이데올로기적으로 오염되어' 있다."

이것은 대단히 흥미 있는 일임이 분명합니다. 그러나 이런 일에는 대가가 따른다는 사실을 인식하지 못하는 경우가 종종 있습니다. 이런 얘기들을 하는 사람에게는 두 가지를 물어봐야 합니다. 첫째, 모든 사상이 그렇게 근본부터 오염되어 있습니까, 아니면 일부만 그렇습니까? 둘째, 그렇게 오염된 사상은 무효가 됩니까, 즉 그릇된 것이 됩니까, 그렇지 않습니까?

만약 그들이 모든 사상이 이처럼 오염되어 있다고 말한다면, 프로이트주의와 마르크스주의도 기독교 신학이나 철학적 관념론 못지않은 사상 체계임을 상기시켜 주어야 할 것입니다. 프로이트주의자와 마르크스주의자는 나머지 사람들과 똑같은 처지에 있으니 바깥에서 우리를 비판하는 일이 불가능합니다. 그들은 자신들이 걸터앉아 있던 나뭇가지를 잘라 버렸습니다. 반면, 그런 오염으로 자신들의 생각이 무효가 되는 것은 아니라고 한다면, 우리의 생각도 무효가 될 필요가 없을 것입니다. 이 경우, 그들은 자신들이 앉은 나뭇가지를 구해 냈고, 동시에 우리가 앉은 나뭇가지도 구해 준 셈입니다.

그들이 실제로 택할 수 있는 입장은 오염된 사상들이 있고, 그렇지 않은 사상들도 있다고 말하는 것뿐입니다. 이런 입장은 정신이 멀쩡한 사람이라면 누구나 믿어 왔던 것이라는 이점(프로이트주의자들과 마르크스주의자들이 이것을 이점으로 여길지는 모르겠습니다만)이 있습니다. 그러나 그들이 이 입장을 택한다면, 우리는 오염된 사상과 오염되지 않은 사상을 구분할 방법이 무엇이냐고 물어야 합니다. 생각하는 당사자의 은밀한 소망에 부합하는 사고는 오염된 것이다, 이런 대답은 아무 도움이 안 됩니다. 제가 믿고 싶은 생각들 중 일부는 실제로 옳을 수밖에 없습니다. 한순간도 빠짐없이 모든 면에서 모든 사람의 소망과 어긋나는 우주란 존재할 수 없습니다.

제가 돈 계산을 해본 후 은행에 잔고가 많다고 생각한다고 해 봅시다. 그리고 이런 저의 믿음이 '소망적 사고'가 아닌지 여러분이 알아내려 한다고 합시다. 저의 심리 상태를 점검하여 그것을 알 수 있겠습니까? 제 믿음이 사실인지 알아낼 수 있는 방법은 하나뿐입니다. 자리에 앉아 직접 셈을 해보는 거지요. 숫자를 확인해 본 다음에야 비로소 제게 그 정도 잔고가 있는지 없는지 알 수 있을 것입니다. 만약 여러분이 제 셈이 옳다는 것을 발견한다면, 저의 심리 상태에 대해 아무리 그럴듯한 소리를 늘어놓아도 모두 시간 낭비에 불과할 것입니다. 그런데 여러분이 확인한 결과 제 계산이 틀렸다면, 그때는 제가 왜 그렇게 셈을 못하게 되었는지를 심리학적으로 설명하는 일이 적절할 것입니다. '숨겨진 소망' 학설을 얘기할 수 있는 거지요. 그러나 이것은 여러분이 직접 셈을 해보고 순전히 산술적인 근거에서 제가 틀렸음을 알게 된 후에야 가능해지는 이야기입니다.

모든 생각과 모든 사고 체계의 경우도 이와 마찬가지입니다. 생각하는 당사자의 소망이 무엇인지 추측하여 그의 생각이 오염되었는지 알아내려는 시도는 한마디로 바보짓입니다. 우선은 그 생각들 중 어떤 것이 논증으로 성립되지 않는지 순전히 논리적인 근거로 찾아내야 합니다. 그러고 난 다음, 원한다면 그 오류의 심리적 원인들을 찾아내십시오.

다시 말하면, 누군가의 생각이 틀린 이유를 설명하기에 앞서 그가 틀렸다는 사실을 입증해야 합니다. 그런데 논의도 없이 그가 틀렸다고 가정한 후 그가 어떻게 그렇게 어리석게 되었는지 부지런히 설명하는 것이 현대의 방법입니다. 그런 식으로 주의를 분산시켜 무작정 그가 틀렸다고 가정한 사실(유일한 진짜 문제)에 우리가 주의를 기울이지 못하게 하는 것이 비결입니다. 지난 15년간 저는 이런 악습을 하도 많이 보았기 때문에 따로 이름까지 지어 놓았습니다. 저는 이것을 불버주의Bulverism라고 부릅니다. 언젠가 저는 그 발명자인 가상의 인물 이지키얼 불버의 전기를 쓸 생각입니다. 그의 운명이 정해진 시기는 다섯 살 때, 삼각형의 두 변의 합이 다른 한 변보다 크다고 주장하는 아버지에게 어머니가 대꾸하는 말을 듣던 순간이었습니다. "아 그거야 당신이 남자니까 하는 소리지요." E. 불버는 분명히 말합니다. "바로 그 순간, 내 열린 마음에 위대한 깨달음이 스치고 지나갔다. 논증에서 반박은 불필요하다는 깨달음이었다. 상대편이 틀렸다고 가정하고 그의 오류를 설명하라. 그러면 세상을 마음대로 할 수 있을 것이다. 상대방이 틀렸음을 입증하겠다고 나서거나 (설상가상으로) 상대방이 옳은지 그른지 알아내려 하다가는 온 국민을 사로잡은 시대정신에 밀려 꼼짝없이 궁지에 몰리게 될 것이다." 그렇게 해서 불버는 20세기를 만든 사람 중 하나가 되었습니다.

저는 그의 발견이 거둔 열매들을 도처에서 봅니다. "편안한 목사들은 19세기의 노동자에게 이 세상에서의 가난을 저세상에서 보상받게 될 거라고 말할 충분한 이유가 있었다"는 근거로 기독교를 거부하는 사람들을 봅니다. 물론 그에겐 그럴 만한 충분한 이유가 있었을 것입니다. 기독교가 오류라고 가정해 봅시다. 그래도 일부 사람들은 여전히 다른 동기를 가지고 기독교를 가르칠 것입니다. 저는 이 사실을 일찌감치 알아볼 수 있었습니다. 너무나 눈에 잘 들어와 이 수법을 정반대로 써먹을 수도 있습니다. 이렇게 말하는 거지요. "도덕률을 거부하는 현대인은 그것에 영원한 구속력이 없다고 믿고 싶어할 만한 충분한 이유가 있다." 불버주의는 누구나 하루 종일 써먹을 수 있고, 논리적으로 사고할 줄 아는 소수의 기분 나쁜 집단에게 부당한 특권을 주지 않는다는 의미에서 참으로 민주적인 수법입니다. 그러나 이것은 실제로 기독교가 옳은지 그른지의 여부를 판단하는 데는 아무런 도움이 되지 않습니다. 이 질문은 여전히 전혀 다른 근거에서 토의해야 할 사항입니다. 철학적 역사적 논증이 필요한 문제입니다. 어떤 식으로 답이 결정되든 상관없이, 그것을 믿거나 믿지 않을 동기를 가진 사람들은 그것이 엉뚱한 것일지라도 기존 입장을 바꾸지 않을 것입니다.

모든 정치적 주장에서 불버주의가 활개치고 있습니다. 자본주의자들은 자본주의를 원하는 이유가 분명하다는 이유로 엉터리 경제학자 취급을 받습니다. 공산주의자들은 공산주의를 원하는 이유가 분명하다는 이유로 엉터리 경제학자 취급을 받습니다. 불버주의로 양쪽 모두를 내치는 겁니다. 물론 실제로는 자본주의자들의 주장이 틀렸거나, 공산주의자들이 틀렸거나, 둘 다 틀렸을 것입니다. 그러나 그 주장들의 옳고 그름을 파악할 수 있는 방법은 사실과 논리에 근거한 추론뿐입니다. 적대 세력의 심리에 대한 무례한 추측은 결코 제대로 된 방법이 아닙니다.

불버주의가 타파되기 전까지는, 이성이 인간사에 효과적으로 작용할 수 없습니다. 양편이 처음부터 그것을 꺼내들고 상대편에게 무기로 휘두릅니다. 그러나 그 둘 사이에서 이성 자체는 믿을 수 없는 것이 되어 버립니다. 이성을 믿을 수 없는 것으로 여기면 안 될 이유가 무엇입니까? 세계의 현재 상태를 보라고 하는 것이 쉬운 대답이 되겠지만, 진짜 답은 훨씬 가까운 곳에 있습니다. 이성을 믿을 수 없는 것으로 만드는 사람들 자체가 추론에 의지하고 있습니다. 불버 식으로 상대편을 공격하기 위해서도 이성을 사용해야 합니다. 이것은 모든 증명이 무효임을 증명하려는 시도입니다. 그 시도가 실패하면 물론 실패하는 겁니다. 만약 성공하면, 그것은 더욱 커다란 실패가 되고 맙니다. 모든 증명이 무효라는 증명이라면 그것 역시 무효가 분명하기 때문입니다.

그렇다면 우리는 철저히 자가당착적인 이 바보짓을 받아들일지, 아니면 불버주의자들이 이성을 사용하는 이 사람 저 사람의 '오염'을 지적하며 내놓는 온갖 증거에도 흔들림 없이 추론의 힘을 굳게 믿을지 선택해야 합니다. 이 끈덕진 믿음이 초월적이고 신비적이라고요? 저는 그런 요소가 있음을 기꺼이 인정하는 바입니다. 그러면 어떻습니까? 미치광이가 되느니 신비가가 낫지 않습니까?

이렇게 해서 우리는 이성에 대한 믿음을 고수해야 하는 정당한 이유가 있음을 알게 되었습니다. 그러나 유신론 없이 이성에 대한 믿음을 고수할 수 있습니까? '나는 안다'는 '하나님이 존재하신다'를 함축합니까? 제가 아는 모든 것은 감각으로부터(현재 순간의 감각을 제외하고) 추론한 것입니다. 그런데 우리의 직접적인 경험을 넘어서는 우주에 대한 모든 지식의 기반은 경험에서 이끌어 낸 추론입니다. 만약 추론이 실재에 대한 참된 통찰을 제공하지 못한다면, 우리는 아무것도 알 수 없습니다. 어떤 이론이 우리의 사고를 진정한 통찰로 보게 해주는 틀과 우리 지식의 진상을 설명할 수 있는 관점을 제공하지 못한다면 우리는 그것을 받아들일 수 없습니다.

우리의 사고는 몇 가지 조건을 갖출 경우에만 진정한 통찰로 받아들일 수 있습니다. 모든 믿음에는 원인이 있는데 다음 두 가지로 구분해야 합니다. (1) 통상적인 원인 (2) '이유'라 불리는 특별한 종류의 원인. 원인은 믿음 외의 다른 결과들을 낳을 수 있는 맹목적인 사건입니다. 이유는 공리와 추론들에서 생겨나고 믿음에만 영향을 끼칩니다. 불버주의는 상대방에겐 원인들만 있고, 자신에겐 이유들만 있음을 보여 주려는 시도입니다. 원인들로만 설명될 수 있는 믿음은 무가치합니다. 다른 사람들의 생각의 토대가 되는 믿음을 고려할 때, 우리는 이 원리를 버려서는 안 됩니다. 우리 지식의 근거는 공리와 추론의 확실성입니다. 만약 이것들이 원인들의 결과라면, 지식의 가능성은 전혀 없습니다. 우리는 아무것도 알 수 없거나, 아니면 우리의 생각에는 이유들만 있고 원인들은 없거나, 둘 중 하나입니다.

[에세이의 나머지 부분은 소크라테스클럽에서 처음 발표되었다가 〈소크라테스클럽 회보〉에 실렸으며, 클럽 서기가 내용을 받아 적은 노트의 형태로 이어지고 있다. 이후부터 일인칭으로 되어 있지 않은 것은 이 때문이다.]

(루이스 교수의 말은 이렇게 이어졌다.) 이성은 자연 선택으로 발달되었고 사고의 방법들은 유용성이 입증된 것들만 살아남았다는 주장이 있을

수 있다. 그러나 이런 주장은 유용하면 참된 것이라는 식의 추론이므로, 그 타당성을 입증할 길이 없다. 인간의 사고를 자연적 사건으로 다루려는 모든 시도는 그런 시도를 하는 본인의 사고만은 예외로 하는 오류를 피할 수 없다.

정신이 물리적 사건들의 영향을 받는 것은 사실이다. 라디오는 공중 전기에 영향을 받는다. 하지만 공중 전기가 방송 내용을 만들어 내는 건 아니다. 만약 우리가 그렇게 생각한다면 라디오의 방송 내용에 전혀 관심을 기울이지 않을 것이다. 자연적 사건들의 원인을 소급해 보면 시공간 연속체까지 거슬러 올라갈 수 있다. 그러나 사고의 아버지는 사고뿐이다. 다른 것은 그 조건은 될 수 있으나 원인이 될 수는 없다. 내가 신경을 갖고 있다는 지식은 추론의 결과물이다.

우리의 가치 기준에 대해서도 동일한 논증을 적용할 수 있다. 우리의 가치 기준이 사회적 요인들의 영향을 받는 것은 분명하다. 그러나 만약 가치 기준이 사회적 요인들을 원인으로 해서 생겨난 결과물이라면 그것이 과연 옳은지는 알 수 없다. 도덕률을 환각으로 여기고 거부할 수도 있다. 그러나 정작 그렇게 하는 윤리적 동기, 즉 도덕률을 미신에서 해방시킬 의무와 계몽을 퍼뜨려야 할 의무만은 환각이 아니라 실체로 여기는 경우가 자주 있다.

의지나 이성은 자연의 산물이 아니다. 그러므로 나는 자존하는 존재이거나, 아니면 자존하는 어떤 사고나 의지의 식민지이거나, 둘 중 하나다. 그런데 내가 자존한다는 믿음은 누구도 받아들일 수 없는 것이므로, 우리가 획득할 수 있는 이성과 선은 우리 바깥에서 자존하는 위대한 이성과 선, 즉 초자연적인 존재에서 유래한 것이 분명하다.

(루이스 교수의 말이 이어졌다.) 또, 초자연적인 존재는 너무나 중요한 주제이기에 추상적인 논증으로만, 즉 여유 있는 소수에 의해서만 분별될 수 있는 것일 리가 없다는 반론을 종종 접하게 된다. 그러나 다른 모든 시대에는 평범한 사람들이 신비가들과 철학자들의 발견 내용을 받아들여 초자연적 존재에 대한 믿음의 기반으로 삼았다. 오늘날의 보통 사람은 그 짐을 스스로 지도록 강요당하고 있다. 인류가 권위를 거부하는 것은 무시무시한 실수일 수도 있다. 아니면 인류의 운명을 다스리는 세력(들)이 엄청난 실험을 진행 중이어서 언젠가는 우리 모두가 현인賢人이 될지도 모른다. 평범한 사람들만으로 이루어진 사회는 결국 절망에 빠지고 만다. 살아남을 길은 둘 중 하나뿐이다. 선각자의 말을 믿고 따르거나, 스스로 그 높이까지 올라가야 한다.

그렇다면 자연 너머에 무엇인가 존재하는 것이 분명하다. 인간은 자연계와 초자연계의 경계에 있다. 물질적 사건들은 영적 활동을 낳을 수 없다. 그러나 자연에 대한 우리의 행동들은 상당 부분 영적 활동에서 나올 수 있다. 위대한 의지와 이성은 자기 외의 다른 어떤 것에도 의지할 수 없지만, 자연은 의지와 이성에 의존할 수 있다. 다시 말해, 하나님이 자연을 창조하셨다.

자연과 초자연의 관계는 시공간 상의 관계는 아니다. 하지만 초자연이 자연을 만들었다면 둘의 관계를 이해할 수 있게 된다. 초자연이 자연을 만든다는 것이 어떤 것인지 우리는 어렴풋이 감을 잡을 수 있다. 우리는 새로운 것을 창조할 능력이 없고 감각 데이터를 통해 주어지는 재료를 재배열할 따름이지만, 그래도 상상력의 힘을 알기 때문이다. 그렇다면 다른 정신들에다 의지와 이성을 부여할 힘이 있는 위대한 상상력이 우주를 창조하는 것 또한 능히 상상할 수 있다.

(루이스 교수는 이렇게 결론을 맺었다.) '만들기making'와 '원인 작용 causing'이라는 개념들은 순전히 의지에 대한 우리의 경험에서 도출된 것이라는 주장이 있었다. 이런 주장을 근거로 '만들기'도 '원인 작용'도 없고 '투사投射projection'만 존재한다는 결론도 자주 나왔다. 그러나 '투사' 자체가 일종의 원인 작용이다. 우리가 아는 유일한 원인은 위대한 의지이므로 그것이 바로 자연의 원인이라고 생각하는 것이 더 합리적일 것이다.

토론이 이어졌다. 다음과 같은 주장들이 나왔다.

모든 추론 행위는 추론이 타당하다는 가설을 전제한다. 올바른 추론은 자명하다.

'적절한'(증거에 대하여)은 이성적인 용어이다.

우주는 스스로 옳다고 주장하지 않는다. 그냥 거기 존재할 따름이다.

계시에 의한 지식은 이성적 지식이라기보다는 경험적 지식에 더 가깝다.

질문.

원인과 이유를 구분하신다면, 참의 기준은 무엇입니까?

<u>루이스</u>   산악 국가의 지형을 그린 여러 지도가 있을 수 있습니다. 그러나 그중에서 참된 것, 즉 실제 지형과 일치하는 지도는 하나뿐입니다. 저는 이성으로 그린 지도가 바로 그 참된 지도라고 주장합니다. 내 이성을 신뢰할 수 없다면 저는 우주를 이해할 도리가 없습니다. 추론을 신뢰할 수 없다면 우리 자신의 존재 외에는 아무것도 알 수 없을 것이며, 물리적 현실은 감각에서 유추한 결론에 불과할 것입니다.

질문.

하나의 공리가 어떻게 증거에 대한 경험적 판단보다 더 자명할 수 있습니까?

[에세이는 이 질문에 답하지 않은 채 여기서 끝나고 있다.]

2 우선적인 것들과 부차적인 것들

저는 6월 6일자 〈타임앤타이드〉에서 독일인들이 지크프리트가 아니라 하겐[i]을 국가적 영웅으로 선정했다는 기사를 읽고 기쁨에 겨워 큰 소리로 웃었습니다. 저는 《니벨룽의 노래》를, 특히 바그너가 그것을 소재로 엮은 이야기를 거침없이 즐겨 온 낭만적인 사람이기 때문입니다. 그에 대한 열정은 청소년 시절의 어느 황금빛 여름, 축음기로 '발퀴레의 비행'을 처음 듣고 《니벨룽의 반지》에 나오는 아서 레컴의 삽화들을 본 후부터 죽 이어졌습니다. 지금도 그 책들의 냄새가 뇌리에 남아 있어서 그 기억이 떠오를 때마다 풋사랑의 애틋함이 밀려오곤 합니다. 그러므로 나치가 그런 저의 보물을 접수해서 그들의 이데올로기의 일부로 만들었다는 소식을 접했을 때 저는 말할 수 없는 비통함을 느꼈습니다. 그러나 이제 모든 것이 잘되었습니다. 그들은 그것을 소화할 수 없었음이 드러났습니다. 그들은 그것을 보존하기 위해 이야기를 뒤집어서 조연급 악당 하나를 영웅으로 만들 수밖에 없었습니다. 그리고 앞으로 얼마 후면, 거기서 머물지 않고 알베리히[ii]를 북구 정신의 진정한 화신으로 선언할 것입니다. 그들이 선택한 입장에 충실하자면 그럴 수밖에 없습니다. 어쨌건 그때까지,

---

i) 지크프리트를 죽이는 악당.
ii) 니벨룽의 반지를 만들어 낸 난쟁이.

그들은 제게 훔쳐갔던 이야기를 돌려주었습니다.

북구 정신을 언급하고 보니 《니벨룽의 반지》를 사유화하려던 시도는 '북구적인 것' 전체를 사유화하려는 더 거창한 시도의 한 예에 불과하고, 이 거창한 시도 역시 똑같이 우스꽝스럽다는 사실을 생각하게 됩니다. 힘이 곧 정의라고 말하는 사람들이 무슨 자격으로 오딘ⁱⁱⁱ을 숭배하는 자로 자처하는 겁니까? 오딘의 핵심은, 옳지만 힘이 없다는 것입니다. 북구 종교의 핵심은 모든 신화 중에서 유일하게, 신들이 불리한 상황에서 싸움을 벌이고 있고 결국에는 패하고 말 것이 분명하지만 그런 신들을 섬기라고 한다는 것입니다. 스티븐슨의 우화에 나오는 유랑자는 이렇게 말합니다. "나는 오딘과 함께 죽으러 간다."[1] 독일이 전혀 이해할 수 없었던 북구 정신의 핵심을 스티븐슨은 이해하고 있었다는 증거입니다. 신들은 쓰러질 것입니다. 오딘의 지혜, 토르의 유머러스한 용기와 발데르의 아름다움은 어리석은 거인들과 추한 트롤들의 현실 정치realpolitik 앞에서 결국 무너지고 말 것입니다. 그러나 모든 자유인이 충성을 바치는 대상은 전혀 달라지지 않을 것입니다. 그래서 짐작대로, 진정한 게르만의 시는 모두 영웅적인 저항, 이길 가망이 없는 싸움을 다루고 있습니다.

이 부분에서 저는 다소 놀라운 역설을 만났다는 생각이 들었습니다. 유럽에서 기독교 전래 이전의 신화를 살아 있는 신앙으로 되살리려 한 유일한 민족이 그 신화의 기본조차 이해하지 못한 민족이라니 어떻게 된 일일까요? 이런 퇴행은 어쨌거나 한탄스러운 일입니다. 장성한 어른이 중

---

iii) 북유럽 신화의 최고신.

1) 이 대사는 R. L. Stenvenson의 우화 'Faith, Half-Faith, and No Faith'에 등장한다. 이 우화는 그의 책 *The Strange Case of Dr. Jekyll and Mr. Hyde with other Fables*(London: 1896)에 처음 실렸다.

학교 시절의 습관으로 돌아간다면 똑같이 한탄스러울 것입니다. 그러나 적어도 그는 고자질 금지 규칙은 제대로 지킬 테고, 신입생들은 주머니에 손을 넣어서는 안 된다는 것 정도는 분명히 알고 있을 것입니다. 그런데 작은 선을 위해 더 큰 선을 희생시키고, 결국 그 작은 선마저 누리지 않다니, 참으로 놀랄 만큼 어리석은 일입니다. 장자권을 팔아 겨우 어수선한 신화를 얻어 내고는 그 신화를 완전히 엉터리로 이해하다니, 어떻게 그럴 수 있었을까요? (진짜 오딘이 있다고 말할 바에는 제 얼굴을 대청大靑물감으로 퍼렇게 칠해 버릴) 저는 오딘으로부터 그가 줄 수 있는 온갖 유익과 재미를 다 얻고 있는데, 나치 오딘 숭배자들은 아무것도 얻지 못하고 있음이 분명하기 때문입니다.

하지만 좀더 깊이 생각해 보니 이 상황이 보기만큼 대단한 역설이 아닐지 모른다는 생각이 들었습니다. 설령 그것이 여전히 역설이라 해도 그동안 너무 자주 등장하여 지금쯤 충분히 익숙해졌어야 마땅한 역설일 것입니다. 이런 역설의 다른 사례들이 떠오르는군요. 상당히 최근까지, 그러니까 제 생각엔 낭만주의 시대 이전까지는, 문학과 예술 그 자체가 목적이라고 하는 사람은 아무도 없었습니다. 문학과 예술은 '삶의 장식적인 부분에 속했고', '무해한 기분 전환거리'였습니다. 아니면 '풍속을 세련되게' 하거나 '미덕을 고취'하거나 신들에게 영광을 돌리는 도구였습니다. 사람들은 미사용으로 위대한 음악들을 작곡했고, 귀족 후원자의 식당 벽 빈 공간을 채우거나 교회에서 신앙심을 돋우기 위해 위대한 그림들을 그렸습니다. 그리고 디오니소스를 기리는 종교 시인들, 반휴일에 런던 시민들을 흥겹게 해주는 상업 시인들이 위대한 비극들을 썼습니다.

우리가 예술의 온전한 장중함을 인식하게 된 것은 19세기가 되어서의 일입니다. 우리는 나치가 신화를 진지하게 여기는 것처럼 예술을 '진지하게 여기기' 시작했습니다. 그러나 그 결과, 우리의 미적 생활은 엉망진창이 되어 버린 듯합니다. 우리에게 남은 거라곤 읽거나 듣거나 보고 싶어 하는 사람들이 점점 더 줄어들고 있는 고상한 작품들과, 만드는 사람이나 즐기는 사람 모두 반쯤은 부끄럽게 여기는 '대중적' 작품들뿐입니다. 나치처럼 우리도, 진짜이지만 부차적인 선을 너무 높이 평가하다 자칫 그 선마저 잃어버릴 지경에 이르렀습니다.

저는 이 문제를 들여다보면 볼수록 보편적인 법칙 하나를 발견한 게 아닌가 생각하게 됩니다. "우리 대화합시다"라고 말하지 않을 때 더 대화가 잘 됩니다.[2] 개를 삶의 중심으로 삼는 여인은 결국 인간으로서의 유용성과 위엄뿐 아니라 개를 기르는 일에 따라오는 합당한 즐거움까지 잃어버리게 됩니다. 알콜을 주식으로 삼는 사람은 일자리뿐 아니라 미각과 취기를 즐기던 이전의 재미까지 잃게 됩니다. 한 여성 안에 온 우주의 의미가 집약된다고 잠시 느끼는 것은 멋진 일입니다. 다른 의무와 즐거움들 때문에 그녀와 자꾸만 떨어지게 되는 동안만 그렇습니다. 주변을 모두 정리하고 그녀를 바라보는 것 외에는 아무 할 일이 없게 삶을 꾸며 보십시오(가끔은 가능합니다). 그럼 어떤 일이 벌어질까요? 물론 이 법칙은 예전에 발견된 것이지만, 재발견될 필요가 있습니다. 우리는 이것을 다음과 같이 정리할 수 있습니다. '큰 선을 버리고 작은 선을 택하고 전체적인 선을 버리고 부분적인 선을 택하면, 희생을 감수하며 손에 쥔 작고 부분적인 선마저 잃어버리게 된다.'

---

2) "*On cause mieux quand on ne dit pas Causons.*"

세상은 그런 식이 되도록 만들어진 듯합니다. 에서가 장자권을 주고 팥죽 한 그릇을 얻었다면,[3] 그는 정말 운 좋은 예외라고 할 수 있습니다. 부차적인 것을 우선시해서는 그것들조차 얻지 못합니다. 우선적인 것을 우선시할 때만 부차적인 것들을 얻을 수 있습니다. 이러한 사실로부터 우리는 '어떤 것들이 우선적인가?'라는 질문이 철학자들뿐 아니라 모든 사람에게 중요한 관심사라는 결론을 이끌어 낼 수 있습니다.

또 우리는 이런 맥락에서 우리 문명이 지난 삼십 년 동안 무엇을 우선시했는지 묻지 않을 수 없습니다. 답은 간단합니다. 우리 문명은 문명 자체를 우선시했습니다. 문명의 보존이 가장 큰 목표였고, 문명의 몰락이 커다란 걱정거리였습니다. 평화, 높은 생활 수준, 위생, 운송, 과학과 오락 등 우리가 흔히 문명이라는 말로 뜻하는 모든 것이 우리의 목적이 되었습니다. 문명이 커다란 위험에 처한 시기에 문명에 대해 우려하는 것은 대단히 자연스럽고 필요한 일이라는 답변이 나올 수 있습니다. 그러나 만약 신발이 엉뚱한 발에 신겨진 것이면 어떻게 하겠습니까? 문명이 위기에 처하게 된 이유가 바로 우리 모두가 문명을 최고선最高善으로 만들었기 때문이라면 어떻게 하겠습니까? 문명은 그런 식으로 보존될 수 없을지 모릅니다. 어쩌면 문명은 우리가 다른 무엇을 그보다 더 아끼기 전까지는 결코 안전하지 못할지도 모릅니다.

이 가설을 뒷받침하는 몇 가지 사실들이 있습니다. 이제 평화(우리의 문명 개념의 한 가지 구성 요소입니다)에 관한 한, 평화를 향한 갈망에 사로잡힌 외교 정책이 오히려 전쟁으로 이끄는 많은 길 중 하나라는 사실에

---

3) 창세기 27장.

많은 사람들이 동의할 것입니다. 문명이 인간 행위의 유일한 목적이 되기 전까지 문명이 심각한 위기에 처한 적이 있습니까? 지나간 시대를 성급하게 이상화하는 경우는 많고, 저는 그런 오류를 더 부추길 마음이 없습니다. 우리 조상들은 우리와 마찬가지로 잔인하고 음란하고, 탐욕스럽고 어리석었습니다. 하지만 그래도 그들은 각 시대마다 하나님의 뜻, 영광, 개인적인 명예, 교리적 순수성, 정의 등 온갖 것들을 문명보다 더 아꼈습니다. 이렇게 사람들이 문명보다 다른 것들을 더 아꼈던 시기에 문명이 심각한 위험에 처한 경우가 자주 있었습니까?

이 제안은 적어도 한 번은 생각해 볼 가치가 있습니다. 우리가 문명을 부차적인 것으로 여기기 전까지 문명이 결코 안전하지 못하리라는 말이 사실이라면, 당장 떠오르는 질문이 있습니다. '무엇에 비해 부차적이라는 말일까?' '우선적인 것은 무엇일까?' 제가 여기서 내놓을 수 있는 답은 단 하나입니다. 우선적인 것이 무엇인지 모르겠다면 일차적으로 해야 할 일, 참으로 실질적인 일은 하나뿐입니다. 그것이 무엇인지 찾아 나서는 일입니다.

3 설교와 점심 식사

설교자가 말했습니다. "그래서 가정은 우리 국가 생활의 토대가 되어야 합니다. 결국 그곳에서 우리의 인격이 형성됩니다. 그곳에서 우리의 모습이 있는 그대로 드러납니다. 가정은 우리가 외부 세계의 피곤한 가면을 벗어 던지고 자신에게 충실할 수 있는 곳, 일상생활의 소음과 스트레스와 유혹과 방탕함에서 물러나 상쾌한 힘과 새로운 깨끗함의 원천을 구하는 곳입니다……." 그가 그 말을 하는 순간, 저는 교인 중 30세 이하의 모든 사람에게서 그에 대한 신뢰가 싹 사라지는 것을 느꼈습니다. 그 전까지만 해도 설교를 경청하고 있던 그들이 몸을 뒤틀고 기침을 하기 시작했습니다. 신도석이 삐걱댔고 근육은 긴장이 풀렸습니다. 실질적인 의미에서 볼 때 설교는 끝장난 것입니다. 설교자가 말을 계속한 이후 5분은 완전히 시간 낭비였습니다. 적어도 우리 대부분에게는 그러했습니다.

제가 그 시간을 낭비했는지는 여러분이 판단하실 문제입니다. 저는 분명 그 설교의 나머지 부분이 귀에 들어오지 않았습니다. 저는 생각하고 있었습니다. 제 생각은 이런 질문에서 출발했습니다. '저분이 어떻게 저런 말을 할 수 있을까? 다른 사람도 아니고 저분이 어떻게 저럴 수 있을까?' 저는 그 설교자의 가정을 상당히 잘 알았기 때문입니다. 사실 저는 그날 점심 식사를 그 집에서 했는데, 목사님 내외와 마침 휴가 중이던 아들R.A.F.[1]과 딸A.T.S.[2]도 자리를 함께했습니다. 저는 그 자리를 피할 수도 있었지만, 목사님의 딸이 제게 속삭이는 이 말을 무시할 수 없었습니다. "부모님이 점심 식사를 같이 하자고 청하시면 부디 그렇게 해주세요. 손님이 있으면 언제나 조금 낫거든요."

그 목사관에서의 점심 식사는 거의 언제나 같은 패턴으로 이루어집니다. 우선 젊은 사람들이 밝은 목소리로 일상적인 대화를 이어 가려고 필사적으로 시도합니다. 그들이 일상적인 얘기를 좋아해서가 아니라(그들과 따로 만나면 진정한 대화를 나눌 수 있습니다), 그들은 화가 나서 어쩔 수 없이 튀어나오는 경우를 제외하고는 집안에서 속마음을 털어놓을 생각이 전혀 없기 때문입니다. 그들이 이야기를 하는 것은 부모님의 입을 막으려는 사도일 뿐입니다. 그러나 실패합니다. 목사님은 전혀 다른 주제를 가지고 가차없이 끼어듭니다. 그는 독일을 재교육시킬 방안을 얘기합니다. 그는 독일에 가본 적도 없고 독일의 역사나 언어도 전혀 모르는 듯합니다. "하지만 아버지." 아들은 이렇게 입을 열지만 그의 말은 더 이상 진행되지 못합니다. 이제는 어머니가 말을 하고 있습니다. 언제 말을 시작했는지는 아무도 모르지만 어느새 그녀는 어떤 이웃 사람이 자신에게 얼마나 못되게 굴었는지 복잡하게 이야기하고 있습니다. 그녀의 이야기는 오랫동안 이어지지만, 듣는 사람들은 그 일이 어떻게 시작되었고 어떻게 끝났는지 알 수 없습니다. 이야기에는 항상 중간 부분만 있습니다. 마침내 딸이 말합니다. "엄마, 그건 정당하지 않아요. 워커 부인은 그런 말을 한 적이……." 그러나 아버지의 목소리가 다시 울려 퍼집니다. 그는 아들에게 영국 공군 조직

1) 영국 공군.
2) 영국 여자 국방군.

에 대해 말합니다. 그렇게 이야기가 진행되다가 목사님이나 사모님이 너무나 터무니없는 말을 하는 바람에 아들이나 딸이 그 말에 반박합니다. 그리고 자신들의 말을 좀 들어 보라고 합니다. 젊은이들의 진짜 지성이 마침내 발동합니다. 그들은 사납고 빠르게 경멸조로 말합니다. 그들은 사실과 논리로 무장하고 있습니다. 부모 측의 답변이 불꽃처럼 화르륵 솟아오릅니다. 아버지는 호통을 칩니다. 어머니는 '마음이 상했다'고 말하며(정말이지, 가정의 여왕이 내미는 회심의 카드입니다!) 동정심에 간곡히 호소합니다. 딸은 빈정대기 시작합니다. 아버지와 아들은 서로를 철저히 무시하면서 각각 제게 말을 겁니다. 그리고 점심 식사는 엉망이 됩니다.

저는 그 설교의 마지막 몇 분 동안 점심 식사 때의 기억이 떠올라 염려가 되었습니다. 목사님의 사는 모습이 그분의 가르침과 다르다는 사실 때문이 아닙니다. 안타까운 일이기는 하지만 그것은 본질과는 상관이 없습니다. 존슨 박사가 말한 것처럼, 가르침은 매우 진실(게다가 대단히 유익)하면서도 실행은 대단히 불완전할 수 있습니다.[3] 바보가 아니라면, 의사가 술을 많이 마신다고 해도 알코올 중독에 대한 그의 경고를 가볍게 여기지는 않을 것입니다. 제가 염려했던 것은 그 목사님이 가정생활은 만만치 않고 삶의 모든 영역과 마찬가지로 나름의 고유한 유혹과 부패가 따른다는 얘기를 전혀 하지 않는다는 사실이었습니다. 그는 계속 '가정'이 행복과 미덕을 낳을 수밖에 없는 만병통치약, 마법의 주문인 양 말합니다. 그가 진실하지 않다는 게 아니라, 바보라는 게 문제입니다. 그는 자신의 가정생활의 경험을 바탕으로 말하지 않습니다. 감상적인 전통을 기계적

---

3) James Boswell, The *Life of Samuel Johnson*, ed. George Birkbeck Hill(Oxford, 1934), vol. IV, p. 397 (2 December 1784).

으로 되풀이할 따름입니다. 그런데 하필 그것이 잘못된 전통입니다. 그렇기 때문에 교인들이 그의 말에 귀를 기울이지 않게 된 것입니다.

기독교 교사들이 기독교인들에게 가정생활의 중요성을 되새기게 하고 싶다면—저는 이 일이 꼭 필요하다고 믿습니다—우선 가정생활에 대한 거짓말을 그치고 현실적인 가르침을 전해야 합니다. 근본적인 원리는 다음과 같을 것입니다.

1. 아담의 타락 이후, 어떤 조직도 어떤 생활 방식도 자연적으로 바로 잡히는 경향은 없습니다. 중세의 어떤 사람들은 수도회에 들어가기만 하면 저절로 거룩해지고 행복해질 거라고 생각했습니다. 당시의 자국어 문학 전체가 그런 치명적인 오류를 고스란히 드러내고 있습니다. 19세기의 일부 사람들은 일부일처제 가정만 꾸리면 저절로 거룩하고 행복하게 될 거라 생각했습니다. 새무얼 버틀러, 고스, 쇼 같은 식으로 가정의 실체를 통렬하게 비판한 문학들이 그러한 생각을 반박했습니다. 두 경우 모두, '폭로자들'이 원리적으로 틀렸고 "오용이 효용을 폐기하지 않는다"[4]는 격언을 잊은 것일지도 모릅니다. 그러나 현실에 대한 그들의 지적은 상당히 옳았습니다. 가정생활과 수도회 생활이 끔찍한 상태로 전락하는 경우는 드물지 않았고, 우리는 두 조직을 진지하게 옹호하는 사람들이 그런 위험을 잘 인식하고 있었으며 감상적인 착각에 빠지지 않았음을 주목해야 할 것입니다. 《그리스도를 본받아》의 저자는 수도회 생활이 얼마나 쉽게 잘못되는지 (누구보다 더 잘) 압니다. 샬롯 영Charlotte M. Yonge은 가정생활이 지상천국으로 가는 여권이 아니라 고된 소명이며, 숨겨진 암초들과 위험

---

4) "abusus on tollit usum."

천만한 얼음 기슭이 가득하여 천체도天體圖를 쓰는 사람만 헤쳐 갈 수 있다고 분명히 말합니다. 이것이 우리가 절대적으로 분명히 해야 할 첫 번째 요점입니다. 가정은 국가와 마찬가지로 하나님께 바치는 대상, 회심과 구속救贖의 대상이 될 수 있고, 그렇게 되면 특정한 축복과 은혜의 통로가 될 것입니다. 그러나 인간의 다른 모든 것과 마찬가지로, 그것은 구속이 필요합니다. 구속받지 않은 가정은 특정한 유혹, 부패, 비참함만을 낳을 것입니다. 사랑은 가정에서 시작되지만, 미움도 마찬가지입니다.

2. 가정생활의 변화나 성화聖化는 '자연적인 애정'을 뜻하는 '사랑'의 보존보다 더 깊은 의미가 있습니다. (이런 의미에서의) 사랑은 충분하지 않습니다. 박애와 구별되는 애정에서는 지속적인 행복이 나오지 않습니다. 자연적 경향대로 내버려두면 애정은 결국 탐욕, 성가신 갈망, 질투, 강요, 소심함에 사로잡히게 됩니다. 애정의 대상이 곁에 없으면 괴로워하지만, 정작 대상이 곁에 있어도 그로 인해 오랫동안 기뻐하지 않습니다. 앞에서 말한 목사님의 점심 식탁에서 말다툼이 벌어진 것도 부분적으로는 애정이 있었기 때문입니다. 아들은 다른 노인이 어리석은 소리를 했다면 꾹 참고 웃어 넘겼겠지만 아버지의 그런 모습에는 분통을 터뜨렸습니다. 그가 아버지에 대해 참지 못하는 것은 (어떤 의미에서는) 여전히 아버지를 '아끼기' 때문입니다. 사모님이 가족을 (어떤 의미에서) '사랑'하지 않는다면 지금처럼 자기연민에 빠져 끝없이 우는 소리를 하지 않을 것입니다. 그녀는 지칠 줄 모르고 가족의 동정, 애정, 감사를 요구했으나 결코 요구한 바를 받지 못했습니다. 그리고 그에 따른 실망이 쌓여 그녀는 오늘날과 같은 모습을 갖게 되었습니다. 저는 애정의 이런 면을 대중적인 도덕주의자들이 제대로 파악하지 못했다고 생각합니다. 사랑받고 싶은

탐욕은 무서운 것입니다. 오로지 사랑을 위해 산다고 (거의 자부심을 갖고) 말하는 사람들 중 얼마는 결국 끊임없이 분개하면서 살게 됩니다.

3. 가정생활의 주된 매력이라고 그럴 듯하게 선전되는 가정생활의 가장 큰 특성에 오히려 커다란 함정이 도사리고 있습니다. 우리는 이것을 깨달아야 합니다. "그곳에서 우리의 모습이 있는 그대로 드러납니다. 가정은 우리가 외부 세계의 피곤한 가면을 벗어 던지고 자신에게 충실할 수 있는 곳입니다." 이 말씀은 목사님의 진심에서 우러난 것이었고, 그분은 점심 식탁에서 그 말의 의미를 보여 주었습니다. 집밖에서 그는 통상적인 예의를 갖추고 처신합니다. 아들에게 하듯이 다른 젊은이의 말을 끊는 일은 없을 것입니다. 다른 모임에 있었다면 자신이 전혀 모르는 주제들에 대한 허튼소리를 당당하게 늘어놓지 않았을 것입니다. 아니, 설령 그랬더라도 다른 사람이 잘못을 지적하면 흔쾌히 받아들였을 것입니다. 그가 가정을 '자신에게 충실'할 수 있는 곳으로 높이 평가했을 때 그가 말한 '자신에게 충실함'이란 문명화된 인류가 인간관계를 견딜 만하게 유지하기 위한 필수 요소로 깨닫게 된 모든 제약을 짓밟아 버린다는 뜻입니다.

저는 이런 일이 매우 흔하다고 생각합니다. 가정의 대화와 공적 대화를 구분하는 주된 차이점이 무엇인지 아십니까? 한마디로 가정에서의 대화는 대체로 더없이 무례합니다. 가정에서 볼 수 있는 행동의 대표적인 특징은 이기심과 게으름, 무례함, 심지어 잔인함입니다. 가정생활에 가장 요란한 찬사를 보내는 사람들이 이런 면에서 최악의 범죄자인 경우가 적지 않을 것입니다. 그들은 집에 오는 것을 기뻐하고, 외부 세계를 증오하고, 방문객들을 참지 못하고, 사람들을 만나기 싫어합니다. 그들이 가정을 찬양하는 이유는 집안에서 누리는 자유들에 탐닉하다 보니 문명사회에 부적합한 존재가 되었기 때문입니다. 만약 그들이 '자연스럽게' 느끼는 행동을 가정 외의 다른 곳에서 한다면 어떻게 될까요? 사람들은 그들을 때려눕히고 말 것입니다.

4. 그렇다면 우리는 가정에서 어떻게 행동해야 할까요? 사람이 자기 집에서 편안함을 느끼고, 긴장을 풀고, 쉬고, '자신에게 충실'할 수 없다면 어디서 그럴 수 있겠습니까? 그것이 문제라는 거, 저도 인정합니다. 이 질문에 대한 대답은 놀랍습니다. 천국 이편에서는 안심하고 말의 고삐를 늦추어도 되는 곳이 어디에도 없다, 이것이 정답입니다. '우리 자신'이 하나님의 아들이 되기 전까지는 '자신에게 충실'함이란 결코 적법하지 않을 것입니다. 찬송가 가사에도 나와 있습니다. "그리스도인이여, 아직 휴식을 구하지 말라." 물론 이 말은 가정생활이 일반 사회와 아무런 차이가 없다는 뜻은 아닙니다. 가정생활에도 나름의 예의범절이 필요하다는 뜻이지요. 바깥세상의 예절보다 더 친밀하고, 미묘하고, 예민한 예절, 따라서 어떤 면에서는 더 까다로운 예절입니다.

5. 끝으로, 가정이 은혜의 수단이 되려면 먼저 규칙을 따르는 장소가 되어야 한다고 가르쳐야 하지 않겠습니까? 규칙 없는 공동생활은 있을 수 없습니다. 규칙의 대안은 자유가 아니라 가장 이기적인 구성원의 부당한 (그리고 종종 무의식적인) 독재입니다.

우리는 선택해야 합니다. 가정생활에 대한 설교를 그치든지, 아니면 그것에 대해 진지한 설교를 시작해야 합니다. 가정에 대한 감상적인 찬사 따윈 내버립시다. 기독교적 가정을 실제로 만들어 가는 일은 고귀하고, 힘들고, 멋지고, 모험 가득한 예술입니다. 바로 이 부분에 대한 실질적인 조언을 시작해야 하지 않겠습니까?

4 인본주의 형벌론

최근 잉글랜드에서 사형을 둘러싼 논쟁이 있었습니다. 저는 재판을 받은 살인자가 몇 주 후 교수대에서 회개하고 인생을 잘 마무리할 가능성이 높은지, 아니면 삼십 년 후 감옥 부속 진료소에서 그럴 가능성이 높은지 잘 모르겠습니다. 죽음에 대한 두려움이 필수불가결한 범죄 억제책인지도 모르겠습니다. 이 글의 목적상 그것이 도덕적으로 허용되는 억제책인지를 결정할 필요도 없습니다. 그런 질문들은 건드리지 않을 생각입니다. 저의 주제는 구체적인 사형 제도가 아니라 그 논쟁으로 제 동포들 대다수의 생각임이 드러난 형벌론 일반입니다. 이것은 '인본주의 형벌론'이라 부를 수 있습니다. 이것을 주장하는 사람들은 이것이 부드럽고 자비로운 이론이라고 생각합니다. 그러나 저는 그들이 심각하게 오해하고 있다고 믿습니다. 저는 이것이 주장하는 '인본'이 위험한 망상이고 끝없는 잔인함과 불의의 가능성을 감추고 있다고 생각합니다. 저는 전통적인 형벌론 또는 응보론으로 돌아갈 것을 촉구합니다. 이것은 사회의 이익만을 위하거나 사회의 이익을 주로 추구하기 위해 필요한 일이 아니라, 범죄자의 이익을 위해 필요한 일입니다.

인본주의론에 따르면, 벌을 받아 마땅한 사람을 그의 잘못에 합당한 만큼 벌하는 것은 단순한 복수에 불과하므로 야만적이고 부도덕한 일입니다. 인본주의가 제시하는 형벌의 유일하게 적법한 동기는 본보기로 다른 사람들의 범죄를 억제하거나 범죄자를 바로잡아 주려는 마음입니다. 자주 그렇듯 이 이론이 모든 범죄는 다소 병리적인 것이라는 믿음과 결합하면, 바로잡는다는 개념은 치료나 치유의 개념으로 넘어가고 형벌은 치료법이 됩니다. 따라서 얼핏 볼 때는 우리가 악인에게 마땅한 벌을 주는 가혹하고 독선적인 개념에서 심리적으로 병든 사람들을 치료하는 자비롭고 계몽된 개념으로 넘어간 것처럼 보입니다. 이보다 더 좋은 일이 어디 있겠습니까? 하지만 이 이론에서 당연시되는 한 가지 작은 요점을 분명히 드러낼 필요가 있습니다. 범죄자에게 행해지는 일들을 치료라고 부른다 해도, 그것들을 형벌이라 불렀던 예전처럼 그 과정은 여전히 의무 사항일 거라는 점입니다. 훔치려는 성향이 심리 요법으로 치료될 수 있다면, 도둑은 강제로 치료를 받아야 할 것입니다. 그렇지 않다면 사회가 지속될 수 없습니다.

제가 말하는 바는 이 이론이 겉으로는 자비로운 것으로 보이지만 실제로는 사람이 법을 어기는 순간부터 인간의 권리를 박탈한다는 것입니다.

그 이유는 이렇습니다. 인본주의론은 형벌에서 응보의 개념을 제거합니다. 그러나 응보 개념은 형벌과 정의를 잇는 유일한 연결고리입니다. 주어진 형량이 합당한지 부당한지는 범죄자가 받는 벌이 응분의 처벌인지 아닌지에 따라서만 정해질 수 있습니다. 저는 '응분의 처벌인가?'라는 질문이 형벌에 대해 합리적으로 물어볼 수 있는 유일한 질문이라고 주장하는 건 아닙니다. 그 형벌이 다른 사람들의 범죄를 억제할 것인지, 범죄자를 교화할 것 같은지는 정당하게 물어볼 수 있는 질문입니다. 그러나 이 두 질문은 정의에 대한 질문이 아닙니다. '의로운 억제책'이나 '의로운 치료법'을 말하는 것은 아무 의미가 없습니다. 우리가 치료법에 대해 요구하는 것은 의로움이 아니라 성공입니다. 따라서 범죄자가 받아야 할 응분의 대가를 더 이상 고려하지 않고 무엇이 그를 치료할까, 무엇이 다른 사람들의 범죄를 억제할까만 고려하면, 우리는 암묵적으로 그를 정의의 영역 바깥으로 완전히 끌어내게 됩니다. 이제 그는 권리의 주체인 사람이 아니라 단지 객체, 환자, '질병 사례'가 되고 맙니다.

이 구분을 더욱 분명하게 드러낼 방법이 있습니다. 형량을 정하는 기준이 범죄자의 범죄에 상응하는지 여부라고 더 이상 주장할 수 없다면, 누가 형량을 정할 자격이 있느냐고 물어보면 됩니다. 과거의 견해에서 적정한 형량을 정하는 일은 도덕적인 문제였습니다. 따라서 판결을 내리는 판사는 법학, 즉 권리와 의무를 다루는 과학의 훈련을 받은 사람이었습니다. 법학은 적어도 그 기원에서는 자연법과 성경의 지침을 의식적으로 받아들였습니다. 대부분의 시기, 대다수 나라들의 실제 형법에서는 이런 고귀한 원본이 지역의 관습, 계급적 이해관계, 공리적 타협으로 너무나 많이 변경되어 그 원형을 알아보기 힘든 지경이 되었습니다. 그러나 실제로 늘 그렇지는 못했지만 적어도 원리적으로는 형법이 사회의 양심의 통제를 벗어난 적이 한 번도 없었습니다. 그리고 (예를 들어 18세기 영국에서) 실제 형벌이 사회의 도덕관념과 극심하게 충돌했을 때, 배심들은 유죄 평결을 거부했고 결국 개혁이 이루어졌습니다. 이 일이 가능했던 것은 응보적 관점 때문이었습니다. 응보의 관점에 따르면, 형법의 적절성 여부는 도덕적 질문으로, 모든 사람이 그 질문에 대해 나름의 견해를 펼 권리가 있습니다. 이것은 이런저런 전문 직업을 가진 사람만이 아니라 인간이라는 이유로, 자연의 빛Natural Light¹을 누리는 이성적 동물이라는 이유만으로 누구나 가진 권리였습니다. 그러나 응보 개념을 포기하면 이 모든 것이 달라집니다. 이제 형벌에 대해 물을 수 있는 질문은 두 가지밖에 남지 않습니다. '다른 사람들에 대해 범죄 억제력이 있는가?' '범죄자를 치료할 것인가?' 그러나 이 질문들에 대해서는 사람이라는 이유만으로 모든 이에게 의견을 가질 자격이 주어지지 않습니다. 법학자, 그리스도인, 윤리신학자라고 해도 다르지 않습니다. 이 질문들은 원리가 아니라 사실에 대한 것들이기 때문입니다. 이 질문들에 대해서는 우리는 해당 분야의 전문가를 믿어야 합니다.[1] 오직 전문 행형학자penologist만이 이전의 실험에 비추어 어떤 조치가 범죄를 억제할 것 같은지 말해 줄 수 있습니다. 심리요법사만이 범죄자를 치료할 것 같은 조치가 무엇인지 말해 줄 수 있습니다. 나머지 일반 사람들이 "하지만 이 형벌은 끔찍하게 불의하고, 범죄자의 잘못에 비해 끔찍하게 균형이 맞지 않습니다"라고 말해 봐야 소용이 없을 것입니다. 완벽한 논리를 갖춘 전문가들은 이렇게 대답할 테니까요. "하지만 보응을 이야기하는 사람은 아무도 없습니다. 당신처럼 구시대적인 응보 개념을 가지고 형벌을 말하는 사람도 없습니다. 이 치료법의 범죄 억제 효과를 보여 주는 통계가 여기 있습니다. 다른 치료법의 범죄자 치료 효과를 입증하는 통계도 있습니다. 당신, 문제가 뭡니까?"

인본주의 형벌론은 공공의 양심이 비판할 수 있는 법학자들의 손에서 판결권을 빼앗아 전문 기술자들의 손에 쥐어 줍니다. 그런데 그들의 특별 과학은 권리나 정의 같은 범주들을 아예 사용하지 않습니다. 이런 변화는 옛 형벌 개념을 포기했기에 나오는 것이므로, 온갖 보복적 동기들

---

i) 초자연적인 은총의 빛이나 신의 계시의 도움을 받지 않는 인간 이성의 일반적인 인식 능력.
1) *"cuiquam in sua arte credendum."*

에 비하면 범죄자들을 그런 사람들의 손에 맡기는 것이 안전할 거라는 주장이 나올 수 있겠지요. 저는 그런 신념이 타락한 인간 본성에 대한 아둔한 견해를 함축하고 있음을 지체 없이 지적하겠습니다. 범죄자들에 대한 '치료'가 강제적인 것이 되어야 함을 기억합시다. 그리고 이 이론이 인본주의 형벌론자의 마음에서 실제로 어떤 식으로 펼쳐지는지 살펴봅시다.

제가 이 글을 쓰게 된 직접적인 계기는 어느 좌파 주간지에서 읽은 편지였습니다. 편지의 저자는 어떤 죄의 경우 현재는 법에서 범죄로 다루고 있지만 앞으로는 질병으로 다루어야 한다고 호소했습니다. 그는 현 체제 하에서는 범죄자가 감옥에서 형기를 마친 후 석방되면 원래 환경으로 돌아가게 되고 다시 범죄를 저지를 가능성이 높다고 불평했습니다. 그는 범죄자를 가두는 것이 아니라 풀어 주는 것을 불평하고 있었습니다. 그의 치료적 형벌론에 따르면, 물론 범죄자는 치료될 때까지 갇혀 있어야 합니다. 그리고 물론 공식 교정 책임자들만이 완치 시기가 언제인지 말할 수 있습니다. 그러므로 인본주의 형벌론의 첫 번째 결과는 정해진 형량(범죄자의 잘못의 정도에 대한 사회의 도덕적 판단을 어느 정도 반영하는) 대신 형벌을 가하는 전문가들(이들은 도덕 신학이나 자연법 전문가들도 아닙니다)의 허가가 있어야만 끝날 수 있는 무기한 형량의 도입입니다. 누구라도 피고석에 서게 된다면 구형법으로 재판을 받고 싶지 않겠습니까?

제가 형벌이라는 단어를 계속 사용하고 '가한다'는 단어를 씀으로써 인본주의 형벌론자들의 입장을 잘못 전달하고 있다고 할 수도 있습니다. 그들은 처벌하는 것도 형벌을 가하는 것도 아니고 치료를 하고 있는 것이지요. 그러나 어떻게 부르느냐에 속지 맙시다. 동의도 없이 집을 떠나야 하고 친구들과도 떨어져 있어야 합니다. 자유를 잃어버립니다. 현대 심리

요법이 개발해 낸 인격에 대한 온갖 공격을 감수해야 합니다. 빈의 어느 실험실에서 탄생한 모종의 '정상' 패턴, 도저히 인정할 수 없는 그 패턴에 맞추어 개조되어야 합니다. 이 과정이 끝나는 길은 하나뿐입니다. 범죄자를 사로잡은 사람들이 그를 치료하는 데 성공하거나, 아니면 그가 영리해져서 그들이 성공했다고 믿게 해야 합니다. 이런 상황이라면 이것을 형벌이라 부르건 아니건 무슨 상관이 있습니까? 이 안에는 모든 형벌에서 두려움의 대상이 되는 요소, 즉 수치, 추방, 구속, 하릴없이 썩히는 세월이 대부분 다 포함되어 있습니다. 엄청난 응분의 잘못이 있어야만 이것을 정당화할 수 있습니다. 그러나 인본주의 형벌론은 응분의 잘못이라는 개념을 내던져 버렸습니다.

이제 형벌에 대한 치료적 정당화에서 억제적 정당화로 넘어가 볼까요? 그럼 이 새로운 이론이 훨씬 더 걱정스러운 것임을 알 수 있습니다. 한 사람을 '공포 조성용으로'[2] 처벌하는 일, 그를 다른 사람들의 '본보기'로 삼는 일은 그를 다른 목적, 다른 사람의 목적을 위한 수단으로 사용하는 일입니다. 이것 자체로도 대단히 사악한 일일 것입니다. 고전적 형벌 이론에서 형벌은 그 사람이 응분의 잘못을 저질렀다는 근거로 정당화되었습니다. 이것은 '그를 본보기로 삼는다'는 생각이 생기기 전에 이미 확립된 사실이었습니다. 속담처럼 일석이조였던 셈이지요. 범죄자에게 응분의 벌을 주다 보면 다른 사람들에게 본보기를 보여 줄 수 있었습니다. 그러나 응보의 개념을 빼버리면 형벌의 윤리성이 사라집니다. 도대체 내가 왜 사회의 유익을 위해 그런 식으로 희생되어야 한단 말입니까? 물론

---

2) *"in terrorem."*

내가 응분의 잘못을 저질렀다면 얘기는 달라집니다.

그러나 이뿐이 아닙니다. 본보기적 형벌을 정당화할 수 있는 유일한 근거가 응보가 아닌 억제책으로서의 효율성이라면, 우리가 처벌하는 대상이 반드시 어떤 잘못을 저지른 사람일 필요는 없습니다. 억제 효과란 한마디로 대중에게 "우리가 저런 일을 하면 저 사람처럼 고통을 당하겠구나"라는 교훈을 가르치는 일입니다. 실제로 유죄라 해도 대중이 무죄라고 생각하는 사람을 처벌해서는 그런 효과를 기대할 수 없을 것이고, 실제로 죄가 없더라도 대중이 유죄라고 생각하는 사람을 처벌하면 효과를 기대할 수 있을 것입니다. 더욱이 모든 현대 국가는 재판을 쉽사리 조작할 수 있는 힘이 있습니다. 본보기를 내기 위한 희생자가 절실히 필요한 상황에서 범죄자를 찾을 수 없다면, 무고한 희생자를 골라 대중이 그를 유죄라고 생각하도록 속여서 처벌(원한다면 '치료'라고 불러도 좋습니다)해도 똑같은 억제 효과를 얻을 수 있을 것입니다.

왜 우리의 통치자들이 그렇게 사악할 거라고 생각하느냐고요? 부질없는 질문입니다. 무죄한 사람, 즉 응분의 잘못을 저지르지 않은 사람에 대한 형벌이 사악하다는 말은 '의로운 형벌은 응분의 형벌'이라는 전통적인 견해를 인정할 때만 성립되는 주장입니다. 그런데 그 기준을 내버렸다면 일체의 형벌을 정당화하는 근거는 응보와 상관없는 다른 곳에서 찾아야 합니다. 무죄한 사람에 대한 형벌이 다른 근거로 정당화될 수 있다면(어떤 경우에는 억제책이라는 근거로 정당화되었습니다), 그것은 다른 어떤 형벌 못지않게 도덕적일 것입니다. 인본주의 형벌론자가 그것에 대해 일말의 혐오감이라도 느낀다면, 그것은 응보론의 잔재에 불과할 것입니다.

지금까지 저는 인본주의 형벌론자에게 어떤 악의도 없다고 가정하고 그의 입장에 논리적으로 함축된 내용만을 따져 보았습니다. 이 점에 주목해 주십시오. 제가 주장하는 바는 인본주의 형벌론에 충실하게 행동하는 선한 사람들(악한 사람들이 아니라)은 최악의 폭군만큼이나 잔인하고 불의하게 행동하게 된다는 것입니다. 어떤 면에서는 더욱 못되게 행동할 것입니다. 모든 폭군 중에서도 희생자들의 유익을 위해 진심으로 일하는 폭군이 가장 억압적일 것입니다. 전능한 도덕적 참견쟁이보다는 차라리 노상강도 귀족[ii] 치하에서 사는 것이 나을 것입니다. 노상강도 귀족의 잔인함은 때로 잠들 수 있고, 그의 탐욕은 어떤 시점에 이르러 물릴 수도 있습니다. 그러나 우리의 유익을 위해 우리를 고문하는 사람들은 우리를 끝없이 고문할 것입니다. 양심의 승인을 받고서 하는 짓이기 때문입니다. 그들은 천국에 갈 가능성이 높겠지만 지상을 지옥으로 만들어 버릴 가능성은 그보다 더 높습니다. 그들의 친절함이 참을 수 없는 모욕이 되어 우리를 아프게 합니다. 나는 원하지 않는데 '치료'를 받고 내가 질병으로 여기지 않는 상태에서 고침 받는 일은 곧 이성적 판단을 내릴 만큼 자라지 못했고 결코 자라지 못할 사람들과 같은 수준으로, 유아나 천치나 가축과 같은 부류로 취급되는 일입니다. 그러나 응분의 잘못을 저질렀기 때문에, '그러면 안 되는 줄 알았어야 마땅'하기 때문에 형벌을 받는다면, 그 형벌이 아무리 극심해도 하나님의 형상으로 만들어진 인간으로 대접을 받는 것입니다.

우리는 인본주의 형벌론으로 무장한 못된 통치자들이 나타날 가능성을 직시해야 합니다. 엘리자베스 시대에는 기독교적 사회 건설을 위한

---

ii) 자기 영지領地를 지나는 여행자를 털었음.

수많은 대중적 청사진들이 나왔지만 사람들은 그것들이 '허튼소리'라고 했습니다. 온 사회가 하나같이 기독교적이거나 그리스도인들이 지배하고 있다고 가정하기 때문이지요. 대부분의 현대 국가들의 상황은 그렇지 않습니다. 설령 통치자들이 그리스도인이라 해도 그들은 여전히 타락한 인간일 것이므로, 그다지 지혜롭지도 선하지도 않을 것입니다. 사실인즉, 그들은 대체로 불신자일 것입니다. 그리고 지혜와 미덕이 정부의 고위직에 앉은 사람의 유일한 자격 조건도, 가장 많이 볼 수 있는 자격 조건도 아니기에, 많은 경우 그들은 정말 괜찮은 불신자도 아닐 것입니다.

기독교 정치학이 해결해야 할 실제적인 문제는 기독교적인 사회를 위한 설계도를 그리는 일이 아닙니다. 결코 완벽하게 지혜롭거나 선하지 않을뿐더러 때로는 대단히 사악하고 지독히 어리석기까지 할 불신자인 통치자들의 치하에서 믿지 않는 동포들과 더불어 어떻게 하면 최대한 죄를 짓지 않고 살아갈 것인가, 이것이 진짜 문제입니다. 게다가, 불신 통치자들이 사악한 자들일 경우, 인본주의 형벌론은 그들의 손에서 이전의 사악한 통치자들이 미처 몰랐던 정교한 폭정의 수단이 될 것입니다. 범죄와 질병이 같다면, 지배자들이 '질병'으로 분류하기로 한 모든 정신 상태는 치료받아야 할 범죄가 되고, 강제로 치료를 받아야 한다는 결론이 따르기 때문입니다. 정부의 마음에 들지 않는 정신 상태가 반드시 도덕적 타락을 의미하는 것은 아니니 그것은 자유를 박탈할 만한 잘못이 아니라고 항변해 봐야 소용없을 것입니다. 응보와 형벌의 개념을 이미 내버린 지배자들은 질병과 치료의 개념만을 사용할 것이기 때문입니다. 우리가 알다시피 어떤 심리학 학파는 벌써 종교를 신경증으로 여기고 있습니다. 정부가 이 특정한 신경증을 불편하게 여기게 된다면, 그것을 '치료'하겠다고 나서는 일을 어떻게 막을 수 있겠습니까? 물론 그 '치료'는 강제적으로 시행될 것입니다. 그러나 인본주의론에 따라 그것은 '처형'이라는 충격적인 이름으로 불리지 않을 것입니다. 누구도 우리가 그리스도인인 것을 탓하지 않을 것이고, 우리를 미워하지 않을 것이고, 우리를 욕하지 않을 것입니다. 새로운 네로는 의사의 정중한 태도로 우리에게 다가올 것입니다. 그러면서도 실제로는 모든 일이 투니카 몰레스타[iii], 스미스필드[iv], 타이번[v]처럼 강제적으로 이루어질 것이고, '옳음', '그름', '자유', '노예제' 같은 단어들은 결코 들리지 않는 무덤덤한 치료의 영역 안에서 이루어질 것입니다. 따라서 명령이 주어지면, 영국 내의 모든 저명한 그리스도인은 하룻밤 새 사라져 '이데올로기적으로 불건전한 자들의 치료를 위한 시설'에 수용될 것이고, 그들이 (그럴 가능성이 있다면) 언제 그곳에서 나올지 결정하는 권한은 전문 간수들이 쥐게 될 것입니다. 그러나 그것은 박해가 아닐 것입니다. 설령 치료 과정이 고통스럽다 해도 그 과정이 평생 계속된다 해도, 그러다 목숨까지 잃는다 해도 그것은 애석한 사고에 불과할 것입니다. 그 의도는 순전히 치료를 위한 것이었으니까요. 보통의 의술에서도 고통스러운 수술이 있고 수술 도중에 죽는 사람이 있듯, 여기서도 마찬가지입니다. 그러나 그것은 형벌이 아니라 '치료'이기 때문에, 동료 전문가들이 전문적인 근거로 비판할 수 있을 뿐, 결코 인간으로서 인간이 정의를 기준으로 삼아 비판할 수는 없습니다.

이런 이유들 때문에 저는 인본주의 형벌론을 만날 때마다 철저히 반

---

iii) *tunica molesta*—로마의 화형장에서 불붙일 때 사용된, 기름 적신 천.
iv) Smithfield—런던 시의 한 지구. 이단과 정적에 대한 처형이 이루어졌다.
v) Tyburn—런던의 사형장.

대해야 한다고 생각합니다. 이것은 자비로운 듯 보이지만, 그 외양은 완전히 가짜입니다. 그 외양 때문에 선의의 사람들이 속아 넘어갈 수 있습니다. 자비와 정의의 구분은 폭군들의 궁정에서 만들어졌다는 셸리의 글이 이 오류의 출발점인지도 모르겠습니다. 이 말은 고상하게 들리고, 고상한 사람이 범한 오류였습니다. 그러나 자비와 정의의 구분은 본질적인 것입니다. 과거의 견해는 자비가 정의를 '누그러뜨렸다' 혹은 (최고의 수준에서는) 자비와 정의가 만나 입 맞추었다는 것이었습니다. 자비의 본질적인 행위는 용서이고, 용서의 핵심은 용서받는 사람의 죄책과 응분의 잘못을 인정하는 것입니다. 범죄가 형벌을 받아 마땅한 일이 아니라 치료가 필요한 질병일 뿐이라면, 범죄는 용서받을 수 없습니다. 입속에 궤양이 있다고 해서, 내반족內反足 증상으로 다리가 휘었다고 해서 그 사람을 용서할 수 있습니까? 그러나 인본주의론은 정의를 그냥 없애 버리고 자비로 그것을 대치하고 싶어 합니다. 사람들의 권리를 고려하기에 앞서 그들을 '친절'하게 대하고는 제3자의 눈에는 친절로 보이지 않고 받는 사람에겐 끔찍한 학대로 느껴질 억지 친절을 강요한다는 뜻입니다. 표적보다 화살을 너무 멀리 쏜 것입니다. 자비가 정의와 분리되면 무자비해집니다. 이것은 중요한 역설입니다. 산 흙에서만 잘 자라는 식물들이 있듯, 자비는 정의의 바위 틈새에서 자랄 때만 꽃을 피우는 듯합니다. 순전한 인본주의의 습지대로 이식되면 자비는 사람을 잡아먹는 잡초가 됩니다. 그러나 산에서 자라는 품종과 여전히 같은 이름으로 불리기 때문에 더욱 위험합니다. 우리는 오래 전에 교훈을 배웠어야 합니다. 이제 나이도 먹을 만큼 먹었으니 인도주의를 가장한 그런 주장들에 속지 말아야 합니다. 그런 주장들을 빌미로 우리가 사는 혁명적인 시기에 온갖 잔인함이 들어오게 되었습니다. 그것들은 '우리의 머리를 부술' '귀중한 유향'[3]입니다.

버니언의 글에 멋진 문장이 하나 있습니다. "그가 지금 무슨 말을 하든, 얼마나 입에 발린 말을 하든, 일단 저를 집에 데리고 가기만 하면 곧바로 노예로 팔아 버릴 거라는 생각이 번뜩 들더군요."[4] 존 볼의 글에도 다음과 같은 멋진 2행 연구聯句가 있습니다.

주의하지 않으면 화가 임하리.

아군과 적군을 구별하라.[5]

형벌에 대하여: 비판에 대한 답변 _C. S. 루이스

인본주의 형벌론을 다룬 제 글을 비판한 가장 흥미로운 두 글, 즉 J. J. C. 스마트 교수의 글[6]과 N. 모리스 박사와 D. 버클 박사가 쓴 글[7]에 답변할 기회를 주신 편집장님께 감사를 드려야겠군요.

스마트 교수는 일차적 질문과 이차적 질문을 구분합니다. '이 책을 돌려줘야 하는가?'는 '일차적' 질문에 해당합니다. 이차적 질문은 '약속

---

3) 시 141:5.

4) *The Pilgrim's Progress*, ed. James Blanton Wharey, second edition revised by Roger Sharrock, Oxford English Texts(Oxford, 1960), Part I, p. 70.

5) 'John Ball's Letter to the Peasants of Essex, 1381', lines 11~12, found in *Fourteenth Century Verse and Prose*, ed. Kenneth Sisam(Oxford, 1921), p. 161.

6) 'Comment: The Humanitarian Theory of Punishment', *Res Judicatae*, vol. VI(February 1954), pp. 368~371.

7) 'C. S. Lewis', *Res Judicatae*, vol. VI(June 1953), pp. 231~237.

은 좋은 관습인가?' 같은 질문입니다. 그는 두 부류의 질문을 각기 다른 방식으로 다루어야 한다고 주장합니다. 일차적 질문은 직관(도덕 철학자들이 가끔 정의하는 의미에서)으로 대답할 수 있습니다. 주어진 행동이 어떤 규칙에 해당할 경우, 우리는 '옳은' 것이 무엇인지 즉시 '알아봅니다.' 그러나 이차적 질문들에는 '공리적인' 원리들에 준해서만 답할 수 있습니다. '옳음'은 '규칙에 들어맞음'을 뜻하므로 규칙들 자체가 '옳은가'를 묻는 것은 무의미하고, 그것이 유용한지만 물을 수 있습니다. 비근한 예를 하나 들어 보겠습니다. 철자법이 정해진 상태에서는 한 단어의 철자가 올바른지는 물어볼 수 있지만 철자법 자체가 올바른지는 물을 수 없습니다. 일관성이 있는가, 편리한가, 이렇게만 물어볼 수 있지요. 달리 말해 봅시다. 하나의 어형은 문법적으로 옳고 그름을 따질 수 있지만, 한 언어의 문법 전체는 그렇게 할 수 없습니다.

물론, 여기서 스마트 교수는 아주 오래된 구분을 새로운 방식으로 다루고 있습니다. 과거의 모든 사상가들은 (a)어떤 행동이 법이나 관습에 부합한다는 의미에서 '옳은지'와 (b)법이나 관습 자체가 '옳은지'를 구분하여 생각할 수 있음을 깨달았습니다. 그러나 고대인들과 중세인들에게 이 구분은 (a)법이나 합의에 의한 정의와 (b) '단순한' 또는 '본래적인' 정의의 구분, 또는 (a)실정법과 (b)자연법의 구분이었습니다. 둘 다 정의를 묻는 질문이지만, 둘이 구분된다는 사실은 인정되었습니다. 스마트 교수의 분류법은 정의 개념을 일차적인 질문들에만 한정시켰다는 점에서 새롭습니다.

스마트 교수는 자신의 새로운 방식에 두 가지 장점이 있다고 주장합니다. (1) 자연법이나 '단순한' 정의에 호소할 때 나타날 수밖에 없는 '선결문제 요구의 오류'("어떤 것이 자연법이라는 말은 그것이 우리가 채택해야 할 규칙이라는 말일 뿐"이므로)를 피하게 해준다. (2) 독단적인 주관주의를 없애 준다. 제 글에서 응보의 개념은 '루이스의 취향'에 불과할 수 있기 때문입니다.

하지만 저는 스마트 교수의 주장이 이런 난점들을 피하게 해주지 못한다고 생각합니다.

사회에 유용한 규칙들은 받아들여야 합니다. 여기서의 유용함은 (제 생각에) 그 사회를 더 행복하게 하는 성질을 가리킵니다.* 그렇다면 사회의 행복은 어떤 희생을 치르더라도 추구해야 할 목표입니까, 아니면 어느 정도의 자비와 인간의 존엄성과 진실(여기에 '정의'를 덧붙여선 안 됩니다. 스마트 교수의 견해에 따르면 규칙들 자체는 정의로울 수도 불의할 수도 없기 때문입니다)과 조화를 이루는 한에서만 추구해야 합니까? 우리가 두 번째 대안을 택한다면, 즉 사회의 행복을 아무리 증진시킨다 해도 사회가 해서는 안 될 일들이 있음을 인정한다면, 아니 그런 일을 하나라도 인정한다면, 옳고 그름을 판단할 유일한 척도는 유용성이라는 입장을 사실상 포기한 것입니다. 우리는 유용한 것들을 뭔가 다른 기준으로 판단하고 있으니까요(그것을 양심, 실천 이성, 자연법, 개인적 취향, 그 외 어떻게 부르건 상관없습니다).

그렇다면 첫 번째 대안을 따라 사회의 행복은 어떤 희생을 치르더라도 추구해야 한다고 생각해 봅시다. 어떤 상황에서는 대단히 값비싼 희생을 치러야 할 수도 있습니다. 전쟁 중에, 미래의 어떤 시기에 세계의

---

* 스마트 교수 글의 끝에서 두 번째 단락을 보십시오.—저자. 이후 저자(C. S. 루이스) 주는 *로 표시.

식량이 부족해질 경우, 혁명의 위협이 닥칠 때, 사회를 더 행복하게 만들거나 그 존재를 유지하기 위해 대단히 충격적인 일들이 벌어질 가능성이 다분히 있을 것입니다. 사건 조작, 마녀사냥, 심지어 식인 풍습까지도 이런 의미에서 '유용'하지 않을 거라고 확신할 수 없습니다. 스마트 교수가 그 정도까지도 다 감수할 준비가 되어 있다고 (저는 그럴 리가 없다고 보지만)가정해 봅시다. 그러면 우리는 그가 그렇게 하는 이유와 우리가 그에게 동의해야 한다고 생각하는 이유를 물어볼 수 있습니다. 다른 사람도 아닌 그가 "사람들의 안전이 최고의 법이다"[8]가 자연법이기 때문이라고 대답할 수는 없습니다. 우리는 "사람들이 보존되어야 한다"는 당위가 자연법 전체가 아니라 자연법의 한 조항일 뿐임을 알기 때문입니다. 그렇다면 어떤 희생도 감수하고 사회의 행복을 추구하는 것은 스마트 교수가 말한 그저 '개인적 취향'에 바탕을 둔 겁니까? 그렇다면 그와 저의 실질적인 차이점은 그저 각자 욕구가 다르다는 것 정도일 것입니다. 그와 마찬가지로 저도 제가 속한 나라(와 종種)의 지속과 행복을 원하지만,* 저는 그들이 특정 방식으로 행동하는 특정한 종류의 사람들이 되기를 또한 바랍니다. 둘 중 두 번째 욕구가 더 강합니다. 둘 다 가질 수 없다면, 차라리 인류가 어떤 특성을 갖고 몇 세기만 살다 가는 편을 택하지, 자유, 우정, 존엄, 자비를 잃어버린 채 대단히 만족하며 수십억 년을 사는 것을 원하지는 않겠습니다. 이것이 그저 희망 사항의 문제일 뿐이라면, 실제로는 더 이상 논의할 게 없습니다. 저처럼 생각하는 사람들도 많고, 달리

---

8) Cicero, *De Legibus*, bk. III, pt. iii, sect. 8. *"salus populi suprema lex."*
* 스마트 교수에게 '사회'가 국가를 뜻하는지 종을 뜻하는지는 확신하지 못하겠습니다. 국가를 뜻한다면 국제 도덕에 대한 어려움들이 생겨나고, 그 문제를 논하다 보면 종의 문제도 조만간 다루어야 할 것입니다.

생각하는 사람들도 많습니다. 저는 어느 쪽이 승리할지 우리 시대에 결정되리라 믿습니다.

그렇기 때문에 모리스 박사와 버클 박사에 비하면 스마트 교수나 저는 그리 중요하지 않습니다. 스마트 교수를 무시해서 하는 말이 아닙니다. 우리는 대학에서 가르치는 사람들일 뿐이지만, 그들은 범죄학자들이기 때문입니다. 한 명은 변호사이고 또 한 명은 정신과 의사입니다. 제가 전문 분야에서 이렇게 멀리 벗어나 '행형학'을 논하게 된 이유는 하나뿐입니다. 극도로 중요한 이 싸움에서 어느 쪽이 법을 자기편으로 삼게 될지 극히 염려스럽기 때문입니다. 이것 때문에 저는 저를 비판한 두 범죄학자들과 저를 나누는, 하나뿐인 심각한 의견 차이를 다룹니다.

의견이 다른 부분들은 또 있습니다만, 그것들은 대체로 제가 원인을 제공한 오해에서 나온 듯합니다.

⑴ 제 글에는 사회의 보호에 대한 내용이 너무 적었던 게 분명합니다. 제가 그것을 너무 당연하게 여겼던 게 아닌가 싶습니다. 그러나 저를 비판하신 분들의 추측(Morris and Buckle, p.232)과 달리, 제 머릿속에 있던 구분은 형벌의 '부차적' 요인들과 '핵심적' 요인들의 구분이 아닙니다. 저는 담배 한 갑을 판매대에서 꺼내 주머니에 집어넣는 동일한 행위라도 돈을 냈으면 '구매'라 하고 돈을 안 냈으면 '절도'라 부릅니다. 그것은 제가 물건을 가져가는 일을 구매 행위의 '부차적'인 요소로 보기 때문이 아닙니다. 물건을 가져가는 일에 적법성을 부여하고 그것을 구매 행위가 되게 하는 요체가 물건 값의 지불이기 때문입니다. 저는 남녀가 결혼한 사이인지 아닌지에 따라 두 사람의 성행위를 정숙하다거나 음탕하다고 부릅니다. 성행위를 결혼의 '부차적'인 요소로 보기 때문이 아니라,

성행위에 적법성을 부여하고 그것을 부부간에 하는 대표적인 행위로 만드는 요체가 결혼이기 때문입니다. 마찬가지로, 저는 사회의 보호와 범죄자의 '치료'가 형벌의 중요한 요소가 될 수 있다고 생각합니다. 하지만 한 가지 분명한 전제 조건이 있습니다. 사람의 자유를 간섭하는 행위가 애초부터 정당화될 수 있는 근거는 '응보' 개념뿐이라는 것입니다. 물건값을 지불해야 구매가 성립하고 결혼을 해야 합법적인 성행위가 가능하듯, 응보 개념이 있어야만 (제가 믿는 한) 범죄자에 대한 형 집행이 정당화될 수 있고 그것이 폭정이나 전쟁의 사례가 아닌 형벌의 사례가 될 수 있습니다.

(2) 저는 범죄를 저지른 어린이들에 대한 두 분의 주장에 동의합니다 (Morris and Buckle, p. 234를 보십시오.). 이 문제에서는 그동안 진보가 있었습니다. 아주 원시적인 사회에서는 의도성이 없는 살인이 벌어질 경우 도끼나 창을 '재판'하고 '처벌'할 것입니다. 중세 후반의 어디선가는 (제 생각에는 신성로마제국에서) 돼지 한 마리가 살인 혐의로 엄숙한 재판을 받았습니다. 상당히 최근까지도, 아이들을 어른들처럼 자기 행동에 책임질 수 있는 존재인 듯이 재판하는 일들이 있었습니다(정말 그렇게 생각해서 그랬는지는 모르겠습니다). 이런 일들은 이제 폐지되었습니다. 폐지된 것이 마땅하지요. 그러나 여기서 꼭 물어보고 싶은 것이 있습니다. 이 과정이 더 멀리까지 진행되기를 바라십니까? 우리 모두 성인 시민으로서 누리는 권한을 박탈당하고 그 책임도 벗게 되어 아이, 돼지, 도끼의 수준으로 전락하기를 바라십니까? 저는 원하지 않습니다. 아이를 대하는 성인처럼, 짐승을 대하는 인간처럼, 무생물을 대하는 생물처럼 다른 사람들을 대할 만한 위치에 있는 사람은 없다고 생각하기 때문입니다.)* 저는 '응보 없는'

형벌론에 충실한 법들을 실제로 만들고 집행하는 사람들도 우리와 똑같은 사람들일 거라 생각합니다.

그러나 진짜 의견이 갈리는 대목은 바로 여기입니다. 모리스 박사와 버클 박사는 제가 우려하는 부류의 위험들을 충분히 인식하고 저 못지않게 그것들을 비판하지만 우리에게 안전장치가 있다고 믿습니다. 법원, 부패를 모르는 재판관들, 그들의 탁월한 역량, 그리고 "이제까지 법이 구체화시켜 온 자연적인 정의의 지배"(p. 233)가 그것입니다. 그러나 단서가 있습니다. 법이 그토록 오랫동안 구현해 온 자연적인 정의의 전통이 형벌에 대한 우리의 입장이 인본주의로 완전히 바뀐 후에도 온전히 살아남아야 한다는 것입니다. 그러나 바로 이것이 문제입니다. 우리의 법원이 "전통적으로 보통 사람과 보통 사람의 도덕관을 대변해 왔다"(p. 233)는 점에는 저도 동의합니다. 여기서 '보통 사람'이란 로크, 흐로티위스[vi], 후커, 포넷[vii], 아퀴나스, 유스티니아누스[viii], 스토아학파, 아리스토텔레스까지 포괄하는 넓은 의미의 용어지만, 저는 그런 용례에 전혀 반대하지 않습니다. 아주 중요하고도 제게는 영광스러운 의미에서 그들 모두 보통 사람이었습니다.[**] 그러나 그 전통 전체가 자유의지, 책임, 권리, 자연법 등의 개념들과 이어져 있습니다. 그런 전통이 '응보'를 도외시하고 치료와 사회 보호만 강조하는 식으로 형법을 운용하는 법정에서 과연 살아남을 수 있을

---

[*] 저는 동일한 논리로 아리스토텔레스의 노예제 옹호론(Politics, 1254A 이하 참조)에 반박할 수 있습니다. 우리 모두 '자연적인' 노예들(저도 그중의 하나일 겁니다)은 알아볼 수 있습니다. 하지만 '자연적인' 주인들은 어디 있습니까?

[**] 루이스의 The Abolition of Man(London, 1943)도 보십시오. 특히 부록을 보십시오.

vi) Grotius(1583~1645), 네덜란드의 법학자, 국제법의 시조.

vii) Poynet(1514~1556), 영국의 주교, 왕권신수설을 비판.

viii) Justinian(483~565), 동로마 제국의 황제, 로마법대전을 편찬.

까요? 법이 한 철학을 받아들여 운용하면서 다른 철학의 안전 장치를 계속 유지할 수 있을까요?

저는 변호사의 아들로서, 그리고 변호사를 평생지기[9]로 둔 사람으로서 두 분의 범죄학자(그중 한 분은 변호사이기도 한 분)에게 글을 쓰고 있습니다. 저는 두 분의 견해와 제 견해가 비슷한 것은 절망할 일이 아니라고 봅니다. 우리가 마음에 품은 목표는 같기 때문입니다. 저도 사회가 보호받기 원합니다. 형벌이 범죄자를 치료하기도 한다면 저도 무척 기쁠 것입니다. 제가 호소하는 바는 하나뿐입니다. 응보의 잘못이라는 선행적 조건을 인정하자는 것입니다. 범죄자의 자유를 박탈하는 조처는 다른 요인들을 고려하기에 앞서 응보적 근거에서 정당성을 찾아야 합니다. 그 후에는 누구나 원하는 대로 하라고 하십시오. 그 전까지, 실제로는 '형벌' 문제가 존재하지 않습니다. 우리는 무조건 보호받고 싶어 할 만큼 겁쟁이는 아닙니다. 하지만 누군가가 형벌을 받을 만한 잘못을 했다면 우리가 형벌을 고안하여 보호받기를 도모하는 것은 대단히 적절한 일일 것입니다. 우리는 모든 이웃을 완력으로 개선시키고 싶어 할 만큼 지독한 참견쟁이는 아닙니다. 하지만 우리의 이웃 중 한 사람이 자유롭게 살 권리를 박탈당할 만한 잘못을 범했다면, 우리는 그가 받는 형벌이 그를 개선시키도록 사랑으로 힘써야 합니다. 그러나 우리가 '깨우쳐 주어야' 할 만한 응분의 잘못을 그가 저지르기도 전에 그를 가르치겠다고 나서서는 안 될 것입니다.(도대체 우리가 누구라고 그런 일을 할 수 있겠습니까?) 모리스 박사와 버클 박사는 이 정도까지 저와 생각이 같을까요? 저는 두 분을 포함해 유사한

---

9) 오웬 바필드Owen Barfield.

중요 직책에 있는 여러 사람들의 결정에 따라 그 엄격한 기강을 갖춘 법의 위엄과 혜택, 그리고 수많은 것들이 지속될 수도 있고 그렇지 않을 수도 있다고 믿습니다. 제가 잘못 생각한 게 아니라면, 지금 인류는 이제까지 인류를 보존할 가치가 있는 집단이 되게 했던 모든 것을 유지하게 될지, 아니면 올더스 헉슬리와 조지 오웰이 상상했고 히틀러의 독일에서 부분적으로 실현되었던 인간 이하의 수준으로 떨어지게 될지 기로에 서 있습니다. 그리고 우리 각 사람은 인류가 어느 쪽으로 가게 될지에 나름대로 이바지하고 있습니다. 인종 차별 이론들이 옳은 것이었다면 유대인들의 멸절은 '유용'했을지도 모르는 일이 됩니다. 앞으로 어떤 것이 '유용해' 보이거나 '유용'하게 될지 예언할 도리는 없지만, 무엇이 되었건 폭군이 그것을 두고 '필요'하다고 '핑계'를 댈 것만은 분명합니다.[10]

---

10) 열두 번째 편지를 보라.

5 X마스와 크리스마스

헤로도토스의 《역사》에서 사라진 한 장章

그리스 너머, 대양의 서북쪽으로 니아터브Niatirb[i] 섬이 놓여 있다. 헤카타이오스는 이 섬이 시칠리아와 크기와 모양이 비슷하다고 선언하지만, 실제로는 그보다 더 크다. 하지만 그 섬이 삼각형 모양이라고 하는 것은 크게 틀린 말이라 할 수 없을 것이다. 그곳에는 유럽 북서쪽에 자리 잡은 다른 야만인들과 비슷한 옷을 입은 사람들이 잔뜩 모여 살고 있지만 양쪽의 언어는 전혀 다르다. 이 섬사람들은 우리가 아는 어떤 사람들보다 참을성과 지구력이 강하며 다음과 같은 풍습이 있다.

안개가 가장 많이 끼고 비가 가장 많이 내리는 겨울의 한복판에 그들은 엑스마스라 부르는 큰 축제를 여는데, 장장 50일에 걸쳐 다음과 같이 축제를 준비한다. 무엇보다도, 모든 시민은 친구와 친척들 모두에게 그림이 찍혀 있는 정사각형 모양의 두꺼운 종이를 보낼 의무가 있다. 그들은 그것을 '엑스마스 카드'라고 부른다. 그러나 그림의 종류는 나뭇가지에 앉아 있는 새들, 진초록색 뾰족한 나뭇잎이 달린 나무들, 2백 년 전의 조상들이 입었다는 복장에 당시의 마차를 탄 사람들, 지붕에 눈이 쌓인 집

---

i) Britain을 뒤집어 놓은 이름.

들 등이다. 니아터브인들은 이 그림들이 축제와 어떤 연관성이 있는지 말해 주지 않는다. 어떤 신성한 비밀을 숨기고 있는 것 같다. 그리고 모든 사람이 이 카드를 보내야 하고 시장은 카드를 사려는 사람들로 붐비기 때문에 엄청난 수고와 피곤함이 따른다.

그들이 충분하다 싶은 만큼 많은 카드를 사서 집에 돌아오면 다른 사람들이 보낸 비슷한 카드들이 도착해 있다. 발신자들이 자신이 이미 카드를 보낸 사람들이면 그들은 그대로 그 카드들을 던져 버리고 한 해의 골칫거리가 사라진 것을 신들에게 감사한다. 그러나 혹시라도 그중에 자신이 아직 카드를 보내지 않은 사람에게서 온 카드가 있으면, 그들은 가슴을 치고 울부짖으며 카드를 보낸 사람에게 저주를 퍼붓는다. 그렇게 자신의 불운을 충분히 한탄하고 다시 신발을 신고 안개와 빗속으로 나가 그를 위해 카드를 산다. 엑스마스 카드에 대해서는 이 정도 설명으로 그치기로 하자.

그들은 또한 서로에게 선물을 보내어 카드의 경우처럼 큰 고통을 겪는다. 아니, 선물로 인한 고통은 더욱 크다. 모든 시민은 친구가 보내올 선물의 값어치를 추측해야 한다. 그래야 똑같은 값의 선물을 보낼 수 있다. 여기서 그럴 형편이 되는지의 여부는 고려 사항이 아니다. 그들은 자기가 쓸 요량으로는 절대 사지 않을 물건들을 선물로 산다. 판매자들은 해당 풍습을 이해하고 있기에 온갖 종류의 시원찮은 물건들과 일 년 내내 팔 수 없었던 물건들을 모두 내놓는다. 니아터브인들은 금속, 가죽, 나무와 종이 등 필수품이 부족하다고 떠들어 대면서도, 매년 믿을 수 없을 만큼 많은 양의 이런 물품들을 선물로 바꾸어 허비하고 있다.

그러나 이 50일 동안 가장 늙고 가난하고 비참한 시민들은 가짜 수염에 빨간 옷을 걸치고 시장을 돌아다닌다. 내 생각에는 크로노스*Cronos*[ii]

412

로 분장한 듯하다. 그리고 선물을 사는 사람들뿐 아니라 파는 사람들도 군중과 안개 때문에 안색이 창백해지고 녹초가 된다. 이 시기에 니아터브의 도시에 들어오는 사람은 니아터브 전체에 커다란 재난이 닥친 것으로 오해할 것 같다. 그들의 야만적인 언어로는 이 50일의 축제 준비 기간을 엑스마스 러시[iii]라고 부른다.

그러나 정작 축제 당일이 되면 러시로 녹초가 된 대부분의 시민들은 정오까지 침대에 누워 있다. 그러다 저녁이 되면 평소보다 다섯 배나 많은 양의 식사를 하고 종이로 만든 왕관을 쓰고 취하도록 술을 마신다. 엑스마스 다음 날이 되면 그들은 아주 침울해진다. 전날 저녁에 너무 많이 먹고 마신 데다 선물과 포도주에 쓴 돈을 생각하면 있는 대로 속이 상하기 때문이다. 포도주는 니아터브인들 사이에서 너무나 귀한 것이라 제대로 취하려면 족히 한 달란트 값어치는 마셔야 한다.

이상이 엑스마스에 대한 그들의 풍습이다. 그러나 소수의 니아터브인들은 엑스마스와 똑같은 날 그들끼리 크리스마스라는 별개의 축제를 지킨다. 크리스마스를 지키는 사람들은 대다수의 니아터브인들과 정반대의 일을 한다. 그날이 되면 환한 얼굴로 아침 일찍 일어나 해 뜨기 전에 특정 신전으로 가서 신성한 잔치에 참석한다. 그리고 대부분의 신전에는 특별한 갓난 아이를 품에 안은 아름다운 여인과 그 아이를 흠모하는 몇몇 동물들과 목자들의 조각이 만들어져 있다(이 조각들이 새겨진 이유는 어떤 신성한 이야기에 등장한다. 나는 그 이야기를 알지만 여기서 되풀이하지는 않겠다).

---

ii) 제우스의 아버지, 제우스 이전에 우주를 지배한 거인.

iii) Exmas Rush. X마스 준비하느라 정신없이 허둥대는 모습을 묘사하기 위해 루이스가 만들어 낸 말.

나는 이 신전들 중 한 곳에 있는 어느 사제와 대화를 나누며 그들이 엑스마스와 같은 날 크리스마스를 지키는 이유를 물었다. 내가 볼 때 그건 불편한 일이었기 때문이다. 그러나 사제는 이렇게 대답했다. 오, 낯선 분이여. 우리가 크리스마스 날짜를 바꾸는 것은 정당하지 않습니다. 그러나 제우스가 니아터브인들의 머릿속에 엑스마스를 다른 시기에 지키거나 아예 지키지 않을 마음을 주면 좋겠습니다. 엑스마스와 러시는 소수의 사람들이 신성한 일들에 마음을 기울이지 못하도록 혼란시키기 때문입니다. 우리야 사람들이 크리스마스에 즐겁게 지내는 것이 좋지요. 하지만 엑스마스에는 더 이상 어떤 즐거움도 남아 있지 않습니다. 내가 그에게 왜 러시를 감내하느냐고 물었더니 그는 이렇게 대답했다. 오, 낯선 분이여. 그것은 라켓[iv]입니다. 그는 일종의 신탁 용어들을 사용해서 내가 알아들을 수 없도록 말하는 듯했다('라켓'은 그 야만인들이 '테니스'라 불리는 경기에서 사용하는 도구이기 때문이다).

나는 엑스마스와 크리스마스가 같은 것이라는 헤카타이오스의 말을 신뢰할 수 없다. 우선, 엑스마스 카드에 찍힌 그림들은 사제들이 말하는 신성한 크리스마스 이야기와 아무 상관이 없기 때문이다. 둘째, 대부분의 니아터브인들은 소수의 종교를 믿지 않으면서도 선물과 카드를 보내고, 러시에 참여하고, 술을 마시고, 종이 모자를 쓴다. 그러나 아무리 야만인이라 해도 그들이 믿지도 않는 신을 기리기 위해 그토록 엄청난 수고를 감내할 것 같지는 않다. 그럼 이것으로 니아터브에 대한 이야기를 마친다.

---

iv) racket—사업, 직업을 뜻하는 속어.

6   크리스마스는 내게 어떤 의미가 있는가

크리스마스라 불리는 것이 세 가지 있습니다. 첫째는 종교 축제입니다. 이것은 그리스도인들에게는 중요하고 의무적인 것입니다만, 그 외의 사람들은 아무 흥미도 없을 것이므로, 여기서는 이에 대해 더는 말하지 않겠습니다. 둘째, 대중적인 휴일(이것은 첫째와 복잡한 역사적 연관 관계가 있지만 그 문제는 다루지 않겠습니다)로서 즐겁게 놀고 환대를 베푸는 시기를 뜻합니다. 이것에 대해 하나의 '견해'를 갖는 것이 제가 해야 할 일이라면, 저는 즐거운 시간을 갖는 것을 대단히 좋게 생각한다고 말하겠습니다. 그러나 제가 더 좋게 생각하는 일은 모든 사람이 자기 일이나 잘하는 것입니다. 저는 다른 사람들이 남는 시간에 친구들과 자기 돈을 쓰는 문제를 가지고 제가 나서서 이러쿵저러쿵 견해를 내놓아야 할 이유를 모르겠습니다. 그런 문제들에 대해 제가 그들의 조언을 원하지 않듯 그들도 저의 조언을 원하지 않을 게 뻔합니다. 그러나 크리스마스라 불리는 세 번째 것은 불행히도 모든 사람에게 해당 사항이 있습니다.

물론 저는 사업commercial racket이 되어 버린 크리스마스를 말하고 있습니다. 선물 교환은 이전부터 있었던 영국 축제에서 극히 작은 부분이었습니다. 피크위크 씨[1]는 대구 한 마리를 들고 딩리 벨을 찾아갔고, 개심한 스크루지는 직원을 위해 칠면조 한 마리를 주문했으며, 연인들은 사랑의 선물들을 보냈고, 아이들은 장난감과 과일을 받았습니다. 그러나 모든 친구와 아는 사람들까지 선물을 주고받아야 한다, 아니 적어도 카드는 주고받아야 한다는 생각은 아주 최근에 등장했고 상인들이 우리에게 강제로 주입한 발상입니다. 그러나 이런 상황들 자체는 그것을 나쁘게 여길 이유가 되지 못합니다. 제가 이것을 나쁘게 여기는 데는 다음과 같은 근거가 있습니다.

1. 이것은 대체로 즐거움보다 고통을 훨씬 많이 줍니다. 이것을 (그 세 번째, 즉 상업적인 면에서) '지키'려고 진지하게 노력하는 가족의 집에서 함께 크리스마스를 보내 보면 이것이 악몽이라는 것을 알 수 있습니다. 12월 25일이 되기 오래 전부터 모든 사람이 녹초가 됩니다. 여러 주에 걸쳐 매일 혼잡한 상점에서 시달리느라 육체적으로 녹초가 되고, 선물을 보내야 할 사람들을 모두 떠올리고 그들에게 적합한 선물을 생각해 내느라 정신적으로 녹초가 됩니다. 그들은 즐거운 시간을 보낼 상태가 아닙니다. (원한다고 해도) 종교 행위에 참여할 상태는 더더욱 아닙니다. 집안에 오랫동안 중병을 앓은 가족이라도 있었던 듯 그들은 폭삭 늙어 보입니다.

2. 이 일 대부분은 본의에서 나온 것이 아닙니다. 달라고 한 적도 없는 선물을 보내기만 하면 누구라도 우리에게서 선물을 받아 낼 수 있는 것이 현대의 규칙입니다. 이것은 거의 갈취입니다. 모두가 한 해의 귀찮은 일이 끝났기를 바라던 순간, 비지Busy 부인(누구인지 잘 기억도 안 나는) 이 보내온 쓸모없는 선물이 편지함을 통해 달갑지 않게 집안으로 툭 떨어집니다. 갑자기 식구 중 한 명이 끔찍한 상점으로 다시 가야 할 상황이 되

---

i) 찰스 디킨스의 소설 《피크위크 페이퍼스》의 주인공.

면서 터져 나오는 절망의 울부짖음, 아니 분노의 울부짖음을 들어 보지 못한 사람이 있을까요?

3. 번쩍거리고 쓸모없는 물건들, 신기한 것들이 선물로 오갑니다. 자신을 위해서는 결코 사지 않을 물건들이지요. 그런 것을 원할 만큼 바보는 없기 때문입니다. 그런 온갖 잡동사니들을 만드는 것 외에 재료와 기술과 시간을 더 잘 쓸 방법이 정말 없단 말입니까?

4. 성가심 때문입니다. 결국, 크리스마스 사업 기간 중에도 우리는 여전히 일상적이고 필요한 쇼핑을 해야 하는데 그놈의 사업 때문에 세 배의 수고가 듭니다.

우리는 이 따분한 일 전체가 경제에 도움이 되기 때문에 계속되어야 한다는 말을 듣습니다. 이것은 실제로 우리나라, 아니 세계의 미친 상태를 매년 보여 주는 하나의 징후입니다. 모든 사람이 다른 모든 사람에게 뭔가를 사 달라고 졸라서 먹고 사니 미친 곳이 아니겠습니까? 저는 여기서 빠져나갈 길은 모르겠습니다. 그러나 단지 상인들을 먹여 살리기 위해 매년 겨울 쓰레기 더미들을 주고받는 일이 과연 제대로 된 의무일 수 있을까요? 정말 최악의 경우, 저는 그들에게 그냥 돈을 줘 버리고 자선 단체에 기부한 셈 치고 싶습니다. 아무것도 못 받으면 손해라고요? 그래도 돈은 돈대로 다 내고 성가신 일까지 감수하는 것보다야 낫지 않습니까?

7 눈 속의 비행 청소년들

정문 바깥 '멀리서' 들려오는 노랫소리들은 매년 (대개는 가장 불편한 순간에) 캐럴 시즌이 다시 찾아왔음을 떠올려 줍니다. 그중 한 번은 동네 교회 성가대의 음성입니다. 나머지 마흔다섯 번은 제대로 배운 적도 없는 노래 솜씨로 음정과 박자를 무시한 캐럴을 가사도 다 못 외운 채 불러 대는 소년들이나 아이들의 목소리입니다. 녀석들이 정말 자신 있게 연주하는 유일한 악기는 초인종과 문두드리개, 유일한 목적은 돈입니다.

그들 중 일부는 우리 집 정원에 무단 침입해서 과일들을 훔쳐가고 나무들을 베어 쓰러뜨리고 유리창 바깥에서 소리를 지르는 불량배들이 분명합니다. 우리 가족 중에 중병을 앓는 사람이 있다는 걸 이웃에서 다 아는데도 말입니다. 저는 '성가대' 자격으로 온 그들을 잘 상대하지 못하는 듯합니다. 그리스도인답게 용서하지도 못하고, 분개한 집주인처럼 개를 풀어 놓지도 않습니다. 저는 해코지를 당할까 봐 돈을 줍니다. 주되 억지로 주고, 양쪽 세계 모두에게 최악의 모습을 보여 줍니다.

저는 이런 은근한 적개심에 맞서 전투에선 여러 번 승리를 거두었으나 전쟁은 결코 이기지 못했습니다. 저는 이런 적개심이 현재 법을 준수하는 시민들 사이에 널리 퍼져 있다고 생각합니다. 그렇지 않다면 제가 그 사실을 이렇게 글로 내는 것은 어리석은 일일 것입니다(차라리 고해가 더 적절하겠지요). 그러나 맹세컨대, 시민들 중 상당수는 저보다 더한 적개심을 느낄 합당한 이유가 있습니다. 저는 필그림 씨[i]처럼 자살하고 싶을 지경까지 내몰린 적이 없습니다. 저는 강간과 살해를 당한 딸을 생각하며 슬퍼하는 와중에 딸의 살인범은 (부분적으로는 내가 낸 세금으로) 정신병원에 갇혀 있고 언젠가 풀려나와 다른 아이를 희생시킬 것을 내다보는 아버지의 처지도 아닙니다. 이에 비하면 저의 가장 큰 불평거리는 아주 사소한 것입니다. 그러나 제 경우를 들어서 할 말은 다 할 수 있으니 그 얘기를 하겠습니다.

얼마 전, 이웃의 아이 몇명이 우리 집 정원 한복판에 서 있는 작은 임시 건물, 방갈로에 침입해 몇 가지 물건을 훔쳐갔습니다. 신기한 무기 여러 개와 광학기기 하나였습니다. 이번에는 경찰이 범인을 알아냈습니다. 그중 하나가 같은 범죄로 유죄 판결을 받은 바 있었기에, 저는 뭔가 적절하고 억제력이 있는 판결을 기대하며 희망에 부풀었습니다. 그런데 누군가가 제게 이렇게 경고하더군요. "그 늙은 여자가 판사석에 있다면 아무 소용 없을 거요." 물론 저는 소년법원에 출두했고 모든 일은 경고대로 되었습니다. 노부인—그녀를 이렇게 부르도록 합시다—이 재판을 맡았습니다. 범죄가 계획된 것이었고 이익을 노리고 한 짓이었다는 사실이 충분히 입증되었습니다. 훔친 물건의 일부는 이미 팔아 버려 없었습니다. 노부인은 소액 벌금형을 부과했습니다. 즉, 그녀는 피의자들이 아니라 그 부모들을 처벌한 것입니다. 그러나 저를 더 놀라게 한 것은 그녀가 피고인들

---

i) Edward Alexander Pilgrim(1904.12.12~1954. 9. 24), 관료주의로 인해 자살한 영국인. 부근의 아이들로부터 독립된 환경을 위해 그의 집 주변 땅을 구입했으나 관료주의적인 법 집행으로 인해 과도한 비용을 요구받고 절망하여 자살함.

에게 남긴 마지막 말이었습니다. 그녀는 그들이 정말, 참으로 그 '어리석고 못된 장난'을 그만둬야 한다고 말했습니다.

제가 노부인이 불의하다고 비난해선 당연히 안 되겠죠. 정의正義는 그동안 너무나 다양한 방식으로 정의定義되었습니다. 트라시마쿠스[ii]의 생각처럼 그것이 '강자의 이익'을 뜻한다면, 그녀는 대단히 정의로웠습니다. 그녀는 자신의 의지와 범죄자들의 의지를 집행했고 그들이 합치면 저보다 비할 수 없이 강하기 때문입니다.

저는 그녀의 선의는 전혀 의심하지 않습니다. 그러나 만약 그녀가 소년들이 낙인 찍힌 범죄자로 자라지 못하게 막으려는 의도가 있었다면, 방법을 제대로 판단한 것인지 묻고 싶습니다. 그들이 그녀의 말에 귀 기울인다면(저는 그들이 그러지 않았기를 바랍니다) 이익을 노린 계획적인 강도질이 '못된 장난', 즉 나이가 차면 그만둬야 할 유치한 짓에 불과하다는 확신을 갖게 될 것입니다. 경솔한 장난과 과일 훔치기에서 강도, 방화, 강간과 살인으로 넘어가도록 은근슬쩍 이끄는 더 나은 방법은 상상하기 어려울 듯합니다.

이 작은 사건은 우리 시대의 특징을 보여 주는 듯합니다. 형법은 점점 더 범죄자를 보호하고 희생자는 보호하지 않습니다. 우리가 '범죄자들의 독재' 또는 (아마도 같은 것인 듯합니다) 무정부 상태로 가고 있다고 우려할 만도 합니다. 그러나 이것은 제가 우려하는 바가 아닙니다. 저는 거의 정반대의 상황을 우려합니다.

이 나라의 고전적인 정치 이론에 따르면, 우리는 국가가 우리를 보호

---

ii) 고대 그리스의 소피스트.

한다는 조건하에 자기 보호권을 국가에 넘겼습니다. 거칠게 말하면, 국가가 딸의 살인범을 잡아서 목매달아 준다는 조건하에 그놈을 찔러 죽이지 않기로 약속한 것입니다. 물론 이것은 국가의 기원에 대해 역사적으로 옳은 설명은 아닙니다. 개인에 대한 집단의 권력은 본질상 무제한적이고 개인은 할 수 없어서 집단에 굴복합니다. 국가는 무난한 상황에서는(더 이상 그렇지 않습니다) 국가 권력을 명확히 정의하는 방식으로 권력을 제한하고 개인에게 약간의 자유를 줍니다.

그러나 그 고전 이론은 시민 복종의 의무에 도덕적인 근거를 제공하고, 세금을 내는 것이 (피할 수 없는 일일 뿐 아니라) 왜 옳은지, 딸의 살인범을 찔러 죽이는 일이 (위험할 뿐 아니라) 왜 잘못인지 설명해 줍니다. 현재의 거북한 상황은 국가가 우리를 잘 보호해 주지 않는다는 데 있습니다. 국가는 대내적으로는 우리를 범죄자들에게서 지켜 줄 의향이 없고 대외적으로는 적국으로부터 우리를 지켜 줄 능력이 점점 더 약해지고 있기 때문입니다. 그러면서도 국가가 우리에게 요구하는 것은 점점 많아지고 있습니다. 권리와 자유는 적고 부담은 이렇게 많았던 적이 거의 없었지만, 우리는 이전보다 더 안전을 보장받지 못하고 있습니다. 의무는 늘어 가지만 그것을 감당해야 할 도덕적인 근거는 사라지고 있습니다.

살과 피를 가진 사람들이 이런 상황을 얼마나 더 오래 참을 수 있을까 하는 질문이 저를 괴롭힙니다. 그리 오래지 않은 과거에만 해도 '과연 이것을 참아야 하는가' 하는 의문도 있었습니다. 존슨 박사를 야만인이라고 생각하는 사람은 없을 것입니다. 하지만 그는 독특한 스코틀랜드 법 하에서 아버지의 살인범이 벌을 면한다면, 아들은 이렇게 말할 수 있을 거라고 주장합니다. "나는 야만인들 가운데서 살아간다. 그들은…… 정의를 행하기를 거부한다…… 그러므로 나는 내 아버지의 살인범을 찔러 죽이겠다."[*]

이 원리에 따르면 국가가 저를 불량배들로부터 보호해 주지 않으면 제가 그놈들을 붙잡아 패주어도 된다는 얘기 아닙니까? 국가가 국민을 보호할 힘도 의지도 없으면, '자연 상태'가 다시 찾아와 자기 보호권이 개인에게 되돌아갑니다. 그런데 만약 제게 그럴 능력이 있어서 실제로 그렇게 한다면 어떻게 될까요? 물론 저는 기소를 당할 것입니다. 절도죄에 그토록 관대한 노부인과 그녀와 같은 부류는 제게 아무런 자비를 베풀지 않을 것이고, 선정적 언론은 저를 '사디스트'로 그리며 웃음거리로 만들 것입니다. 그런 기사를 쓰는 기자들은 정작 그 단어가 무슨 뜻인지도 모르고 개의치도 않습니다. 어떤 단어에 대해서건 마찬가지지요.

그러나 제가 우려하는 것은 사적 보복의 산발적인 발생이 아닙니다. 적어도 그것이 주된 우려는 아닙니다. 저는 우리의 상황이 남북전쟁 후 미국 남부의 상황과 너무나 비슷해서 모종의 KKK단이 나타나고 이것이 결국 우파 혁명 또는 중도파 혁명으로 치닫지 않을까 더 우려하고 있습니다. 지금 피해를 당하는 사람들은 주로 선견지명이 있는 사람들, 단호한 사람들, 일하고 싶어 하는 사람들, 비참하고 낙담하게 되는 상황에서도 보존할 만한 가치가 있는 인생을 일구고 그것을 보존하기 원하는 사람들이기 때문입니다. 그들 대부분(전부는 결코 아닙니다)이 '중산 계급'이라서 그런 게 아닙니다. 계급에서 그들의 그런 특성이 나온 것이 아니라, 그런 특성이 있어서 중산 계급이 되었기 때문입니다. 이와 같은 사회에서는 근

---

[*] 이것은 보스웰Boswell의 《헤브리디스 여행일지 *Journal of a Tour of the Hebrides*》 1977년 8월 22일자에 기록되어 있다.

면함, 선견지명, 재능을 갖추고 절제를 실천하려는 된 사람들은 한 세대 이상 무산 계급에 머물 가능성이 낮습니다. 그들은 실제로 얼마 안 남은 사회의 도덕적, 지적, 경제적 활력을 쥐고 있는 사람들입니다. 그들은 무시해도 되는 존재들이 아닙니다. 어떤 시점이 되면 그들의 인내심이 다할 것입니다.

그 노부인이 혹시 이 글을 읽는다면 제가 '위협'한다고 할 것입니다. 그녀의 대사에서 언어적 섬세함은 별로 찾아볼 수 없으니까요. '위협'이라는 말이 대단히 바람직하지 않은 사건에 대한 추측성 예언이라는 뜻이라면, 저는 위협을 하고 있습니다. 그러나 '위협'이라는 단어가 내가 그런 결과를 바라거나 의도적으로 그런 결과를 초래하게 하겠다는 뜻이라면, 그녀의 말은 틀렸습니다. 혁명이 그 원인이 된 악을 치료하는 경우는 드뭅니다. 혁명은 언제나 백 가지의 다른 악을 낳습니다. 혁명은 종종 새 이름으로 옛날의 악을 영속화합니다. 만약 KKK단 같은 조직이 생겨난다면, 그런 조직이 생겨나는 계기가 되었던 똑같은 불량배들로 주로 채워질 것입니다. 우파 혁명이나 중도 혁명은 다른 어떤 혁명 못지않게 위선적이고 추잡하고 잔인할 것입니다. 저는 우리가 그런 것이 나타날 개연성을 높이고 있지는 않은지 두렵습니다.

이 글은 평화와 선의善意의 시절에는 어울리지 않는 원고라고 판단될 수 있습니다. 하지만 한 가지 연관성은 있습니다. 모든 종류의 평화가 모든 종류의 선의와 공존하는 것은 아니며, '평강, 평강'을 말하는 사람들이 화평케 하는 자들에게 약속된 축복을 모두 누리는 것도 아닙니다.[1] 진

---

1) 렘 6:14, 8:11; 마 5:9.

정 화평케 하는 자*pacificus*는 평화에 대해 허튼소리를 하는 자가 아니라 평화에 보탬이 되는 사람입니다. 평화, 평화…… 우린 너희를 모질게 대하지 않을게…… 그건 철없는 못된 장난일 뿐이었어…… 너는 신경증이 있었지…… 다시는 그런 짓 안 하겠다고 약속해……, 이런 것들로부터는 결국 선의도 평화도 나오지 않을 거라고 저는 생각합니다. 앵초 길 위에 새로운 앵초를 심는 것은 장기적인 선행이 아닙니다.

저런! 또 시작이군요. "천사 찬송하기를." 그들의 노크 소리가 커지고 있습니다. 그래도 일 년에 50번만 참으면 되는걸요. 복싱데이Boxing Day[2]가 2주 반밖에 안 남았습니다. 그날이 되면 아마도 좀 차분한 시간을 가지면서 그리스도의 탄생을 기념할 수 있을 것입니다.

---

2) 크리스마스 지난 첫 평일(보통 12월 26일이지만 그날이 토요일이나 일요일인 경우에는 다음 주 월요일).

8   진보는 가능한가?

복지 국가의 자발적인 노예들

[프랑스혁명부터 1914년 제1차 세계대전 발발에 이를 때까지, 인간사에서 진보는 가능할 뿐 아니라 불가피하다는 생각이 널리 퍼져 있었다. 그러나 이후 두 번의 끔찍한 전쟁과 수소 폭탄의 등장으로 사람들은 이러한 확고한 생각에 의문을 품게 되었다. 〈옵저버〉는 다섯 명의 유명한 저술가들에게 "오늘날 인류는 진보하고 있는가?" "진보가 가능하기는 한가?"라는 질문을 던지고 답변을 요청했다. 그 시리즈의 두 번째 글로 실린 이 글은 첫 번째 글인 스노우C. P. Snow의 〈옵저버〉(1958년 7월 13일자) 원고 '사회 속의 인간'에 대한 답글이다.]

진보는 바람직한 방향으로 나아가는 움직임을 뜻합니다. 그리고 우리가 인류에 대해 바라는 바가 모두 같지는 않습니다. 홀데인 교수는 '가능 세계들'[1]에서, 지구에서 더 이상 살 수 없게 될 날이 멀지 않았음을 내다본 인류가 몸의 생리 구조를 철저하게 바꾸고 정의, 연민, 행복을 포기함으로써 금성 이주를 위한 적응 조치에 나서는 미래를 그렸습니다. 여기서 인류가 바라는 바는 단순한 생존입니다. 그러나 저는 인류가 얼마나

---

1) J. B. S. Haldane의 책 *Possible Worlds and Other Essays*(London, 1927)에 실린 에세이. 같은 책에 실린 'The Last Judgment'도 보라.

오래 사는지가 아니라 어떻게 사는지에 관심이 있습니다. 제게 진보는 개인의 삶에서 선과 행복의 증진을 뜻합니다. 인류 전체에 대해서도 각 사람의 경우처럼 단지 오래 살기만 바란다면 그것은 경멸스러운 바람으로 보입니다.

그래서 저는 수소 폭탄을 세상에서 가장 중요한 문제로 생각해선 안 된다는 스노우의 주장에 동의하면서도 그보다 더 멀리 내다봅니다. 저 역시 수소 폭탄으로 정말 인류의 3분의 1이 죽을지(저를 포함해서 말입니다), 이것이 남은 사람들에게 나쁜 일이 될지 확신이 서지 않습니다. 저도 우리 모두가 수소 폭탄에 죽게 될 거라고 생각하진 않습니다. 그러나 만약 그런 일이 벌어진다면 어떻게 될까요? 그리스도인으로서 저는 인류 역사가 언젠가는 끝날 거라는 사실을 당연하게 여기고 있습니다. 하지만 전능자께 그 마지막 날로 언제가 가장 좋을지 조언하지는 않겠습니다. 저는 그보다는 그 폭탄 때문에 이미 벌어지는 일들에 관심이 있습니다.

수소 폭탄의 위협을 핑계 삼아 현재 아무런 즐거움을 누리지 못하고 모든 의무를 회피하는 젊은이들이 있습니다. 그들은 수소 폭탄 때문이건 아니건 모든 사람은 결국 죽는다(그중 많은 사람은 끔찍하게 죽는다)는 사실을 몰랐던 걸까요? 그 사실에 대해 얼굴을 찡그려 봐야 아무 소용 없습니다.

본질과 무관한 문제를 제거한 듯하니 이제 진짜 문제로 들어가 보겠습니다. 사람들은 더 나아지거나 행복해지고 있습니까? 그렇게 될 가능성이 높습니까? 이것은 철저히 추측에 기초하여 답할 수밖에 없는 질문입니다. 인간의 가장 개별적인 경험(다른 종류의 경험이란 없습니다)은 뉴스에 실리지 않고 역사책에는 더더욱 실리지 않습니다. 사람은 자신의 경험조차 완전히 파악하지 못합니다. 우리에게 남는 것은 일반적인 정보뿐입니다. 그런 정보들 사이에서도 균형 잡는 일은 여전히 어렵습니다. 찰스 경은 세상에서 실질적으로 나아진 사항들을 열거합니다. 그러나 우리는 그런 개선점들 앞에 히로시마, 블랙앤탠[i], 게슈타포, 오게페Ogpu[ii], 세뇌, 러시아의 강제 수용소들을 제시해야 합니다. 우리가 어린이들에게는 더 친절해졌는지 모르지만, 노인들에게는 예전보다 불친절해졌습니다. 아마 모든 의사GP[2]가 잘사는 사람들도 부모 보살피는 일을 거절한다고 말할 것입니다. "그들을 어떤 집 같은 곳에 집어넣을 수 없을까?"[3] 고네릴[iii]은 그렇게 말했습니다.

저는 이런 식으로 균형 잡기를 시도하는 것보다는, 좋건 나쁘건 이런 현상들을 가능하게 만든 두 가지 사실을 기억하는 것이 더욱 유용하리라 생각합니다. 한동안 우리에게 벌어지는 일은 대부분 이 두 가지 사실에 좌우될 것입니다.

첫째는 과학의 발전과 과학 응용의 증대입니다. 소중한 목적들을 이루는 수단으로 보자면 이것은 중립적인 현상입니다. 우리는 더 많은 질병들을 치료할 수 있게 되는 동시에 만들어 내기도 할 것입니다. 폭탄이 아니라 세균전이 인류의 종말을 불러올 수도 있습니다. 우리는 더 많은 고통을 완화시키는 동시에 새로 만들어 내기도 할 것이고, 지구의 자원을 절약할 줄도 알게 되고 더욱 광범위하게 허비하기도 할 것입니다. 우리는

---

i) Black and Tans. 1920년 아일랜드의 민족주의자 마이클 콜린스와 IRA를 섬멸하기 위해 영국이 조직한 특수 부대.

ii) 연방국가정치보안부. 1934년에 폐지. 구소련 KGB의 전신.

2) A general practitioner(의사).

3) 셰익스피어의 《리어왕》에서.

iii) 리어왕의 첫째 딸.

더욱 유익을 끼칠 수도 있고 해를 입힐 수도 있습니다. 제 생각에는 둘 다 하게 될 듯합니다. 하나를 고치는가 싶으면 다른 것을 망가뜨리고, 옛 불행을 제거한다 싶으면 새로운 불행을 만들어 내고, 이 부분에서 우리 자신을 보호한다 싶으면 다른 곳에서는 우리 자신을 위험에 빠뜨리는 식입니다.

둘째는 정부와 국민의 변화된 관계입니다. 찰스 경은 범죄에 대한 우리의 새로운 태도를 언급합니다. 저는 열차에 가득 실려 독일 가스실로 끌려간 유대인들을 언급하겠습니다. 이 둘 사이에 공통 요소가 있다는 말에 충격을 받을 분도 계시겠지만, 저는 그런 요소가 하나 존재한다고 생각합니다. 인본주의적 견해에 따르면 모든 범죄는 병리적인 것입니다. 응보적 형벌이 아니라 치료의 대상이라는 겁니다. 이렇게 되면 범죄자의 대우는 정의와 응보의 개념과 무관한 것이 됩니다. '의로운 치료법'은 무의미한 말입니다.

고전적 견해에서는 범죄자가 받아야 할 '응분의' 형량보다 형벌이 지나치다는 여론의 항의가 가능했습니다(여론은 우리의 옛 형법에 대해 항의했습니다). 그것은 모든 사람이 각자 의견을 가질 수 있는 윤리적 문제였습니다. 그러나 범죄자에 대한 치료적 처리의 타당성은 그 성공 가능성으로 판단할 수밖에 없습니다. 전문가들만 입을 열 수 있는 기술적 문제가 되는 겁니다. 따라서 범죄자는 더 이상 권리와 의무의 주체인 인간이 아니라 사회가 영향을 행사할 객체에 불과하게 됩니다. 이것은 원리상 히틀러가 유대인들을 대한 방식과 같습니다. 그들은 객체였습니다. 응분의 잘못 때문이 아니라, 그의 이론대로라면 사회의 질병이었기 때문에 죽임을 당했습니다. 만약 사회가 내키는 대로 사람들을 고치고 새로 만들고 변화시킬 수 있다면, 그 내키는 바가 인도적인 것일 수도 있고 살인적인 것일 수도 있습니다. 그 차이는 중요합니다. 그러나 어느 쪽이건, 통치자들은 곧 소유자들로 바뀌었습니다.

범죄에 대한 '인도적인' 태도가 어떤 결과를 낳을 수 있는지 보십시오. 만약 범죄가 질병이라면, 질병이 범죄와 다른 방식으로 취급되어야 할 이유가 있을까요? 그리고 전문가 외에 누가 질병을 정의할 수 있습니까? 어떤 심리학 학파는 제가 믿는 종교를 신경증으로 치부합니다. 만약 이 신경증이 정부에 방해거리가 된다면, 제가 강제 '치료'의 대상이 되는 상황을 무엇이 막을 수 있겠습니까? 그것은 고통스러울지도 모릅니다. 치료라는 게 때로는 고통스러운 법 아닙니까. 그러나 "내가 이런 일을 당할 만한 무슨 잘못을 저질렀는가?"라고 묻는 것은 아무 소용이 없을 것입니다. 교정관은 이렇게 대답할 테니까요. "여보게, 자네를 탓하는 사람은 아무도 없어. 우리는 더 이상 응보의 정의를 믿지 않거든. 우린 자네를 치료하고 있는 거야."

이것은 대부분의 현대 사회가 암묵적으로 받아들인 정치 철학을 극단적으로 적용한 결과에 불과합니다. 이것은 불시에 우리를 엄습했습니다. 제1·2차 세계 대전으로 자유를 심각하게 제한당하는 일이 불가피했고, 우리는 불평하면서도 우리의 족쇄에 익숙해졌습니다. 경제생활의 복잡성과 불확실성이 점점 커져 감에 따라 정부는 한때 선택이나 우연에 맡겼던 많은 활동 영역들을 접수할 수밖에 없었습니다. 우리 지성인들은 처음에는 헤겔의 노예 철학, 그 다음엔 마르크스, 마지막으로 언어 분석학자들에게 굴복했습니다.

그 결과, 고전적인 정치 이론은 스토아주의적이고, 기독교적이고, 법률적인 핵심 개념들(자연법, 개인의 가치, 인간의 권리들)과 더불어 죽어 버렸습니다. 현대 국가는 우리의 권리를 보호하기 위해서가 아니라 우리에게 유익한 일을 하거나 우리를 선하게 만들고자 존재합니다. 어쨌거나 우리에게 뭔가를 하거나 우리를 뭔가로 만들려고 존재합니다. 한때 '통치자들'이었던 사람들은 '지도자'라는 새 이름을 얻습니다. 그들에게 우리는 통치의 대상이 아니라 감시 대상, 학생, 가축입니다. 우리는 그들에게 "당신들 일이나 신경 쓰시지"라고 말할 수 없습니다. 그럴 만한 부분이 남아 있지 않습니다. 우리의 삶 전체가 그들의 일입니다.

제가 '그들'이라고 쓰는 이유는, 실제 정부란 지금도 그렇지만 언제나 과두寡頭 지배 체제일 수밖에 없음을 알기 때문입니다. 실질적으로 우리를 지배하는 주인들은 하나보다는 많고 전부보다는 적어야 하니까요. 그런데 과두제 지배자들이 우리를 새로운 방식으로 바라보고 있습니다.

저는 여기에 우리의 진정한 딜레마가 있다고 생각합니다. 우리는 지나온 걸음을 되돌릴 수 없을 것이고, 되돌려서도 안 될 것입니다. 우리는 길들여진 동물과 같고(친절한 주인을 둔 사람들도 있고 잔인한 주인을 둔 사람들도 있습니다), 우리에서 빠져나갔다간 그대로 굶어죽고 말 것입니다. 그러나 모든 것이 점점 더 계획 하에 이루어지는 사회에서 제가 소중하게 여기는 것들이 얼마나 살아남을 수 있을까요? 우리는 이럴 수도 없고 저럴 수도 없는 딜레마에 빠져 있습니다.

저는 사람이 '자유롭게 타고난 정신'을 가지고 있을 때 더 행복하고, 더 풍성한 방식으로 행복하다고 믿습니다. 그러나 이것은 경제적 독립 없이는 불가능한 일입니다. 그런데 새로운 사회는 경제적 독립을 없애 버리고 있습니다. 경제적 독립을 이루지 못하면, 어려서는 정부의 통제를 벗어난 교육을 받을 수 없고, 커서는 정부의 행태를 비판하거나 그 이데올로기를 향해 쓴소리를 할 수 없습니다. 정부에 아쉬운 게 전혀 없고 기대하는 것도 없는 사람만이 그럴 수 있습니다. 몽테뉴의 글을 읽어 보십시오. 자기 땅에서 기른 양고기와 순무를 자기 식탁에서 먹는 사람만이 낼 수 있는 목소리입니다. 국가가 모든 사람의 교장이자 고용주가 된다면 누가 그렇게 말하겠습니까? 사람들이 국가에 길들여지지 않았던 시절, 소수만이 그런 자유를 누린 것은 사실입니다. 저도 압니다. 그래서 소수의 자유인이 있는 사회와 자유인이 전혀 없는 사회 중 하나를 선택해야 하는 게 아닌가 하는 끔찍한 생각도 하게 됩니다.

게다가, 새로운 과두 지배 체제가 우리를 계획할 권리가 있다는 주장을 내세우려면 그들이 우리보다 많이 안다고 주장할 수밖에 없습니다. 우리의 어머니가 되겠다면 우리를 누구보다 잘 알아야 합니다. 이것은 그들이 과학자들의 조언에 점점 더 많이 의지해야 한다는 뜻입니다. 그러다 보면 결국 정통 정치가들은 과학자들의 꼭두각시로 전락하게 됩니다. 기술주의technocracy는 계획 사회가 지향해야 하는 통치 형태입니다. 저는 권력을 쥐고 있는 전문가들이 무섭습니다. 그들은 전문 분야를 벗어나서 발언하는 전문가들이기 때문입니다. 과학자들은 과학에 대해 말하게 하십시오. 그리고 정부는 사람에게 유익한 것, 정의, 물건의 적당한 가격 등의 질문들에도 답해야 합니다. 과학적 훈련은 이런 문제들을 더 잘 판단할 수 있는 견해까지 제시하지는 않습니다. 의사는 제가 어떻게 해야 살아남을 수 있는지 말해 주는 것으로 족합니다. 과연 그런 조건에서 살아갈 가치가 있는지 판단할 권리는 의사를 포함해 다른 누구에게도 없습니다.

셋째, 정부가 저의 순종을 요구하는 근거로 내세우는 주장은 지나치게 부풀려져 있습니다. 저는 그것이 마음에 들지 않습니다. 저는 엉터리 약장사가 선전하는 마법의 약이나 부르봉 왕가의 왕권신수설도 마음에 들지 않습니다. 그것은 제가 마법과 보쉬에[iv]의 《정치술*Politique*》[4]을 믿지 않기 때문만은 아닙니다. 저는 하나님을 믿지만 신정 정치theocracy는 혐오합니다. 모든 정부는 사람들로 이루어져 있을 뿐이고 엄격하게 말하면 미봉책에 불과하기 때문입니다. 그런 정부가 자기 명령에다 "주께서 이렇게 말씀하셨다"고 덧붙이는 것은 거짓말, 그것도 위험한 거짓말입니다.

같은 근거로 저는 과학을 빙자한 정부도 염려스럽습니다. 그렇게 해서 독재가 들어오게 되니까요. 우리를 수하에 두고 싶어 하는 사람들은 국민의 희망과 두려움이 집중되는 당대의 유력한 주장을 구실로 내세우기 마련입니다. 모든 시대에 걸쳐 그랬습니다. 어느 시대에나 그들은 그것을 '부당하게 이용' 합니다. 때로 그것은 마법이었고, 때로는 기독교였습니다. 이제 그것은 과학이 될 것입니다. 진짜 과학자들은 폭군들의 '과학'을 보잘것없게 여길 수도 있습니다. 그들은 히틀러의 인종 이론이나 스탈린의 생물학을 보잘것없게 여겼습니다. 그러나 권력자들은 그들의 입에 재갈을 물릴 수 있습니다.

우리는 동구의 수백만 명이 여전히 거의 기아 상태에 있다는 찰스 경의 지적을 심각하게 고려해야 합니다. 그들에게는 저의 우려가 하찮기 그지없는 것으로 보일 수 있습니다. 배고픈 사람의 관심은 자유가 아니라 음식이니까요. 우리는 과학만이, 전 세계적으로 적용된 과학만이, 즉 전

---

iv) Bossuet(1627~1704), 루이 14세 시대의 대표적 문인. 왕권신수설을 발표.

4) Jacques Benigne Bossuet, *Poltique tirée des propres paroles de l' Écriture-Sainte*(Paris, 1709).

레 없는 정부 통제만이 전 인류의 배를 채워 주고 치료를 제공할 수 있다는 주장을 진지하게 따져 봐야 합니다. 이 주장은 한마디로, 전 세계적 복지국가가 답이라는 겁니다. 이런 주장들이 실제로 수용되고 있기 때문에 제겐 현재 인류가 처한 심각한 위험이 실감나게 다가옵니다.

한쪽에는 굶주림, 질병, 전쟁의 위협 같은 절박한 필요가 있습니다. 다른 한편에는 그것을 해결해 줄지도 모르는 전능한 전 지구적 기술주의 통치 개념이 있습니다. 이것이 사람들을 노예로 삼을 이상적인 기회가 아닙니까? 이런 일은 전에도 똑같은 방식으로 벌어졌습니다. 한쪽에는 절박한 (것으로 보이는) 필요, 다른 쪽에는 그것을 해결해 줄 (것으로 보이는) 힘. 고대 세계에서는 개인들이 먹을 것을 얻기 위해 자신을 노예로 팔았습니다. 오늘날 사회에서도 마찬가지입니다. 우리를 주술사로부터 구해 줄 수 있다는 마법사, 야만인들로부터 구해 줄 수 있다는 군벌, 지옥에서 구해 줄 수 있다는 교회가 있습니다. '그들이 약속만 지킨다면 무엇이든 못 주겠는가! 손발을 묶고 눈을 가리고 투항하지 못하겠는가!' 어쩌면 그 끔찍한 거래가 다시 시작될지도 모릅니다. 그런 거래를 한다고 사람들을 나무랄 수는 없습니다. 그렇게 하지 말길 바랄 수도 없습니다. 하지만 우리는 그들이 그런 거래를 해야 한다는 사실을 참을 수가 없습니다.

진보에 대한 질문은 우리가 기술주의의 전 세계적인 간섭 정치에 굴복하면서 개인적 사생활과 독립성을 유지할 길이 있는가 하는 질문이 되었습니다. 슈퍼 복지 국가의 꿈은 얻어먹으면서 그 독침을 피할 가능성이 있을까요?

그 독침에 대해 오해하지 맙시다. 스웨덴의 슬픔은 전조에 불과합니다. 자기 방식대로 인생을 살고, 자기 집을 자신의 성이라 부르고, 자기가 수고한 열매를 누리고, 자녀들을 양심이 이끄는 대로 교육하고, 자신이 죽은 후 자녀들의 번영을 위해 저축하는 것은 문명화된 백인에게 깊이 새겨진 바람입니다. 이런 바람들의 실현은 우리의 행복뿐 아니라 우리의 미덕에도 필요합니다. 이런 바람이 좌절될 때는 도덕적·심리적으로 끔찍한 결과가 따라올 수 있습니다.

이 모든 것은 결코 무시할 수 없는 위협입니다. 전 지구적 복지 국가라는 사회 형태가 우리의 절박한 필요를 전례 없이 성공적으로 채워 준다고 해도 그런 위험을 가볍게 생각해선 안 됩니다. 그러나 그 성공이 과연 확실합니까? 우리의 주인들은 약속을 빌미로 우리가 스스로를 팔게 만들었지만, 그들이 그 약속을 지킬 의향이 있는지, 지킬 능력이 있는지 어떻게 압니까? 무엇이 그것을 보증합니까? '인간이 자기 운명의 주인이 된다'는 취지의 구호들에 속지 맙시다. 그런 구호들의 실체는 몇몇 사람들이 나머지 다른 사람들의 운명의 주인이 되는 일일 것입니다. 그들도 그냥 사람에 불과할 것입니다. 누구도 완벽하지 않을 것이고, 어떤 이들은 탐욕스럽고 잔인하고 부정직할 것입니다. 우리 사회가 더욱 철저하게 계획 사회가 되어 갈수록 그들의 권력은 더욱 강해질 것입니다. 이제까지와는 달리 이번만은 권력이 부패하지 않을 거라고 믿을 만한 새로운 이유라도 있습니까?

9 우리는 '행복할 권리'가 없다

"어쨌든 그들에게 행복할 권리가 있어요." 클레어가 말했습니다.

우리는 동네에서 벌어진 어떤 일을 놓고 이야기를 나누고 있었습니다. A씨가 B부인과 결혼하기 위해 A부인을 버리고 이혼했습니다. B부인도 A씨와 결혼하기 위해 남편과 이혼했습니다. A씨와 B부인이 서로 깊이 사랑에 빠진 것은 분명했습니다. 그들이 계속 사랑에 빠져 있고 건강이나 수입에 문제가 생기지 않는다면 그들은 상당히 행복할 거라고 기대하는 것은 충분히 일리 있는 일이었습니다.

그들이 자신들의 옛 배우자와 행복하지 않았다는 것도 분명했습니다. 처음에 B부인은 남편을 흠모했습니다. 그러나 남편은 전쟁에서 큰 충격을 받고 돌아왔습니다. 그는 성기능을 잃어버린 듯했으며 직장도 잃었다고 알려졌습니다. 그와의 부부생활은 더 이상 B부인이 기대했던 삶이 아니었습니다. 가엾은 A부인도 마찬가지였습니다. 그녀는 미모를 잃었고 활력도 모두 사라져 버렸습니다. 누군가의 말처럼 그녀는 A씨의 아이들을 낳고 결혼 초기에 가정에 그늘을 드리웠던 남편의 질병이 나을 때까지 오랫동안 병간호를 하느라 심신이 고갈되었는지도 모릅니다.

그건 그렇고, A씨가 오렌지 속만 빨아먹고 껍질을 내버리듯 아내를 냉정하게 내버리는 그런 사람으로 생각하면 안 됩니다. 그녀의 자살은 그에게 끔찍한 충격이었습니다. 우리 모두 그 사실을 압니다. 그가 자기 입으로 그렇게 말했기 때문입니다. 또 그는 이렇게도 말했습니다. "하지만 제가 뭘 할 수 있었겠어요? 사람은 행복할 권리가 있어요. 저는 그럴 기회가 왔을 때 기회를 잡아야 했어요."

저는 '행복할 권리'라는 개념에 대해 생각하면서 그 자리를 떠났습니다.

얼핏 볼 때 이것은 제게 행운을 누릴 권리가 있다는 말만큼이나 이상하게 들립니다. 몇몇 도덕주의자들의 학파가 뭐라고 말하든, 저는 우리의 행불행이 인간의 통제권을 완전히 벗어난 상황에 상당 부분 달려 있다고 믿기 때문입니다. 제가 볼 때 행복할 권리는 키가 180센티미터가 될 권리, 백만장자를 아버지로 둘 권리, 피크닉을 가고 싶을 때마다 좋은 날씨가 될 권리 못지않게 말이 안 되는 것 같습니다.

제가 속한 사회의 법이 제게 보장하는 자유, 이런 의미의 권리라면 이해할 수 있습니다. 따라서 저는 공공도로를 따라 여행할 권리가 있습니다. 사회가 제게 그런 자유를 줍니다. 그래서 우리는 그 도로들을 '공공'도로라 부릅니다. 저는 법이 보장하는 청구권으로서의 권리도 이해할 수 있습니다. 누군가에게 이것은 채무와 관련이 있겠지요. 제가 누군가에게 100파운드를 받을 권리가 있다는 말은 그 사람이 제게 100파운드를 지불해야 할 의무가 있다는 말과 같습니다. 만약 법이 A씨가 아내를 버리고 이웃 사람의 아내를 유혹하는 일을 허용한다면, 정의상 A씨는 그렇게 할 법적 권리가 있는 것이고 '행복' 이야기는 꺼낼 필요가 없습니다.

물론 클레어의 말은 그런 뜻만은 아니었습니다. A씨에게 그렇게 행동할 법적 권리뿐 아니라 도덕적 권리도 있다는 뜻이었습니다. 다시 말해, 클레어는 토마스 아퀴나스, 흐로티위스, 후커와 로크의 스타일을 따르는 고전적인 도덕주의자입니다(그녀의 생각을 끝까지 발전시켰다면 그런 결론에 이르렀을 것입니다). 그녀는 국가법의 배후에 자연법이 있다고 믿습니다.

저는 그녀의 생각에 동의합니다. 그리고 이 개념이 모든 문명의 기본이 된다고 생각합니다. 이 개념이 없으면, 헤겔의 경우처럼 국가의 실정법이 절대적인 것이 되어 버립니다. 국가의 실정법을 비판하는 일이 불가능해집니다. 그것을 판단할 잣대가 되는 기준이 없기 때문입니다.

"그들은 행복할 권리가 있다"는 클레어의 좌우명에는 당당한 기원이 있습니다. 모든 문명인들, 특히 미국인들이 애지중지하는 표현에 따르면, 인간의 권리 중 하나가 '행복 추구' 권입니다. 이제 우리는 진짜 요점에 이르렀습니다.

그 당당한 선언문의 작성자들이 뜻한 바는 무엇입니까?

그들이 뜻하지 않은 바가 무엇인지는 상당히 분명합니다. 인간이 어떤 수단을 써서라도, 즉 살인, 강간, 강도, 반역, 사기를 해서라도 행복을 추구할 권리가 있다는 뜻은 아니었습니다. 어떤 사회도 그런 기초 위에 세워질 수 없습니다.

그들은 '모든 적법한 수단에 의해 행복을 추구할 권리'를 말한 겁니다. 즉 자연법이 영원히 허가하고 국가의 법이 재가하는 모든 수단을 써서 행복을 추구할 수 있다는 뜻이었습니다.

얼핏 보면 이 말은 그들의 좌우명을 "(행복을 추구하는) 사람들이 무엇이건 행할 권리가 있는 일을 행할 권리가 있다"는 동어반복으로 만들어 버린 것처럼 보일 수 있습니다. 그러나 적절한 역사적 문맥에 비추어 보면 동어반복이 늘 공허한 반복에 그치지는 않습니다. 이 선언은 주로 오랫동안 유럽을 지배했던 정치 원리들에 대한 부정이었습니다. 오스트리아 제국과 러시아 제국, 선거법 개정안 통과 이전의 잉글랜드, 부르봉 왕가의 프랑스에 던지는 도전장이었습니다. 이 선언은 일부 사람들에게 적법한 행복 추구의 수단이라면 모든 사람에게도 적법한 것이 되어야 한다고, 특정 카스트, 계급, 지위나 종교의 사람들이 아니라 모든 '인간'이 그 수단을 사용할 자유를 누려야 한다고 요구합니다. 수많은 나라와 정당에서 이 선언을 들을 수 없는 20세기라고 해서 이것을 공허한 동어반복이라 부르지 맙시다.

그러나 어떤 수단이 '합법적'인가, 어떤 행복 추구 수단이 자연법에 따라 도덕적으로 허용되고 특정 국가의 입법 기관이 법적으로 허용할 수 있다고 선언해야 하는가? 이 질문은 원래의 자리에 여전히 그대로 남아 있습니다. 그리고 이 질문에 대해 저는 클레어와 의견이 다릅니다. 저는 그녀가 암시하는 것처럼 당연히 사람들에게 무제한적으로 '행복할 권리'가 있다고 생각하지 않습니다.

우선, 저는 클레어가 말한 '행복'이 오로지 '성적性的 행복'만을 뜻한다고 생각합니다. 클레어와 같은 여성들이 '행복'이라는 단어를 다른 의미로 쓰는 걸 본 적이 없기 때문입니다. 또 그녀가 다른 어떤 것에 대해서도 '권리'를 말하는 것을 들어 본 적이 없기 때문이기도 합니다. 정치적으로 보자면 그녀는 다소 좌파입니다. 누군가가 냉혹한 사업가에 대해, 그는 돈을 벌고 자신의 행복 추구 과정에서 행복을 느끼므로 나무랄 수 없다며 그의 행동을 옹호한다면 그녀는 분개했을 것입니다. 그녀는 철저한 금주주의자이기도 합니다. 저는 그녀가 알코올중독자는 술에 취할 때 행복하다는 이유로 그에 대해 너그럽게 말하는 것을 듣지 못했습니다.

클레어의 많은 친구들, 특히 여자 친구들은 그녀의 뺨을 때려 주면 좀더 행복해질 거라는 생각을 종종 합니다. 저는 그들이 그렇게 말하는 것도 직접 들었습니다. 그녀가 이 사실을 알아도 행복할 권리에 대한 이론을 그대로 주장할까요? 아마 그렇지 않을 겁니다.

사실 제가 볼 때 클레어의 행동은 서구 세계 전체가 지난 40여 년 동안 해온 일과 그리 다를 바가 없습니다. 제가 젊었을 때, 진보적인 사람들은 모두 이렇게 말했습니다. "이 모든 얌전 빼는 말들은 다 뭡니까? 이제부터 성욕도 다른 충동들을 대하듯이 대합시다." 어리숙했던 저는 그들의 말이 진심이라고 믿었습니다. 그러나 이후 그들의 말뜻은 제가 생각했던 것과 정반대라는 사실을 알게 되었습니다. 그들의 말뜻은 성욕만은 문명인들이 인간 본성에 있는 다른 모든 충동들을 다룬 방식과 다르게 다루자는 것이었습니다. 우리는 다른 모든 충동을 제어해야 한다는 것을 인정합니다. 자기 보존 본능에 전적으로 복종하는 행위를 가리켜 비겁함이라 부릅니다. 소유하고픈 충동에 절대 복종하는 것은 탐욕입니다. 보초를 서기 위해서는 졸음도 이겨 내야 합니다. 그러나 '침대 위의 벌거벗은 다리 네 개'를 목표로 이루어지는 일의 경우에는 어떤 매정함과 배신도 용서가 되는 듯합니다.

이것은 과일을 훔치는 것은 잘못이지만 승도복숭아를 훔치는 것만은 예외라는 식의 도덕관념과 같습니다.

이 견해에 항의하면 어떤 일이 벌어지는지 아십니까? '성욕'의 적법성과 아름다움과 신성함 운운하는 온갖 수다가 쏟아지고, 성욕을 창피하고 수치스러운 것인 양 여기는 청교도적 편견을 갖고 있다는 비판을 받습니다. 저는 이 비판을 거부합니다. 거품에서 태어난 비너스……황금의 아프로디테……키프로스 섬의 여인……저는 그녀에 대해서는 한마디도 반대하는 말을 하지 않았습니다. 제가 제 복숭아를 훔치는 소년들을 거부하면, 복숭아 일반을 거부한다는 말을 들어야 합니까? 아니면 모든 소년을 거부한다는 말을 들어야 합니까? 제가 반대하는 것은 도둑질일 뿐입니다.

아내를 버릴 A씨의 '권리'를 묻는 것이 '성도덕'의 문제라는 말은 상황의 실체를 교묘하게 가립니다. 과수 하나를 훔치는 것은 '과일 도덕'이라는 특별한 도덕을 어기는 일이 아닙니다. 그냥 정직을 어기는 일이지요. A씨의 행동은 신의(엄숙한 약속에 대한), 감사(큰 빚을 진 사람에 대한), 공통의 인륜을 어긴 잘못입니다.

우리의 성적 충동은 이와 같이 터무니없는 특권적 지위를 누리고 있습니다. 다른 목적으로 이루어진 경우라면 무자비하고, 믿을 수 없고, 불의하다고 비판받을 온갖 행동들이 성적 동기로 이루어지면 그냥 받아들여지는 듯 보입니다.

저는 인간의 성욕에 이런 특권을 부여해야 할 어떤 합당한 이유도 발견할 수 없지만, 그렇게 되는 중요한 원인 하나는 알 것 같습니다. 그 내용은 다음과 같습니다.

강렬한 연정의 특성 중 하나는 다른 어떤 감정보다 거창한 약속을 한다는 점입니다. 금세 지나가는 식욕과는 명확히 구분됩니다. 우리의 모든 욕구들이 나름의 약속을 하지만 성욕처럼 그렇게 거창한 약속을 하지는 않습니다. 사랑에 빠지면 죽을 때까지 그 상태가 계속될 것 같고, 사랑하는 대상을 소유하면 자주 황홀감을 맛볼 뿐 아니라 안정되고 풍성하고 뿌리 깊은 평생의 행복을 누리게 될 거라는 억제하기 힘든 확신이 찾아옵니다. 따라서 그 일에 모든 것이 걸려 있다는 생각을 하게 됩니다. 그런 운명을 생각하면서 우리는 끝없는 연민의 나락으로 떨어집니다.

불행히도 이런 약속들은 종종 전혀 진실되지 않은 것으로 드러납니다. 인생 경험이 있는 어른들은 누구나 모든 연정(본인이 현재 느끼고 있는 연정은 제외하고)이 그런 식으로 다가온다는 것을 알고 있습니다. 우리는 연애하는 친구들이 자신의 사랑은 영원하다고 주장할 때 그 말을 곧이곧대로 믿지 않습니다. 우리는 그런 관계가 지속되는 경우도 있고, 그렇지 않은 경우도 있음을 압니다. 그리고 두 사람의 관계가 지속되는 경우, 그것은 그들이 처음부터 그렇게 약속했기 때문이 아닙니다. 두 남녀가 지속적인 행복을 누린다면, 그것은 그들이 대단한 연인이기 때문만은 아닙니다. 노골적으로 말하면 그들이 좋은 사람들이기 때문입니다. 자제력이 있고, 충실하고, 공정하고 서로에게 적응하는 사람들이기 때문입니다.

만약 우리가 '(성적으로) 행복할 권리'를 모든 통상적인 행동 규칙들보다 앞서는 것으로 확립한다면, 그것은 우리의 성욕이 실제로 그런 것임을 경험해서가 아니라, 우리가 성욕에 사로잡혀 있는 동안 그것이 내세우는 주장에 넘어갔기 때문입니다. 따라서 우리가 저지르는 나쁜 행동은 실제로 나쁘고 불행을 낳고 우리를 타락시킬 뿐 아니라, 그 행동으로 얻고자 했던 대상 또한 환상에 불과하다는 사실이 거듭거듭 드러납니다. (A씨와 B부인을 제외한) 모든 사람은 1년 남짓 정도만 지나면 A씨에게 옛 아내를 버린 것처럼 새 아내를 버릴 구실이 생길 것임을 압니다. 그는 그때도 모든 것이 달려 있다는 느낌을 받을 것입니다. 그는 다시 자신을 위대한 연인으로 여길 것이고, 그의 자기 연민 앞에서 함께 살던 여인에 대한 모든 연민은 설자리를 잃을 것입니다.

두 가지 추가적인 요점이 남아 있습니다.

하나는 이것입니다. 부부간의 불륜이 용납되는 사회는 결국 언제나 여성에게 적대적인 사회입니다. 일부 남자들이 노래와 풍자를 통해 뭐라 말하건, 여자들은 남자들보다 일부일처를 더 자연스럽게 느낍니다. 그것은 생물학적으로 필연적인 일입니다. 그러므로 난혼이 성행하는 곳에서는 여자들이 가해자보다는 피해자가 되는 경우가 언제나 더 많습니다. 또한 남자들보다는 여자들에게 가정의 행복이 더 필요합니다. 그리고 여자들이 가장 손쉽게 남자를 사로잡는 특성, 즉 그들의 아름다움은 원숙기에 이른 후부터 매년 줄어듭니다. 하지만 남자들이 여자들을 사로잡는 인격적 특성들에는 그런 일이 벌어지지 않습니다. 여자들은 남자들의 외모에는 실제로 전혀 개의치 않거든요. 따라서 난혼이라는 무자비한 전쟁 속에서 여자들은 이중으로 불리해집니다. 그들은 더 큰 모험을 해야 하고 싸움에서 질 가능성도 더 높습니다. 저는 여자들이 점점 더 노골적, 도발적이 되어간다며 인상을 찌푸리는 도덕주의자들에게 전혀 공감할 수 없습니다. 여자들이 처한 절박한 경쟁 상황을 보여 주는 이런 신호에 깊은 연민을 느낄 뿐입니다.

다음으로, 사람들은 '행복할 권리'를 주로 성적 충동에 대해 내세우지만, 그 문제가 그냥 거기서만 머물 수는 없을 듯합니다. 그 치명적인 원리가 일단 그 부분에서 허용되면 조만간 우리의 삶 전체로 스며들게 될 것입니다. 그렇게 해서 우리는 각 사람뿐 아니라 각자의 모든 충동이 전권 위임을 요구하는 사회의 상태로 나아가게 될 것입니다. 그렇게 되면 인간은 높은 기술 수준에 힘입어 조금 더 버틸 수 있을지는 몰라도, 우리의 문명은 본질적으로 이미 죽은 상태일 것이고 얼마 안 가 허망하게 쓸려가 버릴 것입니다. 저는 이 상태에 '불행히도'라는 말조차 붙이고 싶지 않습니다.

4
부

편지 모음

[여기에는 루이스의 편지들만 재수록했지만 루이스와 편지를 주고받은 다양한 사람들의 편지들도 출처를 밝혀 전후 맥락의 파악을 돕고자 했다. 이 편지들은 (a), (b), (c) 등으로 정리했다.]

1. 정의로운 전쟁의 조건

(a) E. L. 매스콜Mascall, '그리스도인과 다음 전쟁', 〈신학*Theology*〉, 영인본 38권(1939년 1월호), 53~58면.

(b) C. S. 루이스, '정의로운 전쟁의 조건들', 같은 자료(1939년 5월호), 373~374면.

귀사의 지난 1월호 잡지에서 매스콜 씨는 '신학자들'이 제시한 정의로운 전쟁의 여섯 가지 조건을 다루었습니다. 저는 이 조건들에 대해 물어보고 싶은 것이 하나 있고 지적하고 싶은 문제점도 여럿 있습니다. 제가 묻고 싶은 질문은 단순히 역사적인 사실에 대한 것입니다. 그 신학자들이 누구이며 성공회 교인들에게 어느 정도의 권위를 주장할 수 있는가, 하는 질문입니다. 문제점들은 어렵습니다. 정의로운 전쟁의 네 번째 조건은 "전투원들과 세계와 종교에 끼치는 손실이 승리의 이득보다 크지 않을 것이 도덕적으로 분명해야 한다"이고, 여섯 번째 조건은 "승리할 가능성이 상당히 높아야 한다"라고 규정하고 있습니다. 진실한 사람들끼리도 당면한 전쟁이 이런 조건을 충족시키는지 여부를 놓고 얼마든지 의견을 달리할 수 있고 하염없이 논쟁을 벌일 수 있습니다. 그러므로 우리는 이 문제에 대한 권위자가 누구인지 물어야 합니다. 이 조건들이 충족되는 시기를 결정할 의무와 그 결정을 시행할 권리는 누구에게 있습니까? 현대의 토론들에서는 논증도 거치지 않고 '개인의 사적인 양심'이 정답이며 그 외의 다른 답은 부도덕하고 전체주의적인 입장으로 매도하는 경향이 있습니다. 어떤 의미에서는 매스콜 씨의 말처럼 "어떤 복종의 의무도 죄를 정당화할 수는 없다"는 것이 분명합니다. 사형 제도가 기독교와 모순되지 않는 제도라면, 그리스도인은 적법하게 교수형 집행인이 될 수 있습니다. 그러나 사형수에게 죄가 없는 줄 아는 경우에는 교수형을 집행해선 안 됩니다. 그러나 이 말을 교수형 집행인이 해당 죄수의 유죄 여부를 조사함에 있어 담당 판사와 동일한 의무가 있다는 뜻으로 해석할 수 있을까요? 혹시라도 그렇다면 어떤 처형도 이루어질 수 없고 어떤 기독교 국가도 가능하지 않습니다. 터무니없는 일입니다.

저의 결론은 이렇습니다. 교수형 집행인이 다른 모든 시민들처럼 정직한 사법 체계가 유지될 수 있도록 맡겨진 책임에 따라 자기 몫의 전반적인 의무를 다했다면 그는 자신의 의무를 감당한 것입니다. 만약 그럼에도 그가 미처 알지 못한 상태에서 죄 없는 사람의 교수형을 집행했다면, 범죄는 생겨났지만 그가 범죄자는 아닙니다. 이 사례를 고려할 때 저는 당면한 전쟁의 정당성을 판단할 정부 고유의 권리와 의무를 일개 시민에게 똑같이 부여하자는 주장은 터무니없다는 생각이 듭니다. 그리고 어떤 전쟁이 정의로운 것인지 판단할 규범들은 원래 백성들이 아니라 군주들을 위한 지침이었음을 지적하고 싶습니다. 그렇다고 해서 보통 사람들이 정부의 명령이라면 죄라는 걸 뻔히 알면서도 무조건 따라야 한다는 뜻은 아닙니다. 다만 국제 정세라는 대단히 복잡한 현장에서 일어나는 상황에 대한 궁극적인 판단은 정부에 위임해야 할 문제라는 뜻입니다(이 글을 쓰는 저도 이런 말을 하는 게 썩 내키지 않습니다). 우리가 헌법이 허용하는 선에서 좋은 정부를 만들고 여론에 영향을 끼치기 위해 모든 노력을 다해야 하는 것은 분명합니다. 그러나 결국 국가는 하나의 국가로서 행동해야 하며, 국가는 정부를 통해서만 행동할 수 있습니다(우리는 양쪽 모두에 위험이 도사리고 있음을 기억해야 합니다. 전쟁이 합법적인 경우가 있다면, 평화가 죄악일 때도 있을 것입니다). 그렇다면 대안은 무엇입니까? 역사와 전략에 무지한 개인들이 여섯 번째 조건('승리할 가능성이 상당히 높아야 한다')이 충족되는지의 여부를 스스로 정해야 합니까? 아니면 모든 시민이 각자의 직업을 소홀히 하고 역량도 무시한 채 전문 지식이 필요한 모든 관련 사안의 전문가가 되어야 합니까?

모든 그리스도인이 매스콜 씨의 여섯 가지 조건을 기준으로 각자의 양심에 따라 결정을 내린다면 그리스도인들은 각기 분열될 것이고 주위의 이교도 세계에 분명한 기독교적 메시지를 전할 수 없게 될 것입니다. 그러나 우리는 다른 방식으로 분명한 기독교적 메시지를 전할 수 있습니다. 모든 그리스도인이 정부의 명령에 따라 병역에 복무하고, 그 후 반反기독교적 명령이 있을 경우 거기에 불복한다면 명확한 결과를 얻게 되지 않겠습니까? 어떤 전쟁이 정당한가를 고민하는 일보다는 포로를 죽이거나 민간에게 폭탄을 투하해선 안 된다는 지침을 지키는 일이 더 확실하지 않습니까? 어쩌면 '양심적인 병역 거부'는 바로 여기서 시작해야 하는지도 모릅니다. 저는 적국 민간인들에게 폭탄 투하를 거부했다가 총살당한 그리스도인 공군 한 명이 입대를 거부했다가 감옥에 갇힌 백 명의 그리스도인보다 더욱 효과적인 증인martyr(순교자를 뜻하는 martyr는 원래 증인을 뜻했습니다)이 될 거라고 확신합니다.

기독교권은 전쟁의 악을 다스리기 위해 기사도와 평화주의라는 두 가지 시도를 했습니다. 둘 다 실패했습니다. 그러나 기사도는 평화주의처럼 그렇게 어김없이 실패하지는 않았습니다.

이것은 매우 암울한 문제입니다. 제가 말한 내용을 반박하거나 발전시키는 주장이 나온다면 모두 환영하겠습니다.

2. 성공회 신학의 갈등

(a) 올리버 퀵Oliver C. Quick, '성공회 신학의 갈등', 〈신학〉 영인본 61권 (1940년 10월호), 234~237면.

(b) C. S. 루이스, 같은 자료(1940. 11월호), 304면.

퀵 성당참사회원은 귀사의 지난 10월호 저널에 기고한 훌륭한 편지에서 이렇게 말했습니다. "모든 종류의 '현대인들'은 한 가지 특징을 공유한다. 그들은 자유주의를 증오한다." 이 말은 다음과 같이 바꾸면 똑같이 옳으면서도 조금 더 짧아지지 않을까요? "모든 종류의 '현대인들'은 한 가지 특징을 공유한다. 그들은 증오에 매여 산다." 이 문제는 우리가 지금보다 더 많은 관심을 기울일 가치가 있는 듯합니다.

3. 기적

(a) 피터 메이, '기적', 〈가디언〉 (1942년 10월 9일), 323면.

(b) C. S. 루이스, 같은 자료(1942년 10월 16일), 331면.

메이 씨의 질문에 답하자면, 세례 요한의 출생이 기적이었건 아니건, 우리 주님의 출생과 같은 기적은 아니었다고 말씀드리겠습니다.[1] 엘리사 벳의 임신에서 특이한 점은 그녀가 오랫동안 불임 상태였던 나이 든 (기혼) 여성이라는 사실입니다. 스가랴가 세례 요한의 아버지라는 사실은 본문에 암시되어 있습니다("네게 아들을 낳아 주리니" 눅 1:13).

자연 상태에서 물이 포도주로 바뀌는 것에 대해 저는 이렇게 말했습니다. "하나님은 포도나무를 창조하시고 그것이 뿌리로 물을 빨아올린 후 태양의 도움을 힘입어 그 물을 과즙으로 바꾸도록 가르치십니다. 그 과즙이 발효하면 어떤 특성들을 띠게 됩니다."[2] 이 문장을 제대로 마무리하려면 물론 '토양의 도움을 힘입어' 및 다른 것들도 덧붙여야 했을 것입니다. 그러나 제가 볼 때, 그렇게 한다 해도 제가 말한 내용에서 실질적으로 달라지는 부분은 없을 듯합니다. 원재료들의 목록을 제가 언급한 식물과 햇빛으로 한정하건, 아니면 숙련된 식물학자가 덧붙일 수 있는 온갖 내용을 추가하건, 메이 씨의 질문(다른 원재료들이 어디서 나왔는가?)에 대한 저의 답변은 동일할 것입니다. 저는 자연의 경우나 가나[혼인 잔치]의 경우나 그것들의 원천이 같다고 생각합니다. 가나에서 예수님이 물로 포도주를 만든 기적 이야기가 허구라는 가설이 출발점이라면, 우리 조상들이 얼마든지 신앙적 교훈들을 갖다 붙일 수 있었던 오비디우스의 《변신 이야기》에 나오는 기적들과 우리가 얼마든지 신앙적인 교훈을 갖다 붙일 수 있는 가나의 기적이 다를 바 없다는 메이 씨의 말에 저도 동

---

1) 메이 씨는 이 책에 실린 에세이 '기적'(1부 2번 글)을 비판하고 있었다. p.26을 보라.
2) 같은 책, p.29.

의할 수 있을 것입니다. 저는 가나의 기적은 자의적이고 무의미한 사건이므로 그 이야기는 거짓이 분명하다는 식의 그런 논증을 반박하고자 한 것입니다.

4. 기독교에 대하여

(a) W. R. 차일드Childe, 'C. S. 루이스가 생각하는 기독교', 〈리스너 *The Listener*〉, 영인본 31권(1944년 3월 2일), 245면.

(b) C. S. 루이스, 같은 자료(1944년 3월 9일), 273면.

저는 그리스도께서 명하시는 일을 행하지 않으면서 "주여, 주여"라고 말해 봐야 아무 소용이 없다는 W. R. 차일드 씨의 말씀에 동의합니다. 그렇기 때문에 저는 "꽃이나 음악"의 심미적인 종교는 충분하지 못하다고 생각하는 것입니다.[3] 저는 가장 고상한 윤리적 원리들을 말하는 것만으로 충분하지 않다고 생각합니다. 그런 것들을 안다고 해서 반드시 행하게 되는 것은 아니기 때문입니다. 그리고 기독교가 인간의 무기력한 의지를 전혀 치료해 주지 못한다면, 그리스도의 가르침은 우리에게 도움이 되지 않을 것입니다. 저를 오해했다고 차일드 씨를 나무랄 수는 없습니다. 제가 오해의 여지가 없도록 명료하게 말했다고 자신하기는 어려운 법이니까요. 그러나 일부러 그분을 다치게 하거나 마음을 상하게 한 적도 없는데 신학적 견해가 다르다는 이유만으로 안면도 없는 사람으로부터 잠재적인 고문자, 살인자, 폭군으로 공개 비난을 받는 상황은 정말 받아들

---

3) 차일드 씨는 루이스의 BBC 방송 원고 '지도와 대양'에서 그가 '모호한 종교'를 가리켜 "꽃이나 음악에서 하나님의 존재를 느끼는 것만으로는 영원한 생명을 얻을 수 없습니다"라고 말한 구절에 이의를 제기했다. 〈리스너〉 영인본 31권(1944년 2월 24일), p. 216. 그 방송 내용은 나중에 루이스의 *Mere Christianity*(London, 1952), Bk. IV, ch. I, p. 122의 한 장章이 되었다.

이기 어렵습니다. 차일드 씨가 화형장에 쓰이는 장작단 운운하신 말씀을 달리 무슨 뜻으로 이해할 수 있겠습니까? 저는 종교를 강요하는 걸 대단히 싫어합니다. 제가 최근 〈스펙테이터〉에 보낸 편지를 보시면 그 사실을 알 수 있을 것입니다. 그 편지에서 저는 국토방위대에서 교회 출석을 강요하는 행태는 참을 수 없는 압제라며 항의했습니다. 차일드 씨가 만약 제 책에서 찬반을 떠나 종교 문제에 대한 강요를 좋게 말하는 구절을 하나라도 찾으신다면, 그분이 지명하는(전투적인 반反기독교 단체만 아니라면) 자선 단체에 무조건 5파운드를 보내겠습니다. 만약 그런 구절을 찾을 수 없다면, 저에 대한 비난을 철회해 주실 것을 정의와 사랑의 이름으로 요청합니다.

(c) W. R. 차일드, 같은 자료(1944년 3월 16일), 301면.

5. 어느 마을의 경험

C. S. 루이스, '어느 마을의 경험', 〈가디언〉(1945년 8월 31일), 335면.

제가 방금 받은 편지에 귀사의 독자들이 관심을 가져야 마땅하고 그럴 법한 내용이 있어서 소개하고자 합니다. 편지를 보낸 분은 어느 시골 마을의 병든 부인입니다.

> 이곳은 한때 하나님을 경외하는 마을이었어요. 하나님을 경외하는 목사님이 교인들을 심방하고 전도대("멋진 부대였는데. 그리고 당신이 주일 성가대의 찬양을 한번 들어 봤어야 했는데." 벽돌공 남편은 이렇게 말해요)를 운영하셨지요. 어린이들은 말쑥하게 차려입고 주일학교로 갔고, 부모들은 교회를 꽉꽉 메웠어요. 이제 교회에는 80대 목사님이 계세요. 연로하신 걸

문제 삼는 게 아니에요! 돌아가신 제 삼촌은 그 연세에도 두 살배기마냥 정정하셨으니까요. 하지만 지금 목사님은 몇 년 전부터 죽은 사람이나 다름없이 사세요. 그분 모습도 제가 직접 봤거든요.…… 병자 심방도 안 오세요. 일부러 심방 요청을 해도 말이죠. 그리고요, 잘 들어 보세요. 교회 문앞에다 이런 팻말을 세웠어요. '부모나 동반 어른 없는 아이들은 출입 금지.' 마을은 ……금세 신앙을 잃었어요. 저는 이런 상태에서 벗어나야 겠어요. 지독히 이교적인 서인도에 있을 때를 제외하고 이렇게 성찬을 박탈당한 적은 없었어요(도대체 누가 아이에게 교회에 나오지 말라고 할 수 있나요? 합법적으로 말입니다. 제게 주교님 한 분 소개해 주세요).

6. 찬송가를 싫어하는 어느 성공회 신자

(에릭 루틀리가 루이스에게 보낸 두 통의 편지와 루이스가 그에게 보낸 두 통의 편지는 함께 *The Presbyter*, vol. VI, No. 2(1948), pp. 15~20에 실렸다. 루이스의 편지들은 'A. B.'라는 머릿글자로 실렸다.)

(a) 에릭 루틀리가 루이스에게 보낸 편지 요약(1946년 7월 13일자), 15면.

"……'영국과 아일랜드 찬송가협회'는 새로운 찬송가를 발굴하고자 현대의 찬송 작가들에게 투고를 받기로 했습니다. 저는 교수님께서 새 찬송들을 검토하고 평가할 심사위원단에 참여하실 의향이 있으신지 여쭤보는 역할을 맡았습니다……."

(b) C. S. 루이스가 에릭 루틀리에게 보낸 편지(1946년 7월 16일자), 15면.

친애하는 루틀리 씨,

솔직히 저는 선생님을 도와드릴 만큼 그 사업에 공감하지 못하고 있습니다. 저는 많은 교인들이 찬송가 부르기를 좋아한다는 것을 알지만, 그 즐거움이 영적인 것이라는 확신은 들지 않습니다. 그럴 수도 있겠지만, 저는 모르겠습니다. 저를 포함한 소수의 사람들에게 찬송가는 예배 시간의 삭정이처럼 느껴집니다. 최근 여섯 명이 모인 자리에서 저는 모두가 찬송가를 더 적게 부르길 바란다는 것을 알게 되었습니다. 이런 견해를 가진 사람이 협회를 도울 수는 없을 듯합니다.

(c) 에릭 루틀리가 루이스에게(1946년 9월 21일자), 15~20면.

(d) C. S. 루이스가 에릭 루틀리에게(1946년 9월 21일자), 15~20면.

지난번 편지 내용이 정확히 기억나지 않습니다. 그러나 혹시 제가 (1) 변화나 (2) 사람들의 활발한 참여나 (3) 찬송가 등이 원칙적으로 나쁜 것이라고 말했거나 그런 암시를 풍겼다면, 제가 틀렸습니다. 저는 교인들이 해도 되는 일이라면 무엇이건 공소(公)예배에서 하나님께 올바로 바쳐 드릴 수 있고 그로 인해 유익을 얻을 수 있다는 데 동의합니다. (아프리카 같은 곳의) 교인들 가운데 예배 무용의 확고한 전통이 있고 그것을 정말 잘할 수 있는 교회가 있다면 무용을 예배의 일부로 삼는 것을 전적으로 지지하겠습니다. 하지만 교인들이 가장 잘 추는 춤이 볼룸댄스인 윌즈던 소재 교회에 그런 관행을 옮겨올 생각은 없습니다. 그런데 현대의 잉글랜드인들은 웨일스 사람들과 독일 사람들처럼 노래하지 못합니다. 또한 지난 2세기 동안 작시(作詩) 기법은 사적이고 주관적인 방향으로 발전했습니다(참으로 애석하지만 사실입니다). 그래서 제게는 찬송가들이 '삭정이'처럼 느껴집니다. 그러나 이것은 저를 포함한 소수 사람들의 입장일 뿐입니다. 만약 개선된 찬송가나 현재의 찬송가라도 다른 사람들의 신앙에 보탬이 된다면, 저로선 당연히 그것을 감수해야 할 의무가 있습니다. 그것은 사랑과 겸손을 배우는 자의 기본적인 의무입니다. 저는 찬송가 사용을 공개적으로 반대한 적이 한 번도 없습니다. 오히려, '교양 있는' 회심자들에게 교육을 덜 받은 다른 믿음의 형제들을 세워 줄 수 있는 모든 방편을 겸손하게 따르는 것(배울 만큼 배운 그 '자연인'에게는 아무리 끔찍하게 보인다 해도)이 그들이 배워야 할 첫 번째 교훈이라는 말을 종종 했습니다. [구원으로 가는] 문은 낮고, 몸을 굽혀야만 들어갈 수 있습니다.

7. 교회의 예배 의식, 부름invocation, 성인聖人을 부름

(a) E. L. 매스콜, '400년 후', 〈처치타임스Church Times〉, 영인본 132권(1949년 5월 6일), 282면.

(b) C. S. 루이스, '교회의 예배 의식', 같은 자료(1949년 5월 20일), 319면.

이미 때가 너무 늦은 게 아니라면, 저는 귀사의 5월 6일자 신문에 실린 예배에 대한 글에 관해 평신도로서 두 가지 말씀을 드리고 싶습니다. 첫째, 통일성이 필요함을 강조하고 싶습니다. 다른 요소는 빼고 예배 시간만 고려해 봐도 그렇습니다. 우리 평신도들이 성직자들보다 더 바쁘지는 않을지 몰라도 시간 사용에서는 대개 선택의 여지가 훨씬 적습니다. 성직자가 예배 시간을 평소보다 10분 늘리면 평신도들은 하루 종일 바쁘고 혼란스럽게 보내야 할 수도 있습니다. 우리가 이 사실을 머리에서 떨쳐 내기란 매우 어렵습니다. 심지어 약간은 화가 치밀어 오르는 것조차 피하기 어렵습니다. 이런 유혹 자체가 우리에게 유익을 줄 수도 있습니다만, 그 유혹을 제공하는 일이 성직자의 몫은 아닙니다. 성직자가 아니더라도, 하나님의 허용하심으로 사탄의 부지런함이 그 몫을 충분히 감당할 것입니다.

둘째, 성직자 분들에게 우리 평신도들은 그분들의 생각과 달리 예배 의식 자체가 아니라 정통 교리에 관심이 있음을 믿어 달라고 부탁하고 싶습니다. 매스콜 박사는 교리에 영향을 주지 않는 한 다양한 예배 의식을 허용할 수 있다고 말했습니다. 옳은 말입니다. 그러나 그 말을 한 후 그는 아무렇지도 않게 가능한 예배 의식의 한 가지 사례로 '성모와 하늘의 천사들에게 바치는 기도'를 거론합니다. 그런 관행이 없던 교구에서 그런 기도를 도입하면 교인들이 두 진영으로 나누어질 것임을 매스콜 박사는 잘 알고 있습니다. 그러나 만약 그가 두 진영의 차이점이 예배 의식의 문제라고 생각한다면 저는 그가 틀렸다고, 그것은 교리적인 사안이라고 말씀드리겠습니다. 그런 기도가 예배 의식의 아름다움을 훼손하는지 더해 주는지 묻는 평신도는 없을 것입니다. 다들 그런 기도가 적법한지 저주받을 짓인지 물을 것입니다. 저는 여기서 이 문제를 자세히 논하고 싶지 않습니다. 이것이 문제라는 사실을 지적하고 싶을 뿐입니다.

우리 평신도들이 우려하는 상황은 가장 심오한 교리적 문제들이 단순한 예배 의식의 변화라는 탈을 쓰고 은근슬쩍 정리되는 일입니다. 자기 앞에 차려진 요리가 음식인지 독인지 의심하는 사람은 그 요리가 차림표에서 빠졌다가 다시 자리를 찾은 것이라거나 수프 그릇의 문양이 새럼 Sarum 패턴이라는 말을 들어도 마음이 놓이지 않을 것입니다. 우리 평신도들은 무지하고 소심합니다. 우리의 삶은 늘 우리 손에 달려 있고, 피의 보복자가 우리 뒤를 바짝 뒤따르고 있으며, 하나님이 우리 각 사람의 영혼을 오늘 밤에 거두어 가실지도 모릅니다. 심각한 교리적 사안들을 단순한 예배 의식의 문제로 축소하는 것을 보며 우리가 공포에 사로잡힌다 해도, 과연 우리를 나무랄 수 있을까요?

(c) W. D. F. 휴즈, 같은 자료(1949년 6월 24일), 409면.

(d) C. S. 루이스, 같은 자료(1949년 7월 1일), 427면.

믿음과 예식의 연관성이 긴밀하다는 휴즈 주임 사제의 말에는 동의하지만 그것이 '뗄 수 없는 것'인지는 의심스럽습니다. 저는 예배 의식이 교회의 믿음을 표현할 때는 둘의 관계가 건강하다고 봅니다. 그러나 예배 의식이 교회가 공식적으로 고백하지도, 가르치지도, 옹호하지도 않았던 믿음의 내용을 사람들 속에 슬그머니 불어넣는다면 그 관계는 병들었다고 봅니다. 예를 들어, 교회가 우리 선조들이 성인과 천사에게 기도를 바치던 로마가톨릭의 관행을 폐지한 것이 오류라고 생각한다면, 교회 전체가 선조들의 잘못된 결정을 철회하고, 철회 판정을 내리게 된 성경과 이성과 전통의 근거를 공식적으로 발표하고, 엄숙하게 회개하고, 평신도들에게 재교육을 시키고, 예배 의식의 합당한 변화를 도입해야 할 것입니다.

그런 일들이 하나도 이루어지지 않는데, 개별 성직자들에게 마치 그것이 이루어진 것처럼 행동하길 권하는 제안을 접하면 저는 소름이 끼칩니다. 제게 편지를 보낸 한 분은 이런 변화를 이와 똑같이 비밀스럽고 (그의 주장에 따르면) 막을 수 없는 언어의 변화에 비유했습니다. 그러나 그것은 깜짝 놀랄 만한 비유입니다. 아무리 깊이가 없는 언어학자라도 무의식적인 언어의 변화는 끊임없이 좋은 단어들을 저속하게 만들고 유용한 구분을 모호하게 만든다는 것을 알기 때문입니다. 그런 일이 없기를*Absit omen*! 교리의 변화를 포함하는 예배 의식의 '풍성화'가 허용될 수 있는지 여부는, 교리상의 변화가 오류를 바로잡는 변화인지 진리를 오류로 바꾸는 변화인지에 달려 있습니다. 이것이 개별 성직자가 판단할 문제입니까?

(e) 에드워드 에브리, '교리와 예배 의식', 같은 자료(1949년 7월 8일), 445~446면.

(f) C. S. 루이스, '부름', 같은 자료(1949년 7월 15일), 463~464면.

에브리 씨는 부름invocation이라는 단어를 저보다 넓은 의미로 이해합니다(매우 합당한 일입니다). 그렇다면 '부름'의 정당성에서 기도devotion의 정당성을 과연 유추할 수 있는지가 관건이 됩니다. 저는 성인들을 부르는 일(에브리 씨의 의미에서)의 정당성을 뒷받침하는 송가Benedicite[4]의 권위를 받아들입니다. 그러나 그것이 성인에게 바치는 기도가 정당하다고 유추할 논거가 된다면, 같은 논리로 별, 서리와 고래에게 바치는 기도도 인정해야 할 것이 아닙니까?

제가 한 가지 구분을 무시했음은 기꺼이 인정합니다. 우리 선조들은 중세의 특정한 교리는 부인하면서도 평신도들이 그것과 쉽게 혼동하는 다른 교리는 인정한 경우가 있습니다. 그러나 이 사안이 제 생각보다 훨씬 미묘한 것이라면, 저는 이 문제를 교회가 공개적이고 권위 있는 방식으로 결정하기를 더욱 간절히 바라게 됩니다.

예배 의식이 주는 암시가 교리적으로 단순한 사안에서 우리 평신도들을 현혹시키지 않을까 우려하는 판국에, 그 사안이 교리적으로 그리 단순하지 않음을 알게 된다고 해서 마음이 놓이지는 않을 것입니다. 피조물에게 바치는 기도 중에서 하나님이 기뻐하시는 것이 있고 기뻐하지 않으시는 것이 있다면, 교회가 그 구분을 우리에게 가르쳐 줘야 하지 않습니까? 그때가 언제입니까?

---

4) 성공회 기도서의 아침 기도 순서에 실려 있다. 원래 출처는 구약성경 외경에 있는 《아자리야의 기도와 세 젊은이의 노래》(vv. 35~66).

한편, 평신도들에게 제대로 가르침을 주지도 않고 그들 앞에서 독단적이고 산발적으로 피조물에게 기도한다면 그것만큼 잘못된 암시를 주기 쉽고, 악마가 원할 만한 일이 어디 있겠습니까? 저는 우리 평신도들 대부분이 그 문제에 대해 선입견*parti pris*이 있다고 생각합니다. 우리는 교회가 믿는 대로 믿고 싶습니다.

(g) 에드워드 에브리, '성인들을 부름', 같은 자료(1949년 7월 22일자), 481~482면.

(h) C. S. 루이스, 같은 자료(1949년 8월 5일), 513면.

에브리 씨가 저를 오해하지 않았으면 합니다. 저는 성인들에게 바치는 기도가 성공회 내에서 논쟁거리가 되는 문제라고 여길 만한 나름의 근거가 있다고 생각합니다(Jewel[5], *Apologia Ecclesiae Anglicanae*, Pt. II, ch. xxviii, *Homilies*, BK. II, *Peril of Idolatry*, Pt. III; Laud[6], *Conference with Fisher*, Sect. XXIII; Taylor,[7] *Dissuasive from Popery*, Pt. I, ch. ii, sect 8). 저는 논쟁이 존재한다는 사실을 지적하는 것뿐입니다. 논쟁이 그치기를 바라는 마음은 저도 에브리 씨와 같습니다. 그러나 논쟁은 결론이 나서 끝날 수도 있고, 알아챌 수 없도록 관습이 바뀌어서 끝날 수도 있습니다. 저는 이 논쟁이 두 번째 방식으로 그치기를 원치 않습니다.

성직자 여러분께 간청합니다. 아리스토텔레스가 말한 무의식적 혁명을 기억하십시오(πολλάκις λανθάνει μεγάλη γινομένη μετάβασις τῶν νομίμων, *Politics* 1303 a 22.)[8] 무의식적인 혁명으로 우리가 좋아

---

5) John Jewel(1522~1571).
6) William Laud(1573~1645).
7) Jeremy Taylor(1613~1667).
8) "중요한 관습의 변화는 눈치채지 못하게 일어날 때가 많다."

하는 결과가 나올 때, 우리는 그것을 환영하고 싶은 유혹을 받습니다. 저의 경우, 그런 과정을 거쳐 죽은 사람들을 위한 기도를 인정하는 결과가 나온다면 그것을 환영하고 싶은 유혹을 받습니다. 그러나 저는 이 과정이 현대주의자들의 물탄 신앙을 도입하는 방편으로 쓰일 수 있고, 실제로 쓰이고 있음을 알게 됩니다. 에브리 씨도 저처럼 그것을 혐오하리라 확신합니다. 당장 눈에 보이는 목적지가 좋건 나쁘건, 그렇게 위험한 도로에는 아예 들어서지 말아야 한다는 것이 저의 결론입니다. 저는 그 도로 위에다 '통행금지'라고 써 넣고 싶습니다.

8. 거룩한 이름

(a) 레슬리 E. T. 브래드베리, '거룩한 이름', 〈처치타임스〉, 영인본 134권(1951년 8월 3일), 525면.

(b) C. S. 루이스, 같은 자료(1951년 8월 10일), 541면.

거룩한 이름에 대한 브래드베리 씨의 편지를 읽고 저는 몇 가지 할 말이 생겼습니다. 저는 합당한 경칭을 붙이지 않고 예수님의 이름을 사용하는 사람이 그 이름을 '함부로' 사용하는 거라고 생각할 권리는 우리에게 없다고 봅니다. 그렇지 않다면 사복음서 기자들이 종종 함부로 그 이름을 사용했다고 해야 할 것입니다. 저는 동정녀 마리아를 말할 때 '복된'이라는 경칭을 붙일 '필요가 있다'고 할 권리가 우리에게 없다고 생각합니다. 그렇지 않다면 그것을 빠뜨린 니케아 신조와 사도신경을 둘 다 정죄해야 할 것입니다. 그보다는 경칭의 사용 유무를 신앙이나 도덕상의 차이점이 아니라 문제의 차이로 인정해야 하지 않겠습니까? 그런 경칭을 붙이지 않으면 '신경 쓰이는' 사람들이 있듯, 그런 경칭이 자주 등장하면 신경 쓰이는 사람들도 있습니다. 어느 쪽이건 기질적 취향 자체는 나쁠 게 없습니다. 다만 우리의 기질적 취향처럼 주관적이고 우연적이고 (조금만 노력하면) 극복 가능한 요소가 형제들을 갈라 놓는 원인이 되도록 방치한다면 심각한 허물이 되지 않겠습니까? 교회 문 앞에 다른 육적 짐들과 함께 우리의 취향을 내려놓고 들어올 수 없다 해도, 적어도 자신의 취향에 탐닉해선 안 될 것이며 그것을 남의 취향보다 낮게 여기지 않고, 필요하다면 수정해야 하지 않겠습니까?

9. 순전한 그리스도인들

(a) R. D. 다운톤피어Daunton-Fear, '복음주의 교인들', 〈처치타임스〉, 영인본 135권(1952년 2월 1일자), 77면.

(b) C. S. 루이스, '순전한 그리스도인들', 같은 자료(1952년 2월 8일자), 95면.

저는 그레이브젠드 지방 감독의 편지를 환영합니다. 하지만 버밍엄 주교가 복음주의자임을 밝혔어야 한다고 생각하는 사람이 있다니 유감입니다. 평신도에게는 복음주의자[i]들과 앵글로가톨릭 신자[ii]들이 '자유주의자'들이나 '현대주의자'들과는 달리 철저한 초자연주의라는 아주 분명하고 중요한 요소로 묶여 있음이 분명해 보입니다. 즉 그들은 창조, 타락, 성육신, 부활, 재림, 최후의 네 가지 일[iii]을 믿습니다. 이것은 그 둘을 서로 묶어 줄 뿐 아니라 '모든 곳의 모두가'[9] 이해하는 기독교와도 묶어 줍니다.

---

i) 성공회 저교회파.
ii) 성공회 고교회파.
iii) 죽음, 심판, 천국, 지옥.
9) "*ubique et ab omnibus*," St Vincent of Lérins, *Commonitorium, ii.*를 보라.

이런 일치가 어떻게 그 둘의 차이점이나 기적을 믿지 않는 일체의 변형 기독교와의 다른 점보다 사소해 보일 수 있는지 저로선 이해할 수 없습니다. 어쩌면 '저' 교회와 '고' 교회를 포괄하여 초자연주의자들을 부르는 별도의 이름이 없다는 게 문제일지도 모릅니다. '깊은 교회'는 어떨까요? 그게 겸손하지 못한 이름이라면 백스터가 말한 '순전한 그리스도인들'은 어떻습니까?

10. 시성誼聖

(a) 에릭 피트, '시성', 〈처치타임스〉, 영인본 135권(1952년 10월 17일자), 743면.

(b) C. S. 루이스, 같은 자료(1952년 10월 24일자), 763면.

저는 에릭 피트 씨와 같은 평신도이고 성공회 시성 '체계'를 세우자는 제안을 논의하기에 앞서 몇 가지 사항에 대한 가르침을 받고 싶습니다. 가톨릭 백과사전에 따르면, '성인聖人'은 그들의 공덕으로 인해 하나님의 '특별한' 사랑을 받을 '자격을 갖추고' 죽은 사람들입니다. 시성은 성인 숭배dulia를 '보편적이고 의무적인' 일로 만듭니다. 우선 시성은 다른 무엇보다 대상자가 '천국에 있다'고 분명하게 주장합니다.

'시성'이라는 단어가 로마가톨릭과 구별되는 의미로 쓰이는 것이 아니라면(의미가 다르다면 다른 단어를 쓰는 것이 훨씬 편리할 것입니다), 시성 '체계'를 만들자는 제안은 누군가(예를 들면 대주교들)를 세워 다음의 일을 맡기자는 뜻입니다.

(a) 성인으로 지명된 인물들이 (i) '천국에 있다' (ii) 하나님의 '특별한' 사랑을 받을 '자격이 있다'고 말한다.

(b) 성인으로 지명된 사람들에 대한 성인 숭배의 의무를 우리에게 부과한다.(위반하면 파문을 당한다는 조건으로?)

자기도 사실인지 모르는 내용이 있다면 분명 다른 사람을 가르쳐서는 안 될 것입니다. 그렇다면 하나님이 세상을 떠난 특정 영혼의 상태에 대한 지식을 보편 교회에 약속하셨다고 주장하는 것입니까?(언제 어디서 약속하셨습니까?) 만약 그렇다면, 그 지식은 '특별한'이라는 단어에 함축되어 있는 듯한 구원의 다양한 등급을 분별하게 해줍니까? 만약 그렇다면, 그런 지식을 공표하는 일이 지금 인생길을 가는*in via* 영혼들을 구원하는 데 도움이 됩니까? 왜냐하면 그들은 '전혀 다른 주장들'을 만나게 될 것이기 때문입니다. 예를 들어 《그리스도를 본받아》에는 이런 경고가 나와 있습니다. "하늘나라에서 누가 더 큰지 묻지 말라. ……그런 문제들을 파고들면 아무 유익도 얻지 못하고 성도들의 마음만 상하게 한다."

끝으로, 실질적인 문제가 있습니다. 제가 말하는 것은 가톨릭백과사전에서 간결하게 밝히고 있는 "통상적으로 시성에 따르는 실제 비용"(그것도 읽고 참고하면 유익할 수 있겠지만)이 아닙니다. 분열의 위험을 말하는 것입니다. 수천 명의 성공회 교인들은 성인 숭배가 적법한 일이 아니라고 생각합니다. 그 일이 구원에 필요하다고 주장하는 사람이 있습니까? 그렇지 않다면, 그런 끔찍한 위험을 감수할 의무는 어디서 비롯한 것입니까?

11. 피텐저와 루이스, 그리고 일상어 번역

(a) W. 노먼 피텐저, '피텐저와 루이스', 〈크리스천센추리〉, 영인본 75권(1958년 12월 24일자), 1485~1486면.

(b) C. S. 루이스, '일상어 번역', 같은 자료(1958년 12월 31일자), 1515면.

제 글 '피텐저 박사에 대한 답변'(11월 26일)을 실어 주셔서 감사합니다. 그런데 '*populam*'(p. 1360)은 '*populum*'을 제 타이피스트가 잘못 쳤거나 인쇄업자가 식자를 잘못 넣은 오류라는 내용을 실어 주시면 더욱 감사하겠습니다.

피텐저 박사께서 12월 24일자 편지에서 제안하시는 것과 같은 '번역'에 대한 글은 분명 누군가 써야 할 필요가 있습니다. 하지만 제가 미국인들을 위해 쓸모 있게 그 일을 할 수는 없습니다. 그들이 목표로 삼고 번역해야 할 일상어는 제가 번역해 낸 것과 다릅니다. 프롤레타리아에게 말을 할 때는 조그마한 차이가 아주 중요할 수 있습니다.

두 나라 모두, 목사 안수 시험에 중요한 신학 서적의 한 구절을 일상 영어로 번역하는 문제를 반드시 넣어야 할 것입니다. 라틴어 산문을 번역하는 과제와 비슷하겠지요. 이 문제를 틀리면 시험 전체에서 탈락시켜야 합니다. 반투족에게 가는 선교사들은 반투어를 배워야 한다고 하면서 미국인이나 영국인들에게 가는 선교사들이 미국어나 영어를 구사할 수 있는지 묻지 않는 것은 참으로 수치스러운 일입니다. 누구나 학술 언어는 쓸 수 있습니다. 일상어가 진정한 시험대입니다. 자신이 믿는 바를 일상어로 바꿀 수 없다면, 그것을 이해하지 못했거나 믿지 않는다는 뜻입니다.

12. 극형과 사형

(a) C. S. 루이스, '극형', 〈처치타임스〉, 영인본 144권(1961년 12월 1일자), 7면.

극형을 폐지해야 하는지 유지해야 하는지 저는 모르겠습니다. '자연의 빛'도, 성경도, 교회의 권위도 이에 대해 명확하게 말하고 있지 않기 때문입니다. 그러나 저는 극형 폐지를 주장하는 근거가 다소 우려됩니다.

사람을 교수형에 처하는 일은 그가 구원받을 수 없는 자라고 주제넘게 판단하는 일이라고 하는데, 이 말은 사실이 아닙니다. 성공회 기도서에는 사형 선고를 받은 사람들을 위한, 이와 정반대의 내용을 함축하는 권고가 있습니다. 살인자는 3주 후 처형장에서 회개하고 인생을 잘 마칠 가능성이 높을까요, 아니면 30년 후 교도소 부속 진료소에서 그럴 가능성이 높을까요? 이것이 진짜 문제입니다. 누구도 답을 알 수 없는 문제이지요. 죄수의 수감 생활이 길어질 때 어떤 결과가 나오는지 경험적으로 아는 사람들의 의견이 그나마 믿을 만할 것입니다. 교도소 교목, 간수장, 간수들의 목소리를 들어 봤으면 좋겠습니다.

살인 피해자의 가족들에게 보상하자는 제안 자체는 합리적이지만, 그것을 극형에 반대하거나 찬성하는 주장과 조금이라도 연계시켜서는 안 될 것입니다. 만약 그렇게 되면 우리는 살인이 주로 사회에 대한 범죄가 아니라 개인들에 대한 범죄라는, 분명히 잘못된 낡은 견해를 은근히 지지하는 셈이 될 것입니다.

교수형이 다른 어떤 형벌보다 돌이킬 수 없는 조처는 아닙니다. 죄 없는 사람을 처형할 경우 물론 그를 되살릴 수 없습니다. 그러나 억울하게 감옥에서 썩힌 세월도 되돌릴 수 없기는 마찬가지입니다.

제게 편지를 보낸 어떤 분들은 다른 사람들에 대한 본보기나 범죄자의 교정만 생각하는 형벌론의 충격적인 부도덕성을 지적했습니다. 보응의 개념만이 형벌과 일반적인 도덕률을 이어 줄 수 있습니다. 범죄의 억제만이 중요하다면, 대중들이 유죄라고 생각하는 죄없는 사람을 처형하는 일도 얼마든지 정당화될 것입니다. 만약 교정만이 문제가 된다면, 우리의 모든 결점에 대해 고통스러운 교정이 강제로 시행된다 해도 반대할 근거가 없을 것입니다. 그렇게 되면 기독교가 신경증이라고 믿는 정부는 향후 '치료'를 목적으로 우리를 교정관들에게 넘겨줄 완전히 정당한 권리를 갖게 될 것입니다.

(b) 클로드 데이비스, 같은 자료(1961년 12월 8일), 14면.

(c) C. S. 루이스, '사형', 같은 자료(1961년 12월 15일자), 12면.

데이비스 박사께서는 제가 사회라는 말을 사용한 방식의 문제점을 지적하셨습니다. 옳은 말씀입니다. 추상 개념을 그렇게 실체화하는 일은 이미 많은 해를 끼쳤으니까요. 그러나 제가 '사회'라고 한 것은 그저 '우리 모두'라는 뜻이었습니다. 살인을 하나의 가족에 대한 범죄로 여기는 견해가 얼마나 터무니없는지를 너무나 잘 보여 주는 사례가 데모스테네스[iv]의 개인 연설에 등장합니다(저는 당장 출전을 찾을 수 없었지만, 귀사의 신문을 읽는, 학식이 풍부한 독자들은 금세 찾으실 수 있을 것입니다).

남자 A가 자신의 유모였던 여자 노예 B를 풀어 주었습니다. B는 결혼을 했습니다. 그런데 남편이 자식 없이 죽었습니다. 그러다 누군가가 B를 살해했습니다. 그러나 아테네의 법에 따르면 피해자가 없기 때문에 누구도 기소할 수 없었습니다. B가 살해당할 당시 B는 A의 소유가 아니었기 때문에 A는 살인범을 고소할 수 없었습니다. 살아남은 남편도 고아도 없었으니 고소할 사람이 없었습니다.

현재의 논쟁에서 저는 어느 편도 아닙니다. 그러나 저는 사형제 폐지

---

iv) Demosthenes(B. C. 384~322), 그리스의 웅변가, 정치가.

론자들이 주장을 펼치는 방식이 서툴다고 생각합니다. 그들은 반대 세력의 동기를 비열한 것으로 여기지 않고서는 제대로 주장을 펼치지 못하는 듯합니다. 불신자들이 귀사 신문의 독자 투고란을 종종 본다면, 그리스도인들의 논리, 예절과 사랑에 대해 나쁜 인상을 갖게 되지 않을지 우려스럽습니다.

편집자의 글

존슨 박사는 18세기의 한 신학자를 두고 "모든 것을 뒤흔들어 놓지만 아무것도 해결하지 못한다"[1]고 평했다. 거침없는 존슨 박사가 우리 시대를 본다면 어떻게 생각할지 궁금하다. 지금은 대부분의 서점과 교회 신문에서 신앙의 모든 조항을 '뒤흔들어' 놓는 논쟁적인 글, 때로는 배교背教적인 글까지 볼 수 있고, 게다가 그 필자들이 신앙의 변호를 위해 안수 받고 사례도 받는 성직자들인 시대이기 때문이다. 이런 상황에서 C. S. 루이스의 새 책을 해독제로 내놓게 된 것을 기쁘게 생각한다.

24년에 걸쳐 쓴 에세이와 편지들을 모은 이 책을 내가 '새' 책이라고 하는 이유는 여기 실린 대부분의 글이 책 형태로는 처음 출간되는 것이기 때문이다. 신학의 유행들이 얼마나 빨리 변하는지 생각하면, 이 글들은 이미 낡아 버린 것이라 할 수 있다. 하지만 책의 출간일이 얼마나 이른가보다 책의 내용이 참된지에 관심을 갖는 나 같은 사람들이 또 있으리라 생각한다. 루이스는 목숨 걸고, 영원한 운명을 걸고 타협을 거부했다. 그러나 그런 비타협적 태도에도 불구하고 그의 글들이 지금도 우리를 괴롭히는 근본 문제들에 적절히 답하지 못하는 일은 전혀 없었다.

---

1) James Boswell, *The Life of Samuel Johnson*, ed. George Birkbeck Hill(Oxford, 1887), vol. II, p. 124.

나는 루이스가 쓴 글을 하나도 빠짐없이 읽고 싶었다. 그래서 단명한 간행물들에 기고했던 그의 글들을 '발굴하는', 길지만 행복한 임무에 착수했다. 수년에 걸쳐 여러 도서관을 뒤지며 빛바랜 신문들을 읽던 수고가 마침내 끝났다. 무엇보다도 책으로 든든하게 제본된 것을 보며 내가 느꼈던 만족감 이상을 그의 글 대다수를 처음 접한 독자들이 맛보기를 바란다.

이 새로운 루이스의 세계Lewisiana는 매우 다양한 출처에서 모은 것이기 때문에, 예상대로 내용이 상당히 뒤죽박죽이다. 그래도 독자들에게 이 점을 죄송하게 생각하지는 않는다. 그 다양한 관심사들이 오히려 기독교를 다양한 각도에서 보게 해주기 때문이다. 루이스는 그 글들을 기고하면서 단 한 푼도 받지 않았다. 그중에는 그가 해당 주제에 대한 의견을 표명하고 건전한 입장을 변호할 절실한 필요를 느껴서 쓴 에세이들도 있고, 신문이나 잡지의 요청을 받고 쓴 글들도 있다. 〈소크라테스클럽 회보〉에서 발췌한 글들의 경우처럼 불가지론자들과 무신론자들의 공격에 맞서 기독교 신앙을 변호하기 위해 쓴 글들도 있다.

루이스는 자신의 글을 읽게 될 독자들의 수준에 맞춰 원고의 내용을 조절할 줄 알았기 때문에 글마다 분량과 강조점이 다르다. 그렇지만 모든 글에는 특유의 진지함이 담겨 있다. '우울함'은 아니다. 그의 글에는 재치와 상식이 번뜩이기 때문이다. 그러면서도 '진지함'이 있다. 그는 모든 사람 앞에 '하나님의 아들 아니면 지옥 갈 후보자'라는 엄청난 운명의 갈림길이 놓여 있다고 믿었기 때문이다.

루이스는 불가지론자로 보낸 세월 동안 하나님이 왜 고통을 허락하시는지, 왜 다른 모든 종교 중에서도 기독교만을 참된 종교라고 주장하는지, 기적은 정말 있는지, 있다면 어떤 목적이 있는지 같은 질문들에 대한 답을 알고 싶어 했다. 그 결과, 자연스럽게 그는 다른 사람들이 묻는 질문들을 먼저 자문해 보게 되었다. 루이스는 1931년에 회심한 후 신앙에 대한 강연이나 글 요청을 거절한 적이 거의 없었고, 그러다 보니 매우 다양한 사람들에게 다가가게 되었다. 그는 동료 교수들, 산업 노동자들, 영국 공군 장병들, 대학생들에게 말씀을 전하고 논쟁을 했다. 한편으로는 이런 다양한 경험에 힘입어, 전문 신학자들이 대부분의 사람들에게 기독교를 이해하기 쉽게 전할 수 없는 이유를 깨닫게 되었다. 그래서 그는 복음을 사람들이 사용하고 이해하는 언어로 '번역하는' 임무를 자임했다. 그는 다른 업계 사람들의 질문에 답하기가 어렵다면 그것은 "그 견해를 철저히, 끝까지, '완전히 끝장을 볼 때까지' 생각해 보지 않았"[2]기 때문일 것이라고 믿었다.

1940년대 초의 옥스퍼드에는 기독교에 대한 찬부 양론이 공개적으로 토론되어야 한다고 생각한 그리스도인들이 루이스 외에도 많았다. 그런 흐름이 1941년에 소크라테스클럽의 설립으로 이어졌다. 루이스는 의장직의 적임자였고, 1954년 케임브리지로 갈 때까지 의장직을 계속 맡았다. 클럽 모임 시간은 학기 중 매주 월요일 저녁이었다(지금도 그렇다). 모임의 형태는 한 주는 그리스도인이 논문을 발표한 뒤 불신자가 답변을 하고, 그 다음 주에는 불가지론자나 무신론자가 논문을 발표한 뒤 그리스도인이 답변하는 식이었다. 루이스는 언제나 '합리적 반론'을 소중하게 여겼고 소크라테스클럽은 그의 변증의 강점과 약점을 시험할 완벽한 무대

---

2) 이 책 2부 15장 글, 348면.

가 되었다. 그가 소크라테스클럽 모임에서 발표한 논문 중 하나가 이 책에 실린 '교리 없는 종교?'다. 이 글은 '현대 불가지론의 근거들'이라는 H. H. 프라이스 교수의 논문에 대한 답변으로 발표한 것이다.

아무리 유능한 불신자도 소크라테스클럽에서 루이스의 강력한 논리와 엄청난 지식과 맞서기는 어려웠다. 반면, 그는 〈코번트리이브닝텔레그라프〉와 대중 잡지들에 실린 그의 글에서 볼 수 있다시피 교육 수준이 낮은 사람들에게는 언어와 논리를 조절했다. '종교와 과학'과 '"그 사람'의 문제' 같은 글들은 명료한 논리와 적절한 비유를 활용해 소위 '종교와 과학의 갈등'에 대한 많은 대중적 오류들을 드러냈고, 많은 사람들이 기독교의 내용을 이해하게 했다.

교육 수준과 상관없이, 기독교의 내용을 모르고서는 누구도 기독교가 옳은지 그른지 판단할 수 없다. 루이스가 글을 쓰기 시작할 당시 기독교가 무엇인지 전혀 모르는 사람들이 많았던 것처럼, 오늘날에도 기독교의 진짜 본질이 무엇인지 모르는 사람들이 많다. 모르면서 아는 척하는 것은 어리석은 짓이다. 최근 여러 주교와 목사가 자신들이 기독교 신앙을 받아들일 수 없는 이유를 설명하는 글들을 쏟아내면서 많은 사람들을 더 깊은 무지로 이끌었고, 신앙이란 아무리 애를 써봤자 이해할 수 없는 것이라는 절망적인 믿음을 심어 주었다.

인간으로 태어났으면 하나님께 영원히 투항하거나 그분과 영원히 분리되는 수밖에 없다고 믿던 루이스에게 이것은 심각한 문제였다. 어느 날, 그와 나는 우호적이고 호기심이 많은 화성인들이 갑자기 옥스퍼드 한복판에 나타나 (달아나지 않는 사람들에게) 기독교가 무엇이냐고 묻는다면 어떤 일이 벌어질지 상상해 보았다. 교회에 대한 나름의 편견을 말하는 대신 정확한 정보를 그들에게 제공할 수 있는 사람들이 얼마나 될까, 우리는 의심스러웠다. 대체로 화성인들은 자신들의 세계로 쓸 만한 정보를 많이 가져갈 수 없을 것 같았다. 반면, 루이스는 "젊은 세대의 본성 안에 기독교를 받아들이지 못하게 만드는 요소는 없습니다"라고 주장했다. 그러나 그는 거기서 더 나아가 이렇게 말했다. "어떤 세대가 갖지 못한 것을 다음 세대에 물려줄 수는 없습니다."[3]

어떤 세대가 갖지 못한 것. 그 세대가 그것을 못 가진 이유는 내가 대답할 수 없는 너무나 복잡한 질문이다. 그렇지만 5년간 대학 교목을 맡아 본 나로서는 오늘날의 무지가 상당 부분 "복음의 진리에 계속 물을 타고 그 내용을 자꾸만 잘라 내는"[4] 자유주의 저술가들 때문이라는 루이스의 지적에 공감할 수밖에 없다. 그리고 루이스가 절대로 하지 않을 일이 복음 진리를 '잘라 내는' 일이다.

그는 하나님과 도덕률에 대해 일시적으로 유행하는 생각들과 달리, 어떤 것도 영원한 복음을 시대에 뒤떨어지게 만들 수 없다고 믿었다("영원하지 않은 것은 영원히 시대에 뒤떨어진다").[5] 하지만 그는 복음 진리를 전하는 방법은 달라져야 한다고 보았다. 실제로 그의 방법은 무척 다양하다. 그는 어디서도 목욕물을 버리면서 하나님도 함께 내버리는 태도를 보이지 않는다. 예를 들면, 루이스는 《순전한 기독교》와 《고통의 문제》 같은 명확한 변증서들부터 《스크루테이프의 편지》와 《천국과 지옥의 이혼》 같은 신학적 풍자, 우주여행 소설들과 〈나니아 연대기〉 같은 (더 나은 표현이

3) 1부 13장 글, 144, 145면.
4) 2부 16장 글, 352면.
5) C. S. Lewis, The Four Loves(London, 1960), ch. vi, p. 156.《네 가지 사랑》(홍성사 역간).

없어서) '감추어진' 기독교 서적들에 이르기까지 다양한 시도를 했다.

자유주의 신학자들은 루이스의 방법을 받아들일 수 없었지만(예를 들어 '피텐저 박사에 대한 답변'을 보라), 그는 G. K. 체스터턴 이래 어떤 종교 저술가보다도 많은 사람들에게 정통 기독교를 전해 주었을 것이다. 그의 우아한 산문, 편안한 대화체(그의 책들은 거의 대부분 일인칭으로 되어 있다), 놀라운 비유들, 명료한 표현 방식은 무엇보다 폭넓은 독서와 글쓰기에 대한 애정, 그리고 타고난 상당한 재치의 산물일 것이다. 그리고 그런 특성들은 그의 신학 서적들만 읽은 사람들은 상상도 못할 만큼 문학 비평가로서의 역량에 깊은 영향을 끼쳤다.

그의 문학 비평을 먼저 읽고 그의 신학 서적들을 읽어 나가면, 비평가로서의 역량이 신학 서적 저술에도 영향을 주었음을 발견하게 될 것이다. 내가 특히 강조하고 싶은 부분은 문학 비평가의 바른 역할에 대한 루이스의 생각이다. 그는 책의 기원이나 작가의 사생활에 대해 추측하는 것이 아니라 책 자체의 장단점에 대해 쓰는 것이 문학 비평가의 역할이라고 믿었다. 그는 본문비평을 높이 평가했지만(그리고 그 주제로 한 번 강연도 했지만), 가설적인 것을 따르느라 분명한 것을 무시하지는 않았다. 마찬가지로 루이스(그는 다른 평신도를 위해 글을 쓰는 평신도 이상의 존재로 자처한 적이 없다)는 신학 서적에서도 복음서의 어떤 구절은 복음서가 기록된 지 오랜 후에 초대 교회가 추가한 것이라는 둥의 기발한 추측을 내놓지 않았고 우리가 가진 사복음서가 말하는 내용과 그 의미를 밝히는 데만 집중했다.

이 책에 실린 다소 '직설적인' 신학적 에세이들은 크게 두 부류로 나뉜다. 첫째, 기적을 주된 주제로 다룬 에세이들이다. 루이스는 초자연적인 요소들을 제거해 버린 기독교 신앙은 기독교라 불릴 수 없다고 주장했

472

다. 특히나 오늘날에는 기독교의 기적적 요소들에 대한 이야기들을 그저 두루뭉술하게 넘기거나 아예 들을 수 없기 때문에, 기적에 대한 그의 에세이들을 이렇게 펴내는 일이 매우 시의적절한 듯하다. 그가 기적과 자연주의자들의 자가당착에 대해 말하는 내용은 대부분 그의 책 《기적 *Miracles*》(London, 1947, revised, 1960)에서 찾아볼 수 있다. 하지만 여기 실린 짧은 에세이들이 주는 이점이 한 가지 있다면, 이 글들은 긴 분량의 글을 읽을 여유가 없거나 읽다가 포기한 사람들에게 도움이 된다는 점이다.

두 번째 부류는 이 책의 제목에 암시되어 있다. 루이스는 이렇게 적었다. "고대인은 피고인이 재판장에게 가듯이 하나님께(또는 신들에게) 나아갔습니다. 현대인의 경우엔 그 역할이 뒤바뀌었습니다. 인간이 재판장이고 하나님은 피고석에 계십니다."[6] 인간을 피고석으로 되돌려 놓는 일이 쉬울 거라고 생각한다면 오산이다. 루이스는 '기독교 변증론'을 다룬 에세이에서 나름의 방법을 소개한다(이 책에 실린 글 중에서 어떤 형태로건 이전에 출간된 적이 없는 유일한 에세이다). "제 경험에 따르면, 지난주 나의 주된 문제였던 죄를 논의의 출발점으로 삼으면 그 한 줄기 빛이 상대의 마음을 깊이 찌르는 것을 보고 놀라게 되는 경우가 많습니다."[7]《스크루테이프의 편지》를 읽은 독자들은 솎아 내지 않고 그냥 자라도록 내버려 두면 결국 인간을 지배하고 마는 그 (겉보기에는) 작은 죄들에 대해 말하며 그가 제시한 여러 사례들이 떠오를 것이다. 다른 에세이들에 대해 말하자면, "'그 사람'의 문제'를 읽은 독자가 거울에 비친 자신의 모습을 보는 듯한 느낌을 받지 않는다면 나는 오히려 그 사실에 깜짝 놀라고 말 것이다.

---

6) 2부 12장 글, 329면.
7) 1부 10장 글, 117면.

루이스는 이제껏 내가 만난 사람 중에서 가장 철저하게 회심한 사람이다. 그에게 기독교는 결코 삶에서 외떨어진 한 부분이 아니었고 사람이 혼자 있을 때 하는 일이 아니었다. 그가 쓴 표현을 빌자면 "하나님이 혼자서 하시는 일도 아니"었다.[8] 그의 인생관에서는 자연적인 것과 초자연적인 것이 뗄 수 없이 연결되어 있는 듯했다. 그렇기 때문에 나는 이 선집에 여성 사제 안수 제안과 생체 해부 같은 주제들을 다룬 반+신학적 에세이들을 여러 편 실었다. 그리고 윤리적인 글이라 부르는 것이 더 적절할 '인본주의 형벌론' 같은 에세이들도 상당수 있다. 끝으로, 루이스의 글은 하나라도 빠뜨리고 싶지 않은 마음에서 나는 이 책의 뒷부분에다 신학과 윤리 문제로 신문과 잡지에 투고한 루이스의 편지들을 추가했다.

오늘날과 같이 도덕적 가치관의 부재가 심각한 시대를 살면서 혼란스럽고 영적으로 굶주린 사람들에게 손에 닿는 대로 도움을 주지 않는다면 매우 유감스러운 일이리라. 현대 작가들 중에는 보다 인간적이고, 부드럽고, '독창적'이고, 시대 감각에 맞는 사람들이 있을지도 모른다. 그러나 아기 돼지 삼형제처럼 우리는 지푸라기가 아니라 튼튼한 벽돌집이 필요하다. 우리 시대의 도처에서 볼 수 있는 싸구려 종교와 엉터리 가치관을 우려하는 사람들은 루이스가 제공하는 해독제가 우리에게 절실히 필요함을 인식할 것이다. 현실주의, 도덕적 명확성, 수많은 실존주의자들의 한계로 작용하는 편파적인 시야 너머를 보는 능력이 바로 그것이다.

나는 성경구절을 포함해 많은 인용문의 출처를 각주에 밝혀 놓았다. 이것이 현학적으로 느껴질 독자들도 있을 것이다. 잘못 생각한 것일 수도

---

8) 1부 15장 글, 162면.

있지만, 나는 내가 해당 출전들을 발견하고 기뻐했던 것처럼 그 출전들을 고맙게 생각할 사람들도 있으리라 기대해 본다. 조금 어려운 라틴어 문구의 경우 각주에다 번역 어구를 실었다. 이 책은 영국인뿐 아니라 미국인들도 염두에 두고 준비했고, 영국의 경우와 달리 미국에서 잘 알려지지 않은 정보도 각주에 실었다. 내 각주가 저자의 각주와 쉽게 구별될 수 있도록 루이스의 주에는 *를 붙였고 내 각주에는 아라비아 숫자를 붙였다. 이 책에 실린 에세이 본문을 원문과 비교하는 사람들은 몇 군데에서 사소한 차이점을 발견하게 될 것이다. 그것은 루이스가 에세이 사본들을 갖고 있다가 내용을 바꾸거나 바로잡은 부분이 있으며, 그것을 내가 소장했기에, 그대로 따라 고쳤기 때문이다. 명백한 오류가 있을 경우, 그것을 바로잡는 것도 나의 의무라고 생각했다.

이 에세이들은 산뜻하게 잘 분류되지 않지만, 그럼에도 어느 정도 분류하는 것이 독자들에게 도움이 될 거라고 생각했다. 그래서 나는 에세이들을 3부로 나누었다. 물론 일부 에세이의 경우 어느 쪽으로 분류해도 무방할 것임을 알고 있었다. 1부는 명확하게 신학적인 내용의 에세이들을 담고 있다. 2부는 반*신학적인 글들을, 3부는 윤리 문제를 다룬 글들을 담았으며, 4부에는 루이스의 편지들을 출간된 순서에 따라 실었다.

이 에세이들과 편지들을 재출간하도록 허락해 준 출판사들에 깊이 감사한다. 출판사들을 일일이 거론하지 않고 에세이들의 원래 출전을 인용하는 것으로 그들이 재출간을 허가해 준 사실을 밝혔는데, 이 때문에 내가 사례에 인색하거나 경우가 없다고 생각하는 분들이 없기를 바란다. 편지들의 출전은 4부에 실어 놓았다. 대부분의 출판사는 영국 출판사이고 그렇지 않은 경우만 따로 밝혔다.

1부. (1) '악과 하나님'은 〈스펙테이터〉, 영인본 166권(1941년 2월 7일), 141면에 처음 실렸다. (2) '기적'은 1942년 11월 26일 런던의 '언덕 위 성유 다교회'에서 설교한 원고이고, 〈성유다교회 회보St Jude's Gazette〉, 통권 73호(1942년 10월호), 4~7면에 실렸다. 〈가디언〉(1942년 10월 2일자) 316면에 실린 원고는 이보다 좀더 짧고 내용도 약간 바뀌었다. 〈가디언〉은 1846년 창간되었다가 1951년에 간행이 중단된 성공회 주간지週刊紙다. (3) '교리와 우주'는 〈가디언〉 1943년 3월 19일자 96면과, 1943년 3월 26일자 104면, 107면에 나뉘어 실렸다. (4) '기독교에 대한 질문과 답변'은 미들섹스 헤이스의 전자음악사 신우회가 펴낸 팸플릿으로 처음 간행되었다[1944]. (5) '신화가 사실이 되었다'는 〈월드도미니언World Dominion〉, 영인본 22권 (1944년 9, 10월호), 267~270면에 처음 실렸다. (6) '무서운 빨간 약'은 원래 〈성공회신문〉, 영인본 51권(1944년 10월 6일), 1~2면에 실렸다. (7) '종교와 과학'은 〈코번트리이브닝텔레그라프〉(1945년 1월 3일), 4면에 처음 실렸다. (8) '자연법칙'도 〈코번트리이브닝텔레그라프〉(1945년 4월 3일), 4면에 실렸던 글이다. (9) '장엄한 기적'은 런던의 '언덕 위 성유다교회'에서 설교한 원고이고 나중에 〈가디언〉(1945년 4월 27일), 161~165면에 실렸다. (10) '기독교 변증론'은 처음으로 출간되는 글로, 1945년 부활절 기간에 카마던에서 열린 '청년 지도자와 하위성직자를 위한 카마던 컨퍼런스'에 참석한 성공회 성직자들과 청년 지도자들 앞에서 발표한 글이다. (11) '노동과 기도'는 〈코번트리이브닝텔레그라프〉(1945년 5월 28일), 4면에 처음 실렸다. (12) '인간인가 토끼인가?'는 기독교학생운동이 펴낸 팸플릿으로 처음 출판되었다. 이 팸플릿에는 날짜가 적혀 있지 않지만 나는 1946년 무렵 나온 것으로 추산한다.

(13) '기독교의 전수에 대하여'는 루이스가 B. G. 샌드허스트의 책 《영국은 얼마나 이교적인가How Heathen is Britain?》(London, 1946), 9~15면의 서문으로 쓴 글에 내가 제목을 붙인 것이다. (14) '비참한 범죄자'는 1946년 4월 7일 노샘프턴 세인트매튜교회에서 설교한 내용인데, 나중에 세인트매튜교회에서 소책자 《평신도 설교 다섯 편》(1946년 4~5월호), 1~6면으로 출간되었다. (15) '옥스퍼드 소크라테스클럽의 설립'은 〈소크라테스클럽 회보〉 창간호(1942~1943), 3~5면에 실린 루이스의 머리글에 내가 제목을 붙였다. 이 글은 이 부분에서 불쑥 끼어든 느낌이 드는데, 2부의 글들과 더 잘 어울렸을 것이다. 하지만 이어지는 에세이와 연관성이 있기 때문에 이 자리에 넣기로 했다. (16) '교리 없는 종교?'는 1946년 5월 20일 소크라테스클럽에서 발표했고 나중에 〈계간 피닉스〉, 영인본 1권 창간호(1946년 가을호), 31~44면에 '프라이스 교수에 대한 한 그리스도인의 답변'이라는 제목으로 실렸다. 그리고 나중에 〈소크라테스클럽 회보〉, 통권 4호[1948], 82~94면에 다시 실렸다. 내가 이 에세이 뒤에 첨부한 '답신'은 루이스가 미스 G. E. M. 앤스콤의 글 '"자연주의는 자기 반박적이다"라는 C. S. 루이스의 논증에 대한 답변'에 답하기 위해 쓴 글이다. 두 글은 〈소크라테스클럽 회보〉 통권 4호, 15~16면과 7~15면에 각각 실렸다. (17) '몇 가지 생각'은 루이스가 아일랜드 드로게다의 화이트호스호텔에 머물던 어느 저녁 드로게다에 성모루르드병원을 설립한 마리아의료선교회의 요청으로 쓴 글이고, 《마리아의료선교회 10년사The First Decade: Ten Years of Work of the Medical Missionaries of Mary》(Dublin, At the Sign of the Three Candles[1948]), 91~94면에 실렸다. (18) '"그 사람'의 문제'는 〈브리스틀교구 회보Bristol Diocesan Gazette〉 영인본 27권(1948년 8월호), 3~6면

에 처음 실렸다. (19) '예수 그리스도를 어떻게 생각할 것인가?'는 《그들에게 물었다_Asking Them Questions_》, Third Series, ed. Ronald Selby Wright(Oxford University Press, 1950), 47~53면에 처음으로 실렸다. (20) '동물의 고통: 신학의 문제 하나'는 〈먼스_The Month_〉 영인본 189권(1950년 2월호), 95~104면에 처음 실렸다. 이 에세이에 고故 C. E. M. 조드 박사의 질의 부분을 싣도록 허락해 준 미스 M. F. 매튜스에게 감사를 전한다. (21) '유신론이 중요한가?'는 〈소크라테스클럽 회보〉 통권 5호(1952), 48~51면에 처음 실렸다. (22) '피텐저 박사에 대한 답변'은 미국 잡지 〈크리스천센추리〉 영인본 75권(1958년 11월 26일), 1359~1361면의 특별 기고란에 처음 실렸다. (23) '우리의 하나님 상을 버려야 할까?'는 〈옵저버〉(1963년 3월 24일), 14면에 처음 실렸다.

2부. 첫 번째 에세이 세 편은 〈가디언〉의 특별 기고란에 실린 글이다. (1) '국가적 회개의 위험'은 1940년 3월 15일자 127면에 실렸다. (2) '자아를 다루는 두 가지 방법'은 1940년 5월 3일자 215면에, (3) '제3계명에 대한 묵상'은 1941년 1월 10일자 18면에 실렸다. (4) '옛날 책의 독서에 대하여'는 루이스가 아타나시우스의 《화육론_The Incarnation of the Word of God_》(London, 1944)의 도입으로 쓴 글에 내가 제목을 붙인 것이다. 동정녀마리아수도회(C.S.M.V.)의 어느 수녀가 번역한 그 책과 함께 이 글은 1944년에 제프리블레스출판사에서 처음 출간되었고 1953년에는 A. R. Mowbray and Co. Ltd에서 간행되었다. (5) '두 강연'은 원래 〈코번트리이브닝텔레그라프〉(1945년 2월 21일), 4면에 '꿈속 강사와 현실의 강사, 누가 옳았을까?'로 실린 글에 루이스가 다시 제목을 붙였다. (6) '공구실에서 한 생각'은 〈코번트리이브닝텔레그라프〉(1945년 7월 17일), 4면에 실린 글이다. (7) '단편들'은 원래 사우스포트 버크데일의 세인트제임스교회에서 펴내던 〈세인트제임스매거진〉(1945년 12월호), 4~5면에 처음 실린 글이다. (8) '종교의 쇠퇴'는 옥스퍼드의 정기 간행물 〈처웰*The Cherwell*〉 영인본 26권(1946년 11월 29일호), 8~10면에 실려 있었다. (9) '생체 해부'는 원래 뉴잉글랜드 생체해부반대협회가 펴낸 팸플릿으로 처음 간행되었다[1947]. (10) '현대어 번역 성경'은 루이스가 J. B. 필립스의 《어린 교회들에 보낸 편지들: 신약성경 서신서 새번역*Letters to Young Churches: A Translation of the New Testament Epistles*》(Geoffrey Bles Ltd., 1947), vii~x면에 쓴 서문에 내가 제목을 붙인 것이다.

(11) '교회에 여사제?'는 〈타임앤타이드*Time and Tide*〉 영인본 29권 (1948년 8월 14일), 830~831면에 '도중의 기록*Notes on the Way*'이라는 제목으로 실렸다. (12) '피고석의 하나님'은 〈루멘바이티*Lumen Vitae*〉 영인본 3권(1948년 9월호)에 실린 '현대 불신자들에게 기독교 신앙을 소개할 때 만나는 어려움'에 내가 제목을 붙였다. (13) '무대 뒤쪽'은 〈타임앤타이드〉 영인본 37권(1956년 12월 1일), 1450~1451면에 처음 실렸다. (14) '부흥인가 쇠퇴인가?'는 〈펀치*Punch*〉 영인본 235권(1958년 7월 9일), 36~38면에 실렸다. (15) '의사소통의 전제 조건'은 〈브레이크스루*Breakthrough*〉 통권 8호 (1961년 10월호), 2면에 실렸다. (16) '질의응답'은 빌리그레이엄협회의 셔우드 E. 워트가 케임브리지 모들린칼리지에서 루이스와 인터뷰한 것에 내가 제목을 붙였다. 이 인터뷰는 원래 두 부분으로 나뉘어 각각 다른 제목으로 출간되었다. 첫 번째 부분은 '나는 하나님의 결정의 대상' 〈결단*Decision*〉 영인본 2권(1963년 9월호), 3면에, 두 번째 부분은 '하늘·땅·외계', 〈결단〉

영인본 2권(1963년 10월호), 4면에 실렸다.

3부. (1) 좀더 짧은 분량의 '불버주의'는 '도중의 기록'이라는 제목으로 〈타임앤타이드〉 영인본 22호(1941년 3월 29일), 261면에 실렸다. 이 책에서 볼 수 있는 좀더 긴 원고는 〈소크라테스클럽 회보〉 통권 2호(1944년 6월), 16~20면에 실렸다. (2) '우선적인 것들과 부차적인 것들'은 〈타임앤타이드〉 영인본 23권(1942년 6월 27일자), 519~520면에 실린 '도중의 기록'에 루이스가 제목을 붙인 것이다. (3) '설교와 점심 식사'는 〈성공회신문〉 통권 2692호(1945년 9월 21일), 1~2면에 처음 실렸다. (4) '인본주의 형벌론'은 〈20세기*20th Century: An Australian Quarterly Review*〉 영인본 3권 통권 3호(1949), 5~12면에 처음 실렸다. 이 잡지는 영인본 6권 통권 2호(1952), 20~26면에 노발 모리스 박사와 도널드 버클 박사의 글 'C. S. 루이스에 대한 답변'을 실었다. 두 글 모두 나중에 〈기결 사건*Res Judicatae*〉 영인본 6권(1953년 6월), 224~230면과 231~237면에 각각 실렸다. 그 후 J. J. C. 스마트 교수의 '인본주의 형벌론에 대한 논평' 영인본 6권(1954년 2월), 368~371면과 루이스의 '형벌에 대하여: 한 가지 답변'— 즉, 세 사람 모두에 대한 답변—이 〈기결 사건〉 영인본 6권(1954년 8월), 519~523면에 차례로 실렸다. (5) 'X마스와 크리스마스'는 〈타임앤타이드〉 영인본 35권(1954년 12월 4일), 1607면에 처음 실렸다. (6) '크리스마스는 내게 어떤 의미가 있는가'는 〈크리스천센추리〉 영인본 162권(1957년 12월호)에 실린 글이다. (7) '눈 속의 비행 청소년들'은 〈타임앤타이드〉 영인본 38권(1957년 12월 7일), 1521~1522면에 처음 실렸다. (8) '진보는 가능한가?'는 〈옵저버〉(1958년 7월 20일), 6면에 실렸다. (9) '우리는 '행복할 권리'가 없다'는 루이스가 출판물에 실을 목적으로 쓴 마지막 글이다. 이 글은 그가 죽은 직후 〈새터데이이브닝포스트*The Saturday Evening Post*〉 영인본 231권 (1963년 12월 21~28일), 10, 12면에 실렸다.

끝으로, 지금까지 여러 번 그랬던 것처럼, 이 루이스 '발굴품'을 다른 사람들에게 내놓을 수 있게 도와준 W. H. 루이스 소령, 오언 바필드, 콜린 하디, 로저 랜슬린 그린, 그리고 존 롤러 교수와 미스 낸 던버에게 감사를 전한다.

1970년 5월

옥스퍼드 지저스칼리지에서

월터 후퍼

옮긴이의 글

좋아하는 작가가 있다면 누구나 그 사람의 글을 처음 읽고 느꼈던 짜릿함과 전율을 기억할 것이다. 혹시 루이스의 애독자라면 루이스의 책을 처음 봤을 때의 느낌을 기억할 것이다. 나는 루이스의 여러 글에서 그런 짜릿함을 느꼈지만, 《기적》은 기존의 다른 책과는 다른, 압도적인 지적 무게를 느끼게 해주었다. 치열한 문제의식, 치밀한 논리, 탁월한 비유를 옷 입은 창조성이 화려하게 펼쳐지고 있었다.

그런데 이번에 《피고석의 하나님》을 꼼꼼히 읽고 번역하면서, 이 책에 실린 기적을 다룬 여러 글들과 《기적》에 나온 내용이 상당히 겹친다는 것을 알게 되었다. 원문을 일일이 대조해 봤더니, 이 책에 실린 여러 글의 내용이 상당 부분 《기적》에 반영된 것은 사실이지만, 원래의 글 그대로 실린 문장은 하나도 없었다. 하다못해 단어 하나, 표현 하나라도 바꾸고 다듬어 더 낫게, 책의 전체 구조에 더 잘 들어맞게 만든 것을 확인할 수 있었다. 어떤 부분이 어떻게 바뀌고 더해져서 《기적》에 들어갔는지 확인해 가는 일은 퍽 흥미로운 작업이었다. 《기적》은 루이스의 그 천재적인 머릿속에서 단번에 튀어나온 생각들을 일필휘지로 써내려간 글이 아니라 오랫동안 고민하고, 여러 방식으로 생각을 정리하고, 글 쓰고 강연하고 반론에 답하는 과정이 축적되고 다듬어져 나온 결과물이기

482

때문이다.

《루이스의 서재》(홍성사 역간)가 그의 저작의 사상적 기원, 그가 받았던 영향을 보여 주는 책이라면, 《피고석의 하나님》은 기적에 대한 글들이 잘 보여 주듯, 그가 어떻게 생각을 다듬고 전개시켜 나갔는지 더듬어 볼 수 있는 흔적들을 많이 싣고 있다.

사실 이런 모습은 루이스가 쓴 다른 책들에서도 많이 드러난다. 물론 루이스는 머릿속에 떠오르는 이미지를 재료로 삼아 글을 쓴 사람이다. 《사자와 마녀와 옷장》도 우산을 들고 서있는 파우누스의 이미지가 출발점이 되었다고 한다. 게다가 그는 글을 굉장히 빨리 쓰는 작가였다. 웬만한 책은 몇 달 만에 나오는 것이 예사였다. 하지만 그건 잘 진행된 경우에 해당하는 얘기다. 그에게도 쓰다가 만 미완성 작품이 여러 편 있다. 완성된 책 중에도 《마법사의 조카》는 1장까지 썼다가 안 되겠다 싶어 처음부터 다시 썼다. 《사자와 마녀와 옷장》도 처음에 쓰다 막혀 오랫동안 묵혀야 했고, 《우리가 얼굴을 찾을 때까지》도 수십 년 이상 구상만 했을 뿐 진행하지 못하다가 아내 조이를 만난 후 그녀의 도움에 힘입어 완성했다.

유난히 기억에 오래 남는 책이 있다. 몇 년 전에 본 《뉴턴과 아인슈타인, 우리가 몰랐던 천재들의 창조성》이 그런 책이다. 상당 부분 왜곡되거나 신화의 베일에 가려 있는 과학계 천재들의 창조성의 실체를 조명한 책이다. 흔히 천재성을 번뜩이는 영감의 산물로 생각하고, 그런 면을 부각하여 자기도 모르게 직관과 상상력이 튀어나오는 사람을 천재로 보는 경향이 있다. 그런 천재의 대표자로 거론되는 인물이 뉴턴과 아인슈타인이다. 물론 그들은 대단히 특별한 사람들이다. 하지만 연구 활동과 구체적인 실천의 맥락에서 그들의 창조성을 연구한 학자들은 그 창조성의 근원과 노하우를 구체적으로 밝혀 주었다. 그것은 상당 부분 우리가 따라할 수 있는 덕목이다. 그들의 창조성의 여러 특징 중에서 지금껏 내 기억에 또렷하게 남아 있는 두 가지 내용이 있다.

첫째, 그들은 해당 학문의 기존 연구 성과를 완전히 습득하여 철저히 이해하고 있었다. 그리고 그것을 바탕으로 전혀 새로운 발견과 연구 성과를 낼 수 있었다.

둘째, 그들은 연구를 통해 문제를 발견, 포착하고 이후 그것이 해결될 때까지 수년, 때로는 수십 년 동안 집중해서 붙들고 늘어지는 끈기를 보였다.

《피고석의 하나님》에는 루이스의 창조성의 두 가지 특징을 보여 주는 글들이 다 실려 있다. 앞에서 나는 몇 가지 문제에 오랫동안 천착해서 답을 찾아가고 생각을 정리해 가는 루이스의 면모를 살펴보았다. 그의 창조성의 두 번째 면을 먼저 살핀 셈이다. 첫 번째 면은 어디서 찾아볼 수 있을까?

루이스가 기본적으로 역사가라는 점에서 찾을 수 있을 것 같다. 루이스는 과거를 모르는 사람은 현재가 전부인 줄 알고 그 안에 갇혀 버린다고 말했다. 루이스가 보여 주는 참신함, 그의 주장의 시의적절함은 과거를 사랑하고 깊이 이해함으로써 갖게 된 역사적인 균형감각에서 우러난 것이다. 그것을 현대인들이 공감할 수 있는 용어와 비유로 담아내어 많은 영향력을 끼치게 된 것이다. 이 책은 이런 그의 면모를 잘 보여준다. 이 책의 표제 에세이 '피고석의 하나님'도 그중 하나다.

'피고석의 하나님'이라는 제목을 보면 당장 무슨 소린가 싶다. 우선 법정 그림이 떠오른다. 그런데 하나님이 피고석에 앉아 계신다고? 궁금증이 밀려온다.

어떤 법정에? / 무슨 죄목이지? / 재판관은 누구야?

루이스는 현대인들이 스스로를 온 세상의 문제점을 따지는 검사로 세우고, 세상을 잘 다스리지 못하는 하나님을 불러다가 책임을 묻는 법정 이미지를 제시한다. 이것이 하나님을 대하는 현대인들의 모습이란다. 하나님을 마치 피의자처럼 불러다가 세상의 온갖 문제들에 대해 답변을 요구하는 것이다. 하나님의 대답을 들어 보고 그럴듯하다 싶으면 그냥 보내 드리고(믿어 주고), 받아들이기 어려우면 유죄 판결을 내려 버린다(하나님을 악하다고 욕하고 적대시하거나 신앙을 버린다). 혼자서 검사 노릇, 판사 노릇까지 다 해치우는 셈이다. 우주적인 재판관이신 하나님의 심판을 두려워하고 그분 앞에 떨며 자비를 구했던 옛 사람들의 기본 자세와는 전혀 다른 그림이다. 루이스의 지적을 듣고 보니, 내가 참 오랫동안 하나님을 이런 식으로 대했구나, 주제넘게 굴었구나, 생생하게 깨닫게 되었다. 또한 옛 사람들의 사고방식을 익히 알고 있었기에 그와 정반대의 모습인 지금 우리의 오만한 착각을 정확히 짚어 낼 수 있었던 루이스의 혜안의 비결을 다시 한 번 확인했다.

루이스 전문가 캐스린 린즈쿡은 《피고석의 하나님》을 가리켜 '금광'이라고 말했다. 윤리와 신학 분야에 걸친 루이스의 여러 생각을 담은 '금쪽같은' 글들이 왕창 모여 있기 때문이리라. 다들 루이스의 금광에서 많은 금덩이를 캐내어, 바르게 생각하고 값지게 살아가는 신앙인의 참 부요함을 누렸으면 좋겠다.

홍종락

찾아보기

491

옮긴이 **홍종락**

서울대학교 언어학과를 졸업하고, 한국해비타트에서 간사로 일했다. 2001년 후반부터 현재까지 아내와 한 팀을 이루어 번역가로 일하고 있으며, 번역하며 배운 내용을 자기 글로 풀어낼 궁리를 하며 산다. 저서로 나니아 연대기 해설서 《나니아 나라를 찾아서》(정영훈 공저)가 있고, 역서로는 《당신의 벗, 루이스》, 《순례자의 귀향》, 《피고석의 하나님》, 《세상의 마지막 밤》, 《개인 기도》, 《실낙원 서문》, 《오독: 문학 비평의 실험》, 《영광의 무게》, 《폐기된 이미지》(이상 루이스 저서), 《C. S. 루이스와 기독교 세계로》, 《C. S. 루이스의 순전한 기독교 전기》, 《본향으로의 여정》(이상 루이스 해설서), 《C. S. LEWIS 루이스》, 《루이스와 잭》, 《루이스와 톨킨》(이상 루이스 전기), 그리고 루이스가 편집한 《조지 맥도널드 선집》과 루이스의 글을 엮어 펴낸 《C. S. 루이스, 기쁨의 하루》 등이 있다. 학생신앙운동(SFC) 총동문회에서 발행하는 〈개혁신앙〉에 '루이스의 문학 세계'를 연재 중이고, 양화진 책방에서 루이스 독서 모임을 진행하고 있다. 2009년 CTK(크리스채너티투데이 한국판) 번역가 대상'과 2014년 한국기독교출판협회 선정 '올해의 역자상'을 수상했다.

피고석의 하나님

God in the Dock

지은이 C. S. 루이스
옮긴이 홍종락
펴낸곳 주식회사 홍성사
펴낸이 정애주
국효숙 김의연 박혜란 손상범
송민규 오민택 임영주 차길환

2011. 10. 10. 양장 1쇄 발행   2018. 3. 15. 양장 5쇄 발행
2020. 3. 23. 무선 1쇄 발행   2024. 1. 17. 무선 4쇄 발행

등록번호 제1-499호 1977. 8. 1.
주소 (04084) 서울시 마포구 양화진4길 3   전화 02) 333-5161   팩스 02) 333-5165
홈페이지 hongsungsa.com   이메일 hsbooks@hongsungsa.com
페이스북 facebook.com/hongsungsa
양화진책방 02) 333-5161

God in the Dock by C. S. Lewis
Copyright ⓒ C. S. Lewis Pte Ltd. 1940
All rights reserved.
This Korean edition was published by Hong Sung Sa Ltd.
in 2011 under license from the CS Lewis Company Ltd.

ⓒ 홍성사, 2011

ISBN 978-89-365-1417-4 (03230)